"十二五"高等院校工商管理专业

———— 工商管理系列教材 ————

管理学

理论、应用和中国案例

Management
Theory, Application and China Case

曾国华　庞玉兰　嵇国平　余来文／编著

经济管理出版社

ECONOMY & MANAGEMENT PUBLISHING HOUSE

图书在版编目（CIP）数据

管理学：理论、应用和中国案例/曾国华等编著. —北京：经济管理出版社，2014.11
ISBN 978-7-5096-3500-1

Ⅰ.①管… Ⅱ.①曾… Ⅲ.①管理学 Ⅳ.①C93

中国版本图书馆 CIP 数据核字（2014）第 276313 号

组稿编辑：申桂萍
责任编辑：申桂萍　梁植睿　侯春霞
责任印制：黄章平
责任校对：超　凡

出版发行：经济管理出版社
　　　　　（北京市海淀区北蜂窝 8 号中雅大厦 A 座 11 层　100038）
网　　　址：www. E-mp. com. cn
电　　　话：(010) 51915602
印　　　刷：三河市延风印装厂
经　　　销：新华书店
开　　　本：720mm×1000mm/16
印　　　张：28.5
字　　　数：511 千字
版　　　次：2015 年 2 月第 1 版　　2015 年 2 月第 1 次印刷
书　　　号：ISBN 978-7-5096-3500-1
定　　　价：58.00 元

"十二五"高等院校工商管理专业
精品课程系列编委会名单

总　编：

叶仁荪（江西理工大学党委书记）

李良智（江西财经大学校长助理、研究生院院长）

副总编：

赵卫宏（江西师范大学商学院院长）

陈　明（江西财经大学工商管理学院副院长）

黄顺春（江西理工大学经济管理学院副院长）

余来文（江西师范大学商学院教授、文字传媒总裁）

编委会委员：（排名不分先后）

余来文　陈　明　黄顺春　赵卫宏　边俊杰　曾国华　孟　鹰

封智勇　林晓伟　孙立新　庞玉兰　王　欣　张明林　嵇国平

李继云

前　言

正如管理学大师彼得·德鲁克所言，在人类历史上，还很少有什么事比管理的出现和发展更为迅猛，对人类具有更为重大的影响。有技巧的管理，尤其是那些在组织中有效管理员工的管理者，是组织成功的关键决定因素，这比行业、环境、竞争和经济因素作用的总和还要重要。在知识经济时代，经济的迅速发展和日益激烈的社会竞争环境要求管理进步，在对管理实践活动提出更高要求的同时，对应用型、创新型管理人才的需求也大幅度增长。

管理是一种实践，其本质不在于"知"而在于"行"。如果管理知识的传授总是追溯理论发展的历史，一直停留在传统的、基于认知的授课方式，就很难实现培养真正的管理者的目标。高校管理学课程不仅要帮助学生掌握最基本的知识和原理，为以后从事管理工作奠定坚实的管理基础，更要重视开展以创新和技能培养为重点的应用实践，使学生树立现代管理理念，实现管理知识和能力的均衡发展。鉴于此，《管理学：理论、应用和中国案例》在编撰过程中，在教材内容、结构、体系等方面进行了大胆的尝试和创新。全书设计为三篇共十二章，在借鉴经典管理学基本框架，较为系统地梳理和介绍管理学基础理论的同时，着重培养学生的应用和实践能力。本书具有如下特点：

第一，以"理论+案例"的方式进行编写。以案例为主，其中案例占50%以上的篇幅，每个章节以开篇案例作为本章内容的导入，章末案例总结本章知识要点，在中间部分以多个穿插案例为点缀来帮助读者更全面深入地理解各知识点，结构为：开篇案例、理论部分及中间案例、章末案例。

第二，多视角选取素材。案例涉及制造业、互联网、连锁、高端服务业等多个行业。希望可以为广大管理者指引方向，带来启迪，开拓思维，创造价值。

第三，富有时代气息，内容新、观点新、案例新。案例的主要材料来自近三年社会研究与关注的热点。总体编写难度比较大，其案例典型耳熟能详，意在亲近读者，切实帮助读者从中受益，基本上可以说是与时俱进。

本书主要定位于两大读者群：第一，高等院校的工商企业管理专业学生，可用此教材作为专业人才培养的学习教材。第二，企业中层管理人员，用以作为企业管理培训教材。

《管理学：理论、应用和中国案例》教材由曾国华、庞玉兰、嵇国平、余来文编著，承担了从项目策划、拟定大纲及各章节详细的写作思路、内容审定、提出具体修改意见与执笔修订、定稿等工作。同时，三亚学院的王欣博士，南昌工程学院的仲小瑾讲师和郑燕讲师，江西理工大学的研究生刘安、贾宝贵、余利琴、吴亚旭等参与了本教材相关章节的编写工作。参与本教材编写的人员具体分工是：第一章，管理的变革（郑燕、嵇国平、余来文）；第二章，管理、管理者与管理学（庞玉兰、王欣）；第三章，管理思想的演进（庞玉兰、王欣）；第四章，计划与控制（曾国华、余来文）；第五章，组织与变革（曾国华、刘安）；第六章，协调与整合（曾国华、贾宝贵、余利琴）；第七章，领导理论（曾国华、余利琴）；第八章，沟通与人际关系（曾国华、吴亚旭、余来文）；第九章，教练技术（庞玉兰、王欣、余来文）；第十章，激励与团队管理（刘安、贾宝贵、曾国华）；第十一章，执行能力（仲小瑾、嵇国平）；第十二章，管理创新（郑燕、嵇国平）。

当结束《管理学：理论、应用和中国案例》一书的写作时，如果说最后成书是一个成果，那么这是一个众人智慧的集合。本书在写作过程中得到了江西理工大学党委书记叶仁荪教授、江西财经大学校长王乔教授等的指导和帮助，特此表示衷心的感谢。感谢经济管理出版社申桂萍主任在编写本书的过程中给予的大力支持。

特别需要说明的是，本教材学习、借鉴、吸收和参考了国内外众多专家学者的研究成果及大量相关文献资料，并引用了一些书籍、报纸期刊、网站的部分数据和资料内容，也尽可能地在参考文献中列出，也有部分由于时间紧迫，未能与有关作者一一联系，敬请见谅，在此，对这些成果的作者深表谢意。

限于编者的学识水平，书中错漏之处在所难免，恳请各位同人及读者指正。如您希望与笔者进行沟通、交流，扬长补短，发表您的意见，请与我们联系。联系方式：eleven9995@sina.com。

目　录

第一篇　导论篇

第二篇　原理篇

第三篇　应用篇

第一篇

【导论篇】

第一章 管理的变革

【学习要点】

☆ 理解传统管理转型的必要性；

☆ 明白互联网时代管理转型的关键点；

☆ 知晓环境对管理转型的意义；

☆ 掌握互联网时代的管理思维；

☆ 熟记新时代管理的根本点和核心；

☆ 掌握管理变革、使命及其社会责任。

【章首案例】 **苏州固锝电子股份有限公司的管理变革**

苏州固锝电子股份有限公司（下称"固锝"）成立于 1990 年 11 月，是中国电子行业半导体十大知名企业、江苏省高新技术企业、中国半导体分立器件协会副理事长企业。固锝注册资本为 72305 万元人民币，总占地面积 20 万平方米，总资产为 15.04 亿元人民币。

图片来源：www.goodark.com.

固锝是国内半导体分立器件二极管行业最完善、最齐全的设计、制造、封装、销售的厂商，从前端芯片的自主开发到后端成品的各种封装技术，形成了一个完整的产业链。公司主营整流二极管芯片、轴型硅整流二极管、开关二极管、稳压二极管、微型桥堆、单列桥堆、表面安装玻封和表面安装塑封二极管、金属玻璃封装大功率整流管、TVS 系列、LLP 系列、QFN 系列、功率模块和肖特基二极管等共 50 多个系列、1500 多个品种。

一、管理思想变革

固锝坚信企业的利润来自于员工的幸福和客户的感动。24 年来，固锝从小巷深处的校办工厂成长为全国第一、世界著名的二极管龙头企业，这与它的管理思想有着密切的关系。

第一，创业初的固铻管理思想。创业初期，"以厂为家"成为固铻员工们的优良传统。当年的老员工、老领导在创业时都曾有过一个个不眠不休的夜晚。那时，老同志们以及很多工人都曾先后为了工作住在厂里，以厂为家。特别是公司刚刚成立的时候，很多事务需要落实。管理人员与工人一起开班前会、班后会。有的时候为了解夜班的情况，老同志们半夜会起来到产线，而一早五点多钟又会起床开始一整天的工作。"以厂为家"让每一位付出的人都很感动，都觉得很幸福。

第二，成长中的固铻管理思想。成长中的苏州固铻，把公司当成一个幸福的大家庭来管理。"让每一位家人体会到家的温暖"是该厂最由衷的愿望。公司把工厂看作是自己的孩子，把对每一个员工的管理看作是对家人的教育。特别是在工厂成长期资金比较缺乏的时候，为了能及时给员工发薪水，管理人员们省吃俭用，设法解决种种困难，让员工安心，让客户放心。

第三，成熟期的固铻管理思想。如今的固铻，已经是一家国内外知名的大企业，在对员工的管理上，他们本着"让员工懂得精神财富和物质财富的双丰收"的理念来经营。固铻把教育员工作为公司的重要事项来推进，希望每一个到固铻来工作的人不仅仅只是领一份薪水报酬，还都能够懂得孝顺父母、尊敬长辈，懂得正确的教育子女的方式，懂得关爱社会和服务他人，懂得生命的真正意义。

二、推行幸福文化建设

为了秉承"让员工懂得精神财富和物质财富的双丰收"，固铻推出了"幸福文化"，即关怀和教育每一个人都能化苦为乐、化恶为善、化迷为觉、化繁为简、化冷漠为慈悲、化员工为家人、化现场为道场、化供应商为客户……

第一，人文关怀。固铻在新员工入职时进行贴心式座谈；对困难员工及家庭进行关怀；对准妈妈和宝宝特别爱护；关怀离职员工以及关注残疾人的就业；施行"黄金老人关爱"等。

第二，人文教育。让员工带薪休息、学习圣贤教育；举办定期读书会，从典籍的阅读和分享中汲取精神食粮；晨读弟子规；设立孝亲话吧，定期开展孝道的教育和践行；通过个人的改变，影响到自己的家庭、朋友，直至有助于社会风气的改善。

第三，绿色环保。设计注重低碳、节约地球资源；投入废水处理设备，节省废水的排放；通过对空压机设备改造，综合利用设备产生热能，替代锅炉天然气；引领供应商加入环保行列；引领公司全体家人体验绿色低碳饮食观念；让员工吃到无污染的绿色蔬菜；施行厨余减量，直至零厨余。

第四，健康促进。定期开展各种主题的健康讲座；倡导健康、文明、低碳的生活习惯，鼓励员工戒烟，形成良好的生活饮食习惯；设立幸福医务室，建立员工健康档案；美化厂区环境，逐步改善工作环境；定期开展对特殊岗位和特殊人群的健康检查；借由原始点按摩治疗的教学与推广，鼓励员工与家人互动，为父母长辈尽责。

第五，慈善公益。带领员工持续开展净山、净街、净社区活动，带动市民的环保理念；进行废旧电池危害的宣导和回收；定期进行敬老院、儿童福利院的关怀陪伴；关爱空巢老人、关心社区残疾人及弱势群体。

第六，志工拓展。引导更多行业懂得以员工的幸福为第一要务，同时指导落实，期盼引领更多的企业、社区、医院、学校等更多的团体开始真正落实幸福的理念并承担社会责任。

第七，人文记录。传播真善美，打开幸福企业中的交流窗口。以创建和传播幸福企业的人品典范为使命，通过人文志工进行文字、照片和影像的记录，为全面推广做好文档及相关资料的储备。

第八，敦伦尽分。教育每个人把自己对公司、对部门、对工作的一份热爱化作一份敦伦尽分，用恭敬心、感恩心以及尽职尽责心去完成好每一项工作。

三、成功经验

第一，注重企业文化。固铻以市场为导向，追求客户满意度最大化，保持并扩大了在国内外同行业中的领先地位。固铻电子拥有一个国际化的团队，文化的多元化带来了信息技术的多元化，进而带动产品高端化，在高速发展的同时，公司依然拥有很大的发展潜力。而随着企业的不断壮大，固铻始终把员工与客户看成是企业发展的助推剂。

第二，重视产品质量。固铻推行品质优、服务优、工作质量优；力求高效率、高效益；做好规范，坚持做到"一开始便是对"，包括工作、技术、作业行动，一切按规范办、一切按制度办、一切按程序办；坚持无危害物质管理方针，以"绿色原材料＋绿色过程＝绿色产品"为方针，努力探索生产中使用的环境管理物质的替代品，防止制造活动过程中物料、设备的污染，使产品更趋于绿色。

第三，坚持"顾客就是上帝"的服务理念。不仅为客户提供所需的产品，更致力于以客户的需求出发，共同开发、提升、拓展造福社会的产品。固锝拥有广泛的客户基础，遍布于大中华地区、日韩、北美、欧洲、亚太、各新兴市场等全球各地。产品领域也分布于各终端应用领域如汽车电子、消费电子、照明、工业、医疗电子、国防航天等，力求服务得到客户的满意（见图 1-1）。

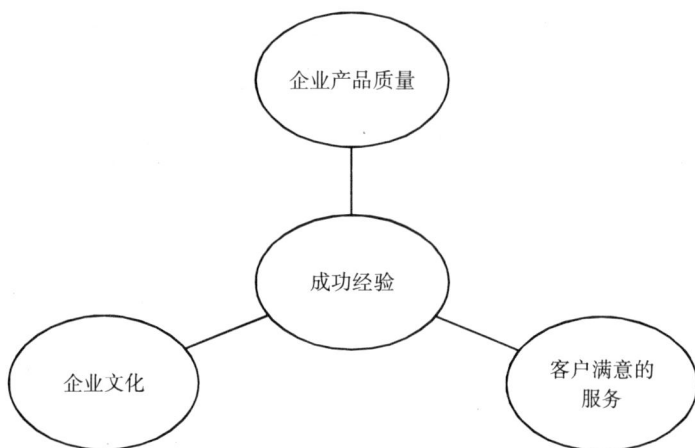

图 1-1　固锝的成功经验

资料来源：作者根据多方资料整理而成。

第一节　转型时代

管理是时代发展的必然结果，综观古今中外，管理的发展无不与人类的文明进程有着密不可分的联系。从中国古代人类面对大自然的威胁所形成的管理分工，如简单的男耕女织，到三千多年前中国商代的庞杂的军事作战、国家管理，再到近期的科学管理、网络化管理，无不体现着管理史上时代的烙印。

随着时代的发展，管理也从以前的古典管理，发展到科学化管理，到信息化管理，再到现在的网络化管理，抑或是移动互联网管理。一步步走来，都充分体现着管理与时代的密切联系（见图 1-2）。

一、传统管理的转型

如上所述，人类历史上的管理或者说管理科学与时代的进程有着密切的联

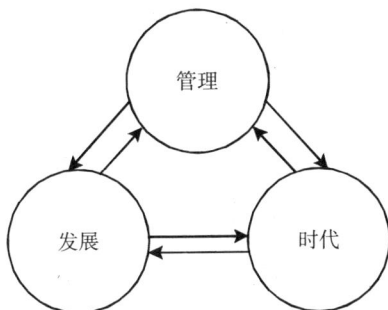

图 1-2 管理、时代、发展的关系

系。从学术界认可的以泰勒（F. W. Taylor）的名著《科学管理原理》（1911）和
法约尔（H. Fayol）的名著《工业管理和一般管理》（1916）为管理理论诞生的标
志算起，人类历史上的管理到现在也不过百年历史。在这百年期间，传统的管理
思想与时代的发展相结合，正在步步转变。

第一，科学管理。20 世纪初，美国资本主义经济快速发展，要求劳动生产
效率提高。可是，由于企业管理的落后性，企业中劳动生产率不能满足社会经济
发展的需要。在这种情况下，一批有着企业管理经验和科学技术知识的人员开始
进行各种实验，努力提高劳动生产率。其中要以泰勒为代表。

转型后的管理思想：①为作业挑选"第一流的工人"。在泰勒看来，每一个
人都具有不同的天赋和才能，只要工作适合于他，就都能成为第一流的工人。
②实行工作定额制。泰勒认为必须采取科学的方法来确定工人一天的工作量。
③制定科学的工作方法。泰勒认为，在科学管理的情况下，要用科学知识代替个
人经验，一个很重要的措施就是实行工具标准化、操作标准化、劳动动作标准化
等标准化管理。④实行激励性的工资制度。在确定"工资率"即工资标准的同
时，实行差别计件工资制，克服工人"磨洋工"的现象（见图 1-3）。

第二，行为科学。1949 年，在美国芝加哥的一次跨学科的科学会议上，来
自哲学界、心理学界、生物学界和社会学界的许多科学家参加了此次会议，这次
跨学科的会议对以前很多管理学派对管理方法的研究都是以"事"为中心，忽视
了对人的研究的弊端进行了讨论，产生了应用现代科学知识来研究人类行为的一
般理论。其主要代表人为乔治·埃尔顿·梅奥（George Elton Mayo）。

转型后的管理思想：①个体行为研究。在个体行为层次中，行为科学主要是
用心理学的理论和方法研究两大类问题，一类是影响个体行为的各种心理因素；
另一类是关于个性的人性假说。②动机与激励理论。社会心理学家和行为科学家

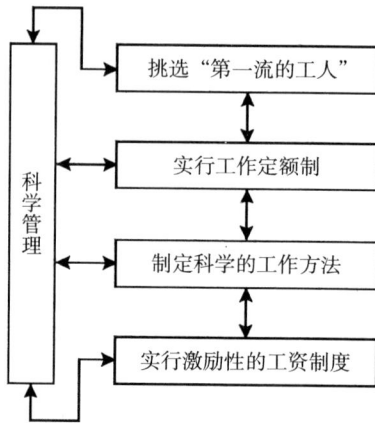

图1-3 科学管理的主要内容

认为人的行为都是由动机引起的，而动机是由于人们本身内在的需要而产生的，能满足人的需求活动本身就是一种奖励。③群体行为研究。群体行为在组织行为学中是一个重要的问题，它主要探讨群体是一种非正式组织、群体的特征、群体的内聚力等。④组织行为。它建立在个体行为和群体行为的基础上。通过研究人的本性和需要，人的行为动机及在生产组织中人与人之间的关系研究，总结出人类在生产中行为的规律（见图1-4）。

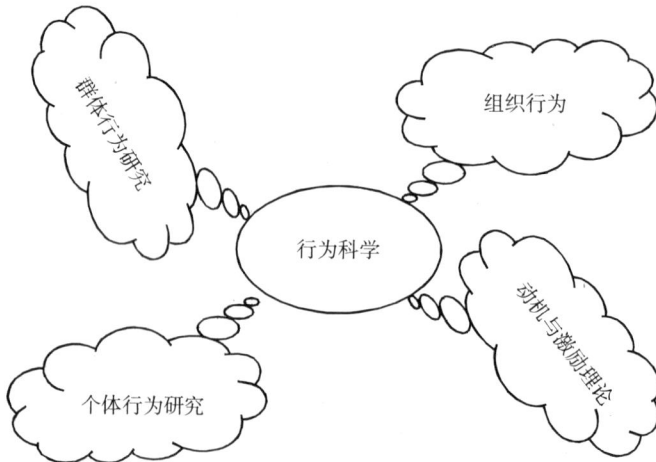

图1-4 行为科学的主要内容

第三，管理科学。第二次世界大战期间和其后的一段时间内，工作研究、质量控制、人事评价与选择、工厂布置、生产计划等都已正式成为工业工程的内容。随着制造业的发展，有人创建了工程经济的研究领域；由于战争的需要，运筹学得到了很大的发展。战后由于经济建设和工业生产发展的需要，使得工业工程与运筹学结合起来，并为工业工程提供了更为科学的方法基础，这也是管理科学的前身。

转型后的管理思想：管理学科采用数学模型进行分析和研究，其模型又可分为两大类：包括描述性模型和规范性模型，其中各自又可分为确定性模型和随机性模型两种（见图1-5）。流行的管理科学模型有以下几种：决策理论模型；盈亏平衡点模型；库存模型；资源配置模型；网络模型；排队模型和模拟模型等。

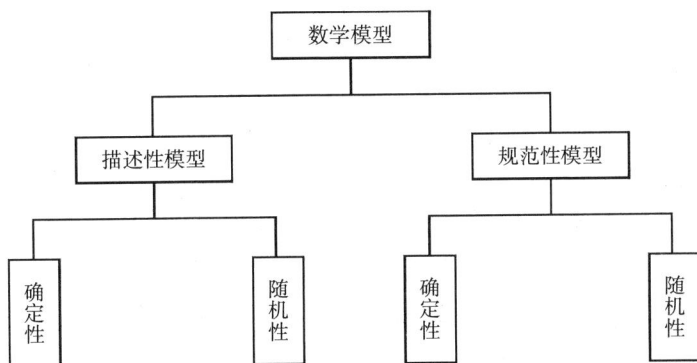

图 1-5　管理科学的主要内容

第四，决策管理。第二次世界大战后，随着现代生产和科学技术的高度分化与高度综合，企业的规模越来越大，特别是跨国公司不断地发展，这种企业不仅经济规模庞大，而且管理十分复杂。同时，这些大企业的经营活动范围超越了国界，使企业的外部环境发生了很大的变化，面临着更加动荡不安和难以预料的政治、经济、文化和社会环境。在这种情况下，对企业整体的活动进行管理就显得格外重要了，也就是说，决策显得尤其重要了。代表人物是赫伯特·西蒙（Herbent Simon）。

转型后的管理思想：①管理就是决策。组织中经理人员的重要职能就是作决策。任何作业开始之前都要先作决策，制订计划就是决策，组织、领导和控制也都离不开决策。②决策过程的四个阶段：搜集情况阶段；拟定计划阶段；选定计划阶段；评价计划阶段。这四个阶段中的每一个阶段本身就是一个复杂的决策过程。③在决策标准上，用"满意"的原则代替"最优"原则。由于受到了个人的经历、时间、能力等限制，在作决策时，要考虑一切可能的复杂情况，采用"令人满意"的决策准则，从而可以做出满意的决策。④一个组织的决策根据其活动是否反复出现可分为程序化决策和非程序化决策（见图1-6）。

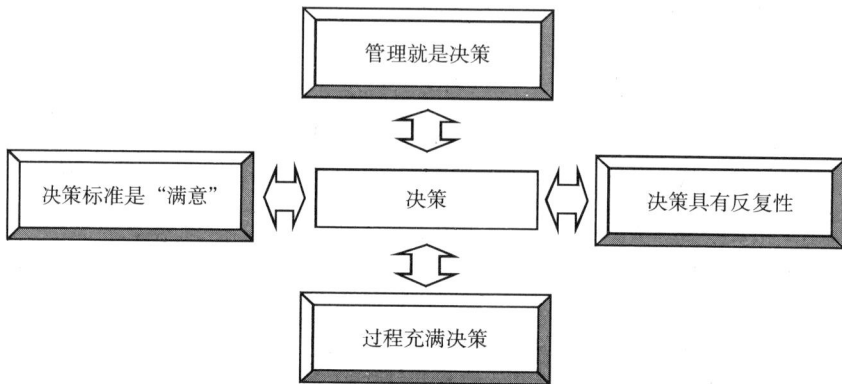

图 1-6　决策的主要内容

第五，信息时代的管理。信息技术从20世纪60年代出现，到70年代后期，小型机的量化生产以及微型计算机的出现，才逐渐走入普通组织内，并随着软件应用技术的迅速发展，成为影响或参与组织运作的重要内容。80年代以后，大型的管理软件系统研发成功，并迅速使一些率先广泛应用IT技术的企业走向了成功。信息爆炸已经成为时代的一种象征，信息系统已经成为企业应对竞争的核心战略之一。

转型后的管理思想：在信息时代，大企业纷纷引入IT系统来辅助管理，例如财务系统、物料管理系统、生产管理系统、计算机辅助设计系统、ERP、SCM系统等。通过IT在企业中的演进，使得企业组织形式产生了极大的变化，同时实现了低成本、高效率的快速扩张，提升了竞争能力，并因之走向成功。

管理变革专栏1　　　　　　　　百度变革：成就下一个SIRI？

　　百度是全球最大的中文搜索引擎，由李彦宏、徐勇两人创立于北京中关村，致力于向人们提供"简单，可依赖"的信息获取方式。

图片来源：www.baidu.com.

　　作为中国最成功的互联网公司之一，百度从7人的创业公司成长为拥有17000名员工，占据中国搜索市场80%以上份额，市值近400亿美元的全球最大中文搜索引擎公司，仅仅用了12年。

2014 年 4 月 3 日，百度宣布已经获得基金销售支付牌照，百度金融业务可利用现有互联网渠道，涉足互联网基金销售业务。2014 年 7 月 17 日，百度葡语版搜索在巴西正式上线提供服务，成为中巴两国加强技术创新领域合作的一个重要标志。

早在数年前，李彦宏就已经意识到了搜索市场"不变则废"的事实。对于数据有限的百度来说，它的变革不仅仅是对商业模式的支持，而且还能构建出战略机会。在激烈的竞争环境中，百度的变革形成了独具竞争力的产品与独特的文化，多年来取得的成果和积累的技术经验成为创新之源。

百度下一步的目标就是 SIRI。SIRI 指的是语音识别、语义理解、智能反馈和应用。整个过程与百度框计算的思路几乎一模一样，差别就在于输入。百度的输入是 PC 时代的文字输入，而下一步，百度易平台的目标就是要将语音输入作为百度移动搜索的进入框。

"当 SIRI 出现遭受市场热捧的时候，我们就意识到，SIRI 做了原本百度想做的事儿，但下一步百度可以做得更好。"孙云丰（百度首席产品官）说。

根据这一需求产生的创新，演变为李彦宏在百度创新大会上所提出的"框计算"口号。百度称之为"这种高度智能的互联网需求交互模式，以及'最简单可依赖'的信息交互实现机制与过程"。

在实际运行中，框计算成为开放应用平台的出口。李彦宏"摒弃"了传统搜索引擎，开始寻找将"资源"与"搜索"对接之后，百度的战略转型以及可能的商业模式创新。

百度以此来构建一个创新的平台系统。在这个平台上，他们将自己衍生为一个服务的平台提供商，对于使用者，他们提供最便捷的服务指引，对于合作者，他们负责带来最快捷的需求。

资料来源：作者根据多方资料整理而成。

二、管理已进入互联网时代

管理已进入互联网时代！正如彼得·圣吉在《第五项修炼》中所指出的那样，"我们生活在完全不同的世界里"。过去的工业经济快速发展的时代已经过去，我们面临的是世界的转折点。在此需要创新，需要应对前所未有的各种挑战；需要创立新的管理体系，以此让系统健康有序地发展；需要让组织学会整体的学习和思考。个人的成功已经过时，团队的战斗力才是在互联网时代得以胜利的根本保障。

三、认识环境

环境分为内部环境和外部环境。内部环境指的是组织的文化对企业管理的影响；外部环境指的是经济、社会、技术、生态、政治和法律以及伦理道德等环境对企业管理的影响。在现实生活中，内部环境和外部环境双重约束着管理者（见图1-7）。

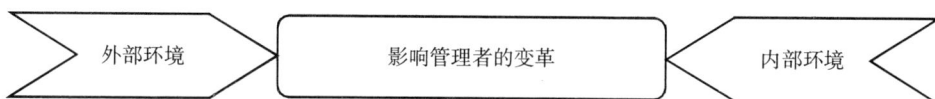

图1-7 环境对管理变革的影响

第一，内部环境。内部环境主要是指组织文化。组织文化是组织成员共有的价值和信念体系，这一体系在很大程度上决定了组织成员的行为方式，代表了组织成员所持有的共同观念。随着时间的演变，成员间的价值观、信条、体系、仪式或模式等文化也将随之改变。

环境约束人，改变人。组织文化约束着企业内部的成员应该做什么，不应该做什么，对企业管理者来说也是如此。这些约束很少是清晰的，并且用文字的形式写下来的，甚至很少有人会讨论它，但它又确确实实地存在着。对于管理者来说，组织文化会约束管理者进行其所有的管理职能（见图1-8）。

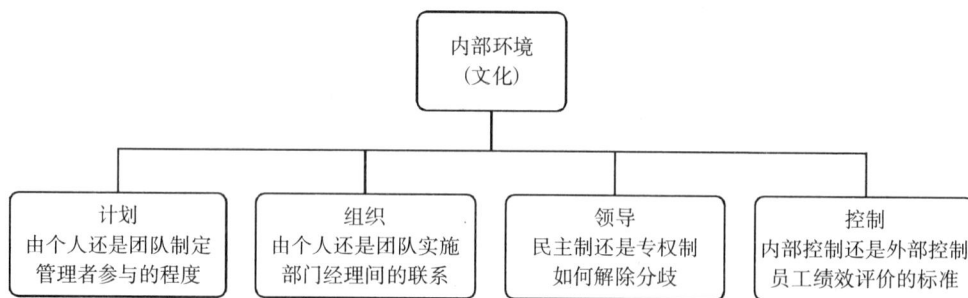

图1-8 内部环境对管理变革的影响

第二，外部环境。外部环境是能够对组织绩效造成潜在影响的机构和力量。广而言之，外部环境可以是除去组织内部环境之外的所有环境。具体而言，外部环境可以是顾客、供应商、竞争者、经济条件、政治和法律条件、社会文化、人口因素、社会技术、全球影响等。

外部环境对企业的管理者进行管理非常重要。外部环境的不确定性和复杂性给管理者的管理增加了很多困难的因素，这对管理者提出了很高的要求，让管理者非常难以完全控制环境的变化（见图1-9）。

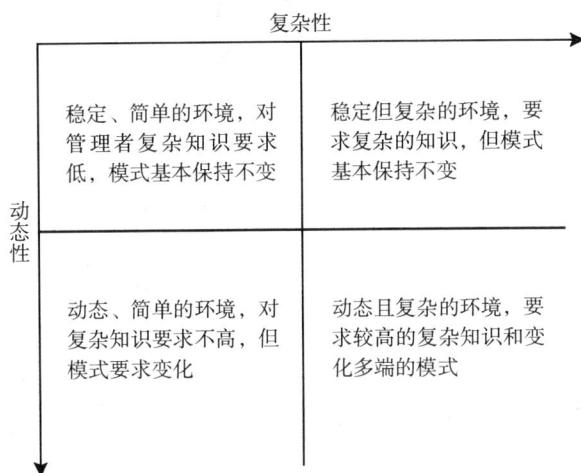

图1-9　外部环境对管理变革的影响

管理变革专栏2　　　　　　　**小米：因外部需求环境变化而改变**

2014年的小米年度发布会，又一次牵动了上千万国人的心。"米粉"的逐步增加，让我们看到了国产手机的希望。小米公司正式成立于2010年4月，是一家专注于智能产品自主研发的移动互联网公司。小米手机、MIUI、米聊是小米公司旗下三大核心业务。"为发烧而生"是小米的产品理念。小米公司首创了用互联网模式开发手机操作系统、发烧友参与开发改进的模式。

图片来源：www.mi.com.

小米的核心思想是如何能够让这代手机在办理技术上有足够强的创新点。除了手机硬件之外，在软件上也投入了很大资源，MIUI经历了两年多的研发周期，在全球累计了700万用户，有上百项的技术创新和产品的创新。

第一，互联网下因发烧友而研发。小米从诞生之日起，非常注重发烧友的需求。自第一版的MIUI发布之后，小米一直坚持在每个星期五下午五点钟发布新产品（刚开始发布主要是用发烧友），用户在互联网上提出新的需求，小米就用3~5天时间修改，随后发布。小米的整个研发模式非常的互联网化。

　　第二，互联网上电子商务为发烧友省钱而革新。小米可能是在全球范围内第一家在网上直接卖手机的公司。小米没有实体店，全部产品通过网上销售。网上直销的优势是完全地省下渠道成本，为发烧友实实在在地省钱。如3000元钱的手机卖出去有1000元钱在渠道里，这笔省下来的钱直接返给用户了，这也是小米2代在做了全球最好的元器件芯片研发之后价格还能做到1999元，如果不是电商的模式，小米不可能做到。

　　第三，互联网上自由品牌手机的电商推广。小米在网上有完整的电商体制和整个后台的研发、物流和仓储。2010年，小米通过开放购买，也就是通过用户先来预约，然后在一个时间开放采购，每一次5万台、10万台、15万台在3~5分钟完成。这种非常独特的电商开放采购模式，让小米在网上的推广非常受欢迎。

　　第四，有自主研发的米1系统，这是目前国内最好的系统。米1的理念是拥有在整个本土的打电话体验，包括年轻人在个性化方面突出的创新。小米为客户创造了很多具有中国主题特色的传统中国风界面，拥有上千套主题、上万种搭配的模块。这种非常灵活的系统，吸引了无数"米粉"用户的青睐。

资料来源：作者根据多方资料整理而成。

四、适应环境

　　面对动态的、复杂的内外部环境，企业唯有不断适应。正如 Lerouy Thompson 所分析的，企业在不同的阶段，其适应环境的方式方法是不同的（见图 1-10）。

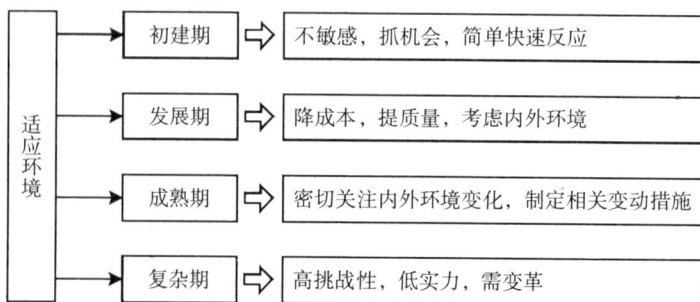

图 1-10　企业在不同阶段对环境的适应

第一，初建期的企业与环境适应。初建期的企业对环境的变化、发展不是特别的敏感，也不是非常具有针对环境变化进行处理的经验。此时，抓住机会发展企业比提高企业对环境处理的能力显得更为重要。企业制订短期的计划和决策，人员按照规定办事以求效率，以简单的、短期的反馈来应对环境的快速变化。

第二，发展期的企业与环境适应。发展期的企业一方面要面对着快速增长的市场份额和投资额，另一方面要不断维持高质量的产品和降低运行成本。这个时期的企业需要考虑许多相互联系的内、外部因素，在稳定人员和组织的同时积极适应环境的变化。

第三，成熟期的企业与环境适应。成熟期的企业已经形成了一定规模的组织，具有较固定的办事流程和系统。此时的企业需要密切关注内外环境的相互作用和反馈作用，需要有与变动性相关的预测计划和反馈、控制等机制，以满足一定程度的内、外部环境的不确定性和变动性。

第四，复杂期的企业与环境适应。复杂期的企业在面对内、外部环境的变化时具有一定的挑战性。这一阶段的企业虽然仍是一个实体，但在满足消费者的需求方面已经缺乏一定的实力。此时的企业应对当前的管理模式进行变革，让企业从复杂阶段向灵活适应性阶段过渡。

管理变革专栏3　　　以市场为导向的上海通用汽车柔性化生产

2014年第一季度，上海通用汽车又以优异的市场业绩迎来年度的开门红，这是继2013年连续四次勇夺乘用车销量冠军之后，再度刷新公司单月销售历史纪录——月销量达175163辆。

图片来源：www.shanghaigm.com.

由上海汽车集团股份有限公司、通用汽车公司共同出资组建而成的上海通用汽车，目前拥有浦东金桥、烟台东岳、沈阳北盛和武汉分公司四大生产基地，共有4个整车生产厂、2个动力总成厂，是中国汽车工业的重要领军企业之一。

在过去的发展历程中，柔性化管理也已经成为上海通用的一道亮丽风景。这种"柔性化"生产方式在国内汽车企业里是绝无仅有的。"柔性化"指的是以柔性化生产线为基础，严格而规范的采购系统、科学而严密的物流配送系统、以市场为导向高度柔性化的精益生产系统以及以客户为中心的客户关系管理共同构成了其柔性化生产管理的支撑体系，具体如下：

第一，以市场变化为导向。上海通用汽车在市场竞争激烈、需求日趋多样的今天，面对每一个有自己对产品的嗜好的消费者和千差万别的客户订单，制定了"多品种、小批量"的定制生产方式。上海通用利用先进的信息技术，进行管理系统和生产流程的变革，推行柔性化生产管理，满足了不同用户多样化需求。

第二，精确无误的信息系统。"定制时代"离不开充分的客户信息网络所传送的大量的市场信息。上海通用以客户关系管理系统为核心，全面打造全国信息采集和反馈系统，将单一的产品销售模式，改造成"物流、生产、销售、维修、配件、信息反馈"为一体的模式，完善产品客户和潜在用户信息收集渠道，并推行网上订购，为企业的柔性化生产管理打下了坚实的市场基础，并为将来的"定制生产"铺设"菜单传送渠道"。

第三，一体化的流程再造。上海通用的生产模式变革，是对企业管理体系和理念的全面提升。它从过去的"生产什么就销售什么"逐步走向"按顾客的订单生产"，客户不仅是经营链的终端，更成为起点。上海通用按照柔性化生产管理的流程，对信息、物料、生产、销售、财务及技术等模块重新组合，以控制产品质量和缩短交货时间为目标，构筑新的经营管理体系，并加大对管理、生产、销售等部门的重整力度，让"以用户为中心"理念真正深入人心，为步入"定制时代"打造坚实的基石。

资料来源：作者根据多方资料整理而成。

第二节　互联网思维管理

面对互联网时代，特别是移动互联网时代，人们的思维在随时、随地、随性地发生着变化，知识的爆炸、信息的爆炸、思维的爆炸让企业管理人员无所适从。在时代变迁异常迅猛的今天，管理者该如何应对呢？（见图1-11）

第一，具有较好的人力资源管理思维。未来很难预测，然而管理人员不得不面对未来。据经济情报组织（Economist Intelligence Unit）对来自世界各地的1650名高层管理人员进行了一项调查，内容是如何看待未来的变革。调查发现，这些高层人物具有较好的人力资源管理思维。

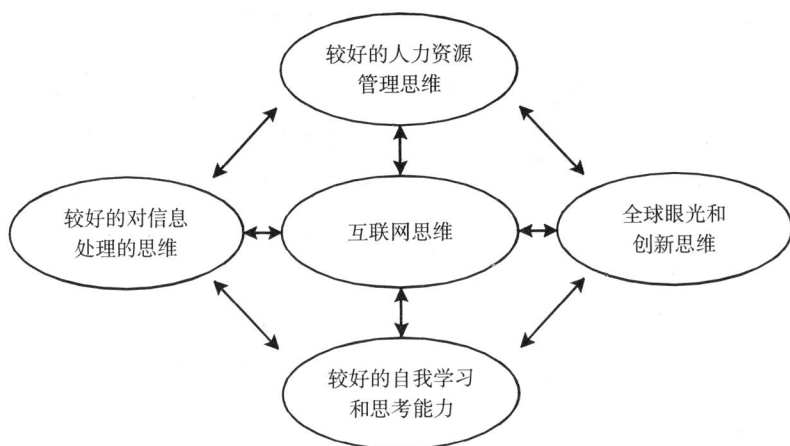

图1-11　企业管理人员应具备的互联网管理思维

第二，具有较好的自我学习和思考能力。互联网时代的管理者的思维应该是站在巨人肩上的，应该是勤奋好学、博众家之长的。只有努力学习，勤奋思考，达到知识的巅峰，才可能有机会去创造、去发明、去创新、去变革。

第三，具有较好的对信息处理的思维。在复杂多变的经营环境中，管理者要利用自身的优秀的综合素质，善于对信息进行评估，对效益较高但获取成本较大的信息以及效益较低但获取成本更低的信息要善于把握；对价值不确定的信息、内容可干扰的信息以及形式和内容不断更替的信息要善于处理。

第四，具有全球眼光和创新思维。在全球经济体系下，企业管理者应该综观全球的资源、从全球的视角审时度势，为企业的发展作决策。应该找出自身企业与竞争者的差距，善于发现别人未注意的情况和细节，并且巧妙地加以运用，提出新的见解和主张。

管理变革专栏4　　　　　**互联网思维：衡钢的管理变革**

图片来源：www.hysteeltube.com.

新技术营造新产业，面对产能过剩、无序竞争的强烈冲击，衡钢通过强力推行衡钢振兴计划，2013年完成铁、钢、管总产量340余万吨，2014年力争实现利润破亿元。

衡阳钢管隶属湖南华菱钢铁集团有限责任公司，衡钢集团是全球先进品种最为齐全的钢管生产基地，全球小口径无缝钢管产量最高、水平连铸圆管坯产能最大、产品门类最齐的企业，全球最大的无缝钢管生产基地，亚洲最大的钢管生产基地，国内唯一一家大中小规格齐全的无缝钢管生产企业。

建于1958年的湖南衡钢在改革开放以后，企业飞速发展，从一家地方小厂变成了一家大型一档工业企业。面对国内外市场的激烈竞争，衡钢需要新的管理思想、观念、方法、手段来满足企业的内部生产经营的需要，以适应企业的规模和发展。

第一，互联网下的管理流程重组（BRP）。集团根据衡钢的实际情况，引入了管理咨询、分析和诊断措施，找出了集团公司管理的症结和不合理、不增值的流程，结合ERP的管理思想和管理理念，对衡钢的管理模式进行了彻底性、革命性的变革。

第二，资源重组下的企业资源计划（ERP）。集团根据业务流程重组对信息系统的需求、企业的实际情况以及国内外软件应用效果比较，衡钢企业资源计划软件采用"外购"ORACLE ERP产品与"定做"其他辅助模块相结合的方式来进行。

第三，根据新思路变革管理模式。企业从传统的科层制管理模式转变为流程制管理模式，组织结构由直线职能型转变为扁平型。管理思想由职能导向型转变为流程导向型，即在坚持客户导向原则的基础上，物质供应服从生产，生产服从技术质量，技术质量服从营销；流程牵头部门必须对本流程内部工作负全面责任。

第四，在新模式下理顺管理关系。为解决以前各管理部门职能交叉或职能重叠的问题，按增值性原则和客户导向原则对非增值性或重复的环节予以过滤清除，衡钢在此基础上重新设计目标业务流程，划分各部门的管理职责，确定各管理岗位设置。

第五，在新的管理环境下强化基础工作。衡钢在基础数据的管理上，由计算机系统的规范程序代替了人工的不规范状态，提高了核算的准确性。在价格管理、成本管理等核心数据上，规范了进出物资价格和管理，真实反映了企业的成本状况，为领导决策提供了可靠的依据。

第六，提高了市场反应速度和客户满意度。衡钢全面推行订单管理，以订单流带动资金流、信息流、物流。提高原料采购计划、生产计划的准确性、科学性，避免了原辅材料、半成品、产成品的积压，提高了资金使用效率和企业经济效益，也提高了市场反应速度和客户满意度。

资料来源：作者根据多方资料整理而成。

第三节　管理根本点和核心

不同管理学家眼中的管理核心如图 1–12 所示。

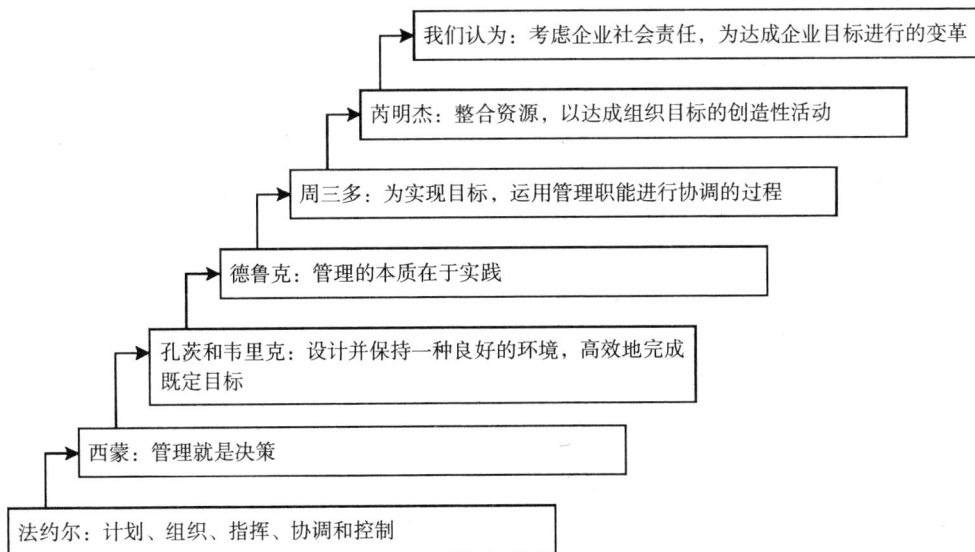

图 1–12　不同管理学家眼中的管理核心

第一，法约尔的观点。现代管理理论创始人法国实业家法约尔认为，管理的本质和核心是以计划、组织、指挥、协调和控制等为职能组织的活动过程。他的这一观点经过了许多人多年的研究和实践，也给管理学带来了巨大的变化。

第二，西蒙的观点。美国诺贝尔经济学奖获得者赫伯特·西蒙认为，管理的本质和核心就是决策。他认为决策过程实际上是任何管理工作解决问题时所必须经过的过程，贯穿着管理的每一个环节。

第三，哈罗德·孔茨和海因茨·韦里克的观点。美国著名管理学家哈罗德·孔茨和海因茨·韦里克认为，管理的本质和核心就是设计并保持一种良好的环境，是人在群体里高效率地完成既定目标的过程。

第四，彼得·德鲁克的观点。美国管理学大师彼得·德鲁克认为，管理的本质和核心是一种实践；管理的本质不在于"知"而在于"行"；其验证不在于逻辑而在于成果；其唯一权威就是成就。

第五，周三多的观点。周三多认为，管理的本质和核心是管理者为了有效实现组织目标、个人发展和社会责任，运用管理职能进行协调的过程。他认为管理是人有意识有目的的活动，管理应当是有效的，管理的本质是协调，协调是运用管理的各种职能的过程。

第六，芮明杰的观点。芮明杰认为，管理的本质和核心是对组织的资源进行有效整合以达成组织既定目标与责任的动态创造性活动。他认为管理首先是一种活动，且是在特定时空下发生的动态的活动；管理这种活动的发生是有目的的，是要达成组织目标的，且管理活动的发生是要对资源进行整合。

第七，本书的观点。结合上述各位管理大师的观点，我们认为管理的根本点和核心是在充分考虑企业本身社会责任的前提下，进一步提升员工的知识性和创造性，以此为核心，结合时代的要求，进行管理变革，以提高整个企业的管理效率。

管理变革专栏 5　　　　　**联想的"大船结构"管理模式**

lenovo联想

图片来源：www.lenovo.com.cn.

2014 年 4 月 1 日起，联想集团成立了四个新的、相对独立的业务集团，分别是 PC 业务集团、移动业务集团、企业级业务集团和云服务业务集团。2013年，联想计算机销售量升居世界第一，成为全球最大的 PC 生产厂商。

成立于 1984 年的联想集团是一家在信息产业内多元化发展的大型企业集团，是富有创新性的国际化科技公司。由联想及原 IBM 个人电脑事业部所组成，在并购了 IBM 之后，联想的决策者认识到，没有一支组织严密、战斗力很强的队伍，企业就成不了气候，进军海外市场也就无从谈起。在这样的背景下，他们提出了"大船结构"管理模式，使之产生 1+1>2 的总体效益。

"大船结构"。这种模式的主要特点是"集中指挥，分工协作"。公司以开发、生产、经营三大系统为主体。围绕这三大主体，公司设置了一个决策系统，一个供货渠道，一个财务部门，实行人员统一调动，资金统一管理。根据市场竞争规律，企业内部实行目标管理和指令性工作方式，统一思想，统一号令，接近于半军事化管理。

第一，能正确确定企业的宗旨和目标，并成为指导企业一切工作的方针。联想自成立起，始终坚持一个宗旨：以科研成果为国民经济做贡献。他们把"创办计算机产业，跻身国际市场"作为联想人的共同理想和目标。

第二，善于制定并实施企业的发展战略。从1988年开始，联想就制定并实施了一个海外发展战略，并达到了预期的目标。1998年，联想又制定了一个面向未来（2010年）的跨世纪发展战略和策略，并得到了有效的实施。

第三，强调科研成果要产业化、商品化、效益化，提出"讲功劳不讲苦劳"的价值观，强调对科技人员的评价不是以学历、资历、成果鉴定会评价为依据，而以实际贡献为依据。要求科技人员强化市场观念、用户观念、时间观念、效益观念，发挥积极作用，创造经济效益。

第四，创立贸、工、技产业发展道路，建立开发、生产、销售、信息、服务五位一体的良性循环的产业结构。由于联想创立之初只有20万元人民币的投资，所以必须走贸、工、技的产业发展道路，这既是联想的特点，也是联想的创造。

资料来源：作者根据多方资料整理而成。

第四节　管理的变革

世界著名管理大师彼得·德鲁克提出："我们无法左右变革，我们只能走在变革的前面"，"变革是无法避免的事情。"这种观点充分表明，环境是多变的，管理者必须不断地变革管理才能保证企业生存和发展。

一、管理的使命

彼得·德鲁克认为21世纪高层管理者的使命是提升知识工作和知识工作者的

生产力，同时设立营销、创新、人力资源、资本资源、物质资源、生产力、社会责任及利润八个方面的目标，使之达到平衡，使工作有生产力并使员工有成就感。

彼得·圣吉在《第五项修炼》中指出，改变员工的心智模式并筑就共同的伟大愿景，这才是一个管理者最高的使命。

我们认为，管理的使命在于让管理有效。通过有效的管理让资源充分发挥优势，让组织达到良好的绩效水平，在于让员工有成就感。只有员工的问题得到解决，他们的要求获得满足后，影响社会与承担社会责任后，员工的生产力才有意义和价值。

二、管理的社会责任

在互联网技术迅速发展的时代，全球性的公司、大型的企业为了降低成本，增加自身的竞争力，进入那些互联网制度管辖范围模棱两可的灰色地带，如借助网络的免费性、传播速度和分享功能，通过各种方式攻击竞争对手。这类企业的手法确实是在维护股东的利益，但它们是否具有社会责任感呢？

第一，管理者要承担社会责任。一是资源的有限性需要管理者承担社会责任。资源的有限性一方面表现在自然资源的有限性，另一方面表现在社会资源的有限性。管理者无论面对哪种资源，金融资源也好，信息资源也好，对企业的发展需求来说都是有限的。有限的资源要求管理者厉行节约，要求管理者从社会的宏观角度思考企业的发展，以承担社会责任。二是文化的差异性需要管理者承担社会责任。早在 20 世纪末，美国哈佛大学教授丹尼尔·贝尔发现西方资本主义已经进入"文化差异性"的困境。这种困境的核心是经济冲动力与宗教冲动力或道德冲动力的背离。企业为把经济冲动力释放到极致，将分期付款、文化伦理抛向脑后，耗尽了社会的能量，破坏了社会的和谐。三是竞争的残酷性需要管理者承担社会责任。据经济学家和诺贝尔奖得主米尔顿·弗里德曼（Milton Friedman）介绍，管理者最重要的事情就是从股东的最佳利益出发，从事经营活动。这迫使管理者降低有形的"自身成本"，增加无形的"社会成本"，给公共资源如环境等造成压力（见图 1-13）。

第二，社会责任和社会义务的区别。社会责任指的是企业追求有利于社会的长远目标的一种义务，它超越了法律和经济所要求的义务。这是一个社会、一种文化所形成的，对企业进行无形的、非文字所表述的伦理道德。社会义务指的是一个企业承担的经济和法律所规定的义务。这是法律要求的最低程度。所有的企业，无论是否有社会责任感，都需要承担社会义务。社会义务是有形的，可以用

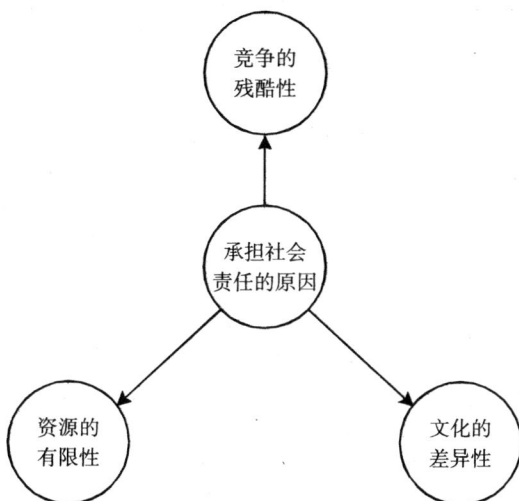

图 1-13　企业须承担社会责任的逻辑起点

文字进行表述的。

对于企业来说，承担社会义务是必须的、是基础。只有在承担好最基本的法律规定的社会义务的基础上，才有可能承担更多的、无形的社会责任。

第三，管理的社会责任。一是要把企业做大、做强、做久。努力增强企业的竞争力，不断创新，向社会提供更多、更好、更新的产品和服务。二是企业的管理经营活动要符合道德规范。包括企业内部的管理，产品的设计、制造、包装，质量的保证，营销的手段，售后的服务等。三是要保护环境。要主动节约能源和其他不可再生资源，尽可能减少对社会的人为破坏，积极做好企业的绿色研发和节能产品的研发，防止资源的浪费。四是要做好社会公益活动。做好企业所在地区的建设和维护，对当地的医疗、社区建设、福利设施、公共服务做好投资（见图 1-14）。

管理变革专栏 6　　　　　　公益、捐款等于企业社会责任？

2013 年 6 月，柳传志在一次小范围的谈话中说，"从现在起我们要在商言商，以后的聚会我们只讲商业不谈政治，在当前的政治经济环境下做好商业是我们的本分。"这一言论被报道后，在企业家群体、网民群体中引起热议，大家对"企业家该不该参与政治"各抒己见。

这一事件让人想起 2008 年"万科捐款门"事件。汶川大地震后，万科捐款 200 万元。王石说，"200 万元捐款是一个适当的数额"，遭到网民的一片"声讨"。

这两件事看似独立，实则非常相似，都源自于中国社会对企业、企业家的认识和定位问题。

回看王老吉捐款事件。王老吉在汶川地震后捐款 1 亿元，成为承担企业社会责任的典范。可一年后，王老吉被曝违法添加中药材，遭遇"添加门"危机，陷入负面舆论的旋涡中心。很多人开始质疑，当初的捐款行为是企业履行社会责任的举动，还是一个成功的营销行为呢？

再看本田捐款事件。起初，实力雄厚的跨国企业本田汽车捐资 100 万元，出手确实有"铁公鸡"之嫌；其后出现竞争对手吉利汽车捐资 1000 万元，本田马上大张名目联合经销商追加 1103 万元的捐款，誓言不能失势，来表现承担了"社会责任"？

更有甚者，经过精心策划后，某企业老板因捐款后迅速获得知名度，得到了政府很多关系和支持，如免税优惠、贷款优先、行政优先等。该老板"反复"向银行获得巨额贷款，买地筹建新工业园，购置大量设备，盲目开发了一些力所不及的项目。公司开始步入欠债累累，拖欠工人工资。这会给社会带来什么呢？

还有"毒牛奶"事件。所有人都提到企业"社会责任"。究竟什么是社会责任？社会责任又如何呈现呢？

资料来源：作者根据多方资料整理而成。

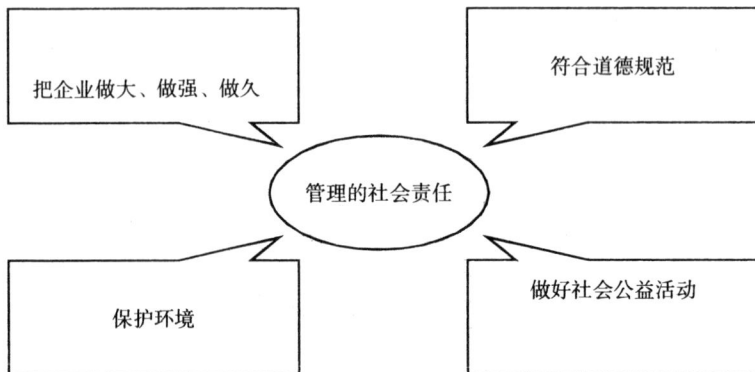

图 1-14 企业应尽的社会责任

三、管理的变革

管理变革即当组织成长迟缓，内部不良问题产生，无法适应经营环境的变化时，企业必须做出组织变革策略，将内部层级、工作流程以及企业文化进行必要的调整与改善管理，以使企业顺利转型。管理变革的内容包括（见图1-15）：

图 1-15　管理变革的内容

第一，战略变革。转变企业生产经营和长期发展的战略和目标，这是企业变革管理的中心。在这种战略变革的前提下，企业长期发展的目标也随之转变，而且导致企业的组织、产品、服务、流程、市场发生根本性变革。

第二，结构变革。企业组织结构的变革大多是由于内部和外部环境因素引发的。外部因素如市场竞争环境越加激烈、企业购并重组、客户需要；内部因素如新产品的生产和营销、技术变革、人的变革。原有的金字塔型组织结构将转变成扁平化结构，企业可以通过改变组织内部结构，改变组织效率低下、人浮于事、沟通困难的状况，从工作的分工、授权、管理层次，以及沟通效率方面进行调整和设计。

第三，技术变革。技术变革包括生产技术和管理技术的变革。因为技术变革是由于经济环境发生变化，导致需求变化而产生的，生产技术的变革必然引发管理技术的变革。企业为了取得竞争优势，必须不断研发新的技术和产品，淘汰过时的技术、产品和生产线，这种变革包括产品、技术、品牌、质量的创新。

第四，流程变革。传统的管理流程是自上而下的，而变革管理过程中，由于组织结构和技术的变革，流程必然发生变革。由于市场竞争的加剧，流程再造要求组织具有灵活性和适应性。这样，工作方式和流程的变革是连续的，而且长期处于循环改进的状态。只有交互式多渠道的流程才能应对变革。

第五，企业文化变革。在企业变革过程中，由于权力差距缩小以及不确定性的增加，企业文化在文化的维度上发生改变，企业的管理者必须引导全体成员建立新的价值观。管理者必须为企业建立新的价值观，以团队精神为核心，建立以团队导向、成果导向、相互信任、分工明确、企业利益高于一切的企业文化是企业成功变革的重要保证。

【章末案例】 TCL 公司借助互联网思维进行管理转型

创立于 1981 年的 TCL 集团股份有限公司是中国最大的、全球性规模经营的消费类电子企业集团之一。30 多年来，TCL 从广东惠州生产磁带的小合

图片来源：www.tcl.com.

资企业，将业务逐步拓展到电话、电视、手机、冰箱、洗衣机、空调、小家电、液晶面板等领域，创造了多个第一：中国第一台免提式按键电话、第一台28 寸彩电、第一台钻石手机、第一台国产双核笔记本电脑、全球首款商用 3D 立体液晶电视、首台互联网电视，并率先推出全球最大 110 寸四倍全高清 3D 液晶电视。

20 世纪末，TCL 通过一系列自主品牌推广和跨国并购实践，奠定了坚实的海外市场基础，成为中国企业国际化的"领头羊"。拥有 75000 名员工的 TCL 机构遍布亚洲、美洲、欧洲、大洋洲，在全球 80 多个国家和地区设有销售机构，并在全球拥有 23 个研发机构和 21 个制造加工基地。

TCL 集团旗下拥有 3 家上市公司，分别是 TCL 多媒体科技、TCL 通信科技和通力电子。目前已形成多媒体、通信、华星光电、家电集团、通力电子五大产业以及系统科技事业本部、泰科立集团、新兴业务群、投资业务群、翰林汇公司等业务板块。

1. 如何借助互联网思维进行组织变革

第一，智能＋互联网。TCL 所讲的"智能＋互联网"指的是怎么利用互联网的思维来更好地开展 TCL 的业务。目前 TCL 通信已开始构建个人云系统、家庭云系统、视频通信、支付系统四个核心项目。在整个云战略中，TCL 将从个人一直到家庭、到社区、到企业、到大的智慧城市，逐步去发展 TCL 的服务群，能够在"智能＋互联网"战略指引下，可以实现有意义的移动，使用 TCL 所提供的服务。

第二，产品＋服务。从经营产品到经营用户。"产品＋服务"指的是从经营产品为中心转向以经营用户为中心。TCL 将基于市场洞察和用户入口战略，通过适当的用户入口，把不同种类的用户吸引过来。目前 TCL 的"云层"服务可通过互联网远程对空调、洗衣机、安防远程监控，同时也可通过外部的互联网

实现家庭和家庭之间的各种内容分享。

第三，让用户告诉 TCL 该做什么。TCL 要以自我为中心变成以用户、客户为中心，为用户提供极致体验的产品和服务。TCL 以用户为核心，实施产品加服务、智能+互联网定位，通过用户体验来驱动产品的智能化，基于互联网大数据、云计算的应用，面向用户，形成产品+服务的新商业模式。建立满足战略转型要求的开放、协同、融合的业务流程和组织体系。

2. 如何实施变革

第一，产品和服务的变革。变革后的 TCL 产品由四大品类组成，分别是：智能健康电器，智能电视及机顶盒；智能家居及家庭云；智能移动终端；可穿戴设备。服务领域将聚集于四大业务群，分别是应用服务、O2O、金融服务和内容。其中应用服务指的是欢网科技、OTT 业务和全球播业务，而金融服务则指的是财务公司、银联支付、小额信贷、第三方支付和消费信贷；O2O 主要是涉及线上线下的整合，业务集中在客音服务、速必达、酷友、地面体验店与专卖店；内容则是 mMAX、TCL 文化传播、游戏、网络孔子学院和奥鹏教育。

第二，技术的变革。"变革创新，知行合一"被 TCL 人贯彻执行到包括技术研发在内的各个环节，逐渐形成了以一个模式（逆向创新模式）和三大要点（从引进吸收到自主创新，从局部创新到全面创新，从外围技术到核心技术）为特色的科技创新系统，为 TCL 产品技术的不断推陈出新打下了坚实的基础。

第三，流程的变革。TCL 从塑造品牌的潜意识期到国际化的品牌时代，一直都存在着流程的变革。前期的 TCL 强调产品的诉求，以产品带动品牌、相对弱视 TCL 品牌的主观塑造。然后，进行了再定位及品牌延伸，弱化了 TCL 等同于电话机的品牌定位，着力宣传 TCL 集团，使 TCL 很快上升为企业品牌；同时导入 CIS 战略，打造企业形象，看好并重视广告宣传和企业社会责任。接着，TCL 设定了企业的发展目标，采取"全传播"的品牌策略，将企业日常的广告、新闻传播、CSR（企业社会责任）全部与企业品牌战略结合起来。

第四，思想的变革。TCL 对内部进行了观念的调整，从传统思维向互联网思维转变，这要求人们考虑问题的角度要发生变化；对公司组织架构进行了调整，对资源进行了整合。

3. 成功经验

第一，紧抓时代机遇。互联网时代的来临，让以传统模式经营的 TCL 赚了个盆满钵满。2013 年，TCL 集团在经营规模、营收水平均创出了历史新高。过去，TCL 在面临国内外经济形势依然严峻的大环境下，正面临智能与互联网大潮的猛烈冲击。新产品形态、新商业模式、跨界竞争层出不穷。用互联网思维转变经营观念，从以经营产品为中心到以经营用户为中心；重构组织及流程，强化智能技术、互联网（云）技术及软件、应用能力，完成战略转型布局；着力建立和培育服务用户的能力，并在为用户提供服务中创造更多价值。

第二，紧扣客户需求。TCL 效法小米、乐视等互联网企业建立一个 TCL 的用户群、一个 TCL 用户社区，如 TCL 铁粉群之类的用户社交圈，让用户有兴趣在社区内互动交流。通过这种社区建立，也让用户参与到产品设计、研发测试、评价等环节。能够在一些新的经营模式方面，根据用户的需求，为用户提供后续的服务，在为用户创造价值的同时，也给自己带来新的价值。

第三，紧贴技术核心。TCL 建立了以技术中心为管理机构，研究院为前瞻及核心技术储备，企业为产品研发中心的分级管理、重心向下为特色的复合式研发体系结构，使 TCL 真正做到了研发一代储备一代。TCL 对科技人员制定了多项人才激励制度，包括最具创新奖、最快成长奖、专利奖、技术创新奖、推荐人才伯乐奖等奖励政策，薪酬体系向研发人员大力倾斜，建立可持续的人才发展基础和机制。拥有国际先进水平的开发软件、仪器、设备 5000 多台套；研发办公面积达 6 万多平方米；拥有 CNAL 国家产品认可认证实验室 9 个；与国际知名公司的联合实验室 6 个；博士后工作站 1 个，研发投入为 18 亿元。

资料来源：作者根据多方资料整理而成。

【本章小结】

在快速变化的互联网时代，特别是移动互联网时代，各大企业如何转变自身的职能，从传统的管理模式逐渐转向移动互联网管理模式？本章首先讨论了时代与管理的关系，进而列举了传统时代下国内外著名的管理特征与内容；其次，本章论述了互联网时代下企业所面对的内部环境和外部环境，并且讨论了企业如何在不同的发展阶段适应环境；再次，本章结合国内外著名管理学家的观点，阐明了企业管理的核心和本质；最后，本章结合彼得·德鲁克的研究，讨论了管理的使命和企业的社会责任，论述了企业该如何变革以适应其使命和社会责任。

【问题思考】

1. 试讨论转型时代的特点，转型时代与管理有何联系？

2. 你如何看传统时代下的企业管理？

3. 内、外部环境对企业的影响是什么？企业该如何适应它们的变化？

4. 谈谈你眼中管理的本质和管理的使命。

5. 分析一个有社会责任的企业会如何表现？

6. 试论什么是管理变革，该如何变革？

第二章 管理、管理者与管理学

【学习要点】

☆ 理解管理的概念和内涵；

☆ 重视企业管理的实质；

☆ 知晓管理中存在的各种关系；

☆ 了解四大管理基本职能；

☆ 知晓管理者所需的技能以及不同类型管理者所需技能的重要程度；

☆ 熟悉管理学的特点和学习方法。

【章首案例】 **永钢：管理创新出效益**

图片来源：www.yong-gang.com.

江苏永钢集团有限公司位于江苏省张家港市南丰镇，创办于1984年，占地5500亩，是全国重要的建筑用钢、工业用钢生产基地之一，年炼钢、轧钢能力各800万吨，总资产295亿元。公司先后被中钢协、国家银行系统、国家技监局、国家工商行政管理总局评为"全国钢铁工业先进集体"、"特级信用企业"、"完善计量检测体系合格企业"、"全面质量管理达标企业"、"全国重合同守信用企业"，连年被资信评估公司评定为"3A"级信用企业。

在钢铁行业大面积亏损的情况下，江苏永钢集团却依然保持着良好的发展势头。2013年，公司完成炼钢730万吨、轧钢780万吨，实现销售收入355亿元，利税总额18.7亿元。永钢取得好成绩的一个重要秘诀就是：大胆改革机制体制，通过管理创新寻找"化危为机"的良策。

1. 管理流程再造增强企业活力

在永钢原料场控制室的电脑中，可以清楚地查到上料车间、新混匀车间和老混匀车间的每个班当天的产量、各类耗用、成本……只要看看每天的报表，就能很快判断出成本上升是由哪个班、哪个要素造成的，从而采取有针对性的措施降低成本。

这就是从 2012 年 8 月起，永钢推行的三级核算机制。该机制是：各分厂以公司和分厂二级核算为基础，按照全成本要素的原则，以车间、炉座、机座、班组为单元进行内部成本核算。三级核算较以往更能及时、准确地反映实际成本，有助于各车间、班组主动降本增效，形成"人人算账挖潜力"的良好局面；有助于各分厂内部工段和班组形成主动关注市场变化的思维，科学生产，获取最大盈利空间。

要最大限度地实现"挖潜增效"，就必须在管理体制、机制上不断突破、创新。2012 年 6 月以来，永钢先后对 21 个辅助单位实行了成本承包经营。在这一举措的作用下，各承包单位的积极性被充分调动起来，想方设法在减员增效、稳产高产、降低成本、提高员工收入上下功夫。"我们是公司最先实行承包的单位，承包后，生产成本每吨下降了 200 元，工人工资每人每月增加了两三百元，承包团队的收入也提高了很多。"永钢集团下属的金属制品厂厂长苏剑斌介绍说。

2. 科学管理增强提升功力

2013 年初，永钢启动了"质量、安全、效益提升年"活动，公司上下苦练内功，科学调配、合理利用资源，达到降低消耗、节约成本的目的，并已累计发放各类奖金 510 万元，用于促进各项管理水平的提升。

它们挖掘煤气发电和余热发电潜力，将自发电比例从 15.56% 提升至 35.31%；实施错峰用电，累计增效 2237 万元；通过节水改造、污水回用，将水循环利用率从 98.08% 提升至 98.52%，吨钢新水消耗从 2.52 吨降至 2.31 吨；推行"零库存"、"小批量、多批次"等采购模式，有效降低采购、库存费用。开展物流降本攻关，高炉块矿、带烧烧结矿直送比例分别提高至 68%、80%；加强库存物料、在途物料、日常使用量的平衡协调，降低内物流运输成本 1200 万元；丰富沿海短线运输路线，选择最优港口过驳，有效控制物流吨亏，同比增效 3300 万元。

永钢通过设置机动处，对全公司闲置的物资进行科学化管理和配置，达到

"变废为宝"、"变闲为宝"、增加效益的目的。在公司生产、建设过程中，会产生一些铁板、钢管或者技改后的机器设备等闲置物资。对此，机动处组织人员每天对各分厂闲置物资统计归类，将物资信息以图文形式公布在公司内网上。该处还设立了 5 个闲置物资库，组织各条生产线人员实地观摩，按需领取，使闲置物资得到了充分利用。从机动处获悉，2014 年第一季度，该处对各生产单位的闲置物资统计归类，合理调配到所需分厂、车间，累计增效 88 万元。

永钢为了避免人为因素造成误时统计不准确的现象，自主开发的"误时统计管理系统软件"于 2012 年正式运行。该系统通过实时采集 PLC 数据，对各分厂的生产状态进行全程跟踪，并对生产过程中出现的停产情况进行自动分析，作出准确的记录、统计和汇总。运行以来，误时管理工作取得了卓有成效的进步，通过制定相应的管理措施，并配置考核，现在无论是公司领导，还是生产分厂的干部员工，都把误时率指标放在首要位置之一。随着误时率的降低，各项技经指标得到改善，能耗也随之下降，取得了较好的经济效益。公司炼钢实际生产产量由 2011 年的 502.8 万吨提高到 2013 年的 731.7 万吨，而误时率却由 2011 年的 0.5% 下降到 2013 年的 0.34%，为公司的提档升级、降本增效奠定了基础（见图 2-1）。

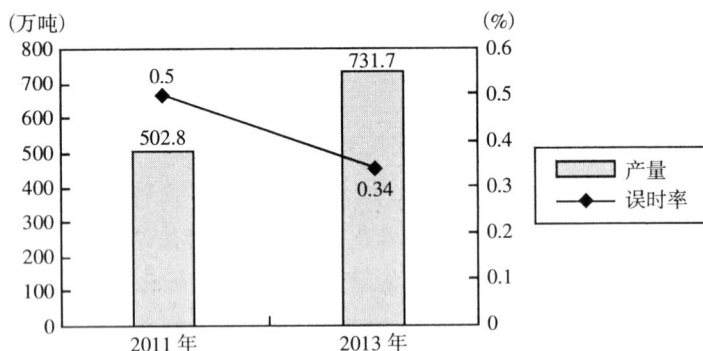

图 2-1　永钢炼钢产量与误时率变动

3. 人才管理激发成才动力

近年来，永钢之所以能在严峻的行业形势下逆势而上，与该公司始终坚持的"人才强企"战略是分不开的。先进的用人理念、有效的激励机制充分调动了员工的积极性，为永钢转型升级奠定了坚实的人才基础。

"一个企业能否成为创新型企业，实现转型升级、可持续发展，不光是引进人才，更要注重对人才的管理和培养。"永钢人事处招聘科科长谢章建表示，永钢十分重视对新聘大学毕业生的培养，建立了新入职大学生管理办法，为每一个新来到公司的大学生制订一个一到两年的"轨道式"培养计划，并为大学生指定帮带责任人，签订师徒协议，明确培养目标、锻炼方式、考核方式，建立大学生员工培养系统，实现信息化跟踪管理。谢章建说："这种'轨道式'培养计划，能够更好地帮助高学历员工的成长，也有助于公司更好地掌握他们的成长过程，为人才选拔工作打好基础。"

永钢还为优秀人才的成长开辟了"绿色通道"。据介绍，永钢的普通员工在通过两年左右岗位实践锻炼并做出成绩后，就有机会通过永钢的公开竞聘考试，进入工程师队伍和管理干部队伍，各类型人才都能找到适合的发展路径，极大地激发了广大员工立足岗位成才的积极性。目前，在永钢的干部队伍中，科技人才的比例达到46%。"人才管人才、内行管内行"的管理模式，已经成为永钢转型升级的动力源泉之一。

资料来源：作者根据多方资料整理而成。

管理在我们的世界中无时不在、无处不在，是普遍存在的现象。每一社会成员，都要同管理打交道，或者从事管理，成为管理者即管理主体；或者接受管理，成为管理对象即管理客体。更多的时候是"一身二任"，既是管理主体又是管理客体。而人在一定意义上就是具有组织和管理自己活动能力的社会动物。整个社会就是一个通过管理而正常运行的有机体。

第一节　管理的概念与内涵

一、管理的概念

管理，从字面上讲，就是管辖、处理的意思。由于管理涉及面很广，所以一般大都按照某种需要，从某种角度来谈论管理，看待管理。

首先，从最简单的拆文解字来看，"管"字可以拆成"竹"和"官"。"竹"可以指代毛笔，表示做好管理必须要有知识文化。"官"反映在古代中国社会中只有政府官员才能成为管理者。英文的管理更有意思，"Manage"可以拆成"Man"和"Age"，可以解释为上年纪的男人可以做管理者，确实也反映了社会现实。

在经济学家看来，管理是生产转动的一个条件，没有管理就没有生产。甚至有经济学家将管理作为土地、资本、劳动等之外重要的生产要素。在现代社会，如同科学技术是生产力一样，管理也是一种生产力。管理出高产，管理出质量，管理出效率。

在社会学家的眼中，管理是一种职权系统。从历史上看，管理最初是由少数上层人物来决定普通成员的行动。后来，一些管理部门开始施行家长式的管理。再以后便出现了规章管理。劳动者既是管理对象又是管理主体。在管理科学理论中，各学派对于什么是管理有不同的看法。

1. 外国管理专家学者的定义

"科学管理"理论的创始人是美国的弗雷德里克·泰勒（1911），他认为：管理是一门怎样建立目标，然后用最好的方法经过他人的努力来达到的艺术。

"古典管理理论"的代表人物之一、法国工程师法约尔（1916）认为，管理是一种具有特殊职能的活动。他以大企业的整体为研究对象，指出：管理是企业经营的六种活动（技术活动、商业活动、财务活动、安全活动、会计活动和管理活动）之一，它包括计划、组织、指挥、协调和控制五种职能。

"行为科学"学派在20世纪二三十年代提出：管理理解为协调人际关系，激发人的积极性，以求达成共同目标的一种活动。行为科学理论认为人的行为是由动机决定的，动机是由需要引起的，管理就是要解决人的行为、动机和需要这三者之间的关系。

决策理论学派的代表人物、1978年诺贝尔经济学奖获得者、美国卡内基—梅隆大学的西蒙（1960）认为：决策贯彻管理的全过程，管理就是决策。

经验主义学派的代表人物、美国的德鲁克（1954）对管理作了比较全面的概述。他认为：管理是一种工作，因此它有其技能、有其工具、有其技术；管理是一门学术，是一门到处均可运用的系统化知识；管理也是一种文化，它包含在价值、风格、信仰与传统之中；管理还是一种任务，它主要不在于"知"，而在于"行"。

哈罗德·孔茨（1993）指出：管理就是设计并保持一种良好的环境，使人在群体里高效率地完成既定目标的过程。

迈克尔·A.希特（2013）对管理的定义是：管理是在组织背景下运用目标导向的方式聚集和利用一系列资源来完成任务的过程。

里基·W.格里芬（2011）将管理定义为：根据组织资源（人力、财务、物质和信息）所进行的一系列活动（包括规划与决策、组织、领导和控制），其目的是以有效率的和有效能的方式实现组织的目标。

斯蒂芬·P.罗宾斯（2012）认为：管理是通过协调和监督他人的活动，有效率和有效果地完成工作。

2. 中国管理专家学者的定义

芮明杰（1999）将管理定义为：管理是对组织的资源进行有效整合以达成组织既定目标与责任的动态创造性活动。

周三多等（1999）认为：管理是社会组织中，为了实现预期的目标，以人为中心进行的协调活动。

吴照云等（2011）认为：管理是在特定的环境下，对组织所拥有的资源进行有效地计划、组织、领导和控制，以便达成既定的组织目标的过程。周健临等认为，管理是对组织的人力、资金、物质和信息资源管理，通过计划、组织、领导和控制等一系列过程，来有效地达成组织目标。

通过以上多种定义可见，管理定义受人的认知差别的影响，即使是管理学家，他们每一个人对管理的认识也是不同的。同时管理还受时代管理实践的制约，管理定义不能超越时代需要、脱离管理实践而进行。管理的定义是随着人们认识的深入和管理实践的发展而不断发展的，在这个发展中"管理是一个过程"，对此中外管理专家学者基本达成一致。后来的管理学家从时代新发展出发，重点关注了具有时代特色的其他的一些重要管理职能，因此管理定义包含的因素会更加全面，会更多地采用科学的逻辑方法进行定义。总之，管理定义的多样化既反映了人们所处时代管理实践、认识水平、研究立场、方法和角度的不同，也反映了管理科学的不成熟性。这说明管理没有一个统一的定义是现实的结果，会随着管理实践的发展和人们认识的深入不断发展。但这种发展不是对前人管理定义的替代，而是继承与丰富。

管理、管理者与管理学专栏 1

绵阳药业（集团）总公司的目标责任管理法

图片来源：www.taiji.com.

四川省绵阳药业集团公司是绵阳市经营规模最大、经营发展最好的药品及医疗器械配送企业，隶属于太极集团重庆桐君阁股份有限公司，是太极集团在川西北地区商业发展的战略中心平台和分销主渠道。公司拥有完整的医药商业形态(批发、调拨、零售连锁及超市等)和完善的医药商业网络。核心主营业务包括：医院纯销与市场调拨、物流（分销）配送、零售连锁、中药材及中药饮片、医疗保健器材、基药配送等。

该集团拥有四川天诚药业股份有限公司、绵阳太极大药房连锁有限责任公司、绵阳桐君阁大药房有限责任公司、安县天诚医药有限公司、北川天诚医药有限公司、太极物业服务公司和游仙镇卫生院等经营实体。现有从业人员 700余人(其中药学、执业药师等专业技术人员 400 余人)，年销售 10 亿元，利税突破 2000 万元。

绵阳药业集团公司是四川省首批通过国家 GSP 认证（批发、零售）的大型医药商业企业，2012 年被四川省商务厅列为药品流通行业"重点联系企业"。建业近 60 年来，公司全心全意致力于"关爱民众、健康苍生"的宏伟事业，以"群众满意、企业发展、百姓称心、政府放心"为己任，竭诚为人民群众提供"安全、有效、方便、及时"的药品和医疗器械配送服务，被誉为绵阳市"国有医药主渠道"，连续 15 年被评为四川省"重合同守信用"企业、市级税源重点客户、银行 AAA 信用单位。

目标责任管理法是融计划管理、全面质量管理、定额管理于一体的管理方法与技术。它从企业的现实出发，根据对未来一年企业经营管理趋势的预测，确定企业的方针和目标，建立有层次的组织体系和规章制度，用责任书的形式落实到企业的各个部门和全体员工身上。绵阳药业（集团）总公司在管理实践中更是创造性地运用了这一基本管理原理。

绵阳药业（集团）总公司在经营管理实践中卓有成效地实行了企业目标责任管理法，其具体做法是：总公司以国家政策、法令、法规、市场预测信息及企业实际情况作为企业中长期规划、年度计划的制定依据。企业年度方针体现企业的经营思想和经营目标，既要有鼓动性，又要切实可行。企业按规划发展速度提出需要完成的各项指标值，即目标责任，各部门的目标责任书由该部门的经理负责制定及实施。全面质量管理办公室（下称"全质办"）负责检查责任书的执行情况。

目标责任管理本质上是一种综合的以工作和人为中心的管理方法。它首先是由一个组织中的上级管理人员同下级管理人员、广大职工一起来制定组织目标。目标责任管理与组织内每一个人的责任和成果相互联系，明确地规定了每个人的职责范围，并用某些措施来进行管理、评价和确定每个成员的贡献和奖励报酬等。因此从其基本内容看，它是动员全体职工参加制定目标并保证目标实现的管理方法。绵阳药业（集团）总公司目标责任管理的程序主要包括以下几个方面。

第一，准备阶段。这是为企业责任目标的制定搜集各种相关资料、确定基本指导原则的阶段，它直接决定企业目标责任的合理性与可行性。就绵阳药业（集团）总公司而言，该阶段工作由总经理亲自主持，有关领导参加者分析现状，找出差距，确定工作重点，由全质办汇总后，提出年度目标责任的设想。

第二，制定阶段。在这一阶段，企业内部的各级管理者、各个单位以及每个职工在确定组织总目标的前提下将总目标层层展开，分别制定各部门、各小组、每个人的工作目标，形成一个完整的目标责任体系。在绵阳药业（集团）总公司，由全质办拟出年度企业目标责任书草案，在广泛征求各部门意见加以修改后，最后交职工代表大会审议通过，在年底前公布。各分管经理根据各自的分工，找出与自己相关的企业方针目标要点，制定对策，作为自己的目标责任。各部门则根据对策措施，制定本部门的目标责任书，直至扩展到班组与个人。

第三，实施阶段。该阶段的工作内容主要包括三个部分：一是对下层按照目标体系的要求进行授权，明确每个部门以及每个人在目标体系中的地位和责任，实行自我管理，独立自主地实现部门和个人的目标；二是经常与下属交流意见，进行必要的指导，最大限度地发掘出下属的积极性和创造性；三是严格按照目标及保证措施的要求从事工作。在绵阳药业（集团）总公司，各部门按月份分析主要责任指标的实施进度和现状，找出问题，做好分析整改情况记录，并及时整改。

第四，评定与反馈阶段。当目标实施活动按预定要求结束时，必须按照定量目标取得的成果做出评价，并使这种评价与奖励挂钩；同时还要把评价结果及时反馈给执行者，以便其总结经验教训。为此，绵阳药业（集团）总公司设计了"目标责任书实施意见反馈单"，以确保该项工作的统一化和标准化。

科学的实施过程使绵阳药业（集团）总公司的目标管理取得了令人满意的成果，整个公司人人工作目标明确，各个部门责任制度健全。考核有尺度，赏罚有依据，在组织没有进行个人工作评价以前，每个人都可以清楚地为自己打分，从而减少了分配中常常存在的一些矛盾，提高了职工的工作积极性。

目标管理能够发挥企业各部门和全体职工的积极性，是一种全方位的管理，它可以取得全面的管理效果。在目标管理的实施过程中，它让全体职工参与管理，实行企业管理民主化。目标管理是一种"主动"的管理方式，自觉地努力追求目标的实现，以积极的行动代替空洞的言论，以自我要求代替被动从属，以自我控制代替被人把持。目标管理也需同明确的责任划分结合起来。

资料来源：作者根据多方资料整理而成。

二、管理的内涵

第一，组织是管理研究的主要对象。每个人都要管理其时间和金钱，都要努力实现个人设定的目标，从广义上讲，这些都属于管理活动。但是，管理之所以重要，并不仅仅是为了完成个人目标，更主要的是实现组织的整体目标，是通过管理活动产生一种"$1+1>2$"的增效效应。所谓组织，是在一个结构体系中共同开展工作的一群人，他们以合作的方式来实现特定的目标。组织存在于日常生活和工作的各个方面。家庭是一个组织，医院、学校、企业和事业单位等也都是组织的具体形式。任何一个组织都有其基本的使命和目标。组织规模越大，对内部分工协作的要求就越强，越需要科学的、规范化的管理，管理工作产生的效果也就越明显。

第二，管理活动是在特定的组织内外部环境约束下进行的。任何组织都存在于一定的内外部环境之中，并受到环境的约束。例如，企业的生存离不开外部的原材料供应和顾客的需求，其生产经营活动要受到国家政策、法律等多种因素的影响；学校的生存取决于学生求学的欲望和用人单位的需求。管理理论的学习和管理实践活动必须注重组织的内外部环境，要适应环境，利用内外部环境的各种有利因素，并根据内外部环境的变化而不断地进行创新。

企业所面临的外部环境大致分为一般环境和特殊环境，其中一般环境，又称宏观环境，是指在国家或地区范围内对一切产业部门和企业都将产生影响的各种因素和力量，可分为政治法律、经济、社会文化、技术、自然等因素；特殊环境，又称任务环境，是指同企业有密切关系、对企业有直接影响的各种因素或力量，包括顾客、供应商（物质、劳动力、资金）、竞争对手、互补商、替代商等（见图 2-2）。

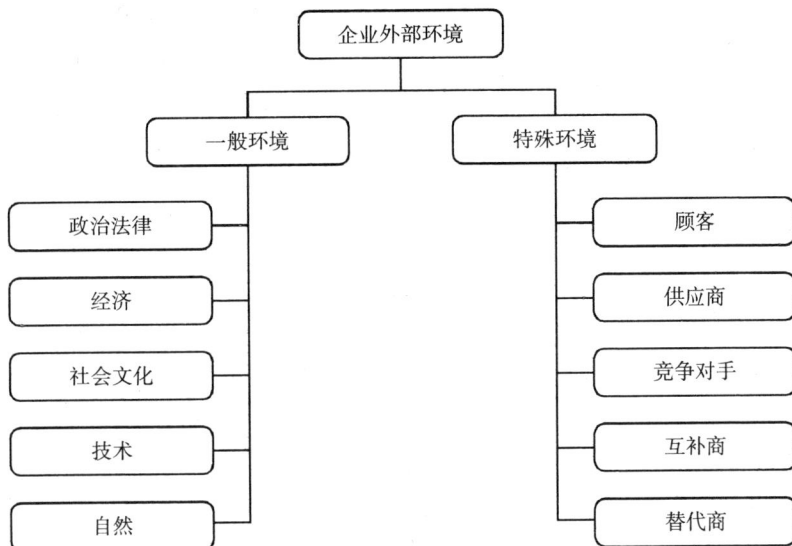

图 2-2　企业外部环境示意图

管理、管理者与管理学专栏 2　　　　　　　　　　**富士康与用工荒**

从 2004 年 3 月开始，制鞋、玩具和制衣等劳动密集型产业就开始感到普通工人尤其是女工缺乏。七八月份开始达到高峰，媒体称之为"民工荒"。十年之后这一现象不仅没有消失，而且愈演愈烈，从东部沿海地区向中西部地区蔓延。作为制造业中"巨无霸"的富士康深深感受到"用工荒"带给企业生产经营的影响。

图片来源：www.foxconn.com.cn.

富士康科技集团是专业从事计算机、通信、消费性电子等 3C 产品研发制造，广泛涉足数位内容、汽车零组件、通路、云运算服务及新能源、新材料开发应用的高新科技企业。凭借前瞻决策、扎根科技和专业制造，自 1974 年在中国台湾肇基，1988 年投资中国大陆以来，富士康迅速发展壮大，拥有百余万员工及全球顶尖客户群，是全球最大的电子产业科技制造服务商。2013 年进出口总额占中国大陆进出口总额的 5%，旗下 14 家公司入榜中国出口 200 强企业，综合排名第一；2013 年跃居《财富》全球 500 强企业第 30 位（见图 2-3）。

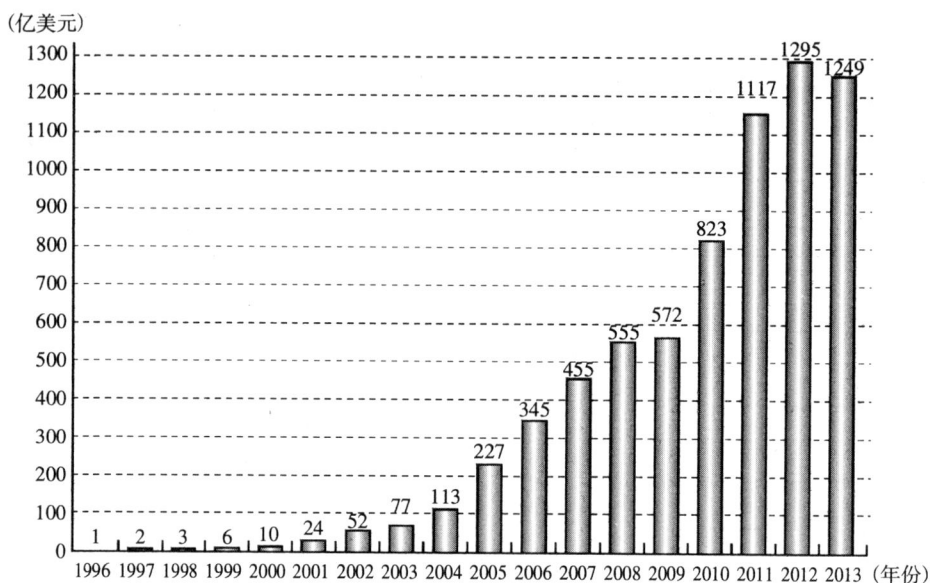

图 2-3　富士康科技集团历年出口额（1996~2013 年）

富士康科技集团持续提升研发设计和工程技术服务能力，逐步建立起以中国大陆为中心，延伸发展至世界各地的国际化版图。在珠三角地区，布局深圳、佛山、中山、东莞、惠州等地；在长三角地区，布局昆山、上海、南京、淮安、阜宁、杭州、宁波、嘉善等地；在环渤海地区，布局北京、天津、烟台、廊坊、秦皇岛、营口等地；在中西部地区，布局太原、晋城、郑州、济源、南阳、鹤壁、武汉、长沙、衡阳、南宁、北海、重庆、成都、贵阳等地。

富士康董事长郭台铭在参加 2013 年 APEC 峰会期间表示："中国的年青一代不希望在工厂里工作，他们希望从事服务业、互联网行业或者其他一些更轻松简单的工作。很多工人都转而从事服务行业，目前在制造业总体的用工情况是供小于求。"中国的年轻人已经越来越不愿意从事枯燥单调、收入低廉的流水线组装工作，富士康在招工方面遭遇困境。

事实上，郭台铭早已看到智能化对于富士康的重要性，早在 2011 年，郭台铭就曾表示，富士康将以日产千台的速度制造 30 万台机器人，用于单调、危险性强的工作，并希望到 2014 年装配 100 万台机械手。

富士康在近几年积极将工厂从深圳等沿海城市搬迁到劳动力更为丰富和低廉的中西部地区，例如成都、武汉和郑州等地。但转移之后依然面临同样的问题。例如富士康郑州公司拥有日产 20 万部苹果手机的产能，需要招收 20 万名工人来保证产能完成订单，其中仅 2012 年 9 月份就需要招收 5 万人。河南省各级政府成为完成这一招工任务的主力，这也是河南当初吸引富士康落户郑州给出的多项优惠措施之一。2012 年 8 月 4 日召开的河南省政府省长办公会上决定，省政府将协助富士康招募，而这个任务被分配给了 18 个地、市政府，完不成招工任务的县、市将受批评。省政府还将给新招收到富士康工作的工人每人每月 200 元的补贴，这份补贴发放到当年年底。如果按照年底之前招满 20 万人用工量的话，河南省需要为此支付的财政补贴有可能达到上亿元人民币。

由于"用工荒"的逐步升级，富士康的用工成本也在不断攀升。以富士康武汉工厂为例，2014 年 2 月的工资水平是普工转正前每月底薪 1800 元，外加 100 元生活补贴；3 个月转正后，底薪 1900 元，除生活补贴外，还能拿到 100 元生产激励奖金，月薪比 2013 年上涨 200 元。月综合收入达到 3400~4500 元，比三年前翻了一番。

资料来源：作者根据多方资料整理而成。

第三，管理活动具有很强的目的性。管理活动具有目的性，其目的是实现组织的目标。一个组织要实现的目标不同，即使在同一时期目标往往也是多种多样的。例如，企业的目标包括提高组织资源的利用效率和利用效果，主动承担社会责任以便获得更好的发展空间，不断开拓市场，最大限度地获取经济效益，创造条件促进职工发展等；学校的目标包括培养出高素质的毕业生，提高教师的教学科研水平等。但不管是什么样的组织，都要重视效率和效果问题，效率和效果是衡量管理工作的重要标志。

第四，管理的目的要通过有效利用组织的各种资源来达到。资源是一个组织运行的基础，也是开展管理工作的前提。传统意义上的资源主要是指人、财、物，强调的是内部的、有形的资源。现代意义上的资源远不只是这些，内部资源和外部资源、有形资源和无形资源都是组织的资源。组织的管理工作要把可利用的各种资源整合起来，给资源赋予更大的价值，以此实现组织的目标。在某种意义上说，组织间的管理实际上是资源利用效果的较量，资源是流动的，不能给资源赋予更高价值的组织将会减少对资源的拥有量甚至无法获取资源。

第五，管理最终要落实到计划、决策、组织、激励、控制等一系列管理职能上。管理职能是管理者开展管理工作的手段和方法，也是管理工作区别于一般作业活动的重要标志。这些管理职能是每个管理者都必须做的事情，是管理理论研究和管理实践的重点，它不为社会制度、组织规模和管理者的喜好所左右。

第二节　管理实质和管理关系

一、管理实质

围绕管理职能所开展的管理工作有其独特的品性，这主要表现在以下几方面：

第一，管理工作不同于作业工作。一个组织正常的运转需要有两类活动，即管理活动与作业活动（见图 2-4），它们共存于同一组织中，确保组织目标的圆满完成。

作业工作是指在组织中专门从事某项具体生产业务活动和专门技术工作的人员所进行的工作，这些人员大多位于一线，直接从事生产与技术工作。

而管理工作则是为作业工作提供服务的活动。从本质上讲，就是通过他人并使他人同自己一起去完成组织的目标和任务。在通常的情况下，管理者大量的时间和精力主要用于包括计划安排、组织与领导以及检查控制等基本管理职能方面。

需要说明的是，作业工作和管理工作虽然是相对独立的不同性质的工作，但这并不意味着管理工作者不能去从事作业工作。例如，一位研究所所长直接参与重大科研工作，往往有利于促进与下属人员的沟通与理解，对工作起到一定的激励作用。但是，作为管理者要注意工作的主次，如果把大部分时间和精力都用于作业工作，那就等于忘记了管理者的身份，因而也不可能成为称职的管理者。

管理、管理者与管理学专栏 3　　毫无结果的争吵

在珠三角的某家电子行业制造企业中，发生了下面的这段对话，时间是周五的下午，对话是在销售分公司经理王先生和人力资源主管刘先生之间进行的。

王经理：总部终于收到上个季度的数据，但是你为什么没在总部要求的星期一就准备好呢？

刘主管：两个月前我的部门走掉了两个人，你不让我找人顶替他们，说我们已经超编了；我们就按你说的办，而这意味着我不得不更加努力地工作。小李和小张刚来公司半年，他们搞的初稿看上去很好，但用处不大，错误很多，所以我不得不再做一遍。为了这数字，我已经竭尽全力了！这个星期我每天晚

上的时间都花在这些数字上了。由于核对数字，今天凌晨 2:00 我才上床睡觉，结果连凌晨 4:00 巴西对德国的比赛我都错过了，你知道错过这样一场大胜，对一个 20 多年德国队的死忠可能是终身遗憾的事情。总部想要的东西，我们不得不放下每一件事情，全力以赴。去问这儿的任何一个人，这么多年来哪天我不是第一个来，最后一个走的，你找不出一个比我还努力工作的人了！

王经理：我知道你的工作表现，我也清楚你非常努力。我一点也没有说你工作不努力，但你知道总部要这些数字已经有两个多星期了，你在上周承诺过星期一准备好，并为我送到总部没有什么问题。

刘主管：大家都清楚，很多事件可以宽限两天，你看总部也没有在星期一为这些数字找过我们，不对吗？

王经理：话不能这么说！他们要求星期二把这些数字送到深圳！你曾经说过在星期一上午准备好，接着我又听说星期三能准备好，而我实际是在星期四才拿到的。为什么你不能按时交来？

刘主管：（重复各种解释，诸如他不能再更加努力了，以及他的孩子老是抱怨他不能参加学校的家庭活动等）。

王经理：刘主管，我不是要你工作得更加努力。你在这上面花的时间已经太多了！

刘主管（火气十足地）：那你为什么还这样批评我？我真不知道你想要我做什么！我是这儿最努力的人，我还能多做什么？！

从以上案例情况看，很明显，销售分公司王经理和人力资源刘主管之间发生了冲突。他们冲突的根源是什么呢？应该怎样做才能防止该类冲突再发生？

就直接的原因来分析，他们两人发生冲突当然是因为刘主管没有按时完成任务。从表面上看，刘主管认为王经理是要他加倍努力工作，以准时完成任务。但从管理者的角度来分析，问题实际上不在于刘主管工作得还不够努力，而恰恰是因为他自己过分忙于去做具体工作，而不懂得他作为一位管理人员应该主要是设法通过他人来把事情办成功。刘主管如果还是按老思路设法使自己怎么加倍努力地"做"工作，那么他所领导的部门很可能还会继续出现类似的问题，他自己也永远无法成为一名有效的管理者。解决问题的关键办法是，王经理要积极帮助刘主管从这次拖延交报表的事件中吸取教训，使之明白管理者的职责是什么，应该如何开展管理工作。

资料来源：作者根据多方资料整理而成。

第二，管理工作是科学与艺术的统一。一方面，管理是一门科学，管理工作有其内在的规律性，同其他科学一样，管理的科学性表现在它是大量管理实践经验的升华，管理活动的基本规律以及从事管理活动的科学手段与方法对从事任何管理工作均有重要的指导作用。管理工作者都要认真地学习它，掌握它的本质。另一方面，管理也是一门艺术，鉴于管理工作的复杂性，任何管理理论并不能为所有的管理者提供解决一切问题的标准答案。管理工作者只有根据管理基本理论和基本方法，密切结合实际，根据实际情况的变化，运用自身的才智和丰富的实践经验，才能取得良好的管理成果。从这一角度分析，管理也是一种艺术，即由管理工作者发挥和创造的一种特有的诸如决策、指挥、协调、沟通、激励和控制等方面的艺术。管理的科学性和艺术性并不是相互排斥的，而在很大程度上是统一的和相互补充的。

第三，"管理"与"领导"。在我们讨论什么是管理的时候，不可避免地要涉及"管理"与"领导"这两个概念以及二者之间的关系。尽管人们时常把它们作为同义词看待，而且在实际上"管理"与"领导"的区分也只有相对的性质，许多人本身就既要担负领导职能，又要担负管理职能，既是领导者又是管理者。但是，从科学研究的角度看，还是应该把它们区别开来。领导活动和管理活动、领导者和管理者、领导科学和管理科学，虽有交叉和重叠，但严格来说，还是有着明显的区别的。

所谓领导，一般可简单解释为影响力或对人施加影响的艺术和过程。即领导就是引导和影响下属在一定条件下实现目标的活动。由此可见，领导只是管理的一个部分，管理是一个比领导更为广泛的概念，它还包括领导以外的其他职能。

在活动的对象上，领导的对象只能是人，领导总是对人的领导。领导就是被领导者的追随和服从。正是由于被领导者的追随和服从，从而才使某些人成为领导者。而管理的对象既可能是人，也可能是财或物。我们常讲的质量管理、档案管理等，其对象都是物。

从活动的主体看，管理活动有高层、中层、基层之分，领导者主要负责高层的或中层的管理。而管理者还负有一些最基层管理的责任，他们主要由专家、技术人员担任。作为一般管理者，要求他们的业务知识专而深，即他们应该是某个领域的内行。

在活动内容方面，领导者是决策者，领导活动的主要内容是组织大政方针的制定和活动目标的确定，而不在于内部人事纠纷的处理和活动秩序的协调。任何最有经验、精力最充沛、身体最健康的领导者，单独一个人都解决不了他所领导的集体面临的许许多多的问题。作为活动原则，领导者一般不应过多过问细节。而管理活动则不同，管理活动还负责对领导者制定的方针和目标加以贯彻和落实。对于管理工作来说，细节不容忽视，一个细节上的疏忽都可能导致全局的失误。如果我们用现代控制论的"黑箱原理"来说明领导活动和管理活动的不同，那么，领导管的一般只是"输入"和"输出"这一入一出两头，把必要的任务、条件交给下属，然后检查完成的情况。而一般管理还要承担这中间部分的组织、指导和控制的任务（见表2-1）。

表 2-1　领导与管理的差异

	领导	管理
活动对象	人	人、财、物
活动主体	高层	基层、中层、高层
活动内容	决策	决策、执行

正由于领导只是管理的一部分，是一种特殊的管理，所以领导科学和管理科学也是既有联系又有区别的两门不同的科学。领导科学侧重于研究管理活动中的领导及其规律问题。当然，领导科学也具有相对独立性，管理科学不能把领导科学的内容包罗无遗。

二、管理关系

人作为活动的主体作用于客观对象，也就必然同客观对象发生一定的关系。人的活动是多方面的，因而人的关系也是多方面的。人有实践活动、认识活动，就有实践关系、认识关系，人有价值活动，就有价值关系。同样，人有管理活动，也必然有管理关系。这种管理关系，也是人的一种基本关系。因为没有管理关系就没有也不可能有管理活动，而管理又是人们的一切社会活动中必不可少的组成部分。

管理关系就是人们在管理活动过程中形成的人与人之间的关系，它表现为管理者和被管理者之间的相互影响和相互作用。同人的实践关系、认识关系、价值关系相比较，管理关系具有如下特点：

第一，管理关系主要是人与人的关系。人的实践、认识、评价活动的对象既包括人，也包括物。换句话说，人的实践、认识、价值关系既可能是人与人的关系，也可能是人与物的关系，而且更多的时候是指人与物的关系。而管理关系则主要是人的关系、人与人之间的关系。诚然，在管理学中，人们常把管理活动的对象区分为人、财、物三种形式。但是还必须看到，作为管理对象的人、财、物是作为系统而存在的。管理，实质上不在于人对于管理对象中财与物的管理，而是管理者将人、财、物各种资源组织成一个有用的企业，通过对企业中人力、物力、财力的调节，完成预期的目标。也就是说，真正的管理主要不是生产者对于生产资源的管理，而是一部分人对于另一部分人的管理，是管理者对于生产者的管理，或者是管理者对于生产者同生产资料之间关系的管理。至于人们对财物的管理，对工具、机器的操作、使用，与其说是管理关系，不如说是生产关系；与其说他们是管理者，不如说他们是生产者。

第二，管理关系中还包含着心理关系。人的活动都有心理因素存在。管理作为一种人际关系、人际交往，其中不可避免地包含着管理者和被管理者之间心理方面的相互影响和相互作用。首先，管理者良好的心理结构，是有效管理的重要保证。它不仅影响到管理职能的科学性，而且直接涉及被管理者活动的科学性。因为管理不只是靠管理者的权力，而且要靠管理者的威信。威信不是权力所能强求的，而是凭管理者的良好的品质、知识、能力，也就是凭他的良好的心理结构博得的。威信是一种客观存在的社会心理现象，是使人甘愿接受对方影响和支配的一种心理因素。所谓权威，就是权力与威信的结合。由此可见，管理者的心理因素在管理关系中具有重大的作用；而且这种作用比在其他任何关系中都更为重要，更为明显。其次，管理关系中的心理关系，除了管理者以其良好的心理结构引起被管理者的心理共鸣以外，还包括管理者"了解被管理者的心理特点"。管理者的一切指令信息，总是要通过被管理者的创造性的劳动而加以实现。对于这种创造性的劳动来说，行政命令往往无济于事，必须对人的心理素质施加影响，诱发他的内在愿望。事实说明，管理者能充分地考虑下属人员的不同心理，因材施教，对症下药，可大大减少管理者的劳动消耗，并产生明显的社会效果。

总之，管理关系离不开心理关系。管理者和被管理者之间心理上的相容，是他们团结一致、关系融洽、相互信任和相互支持的重要保证。没有这种相容性，他们就会失去共同工作的意向，最终导致组织解体，管理关系崩溃。

第三节　管理的基本职能

管理活动表现在管理的各种职能之中。由于分工的发展和管理工作的专业化，人们在管理活动过程中划分出一系列相对独立的具体活动，这些具体活动、任务（行为）的总和构成完整的管理职能。所以，绝大多数管理者并不执行管理的全部职能，而只是承担某一方面，只执行部分管理职能。

管理的职能是什么？学者们至今尚无完全统一的看法。法国管理大师亨利·法约尔在 1915 年提出管理的职能应包括计划、组织、指挥、协调、控制五项。后来，西方许多学者在此基础上，做了发展和补充，先后出现了所谓的三职能说、四职能说、五职能说、六职能说乃至七职能说，各学者对管理职能的阐述如表 2-2 所示。

表 2-2　西方管理学者关于管理职能划分的主要观点

年份	管理学者	计划	组织	指挥	协调	控制	激励	调集资源	通信联系	决策	人事	创新
1916	法约尔（H. Fayol）	√	√	√	√	√						
1934	戴维斯（R. C. Davis）	√	√			√						
1937	古利克（L. Gulick）	√	√			√			√		√	
1947	布朗（A. Brown）	√	√			√		√				
1951	纽曼（W. Newman）	√	√			√			√			
1955	孔茨（H. Koontg）	√	√			√					√	
1956	特里（George Terry）	√	√	√	√	√	√					
1958	麦克法兰（D. Mcfarland）	√	√			√						
1964	梅西（J. L. Massie）	√	√			√				√	√	
1964	米（J. E. Mee）	√				√	√			√		√
1966	希克斯（H. G. Hicks）	√				√	√		√			√

尽管对管理职能的划分有不同的理解和分类，但是大多数专家都承认：管理的基本职能就是管理工作所包括的几种基本活动的内容，其中有四项基本职能是多数专家所公认的，即计划、组织、领导和控制。

一、计划

计划指在一定时间内，对组织预期目标和行动方案所做出的选择和具体安排。简单地说，计划涵盖了组织的目标和实现目标的途径，它是一切管理活动的前提，可以说离开了计划，其他管理职能就无法行使。有效的计划不仅为组织指明了发展的目标和方向，统一了组织的思想，同时也为组织制定行动步骤提供了衡量的基点，它是名副其实的管理第一职能。因此，在计划职能的各个要素中，决策是计划职能的中心。决策是管理者为了取得预期的结果，在对管理规律认识和对管理对象有关信息的分析、预测的基础上，制定与采取活动方案的过程。决策是管理的起点，是当代管理活动最重要的内容和管理者的最基本职责。计划是决策的具体化，它预先决定做什么、如何做和谁去做。计划所涉及的问题是要在未来的各种行为过程中做出抉择，在我们所处的地方和要去的地方之间铺路搭桥。虽然准确的计划是很难做出的，但是如果没有计划，结局就会是听天由命。计划是管理的一个基本的职能。

管理、管理者与管理学专栏4　　　　**匹克国际化战略之路**

匹克体育用品有限公司是一家以"创国际品牌"为企业宗旨，以"打造百年卓越企业"为目标的企业。匹克体育用品有限公司2013年全年业绩公告显示，2013年全年实现营业收入26.129亿元，毛利9.3亿元，毛利率35.5%，净利润达2.4亿元。至2013年底，匹克产品已出口至全球80多个国家及

图片来源：www.peaksport.com.

地区，来自中国市场及海外市场的销售收入分别约占总销售收入的79.6%和20.4%。

在创业之初，匹克就具有远见性地提出了"国际化战略"，并且这一战略一直引领着匹克这30多年的发展。在执行国际化战略过程中，又针对性地提出了"名称国际化"、"制鞋标准国际化"、"品牌国际化"、"资本国际化"和"商标国际化"五个战术计划。

第一，名称国际化。匹克最初选择的公司名称是"丰登"，寓意"五谷丰登"。但很显然对于国际化目标，这个名字显得不太合适。"丰登"被换为"登峰"，这个名字一方面契合了公司是体育用品的性质，另一方面还契合了奥林匹克更高、更远、更强的体育精神，但这个名字还不够国际化，大家又想到了"登峰"的英文PEAK，这样，在1991年，"匹克"品牌正式诞生。

第二，标准国际化。1995年，匹克在国内同行中率先通过ISO9002质量管理体系和产品质量双认证，从而在制鞋标准上实现了国际标准，塑造了匹克高标准、高质量的形象。

第三，品牌国际化。自2005年起，匹克全面加速"品牌国际化"战略，通过赞助欧洲篮球全明星赛、斯坦科维奇洲际篮球赛等国际一流赛事，并先后与休斯顿火箭队、迈阿密热火队、圣安东尼奥马刺队等多个顶级NBA球队合

作，结盟 NBA、国际篮联（FIBA）、国际女子网球联合会（WTA）等顶级国际赛事组织，前后共签约了肖恩·巴蒂尔、托尼·帕克等超过 20 位 NBA 顶级球星和 20 多位国际女子网球选手，一举成为中国体育用品品牌中国际资源最丰富的体育品牌。并且签约球星托尼·帕克，他在最近的 2013~2014 赛季刚刚随马刺队获得 NBA 总冠军，这对于匹克的国际化推广无疑起到推波助澜的作用。

第四，资本国际化。2009 年 9 月 29 日，匹克成功在中国香港联交所主板上市，实现了其国际化的另一个重要历程——资本国际化。中国香港是国际金融大都市，匹克可以通过中国香港转到全球，有利于全球投资者了解匹克。

第五，商标国际化。目前，匹克已经在全球 160 个国家或地区拿到了注册认证，完成了全球 80%的注册，是目前国内企业中完成国际注册最大的企业。这个过程充满了艰辛，特别是美国的注册最为曲折，经历了 16 年之久。因为美国已经有了 PAKE、PEAKS 等商标，匹克当时的知名度又比较低。一直到 2009 年，经过多年和 NBA 的签约推广，才得以注册。

资料来源：作者根据多方资料整理而成。

二、组织

组织职能在于保持完成计划所必需的活动的连贯性和协调一致，保证活动系统内部过程发展的平衡并给予调整。组织职能的任务是设计和维持一种职务结构，使人们明确自己在集体中的位置，了解自己在相互协调中所应起的作用，自觉地为实现集体目标而有效地工作。组织是从事管理活动的载体，包括对组织结构和组织行为的分析和研究。主要完成下述职能：

第一，组织设计。包括组织结构、部门与岗位设置及其相互联系。

第二，人员配备。根据各种岗位活动的需要，解决好人员选聘、考核和培训问题，确保将合适的人选安置在各级组织机构相应的工作岗位上。

第三，组织运行。根据业务活动与环境的变化，维持组织的正常运转，处理好组织中的各种关系，并研究和实施组织结构的调整和变革。

管理、管理者与管理学专栏 5
民生银行的组织结构变革——事业部制改革

中国民生银行成立于 1996 年，是中国第一家股份制民营银行。21 世纪以来，民生银行获得了飞速的发展。2000 年 12 月 19 日，中国民生银行在上海证券交易所挂牌上市，由此跨入了中国的资本市场，壮大了

图片来源：www.cmbc.com.cn.

实力，改善了资本结构，获得了各项业务发展的新契机。2005 年 10 月 26 日，民生银行成功完成股权分置改革，成为国内首家完成股权分置改革的商业银行。2006 年，在成立十周年之后，民生银行提出了专业化发展战略，并在年初启动了公司业务集中经营改革。之后，在 2007 年，民生银行率先在业内启动公司业务事业部制改革，即对公司金融机构进行改革，并对内部机构进行调整，由以前的以分、支行为中心的"分公司"公司业务营销模式改为按照特定业务划分的"事业部"制式的垂直的商业运行模式。由此，民生银行成为国内银行业第一家也是迄今为止唯一一家全面进行事业部制改革的银行，这是中国银行业的一次重大改革探索。

从 2007 年开始，民生银行先后成立了地产、能源、冶金、交通、现代农业、文化产业、石材等行业事业部，以及贸易金融部和金融市场部等产品事业部，同时分支行进行职能转变，退出事业部经营的业务和客户，主要从事特色经营和小微金融业务。目前民生银行各事业部在专业化方面的优势已经显现，事业部在有效控制风险的同时实现了良好的盈利能力，从而使民生银行 2012 年实现利润375.6 亿元，同比增长 34.5%，处于上市银行领先地位，这表明民生银行流程银行建设已经基本取得成功。

事业部制是指在全行内按照特定业务（包括特定产品、特定客户群体和市场）划分的，作为一个相对独立的利润中心进行运作的组织。银行将原有分散在各职能部门的某项业务或产品的研发、生产、营销等职能和相应的决策权集中到事业部，由事业部独立经营、独立核算，强调成本控制，实现集约化经营，事业部作为独立的利润中心对本事业部全部经营管理活动和盈利状况负责。而总行则在行政、利润和风险三个方面实行集权管理，在行政方面，总行对各事业部进行集中统一管理，减少了中间层次，实现了管理结构的扁平化；在利润方面，总行定期向各事业部下达利润考核指标，各事业部据此制定出一

定利润率的经营计划，报总行批准后即要全部负责；在风险方面，总行风险管理委员会向各事业部派驻风险总监并对其进行考核，事业部总裁对风险总监进行行政管理和业务发展要求，风险总监对团队进行转授权和管理。

民生实行事业部运作的最大特点是：实现人、财、物独立，真正独立核算；在体制上实行垂直管理。在民生总行层面成立公司银行营销委员会，如果涉及内部交叉销售，则靠营销委员会来协调。民生风险管理委员向每个事业部派驻风险管理总监（或称风险专员），负责事业部的风险控制。

资料来源：作者根据多方资料整理而成。

三、领导

领导是指在组织确立之后、各级管理者利用组织赋予的权力和自身的影响力，指导和影响组织成员为实现组织目标所做出的努力和贡献的过程与艺术。有效的领导工作是组织任务完成的关键因素。在日常的管理活动中发挥着指挥、协调、监督、相互沟通以及对员工的激励等必不可少的作用。领导是指挥、引导活动者的实际工作，使之顺利通向共同目标的过程。它直接涉及管理者和管理对象之间人与人的关系。领导是十分必要的，即使计划、组织等方面的工作都做得很好，在实际工作中也还必须辅之以对活动者的指导，进行良好的沟通以及有效的激励，引导活动者有效地领会和出色地实现集体的既定目标。

四、控制

控制是指为了确保系统按预期目标运作，对其发展过程不断地调整和施加影响的过程。世界上任何事物的发展都需要有效和适当的控制，管理控制尤其必不可少。管理控制的手段虽然多种多样，但其目的都在于使组织适应环境的变化，限制偏差的累积，以保证计划目标的实现，或根据客观环境的变化，适时地做出调整。

管理活动的控制职能是对管理客体的工作进行评估和调节，以确保集体的目标及为此而拟订的计划得以实现。在管理活动中，一旦决策方案、活动计划通过组织付诸实施，就需要立即对活动加以控制。它通过监督，衡量计划执行的进度，揭示计划执行中的偏差，找出偏差的部位、性质和原因，并采取积极措施加以调节；或者把不符合要求的活动拉回到正常的轨道上来，使之按照原来的决策和计划发展；或者重新决策，修正计划。因此，控制工作的职能在很大程度上是使管理工作成为一个闭环系统。

第四节　管理者的类型与技能

一、管理者的类型

管理者是指在组织中直接监督和指导他人工作的人，管理者通过其职位和知识，对组织负有贡献的责任，因而能够实质性地影响该组织经营及达成成果的能力者。根据在组织中承担的责任和权力的不同，一般可将管理者分为基层管理者、中层管理者和高层管理者。

基层管理者是指那些在组织中直接负责非管理类员工日常活动的人，主要职责是直接指挥和监督现场作业人员，保证完成上级下达的各项计划和指令。他们主要关心的是具体任务的完成。

中层管理者是指位于组织中的基层管理者和高层管理者之间的人。中层管理者承上启下，主要职责是正确领会高层的指示精神，创造性地结合本部门的工作实际，有效指挥各基层管理者开展工作。他们注重的是日常管理事务。

高层管理者是指组织中居于顶层或接近于顶层的人，对组织负全责，主要侧重于沟通组织与外部的联系和决定组织的大政方针。他们注重良好环境的创造和重大决策的正确性。

对于某一特定的管理者而言，计划、组织、领导和控制这四大管理基本职能的相对重要性取决于他在管理层级中的位置。管理者都要履行计划、组织、领导和控制基本职能，但不同层次的管理者工作的侧重点和花在各项职能上的时间并不相同。管理者在管理层级中所处的位置越高，花在计划和组织资源以保持并提高组织绩效上的时间可能就越多，因为这两个职能对组织的长远绩效起着至关重要的作用。管理者在管理层级中所处的位置越低，花在领导下属上的时间可能就越多，因为他们关心的是具体任务的完成，每天要直接领导下属，布置任务，协调下属的行为，保证计划的履行。

二、管理者的技能

不管什么类型组织中的管理者，也不管他处于哪一管理层次，所有的管理者都需要有一定的管理技能。罗伯特·李·卡茨（Robert L. Katz）列举了管理者所需的三种素质或技能，它们分别是技术技能、人际技能和概念技能（见图2-4）。

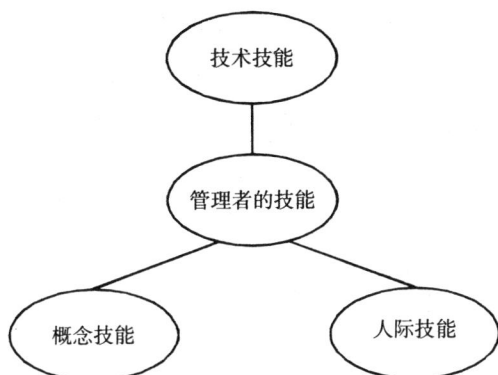

图 2-4　管理者所需的三种技能

　　技术技能是指对某一特殊活动——特别是包含方法、过程、程序或技术的活动——的理解和熟练。它包括专门知识、在专业范围内的分析能力以及灵活地运用该专业的工具和技巧的能力。技术技能主要是涉及"物"（过程或有形的物体）的工作。例如工业制造、产品设计、软件编程、财务会计、国际贸易等工作。

　　人际技能也叫人际关系技能，是指成功地与别人打交道并与别人沟通的能力，就是处理人与人之间关系的能力。作为一名管理者，必须具备良好的人际技能，这样才能树立组织良好的团队精神，激励、引导和鼓舞员工的热情和信心。因此，人际技能对于各个层次的管理者都是必备的重要技能。

　　概念技能也称构想技能，指"把观念设想出来并加以处理以及将关系抽象化的精神能力"。通俗地说，概念技能是指管理者对复杂事物进行抽象和概念化的能力。具有概念技能的管理者能够准确把握工作单位之间、个人和工作单位之间以及个人之间的相互关系，能够深刻认识组织中任何行动的后果以及正确行使管理者的各种职能。

　　这些技能对于不同管理层次的管理者的相对重要性是不同的。技术技能的重要性依据管理者所处的组织层次从低到高逐渐下降，概念技能则相反，而人际技能对每个层次的管理者来说都是非常重要的。对基层管理者来说，具备技术技能是最为重要的，因为他们要直接处理下属作业人员所从事的工作；同时具备人际技能在同下属的频繁交往中也非常有帮助。对于中层管理者来说，对技术技能的要求下降，而对概念技能的要求上升，同时具备更加出色的人际技能更为重要。这是因为作为中层管理者不仅要很好地领会上级高层管理者的战略意图，还要将具体的战术任务分配给下属基层管理者，另外中层管理者还要面对更多的平级管理者之间的沟通协作。对于高层管理者而言，概念技能特别重要，而对技术技能的要求相对来说则很低，同时人际技能仍很重要。当然，这种管理技能和组织层次的联系并不是绝对的，组织规模大小等一些因素对此也会产生一定的影响。图 2-5 展示了三种技能对于不同层次管理者的重要程度。

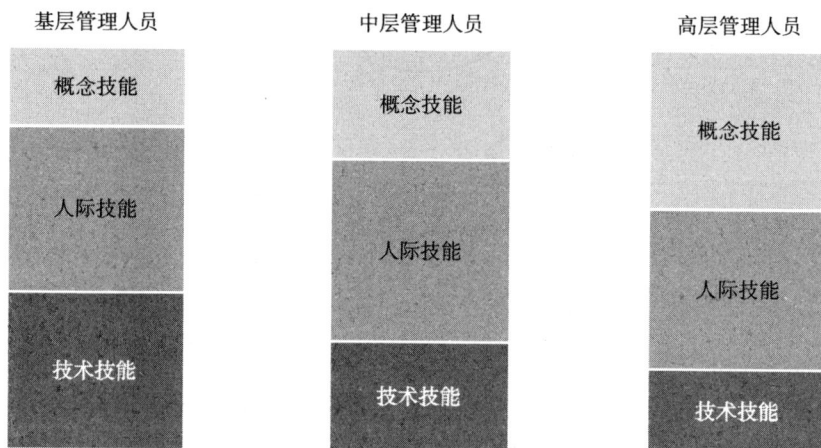

图 2-5　三种技能对于不同层次管理者的重要程度

管理、管理者与管理学专栏 6　　　　**"不懂技术"的马云**

　　阿里巴巴集团由本为英语教师的中国互联网先锋马云于 1999 年带领其他 17 人在杭州创立，他希望将互联网发展成为

图片来源：www.alibabagroup.com.

普及使用、安全可靠的工具，让大众受惠。阿里巴巴集团由私人持股，现在大中华地区、新加坡、印度、英国及美国设有 70 多个办事处，共有 20400 多名员工。阿里巴巴集团经营多元化的互联网业务，致力为全球所有人创造便捷的交易渠道。自成立以来，阿里巴巴集团建立了领先的消费者电子商务、网上支付、B2B 网上交易市场及云计算业务，近几年更积极开拓无线应用、手机操作系统和互联网电视等领域。集团以促进一个开放、协同、繁荣的电子商务生态系统为目标，旨在对消费者、商家以及经济发展做出贡献。

　　2014 年 5 月 6 日，阿里巴巴集团向美国证券交易委员会提交了首次公开募股申请。阿里巴巴计划出售 12% 的股份，按其估值推算，这次公开募股融资额将为 200 亿美元左右，超过 2008 年信用卡巨头维萨公司 196.5 亿美元的融资额。

阿里巴巴集团取得如此辉煌的成功，人们理所当然地对其掌门人产生浓厚的兴趣。而作为一家互联网企业的创始人，大家都会先入为主地认为马云应该是一位像李彦宏、李开复一样的技术狂人。但是真正了解之后就会大吃一惊，马云自己承认根本就不懂技术。2014 年 3 月 19 日，马云在北京大学百年讲堂举行了一场演讲，我们将部分演讲内容整理如下：

如果我很懂技术，公司的技术人员会很悲摧，因为我三天两头会告诉他们应该这样、应该那样。不懂技术，不代表我们对技术不尊重，理由之一是我和技术人员没法吵架。正因为我不懂，我才会好奇景仰地看着他们说应该怎么做。

事实上也是这样，阿里巴巴的云计算能够发展成这样，重要的原因是因为我不懂。这不是笑话。6 年前，我们认为数据是未来的方向，云计算是未来的方向，但到底怎么搞，"发展 5K 技术"，"5000 台机器"，"登月项目"等，讲了很多名词，我都没听懂，但我认为这个一定代表未来，因此不管怎样咱们一定要搞下去。

结果后来腾讯、百度没搞下去，很重要的原因是他们的领导知道这个搞不下去，而我真不知道这个东西有这么难，所以只说了句这个东西无论如何一定得搞下去。网上很多人说，马云是被忽悠了，这个云计算根本不可能实现，但我认为如果说我们拥有这个，如果能解决社会的问题，那当然应该做下去。

所以公司连想也没想，从预算、人头、资金，我们一路投，最后走了出来。现在回头想想，正是因为不懂技术，不过不懂技术没关系，一定要尊重技术、热爱技术。所以这是我对阿里巴巴为什么能一直走到现在的一点看法。

资料来源：作者根据多方资料整理而成。

第五节　管理学的特点与学习方法

一、管理学的特点

管理学与其他学科相比，有许多不同的特点。

第一，一般性。管理学主要是研究管理活动中的共性原理和基础理论。既然是一般原理，它适用于一切企业组织和事业单位，不管是工厂、学校、科研机构、政府、军队、社会团体、服务机构，它们为了实现本单位的既定目标，都需要完成包括计划、组织、领导和控制等一系列的管理职能，协调各种关系。在特殊性中孕育着共性，需要用管理学中共同普遍的原理和方法去指导。

第二，综合性。鉴于管理工作的复杂性，它涉及许多学科方面的业务和知识，概括起来有哲学、心理学、人类学、社会学、政治学、经济学、历史学、伦理学、数学、统计学、运筹学、系统学、会计学、工艺学、教育学、法学、计算机科学等近20门学科，因此可以说管理学是一门交叉学科或边缘学科。它要在内容上和方法上综合利用上述多学科的成果，才能发挥自己的作用，这就充分地体现了该学科的综合性。

第三，模糊性。鉴于管理工作本身既有科学性的一面，又有艺术性的一面，实际工作中所遇到的复杂因素，使它在研究方法上不同于数学和自然科学，很难完全定量化，也难以在现实生活中找出绝对理想的最优管理方案，管理科学在整体上重视定性分析和定量分析相结合的方法，追求满意决策。因此就某种程度上讲，它是一门不精确的科学。这种提法并不是要贬低管理学研究的意义，而是要人们认识管理活动的特点，在学习管理理论的同时，更加重视管理的艺术性一面。因地、因时、因人制宜地创造适合自身组织的管理经验。

第四，实践性。管理学是为管理者提供管理的有用理论、原则、方法的实用学科，只有把管理理论同管理实践相结合，才能真正发挥这门学科的作用。如果把管理学仅仅停留在某些理论方面的研究，就失去了学科本身的作用。学习管理学应该全面结合国内外典型的案例分析，并且通过在实际工作中所取得的经济效益和社会效益来验证是否真正掌握了管理学的本质和精髓。

二、为什么要学习管理学

在大学教育中，一般在经济管理类专业中管理学属于必修课程，在非经济管理类专业中也可将管理学作为选修课或是通识课开设，为什么不同的专业都要学习管理呢？至少有两个理由可以让你感到有学习管理的必要。

第一，管理无处不在。一方面，管理存在于任何一类组织中，无论组织的性质、规模大小、所处的地域以及同一组织中的不同层次中，只要存在分工与协作，就需要管理。而且，分工越细，组织协作的规模越大，管理问题就越复杂，管理就越显得重要。另一方面，即使是个体，也需要管理。如对个人时间和事务的管理可以提高工作效率和生活质量。所以说，管理无处不在，管理在社会工作和生活中的普遍需要性说明了学习管理的必要性。

第二，管理产生效益。在社会发展的任何时期，资源总是有价值并且稀缺的，组织若能够更有效地利用资源，才能为社会带来更多的财富和福利，组织自身也能从中获得自身的利益和发展，而在生产要素条件一定的情况下，生产力水平的高低直接取决于组织的管理水平。因此，组织的管理水平是影响和决定社会发展的重要因素之一，有效的管理能够提高组织对资源的配置能力，提高组织的效率和效益。

三、管理学的学习方法

管理学是一门应用性学科，实践性较强，除了认真阅读和理解教材的内容之外，要密切联系实际，勤于思考，善于发现问题，在实践中努力培养现代管理意识，完善自身的管理素质，提高实际的管理能力，将所学的理论知识和操作技能运用到工作实践和社会实践中去。只有正确认识到这一点，我们才能从宏观把握学习该门课程的努力方向，才能实现开设和学习该门课程的真正目的，也才能真正实现把该门课程理论知识向实践运用的转化。所以，通过实践寻找问题，然后引发学习兴趣。努力培养自己独立思考的能力，只有用敏锐的视角发现问题，才能用科学的方法解决问题，才能做到先知、先觉、先行。

另外，学习管理学要养成多读书的习惯。管理学是一门跨学科的综合性科学，它融合了社会科学领域的社会学、心理学、行为科学、人类学、伦理学、政治学和经济学的知识以及自然科学领域的数学、统计学、信息学、计算机科学、系统科学和其他学科的知识。管理学的综合性，决定了我们要从各种角度出发研究管理问题。管理的这种复杂性、动态性和管理对象的多样化，要求管理者具有广博的知识，学习者只有博览群书，掌握多方面的学科知识，具有较宽厚的知识基础，同时，涉猎不同专家、不同管理流派的观点与学说，融大家之得，才能对各种管理问题应对自如。

【章末案例】 **百度的管理与管理者**

1. 百度的发展

百度，全球最大的中文搜索引擎、最大的中文网站。于 2000 年 1 月创立于北京中关村。1999 年底，身在美国硅谷的李彦宏看到了中国互联网及中文搜索

图片来源：www.baidu.com.

引擎服务的巨大发展潜力，抱着技术改变世界的梦想，他毅然辞掉硅谷的高薪工作，携搜索引擎专利技术，于 2000 年 1 月 1 日在中关村创建了百度公司。从最初的不足 10 人发展至今，员工人数超过 18000 人。如今的百度，已成为中国最受欢迎、影响力最大的中文网站。

百度拥有数千名研发工程师，这是中国乃至全球最为优秀的技术团队，这支队伍掌握着世界上最为先进的搜索引擎技术，使百度成为中国掌握世界尖端科学核心技术的中国高科技企业，也使中国成为美国、俄罗斯和韩国之外，全球仅有的四个拥有搜索引擎核心技术的国家之一。

从创立之初，百度便将"让人们最平等、便捷地获取信息，找到所求"作为自己的使命，成立以来，公司秉承"以用户为导向"的理念，不断坚持技术创新，致力于为用户提供"简单，可依赖"的互联网搜索产品及服务，其中包括：以网络搜索为主的功能性搜索，以贴吧为主的社区搜索，针对各区域、行业所需的垂直搜索，MP3 搜索，以及门户频道、IM 等，全面覆盖了中文网络世界所有的搜索需求，根据第三方权威数据，百度在中国的搜索份额超过 80%。

2005 年，百度在美国纳斯达克上市，一举打破首日涨幅最高等多项纪录，并成为首家进入纳斯达克成份股的中国公司。通过数年来的市场表现，百度优异的业绩与值得依赖的回报，使之成为中国企业价值的代表，傲然屹立于全球资本市场。截至 2014 年 7 月 7 日，百度股价高达 188 美元，累计上涨 580.67%。

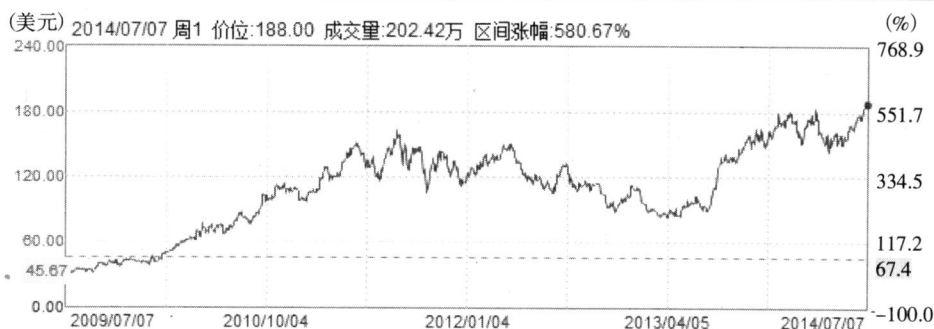

图2-6 百度股价图

资料来源: 新浪财经, www.sina.com.cn.

如今, 百度已经成为中国最具价值的品牌之一, 英国《金融时报》将百度列为"中国十大世界级品牌", 成为这个榜单中最年轻的一家公司, 也是唯一一家互联网公司。而"亚洲最受尊敬企业"、"全球最具创新力企业"、"中国互联网力量之星"等一系列荣誉称号的获得, 也无一不向外界展示着百度成立数年来的成就。

2. 百度的管理者

多年来, 百度董事长兼CEO李彦宏, 率领百度人所形成的"简单, 可依赖"的核心文化, 深深地植根于百度。这是一个充满朝气、求实坦诚的公司, 以"搜索改变生活, 推动人类的文明与进步, 促进中国经济的发展"为己任, 正朝着更为远大的目标而迈进。

第一, 君子型领导。一次, 李彦宏参加了一个由产品副总监召集的讨论会。像往常一样, 李彦宏在这次会上就像不存在——这个关于百度是否要进入一个新领域并进行投资的讨论会几乎在一种无序的情况下进行。产品副总监和其他被邀参会者各自陈述了对进入这个领域的看法, 与会者自由发表意见及理由。

会议进行了将近两个小时, 最后这场看似将要毫无结果的会议在一位百度副总裁拍板下决定"暂不进入该领域", 尽管后来李彦宏又提出可以先和这个领域的某个不错的公司"合资"试试——但这个想法马上被一个在电话上参加会议的高管否定。

这样的会议在百度司空见惯。在百度, 讨论任何问题, 即使是李彦宏的意见, 也仅仅是"一己之见", 而不是领导意见。在李彦宏讲话过程中, 任何人都可以随时打断, 发表自己的观点, 或者提出质疑。在一些非绝对重要性的问题上，李彦宏的意见常常被否定。但这恰恰被认为非常符合李彦宏推崇的"百度不仅是李彦宏的，更是每一个百度人的"原则。李彦宏和百度的其他管理层也在尽量维护这种学长式的讨论氛围，刻意打破开会时从职位高的人开始发言的制造企业传统，努力减少高职位员工在公司决议上对普通员工的影响。

在他们看来，作为一家知识型公司，百度不应该像传统制造业那样进行家长式的领导；要尽量用网络式的组织形式去替代那些阶层式的组织；用民主参与替代简单命令；用团队作战去替代个人英雄主义。

李彦宏的领导风格是西方特色与中国文化底蕴相结合的风格，这种风格不同于传统的中国企业家长式或草莽式领导风格，包括：自省和自律、胸怀和远见、信任与尊重、专注与专业、领先与超越。百度的管理、文化都反映了李彦宏的这种领导风格，有人称李彦宏的领导为"君子型领导"。

第二，"简单，可依赖"的核心价值观。有人说，技术就好比公司的智商，而文化好比公司的情商。智商很高，情商很低，也不能成大事。百度的公司文化在李彦宏的"君子型领导"风格影响下，形成了鲜明特色，最基本的特征就是"简单，可依赖"的核心价值观。这种"简单，可依赖"，首先指的就是公司内部的人际关系。

李彦宏曾经解释过这个词的含义："简单"，就是这个文化没有很多复杂的人事关系在里面，人和人之间的关系非常简单，想说什么就直说好了，大家想做什么就直接去做好了，不需要顾及很多的东西；"可依赖"，就是可信任可托付。作为团队，人和人之间有很好的信任感，把一件事交给这个人，这个人说"好，我来做"，那我们就放心交给他去做，做出来的东西就是好的、有需求的。有这样一个团队，效率就会很高，大家也会很喜欢。

在百度，大家工作比较愉快，没有什么钩心斗角，没有公司政治，每个人都可以放心地把精力花在自己的工作上。不会出现你在前线冲锋陷阵，有人在背后说你坏话的情况。

"简单，可依赖"的公司文化，使得百度内部的人际关系非常简单，对于李彦宏来说，管理难度就大大降低了。所以李彦宏说："我虽然是一个技术人员，但到现在还能坐在 CEO 这个位置上，这并非是我个人管理能力有多强，而是因为公司内部关系简单。"

除了人际关系的层面，百度的"简单"文化还包括以下层面：遵循公开、公平、公正的办事原则，用充满人文关怀的简单制度、文化以及优厚待遇吸引并留住高素质的"简单"人，务实敬业，积极进取，精诚合作，少说多做，鼓励创新，容忍失败，理解用户的简单需求，采用简单管用的方法技术，做出简单可依赖的产品，通过实现知识的共享来追求人类的真正平等。

3. 百度的管理模式

第一，组织结构扁平化。百度公司采取扁平化、分权式的组织形式，没有严格的等级观念。为配合公司在市场上的发展战略，百度公司的组织设计按技术、产品、客户服务、市场及营销等业务分为：①搜索新产品研发部，承担着新产品新技术的研究、跟踪和开发，是百度新产品的创造者；②电子商务研发部，负责电子商务应用系统；③网页搜索部，负责百度网页搜索的核心技术研究和开发；④商业应用产品部，负责百度全部商业应用产品的策略研究与全程产品管理；⑤软件质量部，承担着对百度所有产品线的软件测试、软件质量保证和过程改进、软件配置管理工作；⑥服务运营部，负责大规模搜索引擎集群和所有产品线的维护和日常运营，硬件体系结构、操作系统内核、大容量存储和高性能网络的研究和优化，同时还承担产品前端页眉的调研、开发和维护等工作；⑦广告销售部，服务于大型广告公司及广告主，实现公司的广告收入。这些职能部门相互配合、相互耦合，保证了管理层的决策顺利有效地执行。

第二，平等自由的创业文化。百度的创业文化是"永葆创业激情"，由于IT领域的职业特殊性，百度公司员工的平均年龄只有27岁，这个充满朝气的团队以"用卓越的技术改变人类的生活"为己任，以坚定的信心、满怀激情地开拓自己的事业。不论遭遇网络经济泡沫的破裂还是百度盈利模式转型的阵痛，百度团队依然坚持。百度的品质文化是"每一天都在进步"，不断地自我学习，能力螺旋式上升，使每一位员工都能够快速地成长。

百度的创新文化是容忍失败、鼓励创新。李彦宏认为，拥有创新的心态，乐于创新、敢于创新是企业不败的根本，对于互联网企业尤其如此。而创新中的失败也是难免的，百度以包容的态度给予尝试者改进的机会，找出失败的原因，避免他人重蹈覆辙。百度的一位工程师曾提出能不能将搜索结果页模板的行宽从500像素调整至600像素。基于用户电脑配置高低的考虑，李彦宏并没有马上投入大规模的尝试，但也没有否决这个提议，而是小批量上线实验，如果用户体验确实提升，流量可能会增加；如果用户体验不好，立刻下线，问题也不大。最后百度选取10%的用户，进行了小批量上线尝试，结果用户的点击量不增反降。不用怕，马上下线就是了。李彦宏说："百度现在还是小孩子，有哪个孩子小的时候不跌跤呢？现在就不敢跌跤了，以后长大就更加不敢了。小批量试一下，马上就可以知道结果，知错就改，有何不可？我觉得，相比损失的那一点点流量，鼓励工程师有不断改进的想法和创新意识是更重要的，它会给我们带来源源不断的前进动力。"

第三，有竞争力的薪酬结构。百度公司的薪酬结构由三部分组成：一是保障性薪酬，与员工的业绩关系不大，只与其岗位有关；二是变动薪酬，紧紧与员工绩效挂钩，依照员工的业绩在公司范围内评选季度的或年度的"百度之星"，这虽只是一种荣誉的给予，但也影响到年终关于绩效加薪的考核，而年度奖金发放和绩效工资变动也是依照当年绩效考核的成绩赋予相应的绩效加薪；三是公司在1999年成立之初就将全公司范围内的员工股票期权计划纳入了薪酬制度中。与其他的高科技网络公司如搜狐、新浪不同的是，百度的股票期权计划是所有员工都享受的。连公司的前台员工也被纳入这项计划之中，这是百度公司给予员工最好的福利计划了。

百度公司的股票期权计划，俗称"金手铐"制度，完全是源自美国硅谷高科技公司流行的期权计划。百度公司成立之初，在知名度较小、竞争力较弱的情况下，公司提出这一薪酬计划的目的在于使员工的目标定位在远期的回报实现上，而不过分强调现期的收益。在员工入职时，公司将两套薪酬方案摆在员工面前供其选择，一是"较低的基本工资+较高的股票期权"，二是"较高的基本工资+较低的股票期权"，当然这个"高、低"水平的界定仅是就这两套方案比较而言。就在2005年8月百度上市成功之日，整个业界都被百度震惊了，就是这5年前被百度许多员工所不解的期权制度，使得近200名员工都成了百万富翁，股票期权所带来的激励效用是不可忽视的。

第四，以业绩为导向。百度公司的管理风格与美国硅谷的高科技公司十分相似，这与李彦宏曾经在美国长期工作、学习的经历有关。总的来说，公司意在培育一种注重员工绩效的、完全以业绩为导向的企业文化。

百度在招聘人才时注重学历和毕业学校，比如招聘员工大部分是研究生以上学历，绝大部分拥有耀眼的名校背景。但百度公司又不仅仅以学历和毕业学校为唯一的评判标准。2005年度在"百度之星"的程序大赛决赛里，入围的就不乏一些普通院校的优秀学生，其中还有一位是高一学生！所谓的名校、学历仅仅是与新员工进入公司时确定基本薪酬有关系，至于新员工正式工作之后，学历和名校背景在很短的时间内就淡化了，无论是做技术、市场还是商务、待遇、晋升与学历、背景是毫无联系的。在薪酬和晋升方面，百度公司根据工作表现决定薪酬，薪酬和职业发展与学历、资历、专业的关系越来越淡化，基本跟员工的职位和业绩挂钩。在以技术见长的百度公司里，人力资源部门为员工尤其是技术类员工设计了技术、管理的双通道的职业发展渠道，并制定了相应的薪酬级别，同时对技术和管理的等级也规定了级别的对照关系。比如，技术类别的等级就包括软件工程师、高级工程师、架构师、首席架构师等9个技术等级，而员工的薪酬水平完全依照员工所处的技术等级来制定。为配合技术级别制度，公司还成立了技术职称评选委员会，由公司内公认的技术高超的员工兼职担任，每年举行两次技术等级评选，一旦某员工的职称确定，公司马上给予相应的薪酬等级。百度公司潜在的薪酬文化是：只要你的业绩优秀，只要你技术过硬，你就能获得相应的回报。比如，技术部门的某位经理只是国内民办高校大专生，由于业绩突出，在短短的两年内就由一名普通的技术员工晋升为该部门技术经理，其薪酬等级与他所处的高级工程师的技术等级匹配。

由于采用双通道的职业发展模式，公司也处处为员工提供展现能力的机会。前不久，公司商务部门的一位经理提出想换做技术类的工作，因为他认为自己更适合做技术工作。经过精确地考核后，这位经理的技术水平完全达到了工作要求，因此公司立刻给他安排了技术岗位，且依据技术评选委员会的职称评判等级为他确定了相应的技术和薪酬等级。由于人力资源部门在技术和管理两个通道之间制定了合理且科学的薪酬等级对照，因此公司内员工调换岗位是非常灵活和方便的。

此外，公司对于一些以团队为单位的项目，还采取团队奖励计划。对于团队完成的每一个项目，公司都依据团队成员的贡献大小，给予团队奖励，或为团队成员普遍加薪。这些方案使得百度公司的薪酬管理相当灵活并富有成效。

第五，多样的员工福利计划。除了基本薪酬和奖金制度外，百度公司还提供了多样的员工福利项目。如高科技公司因工作强度和时间较长，公司就为员工提供免费早餐和报销加班交通费，对于一些工作任务特殊的员工还实行通信费用报销制度。除了给员工上的法定保险外，公司还另外出资为员工购买其他一些商业保险项目。此外，公司还为各部门拨出专门的团队建设（Team-building）资金，用于部门内的活动。最能体现百度"硅谷文化"的福利措施是从2005年初开始，公司在全国范围内招聘保健医生，所开出的价码是年薪

10 万元再加上一部分股票期权。由于高科技公司工作的快节奏和高强度，工程师经常出现特有的"硅谷综合征"，即紧张、焦虑、思维不畅。针对这一现象，公司决定聘请一位专业的保健医生，以解决员工的身体保健、心理保健等问题，这也是百度"工程师文化"的突出表现之一。

资料来源：作者根据多方资料整理而成。

【本章小结】

所谓管理，实际上就是指在社会组织中，通过执行计划、组织、领导、控制等职能，有效地获取、分配和利用人力、物力资源，以实现组织预定目标的活动过程。管理在我们的世界中无时不在、无处不在，是普遍存在的现象。每一社会成员，都要同管理打交道，或者从事管理，成为管理者即管理主体；或者接受管理，成为管理对象即管理客体。更多的时候是一身二任，既是管理主体又是管理客体。而人在一定意义上就是具有组织和管理自己活动能力的社会动物。整个社会就是一个通过管理而正常运行的有机体。本章首先介绍了管理的概念，阐述了不同学者从不同角度提出的定义，并进一步探讨了管理的内涵；其次，介绍了管理工作的独特品性以及管理工作要处理的各种关系；再次，介绍了管理的四大基本职能；接着重点转为管理者的介绍，包括管理者的不同类型、所需技能等；最后，阐述了管理学的特点、学习管理学的理由以及学习管理学的方法。

【问题思考】

1. 什么是管理？不同学者的定义有何差异？你的定义是什么？

2. 企业如何面对外部环境发生的变化？

3. 管理的四大基本职能是什么？

4. 成为一名合格的管理者需要哪些技能？你认为自己是否能够具有这些技能？

5. 为什么要学习管理学？

6. 如何完成管理学的学习？

第三章　管理思想的演进

【学习要点】

☆ 理解管理实践、管理思想和管理理论之间的关系；

☆ 重视泰勒制的内容及其在管理理论史上的意义；

☆ 知晓组织管理理论中存在的各种观点；

☆ 了解行为科学理论产生的背景及内容；

☆ 知晓现代管理理论不同流派的区别；

☆ 熟悉管理学的最新发展趋势。

【章首案例】　　　　　　　　　　**新希望的传承**

1. 公司简介

新希望集团是中国农业产业化国家级重点
龙头企业，是中国最大的饲料生产企业，中国

图片来源：www.newhopegroup.com.

最大的农牧企业之一，拥有中国最大的农牧产业集群，是中国农牧业企业的领军者。集团向社会提供不可或缺的农业产业链上下游产品，并以"为耕者谋利、为食者造福"为经营理念，致力于打造世界级的农牧企业。2012年底，集团注册资本8亿元，总资产超过400亿元（其中农牧业占72%），集团资信评等级为AAA级，已连续8年名列中国企业500强之一。集团拥有企业超过800家，员工超过8万人，其中有近4万人从事农业相关工作，有大专以上员工近2万人，同时带动超过450万农民走上致富道路。2012年，新希望集团有限公司以7538106万元的总收入，排在2012年中国民营企业500强第12位。新希望集团主营业务如图3-1所示。

"新希望"集团创业于1982年，其前身是南方希望集团，是刘永言、刘永行、陈育新（刘永美）、刘永好四兄弟创建的大型民营企业——"希望集团"的四个分支之一。在南方希望资产的基础上，刘永好组建了"新希望"集团。经

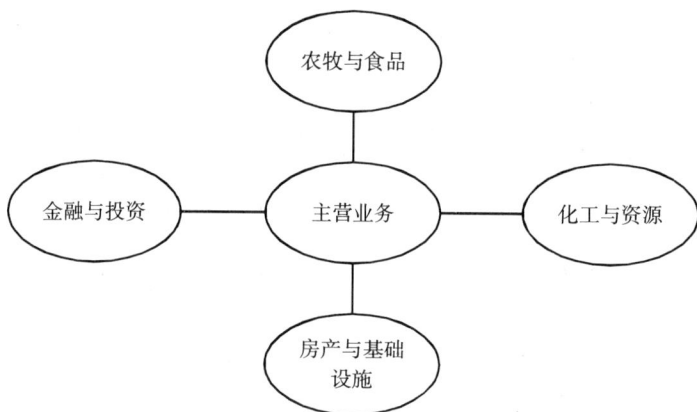

图 3-1　新希望集团主营业务示意图

过 30 多年的发展，创始人刘永好已经 60 多岁了，就像中国众多民营企业一样，当第一代创业者逐渐老去，企业如何能够保持活力传承呢？

2. 接班人的传承

2013 年 5 月 22 日，新希望集团第六届董事会第一次会议，选举刘畅为董事长，刘畅是刘永好的独生女。同时，人事调整也再进一步：选举陈春花女士为联席董事长兼首席执行官，聘任陶煦为公司总裁，向川、陈兴垚、李兵、崔照江、吉崇星先生为公司副总裁。

新希望原董事长刘永好称，联席董事长是一个创新性的设置。"我今年 62 岁，到了退休的年龄，刘畅接班可以保证新希望持续快速发展，但是刘畅实践经历还有所欠缺，需要锻炼、需要人帮助。"

外界很自然地要把一个"80 后"接班人和她的父辈刘永好对比，刘畅认为外界对接班有一点误解，觉得是她接替爸爸坐上了领导的位子，这种理解是片面的，她的接班是整个新希望公司向年轻化变革的象征，公司中还有很多基层、中层的主管都有"80 后"的身影。企业家是否成功最重要的是拥有一种企业家精神，敢于担当、勇于创新、坚韧不拔。

"第二代执政者"比第一代创始人更加新锐，似乎意味着新的接班人一定会给企业带来颠覆式创新。刘畅认为，时代不一样了，角色不一样，要承担的责任也都发生了变化。"我觉得最重要就是适应这种变化，在变化当中认清楚自己，认清楚自己的路，无所谓颠覆不颠覆，只是由行业大王到服务商的角色变化和心态的调整。"

3. 接班团队的传承

那么如何传承呢？关键是人的传承，不只是一个人的传承，而是要培养一大批的人。而且早做准备，不断培训，不断在不同岗位培训，包括干部的年轻化、专业化，现在已经有相当一部分人在这种体系当中了。

作为销售收入近千亿元的大集团必须要保持像刚刚创业时的活力，这个活力就是变革。于是，过去差不多10年，新希望一直在做一样的事，就是每年差不多招2000个应届本科生，每年都进行培训，在不同的岗位上培养他们。过去10年里，相当一部分的大学生优秀分子来到公司，他们其中留下来的这些人，只要干满两三年，往往都比较努力和优秀，而最优秀的人现在进步成长了。

例如集团的副董事长王航先生，曾是北大研究生会的主席，十几年前当刘永好接受北大研究生会的邀请演讲时，王航接待了刘永好。后来王航进入了新希望，从基层做起，一步一步做到集团副董事长、二号人物。像这样的人要文凭有文凭，要能力有能力，要经验有经验，要口才有口才，要文章有文章；对市场的理解、对金融的理解也很强，新希望的希望就是在这样一批人身上。

通过几年的努力，现在新希望集团总部，部门长平均年龄36岁。大概5年前的平均年龄是50岁。集团中层干部，包括总经理级别干部，平均年龄32岁。新希望于2013年定下一个制度，即每年在公司干三年的大学毕业生当中挑选20%的人作为新希望的基层管理者，包括基层公司总经理。这就意味着每年必须要换20%，五年全部换完，现在已经换了一批。所以到新希望公司去看，年轻人"小鬼当家"有的是。

新希望不仅在总部，而且在事业部层面，在各个分部门和各个工厂里都在进行年轻化，这个年轻化就是每年从大学生中招聘2000个进行内部培训、外部培训，送到新加坡、日本、美国去培训。新希望做了一系列的计划——青年计划、龙腾计划，进行考核、定期培养。每个大学生一进门就有一个具体的目标，特别是MT就有一个计划，三年可能走8~10个岗位，到公司很多部门都去看一看，找感觉。往往留下来的都是不错的，经过这样的努力，企业传承所需要的人才汇聚了。

新希望集团对于接班传承的思想，其实就是培养自己的职业经理人。新希望在传承过程中能够始终做到：第一，充分的授权，充分的信任；第二，强有力的激励机制；第三，要制定目标，考核和奖惩相结合；第四，要从上到下帮助他们，支持他们形成一个氛围。而谈到管理思想，其实最重要的还是对人的管理。如何吸引人才，留住人才，发挥人才最大的潜力？这一难题不光是令企业家们夜不能寐，也是管理学家们孜孜以求的课题。

资料来源：作者根据多方资料整理而成。

第一节　中外管理实践与管理思想

管理思想是人们在社会实践中对管理活动进行思考所形成的观点、想法和见解的总称。它是人们对管理实践中种种社会关系及其矛盾活动自觉的和系统的反映。管理思想是在管理实践基础上逐渐形成发展起来的，它经历了从思想萌芽、思想形成到不断系统与深化的发展过程。

在古代社会的长期历史进程中，人们对管理实践的思考处在不自觉的状态中，对管理的具体问题与具体环节、方法等方面提出了很多见解，记录下了许多成功的管理经验和方法，从而形成了丰富的古代管理思想遗产。

一、中国管理实践与管理思想

纵观历史，中国古代已经拥有了有效的政府与组织的管理，追溯起来，从夏朝开始至今已经有 4000 多年的历史。古代政府组织管理的理论与实践，经过时间与历史的考验，沉淀下很多有价值的东西可供现代人学习与借鉴。作为维护封建主义制度的经济基础已消亡，但那些已溶于民族血液中的伦理道德、思维方式、心理形态仍然将长期存在，传统的管理思想至今还深深影响着当代企业的管理意识和行为。

第一，"天地之性人为贵"：以人为本的思想。古代思想家认为："天地之性人为贵"、"民为重，社稷次之，君为轻"，宣扬的就是朴素的人本哲学思想。把"人"视为现代企业最为核心和宝贵的资源，重视"仁"与"义"在企业管理中的运用，通过实施人才战略、人性化管理和家庭式文化，努力发现、培养和发展一专多能的复合型人才，让企业成为员工生活与工作的希望之"家"。随着知识经济的极大发展，企业的经营管理发生着深刻的变化，知识经济所倡导的人本主义管理，其政策的出发点和目标都在于"人"，企业中"人"的地位不断提高。

第二，人类社会协调的和谐发展观。《道德经》上说："天地所以能长久者，以其不自生，故能长生。"说的是天地之所以长久，就在于能够让人生存，无私奉献。企业要协调、持续发展，也需要具备天地的"不自生"品德，希望能够为社会创造价值，为客户贡献能量，为股东谋取利益，为员工提供发展，并寻求这四方的和谐与平衡。尤其推崇"和谐"的企业发展观，认为和谐是一种稳定状态，是人类社会协调、持续发展的内在要求，也是中国传统文化的精髓，实现企业与社会、股东、客户与员工的和谐发展是现代企业最高的使命和追求。

第三，信息管理思想。无论是过去还是现在，信息对管理都具有重要的影响，因为信息是决策的基础，是预测和判断的依据，是及时纠偏、防止失败或减少损失的前提。先秦兵家的军事论著中对此有比较成熟的思想，特别重视信息管理在用兵作战中的决定性价值，它的著名论断是"知己知彼，百战不殆"。

第四，目标管理思想。目标管理是通过目标的制定、实施和评价等一系列的工作，达到预期效果的心理管理功能。目标管理是收集信息直至最终决策的基础。"全胜而非战"的管理心理目标，是以孙武为代表的先秦兵家提出来的。《孙子兵法》中提出的目标分为五个不同层次："全国"、"全军"、"全旅"、"全卒"、"全伍"，可以看作是远大的战略目标和较近的战略目标。

第五，决策管理思想。在确定的目标之下，有目的性地获取足够的信息之后，决策是关键性的管理环节。孙子的决策思想包含有三条原则：一是"善之善者"的选优原则。科学的决策必须来自多项方案的选择，没有选择就没有决策。二是"践墨随敌"的调控原则。决策确定之后，由于情况不断发生变化，在实施过程中要建立反馈，及时调整纠偏。三是"奇正相生"的变化原则。奇正是指军队作战的变法和常法，奇兵、正兵、奇法、正法等都是决策中的备选方案，备选方案越多越能应对各种不同局面（见图3-2）。

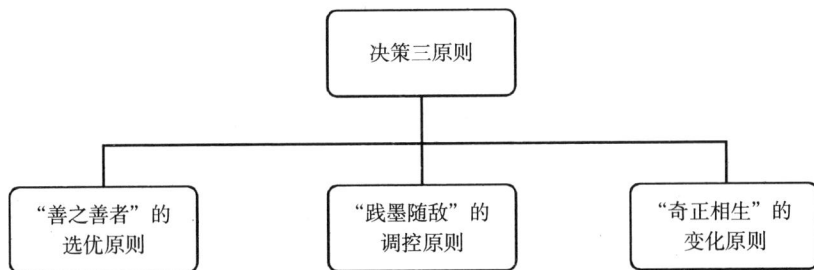

图 3-2　孙子决策思想的三原则

管理思想的演进专栏1　　管理天下　秦国一统天下的管理启示

秦国从公元前230年到公元前221年，历时10年，相继灭掉了北方的燕、赵，中原的韩、魏，东方的齐和南方的楚六个国家，结束了春秋以来长达500余年的诸侯割据纷争的战乱局面，建立了中国历史上第一个中央集权统一国家。秦国一统天下带给后人的管理启示如下：

第一，战略规划。公元前238年，秦王嬴政与李斯、尉缭等制定了统一全国的战略目标，这是适应了当时的经济社会环境的条件下做出的正确决策：战国末期，七雄相继展开了富国强兵的变法活动，但最有成效的是秦国商鞅变法，实施耕战政策，强调规则与秩序，法治重于人治，国力逐步强盛。秦国在地理位置上进可攻，退可守，军事力量远胜于其他六国，形成了一强六弱的战略优势，为秦国实施统一中国的战略奠定了基础。

第二，组织与策略。秦国在发展壮大的过程中建立了高度集权、等级森严的组织结构：秦王是最高统帅，设立丞相、国尉和御史大夫分别承担国家行政、军事和监督职能，三者均听命于皇帝，直接对皇帝负责；建立郡县制，全国分为36郡，建立了全国垂直管理、集中统一的行政、军事执行系统。

完善的军事制度保障了秦国的战略执行能力，军权高度集中于秦王，军队的指挥和管理体制严密，战争的发动与中止、高级武官的任命与撤换、兵员的征集与调动，都由秦王掌握；兵役制度也较为完善，秦国沿袭了战国时代的郡县征兵制；军训制度较为严格，秦律规定，各课课试最劣者均要受罚，有关督训官吏及负责选募者也要受罚；秦朝制定了《厩苑律》，对马匹的放牧、调教、管理均有规定。

第三，资源获取与配置。秦国通过严谨的法律实现了对农业耕作和生产资料的有效管理，秦律详细规定了农业播种时种子的数量、对牛的饲养管理制度；同时兴修水利：派李冰修建都江堰，使四川平原成为秦国粮仓，秦国的粮食产量已经远远高于其他国家；识破韩国的阴谋，继续任用韩国人郑国修建郑国渠，保证了秦都咸阳的粮食供应；秦国的水利工程技术最大程度地保障了粮食生产，为发动战争提供了充足的资源保障。

第四，薪酬激励和绩效考核。秦国在考核激励方面建立了完善的制度体系。商鞅变法实施的军功授爵制度：秦国的士兵只要斩获敌人一个首级，就可以获得爵位一级、田宅一处和仆人数个。斩杀的首级越多，获得的爵位就越高。军功爵位由低到高共有20级，可以传子，可以享受贵族级别。爵位的高额收益激励着每一位士兵冲锋陷阵，军队的作战能力和作战效率得到极大提高。同时，秦国对违反法律的惩罚措施更为严厉和残酷：大雨使陈胜、吴广在内的900名戍边的壮丁耽误了行期，按照秦法，误期当斩；在兵器生产中，如果兵器质量有问题，按照秦国的法律，厂长首先遭受处罚。

　　总之，无论是在战略规划还是组织流程，无论是资源配置还是绩效评价，无论是外部协同还是内部协调，秦国统一过程中所蕴含的管理理论与方法是值得现代企业学习的。

资料来源：作者根据多方资料整理而成。

二、外国管理实践与管理思想

第一，亚当·斯密（1723~1790），英国古典政治经济学家，他的《国富论》不仅是经济学史上的不朽巨著，也是管理学宝贵的思想遗产。他是最早对经济管理思想进行论述的学者，对之后的管理理论有着重大影响。

斯密认为，分工的起源是由于人的才能具有自然差异，那是起因于人类独有的交换与易货倾向，交换及易货属私利行为，其利益决定于分工。假定个人乐于专业化及提高生产力，经由剩余产品之交换行为，促使个人增加财富，此等过程将扩大社会生产，促进社会繁荣，并达私利与公益之调和。

第二，罗伯特·欧文（1771~1858），英国著名的空想社会主义者，是人事管理的创始人，被称为"现代人事管理之父"。提倡人性化管理的欧文在自己的工厂中亲身试验，推崇教育与生产相结合的一种管理模式，并且鼓励一种全面发展的教育观。

欧文所提倡的"人本管理"观点可谓对现代社会的管理者有着非常重要的借鉴意义。用鼓励代替惩罚、用教育机会改善员工素质同样应该是现代企业家也在不断追求的理想。他认为，工厂是由员工组成的，把他们有效地组织起来，相互合作，就能产生最大效果。他开始了一种新的实验，大力减轻劳动强度，改善劳动条件，为职工提供较多的福利设施。

管理思想的演进专栏 2　　　　　　　　**海信的人本管理**

海信集团成立于 1969 年。进入 21 世纪，海信以强大的全球研发人才组成的研发团队为后盾，以优秀 **Hisense** 图片来源：www.hisense.cn. 的国际化经营管理团队为支撑，加快了产业扩张的速度，已形成了以数字多媒体技术、现代通信技术、智能信息系统技术、制冷技术为支撑，涵盖多媒体、家电、通信、智能信息系统和现代地产的产业格局。2013年海信实现销售收入932 亿元，在中国电子信息百强企业中名列第六。

海信为什么能取得如此骄人的成绩呢？对此，海信集团董事长周厚健曾提出："是我们在企业的发展过程中造就和引进了一大批人才，是这些人才造就了现在的海信。"这完全与海信目前所推崇的"技术是根、创新是魂、人才是本"的经营理念相吻合。海信集团始终把人才作为企业发展的创业之本、竞争之本、发展之本，对员工提供全方位、多层次的人才培训体系，作为激励人才和留住人才的法宝（见图 3-3）。

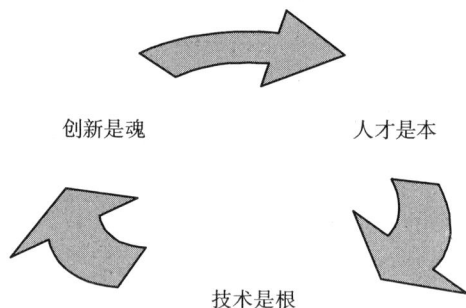

创新是魂　　　　　　　　人才是本

技术是根

图 3-3　海信经营理念示意图

海信集团在其创业之初就深深明白人是企业最宝贵的资源，更是一种战略资源。所以海信把人才战略视为海信第一战略。在海信，企业有三大资源：一是人力资源，二是经济资源，三是信息资源。其中人力资源被认为是第一大资源。一个成功的企业，首先生产的应该是人，其次才是产品。就是这种"生产人"的理论给海信赋予这样一种文化：把人当作主体，把人当作目的，一切以人为中心。目前海信的"敬人、敬业、创新、高效"企业精神中，"敬人"作为海信企业文化之核心，反映了海信集团之厚德载物的仁爱思想和人本主义，它是一种比较宽泛的企业内外界定的企业精神体现。"敬人"对内表现为尊重员

工的人格与尊严，尊重员工创造的价值，提倡公平竞争，不断赋予员工有挑战
性的工作目标和广阔的发展空间，达到企业和员工的双赢；对外表现为尊重外
部公众的需求和经济利益，在研发上真正投入、设计上人性至上、制造上精益
求精、服务上诚心诚意、宣传上实事求是。

资料来源：作者根据多方资料整理而成。

第三，查尔斯·巴贝奇（1792~1871），科学管理思想的先驱者，提出了劳动
分工，主张通过科学研究来提高动力、材料的使用效率和工人的工作效率，采用
利润分配制以谋求劳资之间的调和。

巴贝奇的贡献主要有以下几点：一是提出了在科学分析的基础上的可能测定
出企业管理的一般原则。二是进一步发展了亚当·斯密关于劳动分工的利益的思
想，分析了分工能提高劳动生产率的原因。他指出，这些原因是：节省了学习所
需要的时间；节省了从一道工序转变到另一道工序的耗费时间；肌肉得到了锻
炼，就更不易疲劳；节省了改变工具所耗费的时间。巴贝奇还指出，脑力劳动也
同体力劳动一样，可以进行分工。三是在劳资关系方面，他强调劳资协作，强调
工人要认识到工厂制度对他们有利的方面。

三、管理实践、思想和理论之间的关系

随着社会的发展，科学技术的进步，一些人对管理思想加以提炼和概括，找
出了管理中带有规律性的东西，并将其作为一种假设，结合科学技术的发展，在
管理活动中进行检验，继而对检验结果加以分析研究，从中找出属于管理活动普
遍原理的东西。这些原理经过抽象和综合就形成了管理理论。这些理论又被应用
于管理实践，指导管理实践，同时对这些理论进行实践检验，这就是管理理论的
形成过程。从中可以看出管理实践、管理思想和管理理论这三者之间的关系：管理
实践是管理思想的根基，管理思想来自管理实践中的经验；管理理论是管理思
想的提炼、概括和升华；管理理论对管理实践有指导意义，同时又要经受管理实
践的检验。

第二节　科学管理理论

科学管理之所以重要，是因为当时它的推广极大地促进企业生产效率的提高，甚至能够提高整个社会的生活水平。因此其意义是历史性的，科学管理是管理发展史上的一次伟大的革命，它的提出也标志着管理学作为一门科学开始形成。

一、泰勒的贡献

泰勒在历史上第一次使管理从经验上升为科学。他也被称为"科学管理之父"。泰勒科学管理的最大贡献在于他所提倡的在管理中运用科学方法和他本人的科学实践精神。泰勒科学管理的内容可分为三个方面：作业管理、组织管理和管理哲学。

第一，作业管理。作业管理是泰勒科学管理的基本内容之一，它由一系列的科学方法组成。泰勒认为科学管理的中心问题是提高劳动生产率。科学管理是多种要素的结合。他把知识收集起来加以分析组合并归类成规律和条例，于是构成了一种科学。泰勒创立了工业工程（IE）学说，学说包括公司选址、流程设计、平面布局、作业动作经济原则、动作动素理论、人体工程学、人类疲劳研究、无效作业低效作业的确认原则、时间分析、光照度分析等。

第二，组织管理。泰勒认为工作应该有一定的标准。科学的方法就是找出标准，制定标准，然后按标准办事。这一找出和制定标准的工作就由专门的人来负责，因为不论从哪个方面来讲，工人都是不可能完成这一工作的，所以就必须把计划职能和执行职能分开。计划职能由管理当局承担，并设立专门的计划部门。计划部门从事全部的计划工作，确定工作量标准及操作方法并对工人发布命令，把标准和实际情况进行比较，以便进行有效的控制。泰勒把这种管理方法作为科学管理的基本原则，这也使得管理思想的发展向前迈进了一大步，将分工理论进一步拓展到管理领域。此外，泰勒为组织管理提出了一个极为重要的原则——例外原则。所谓例外原则是指企业的高级管理人员把一般日常事务授权给下属管理人员负责处理，而自己保留对例外事项一般也是重要事项的决策权和控制权，如重大的企业战略问题和重要的人员更替等。

第三，管理哲学。泰勒的另一项主张是将管理的职能从企业生产职能中独立出来，使得企业开始有人从事专职的管理工作。这样就进一步促进了对管理实践的思考，为管理理论的进一步形成和发展开辟了道路。

泰勒的科学管理理论也有其局限性，即他认为工人是"经济人"。另外，其局限性还表现为只重视物质技术因素，忽视人及社会因素。他的理论方法仅解决了个别具体工作的作业效率问题，而没有解决企业作为一个整体如何经营和管理的问题。

管理思想的演进专栏 3   "泰勒制"在三江超市生鲜管理的应用

三江公司成立于 1995 年，公司目前已成功开办了大中型综合超市近 150 家，网点遍布浙江省的宁波、杭州等 30 多个城市和地区；拥有两座

图片来源：home.sanjiang.com.

大型配送中心，共占地 13 万多平方米；有员工近万名，会员顾客 130 多万人，每天有 50 多万的顾客在三江的各连锁商场内购物消费。作为中国连锁经营协会常务理事单位，公司已连续 14 年荣登中国连锁业百强。目前已成为浙江省最大的连锁超市之一，是浙江省政府重点扶持的大型连锁企业，中国经贸委重点联系企业。2013 年销售额达 51.36 亿元，在中国快速消费品连锁百强中排名第 39 位。

费雷德里克·泰勒是美国古典管理学家，他创立的"科学管理"理论体系成为古典管理理论的经典之一，在企业管理中一直沿用至今。在三江超市的生鲜管理中我们能清楚地看到"泰勒制"的应用价值（见图 3-4）。

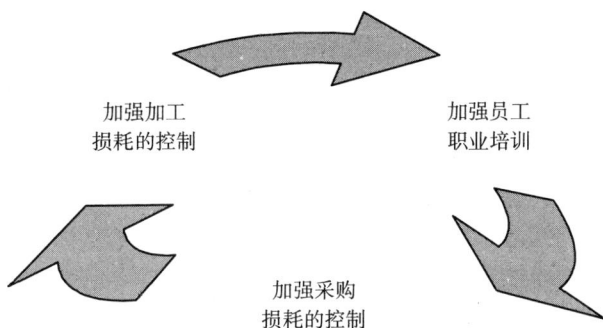

加强加工
损耗的控制

加强员工
职业培训

加强采购
损耗的控制

图 3-4 "泰勒制"在三江超市生鲜管理的应用

第一，加强员工职业培训。超市员工职业培训投入与损耗发生成反比，职业培训对于减少损耗起着不可忽视的作用。通过培训一方面使员工掌握生鲜商

品的操作规程及管理规范，另一方面增强员工对生鲜商品属性的了解，提高员工对生鲜商品的认知水平。因为在实际工作中相当一部分的商品保管、处置不当的损失就是由于员工对所经营商品缺乏基本了解所致，而这方面的业务培训却常常又被忽视，宁波三江超市的生鲜管理员工有着非常细致的相关职业培训。

第二，加强采购损耗的控制。采购是保证生鲜食品质量最重要的一个环节，宁波三江超市对生鲜食品制定了严格的采购标准，对采购员进行专门的培训，使其对自己将要贩卖商品的规格及等级、鲜度、价格等有彻底的了解，充分了解消费者需要什么样的生鲜食品。订货原则是以销制订，也就是预估明天销多少，就订多少，再加上安全库存减去当日库存即可。

第三，加强加工损耗的控制。宁波三江在加工作业过程中，严格遵守加工作业标准，所有的作业标准都必须以书面方式建立起来，用来培训员工并作为员工加工作业标准的依据。宁波三江明确并列出关键控制点，采取切实可行的关键点检查和控制措施，建立完善的损耗原因分析数据资料记录，定期对原始记录进行统计分析，将损耗控制要点及时提示给有关工作人员，指导、跟踪专项损耗控制工作的进行。

资料来源：作者根据多方资料整理而成。

二、甘特和吉尔布雷斯的贡献

第一，甘特的贡献。亨利·劳伦斯·甘特是人际关系理论的先驱者之一，科学管理运动的先驱者之一，他是甘特图（Gantt Chart）即生产计划进度图的发明者。在企业管理方面，甘特提出的奖励工资制产生了很大的影响，一般人们称为"任务加奖金制"。甘特按照任务加奖金制的设想，工人在规定时间内完成规定定额，可以拿到规定报酬，另加一定奖金。另外，每个工人达到定额标准，其工长也可以拿到一定比例的奖金。甘特所设计的这种奖金制度，对于工人来说形成了基本工资的保证，对于工长来说也矫正了他们的管理方式。使工长由原来的监工变成了工人的老师和帮助者，把关心生产转变成关心工人。按照甘特自己的说法，工长奖金的目的就是"使能力差的工人达到标准，并使工长把精力放在最需要的地方和人身上"。

第二，吉尔布雷斯夫妇的贡献。吉尔布雷斯夫妇两人改进了泰勒的方法，泰勒方法被称为"工作研究"，而他们的方法，则称为"运动研究"。其差别在于，泰勒是基于在生产线上找工人做实验的方法，而吉尔布雷斯夫妇发明了一个"动素"概念，把人的所有动作归纳成 17 个动素，如手腕动作称为一个动素，就可以把所有的作业分解成一些动素的总和。对每个动素做了定量研究之后，就可以分析每个作业需要花多少时间。他们是第一个把工业工程从一种实验和经验的办法，变成一种比较科学的办法，他们两人的工作对于工业工程的诞生起到了决定性的作用。

三、福特的贡献

提出"科学管理"理论的泰勒可以看作管理理论界代表，而在管理实践领域，亨利·福特无疑是这一时代中最为耀眼和伟大的实践者。

首先是工业流水线的发明和引入。对于工业流水线来说，其对人类的意义无论赋予多么高的评价都不为过。在福特之前，专业化分工已经极大地提高了人类的生产力。福特进一步完善和深化了专业分工，他将原先分散的工序按照精心设计的生产序列整合起来，并通过传送设施让工件在工序之间移动，同时引入生产节拍的概念，使得整个生产过程的各个工序按照固定的生产节拍协同起来。通过流水线方式，一方面进一步分解工序，促进专业化；另一方面，将由于进一步分解而分散的工序整合起来，极大地提高了整个生产过程的效率。当时，其他公司装配一辆汽车需要 700 多个小时，而在福特的流水线上仅需要 12.5 个小时。这使得福特推出的 T 型车的价格只需要 850 美元，远远低于当时的平均价格。此后，通过不断改进，T 型车的生产速度甚至提升到每 10 秒一台车，而售价也下降到 260 美元。可想而知，如果没有流水线，这种改进是很难想象的。福特的流水线推出后，很快就扩散到几乎全部生产领域。在今天，除了少数个性化手工定制产品外，几乎所有的标准化工业产品都是在流水线上完成的。可以说，没有福特的流水线，就没有今天全人类的工业文明。

第三节 组织管理理论

一、法约尔的贡献

亨利·法约尔被后人尊称为 "现代经营管理之父"，他的一般管理理论是西方古典管理思想的重要代表，后来成为管理过程学派的理论基础，也是以后各种管理理论和管理实践的重要依据，对管理理论的发展和企业管理的历程均有着深刻的影响。他最主要的贡献在于三个方面：从经营职能中独立出管理活动；提出管理活动所需的五大职能和 14 项管理原则。

第一，从企业经营活动中提炼出管理活动。法约尔区别了经营和管理，认为这是两个不同的概念，管理包括在经营之中。通过对企业全部活动的分析，将管理活动从经营职能（包括技术、商业、财务、安全和会计五大职能）中提炼出来，成为经营的第六项职能。进一步得出了普遍意义上的管理定义，即"管理是普遍的一种单独活动，有自己的一套知识体系，由各种职能构成，管理者通过完成各种职能来实现目标的一个过程"（见图 3-5）。

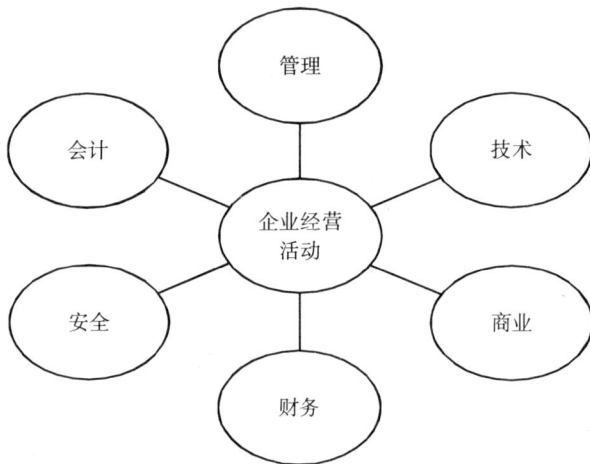

图 3-5　法约尔的企业经营六大活动

第二，提出五大管理职能。法约尔将管理活动分为计划、组织、指挥、协调和控制五大管理职能，并进行了相应的分析和讨论。管理的五大职能并不是企业管理者个人的责任，它同企业经营的其他六大活动一样，是一种分配于领导人与整个组织成员之间的工作。

第三，提出 14 项管理原则。即劳动分工、权力与责任、纪律、统一指挥、统一领导、个人利益服从整体利益、人员报酬、集中、等级制度、秩序、公平、人员稳定、首创精神、团队精神。

管理思想的演进专栏 4 **法约尔管理思想在核电工程施工管理中的应用**

图片来源：www.cnpe.cc.

2007 年 12 月，中核集团对中国核电工程公司进行重组改制，重组后的公司名称为中国核电工程有限公司（CNPE），注册资金 2 亿元，公司总部设在北京，下设郑州、河北分部，这是国内唯一以核电设计为龙头、实力最强、专业配备最完整的核电 EPC 工程总承包公司。法约尔将管理活动分为计划、组织、指挥、协调和控制五大管理职能，并对每一个职能都进行了相应的分析，这五大职能对研究和分析核电站建设施工管理具有重大的理论价值和指导意义。

第一，计划。结合法约尔的统一性、连续性和精确性的特点，施工管理部门从核电工程总体管理角度，制定总体施工管理规划，土建、安装等各职能科室分别制定科室管理计划，从主线到具体，使计划的制定目标任务统一，分项层级清晰。施工管理部门每年年底根据次年的工程进度计划及工作安排，编制年度工作计划，指导一个年度的工作开展。在年度工作计划的基础上，以月份、周为单位编制相应月度计划和周计划，以具体的实施计划作为实现上游计划的基础。

第二，组织。法约尔的组织理论，在核电施工管理中有两方面的体现，一方面是部门设置、各职位的安排以及人员的安排，部门设置是根据施工管理的不同专业及职责，设置对应的管理机构。另一方面是施工的组织安排，总承包方编制施工组织总设计或总规划，每个区域的承包单位制定区域施工组织设计，且不同专业分开设置。

第三，指挥。在核电施工管理中，计划安排和组织形式建立以后，施工管理部门定期或不定期地对现场施工进度、质量、安全等进展情况进行检查，定期召开工程周例会，与所有承建单位就发现的问题共同分析，并找出解决方案。部门内部定期召开工作例会，传达项目层面总体指示及安排，把近期的问题进行分析反馈，进行任务部署，统筹管理各专业间的衔接。

第四，协调。在核电工程管理中，主要体现在内部协调和外部协调两方面。核电工程施工管理内部协调涉及安全、质量、进度和费用等，不同管理部门的工作必须与项目总体目标及计划保持一致，并且各自对所负责部分的工作内容及任务掌握透彻，同时了解与本专业相关的工作基本内容及进展状态。核电工程管理外部协调主要包括厂区各部分的工程建设协调和各承包商间的协调与协作。对于各承包商间的协调，法约尔认为例会制度可以解决部门之间的不协调问题，这种制度也适用于各承包商间的协调管理。

第五，控制。在质量、安全和进度等方面，核电建设中采用的控制方法有很多种，主要包括事前控制、事中控制和事后控制等。在进度管理控制中，整个控制方式和过程均以目标为主线，一旦出现偏差则及时采取措施纠正。

资料来源：作者根据多方资料整理而成。

二、韦伯的贡献

韦伯提出了所谓理想的行政组织体系理论，其核心是组织活动要通过职务或职位而不是通过个人或世袭地位来管理。他的理论是对泰勒和法约尔理论的一种补充，对后世的管理学家，尤其是组织理论学家有重大影响，因而在管理思想发展史上被人们称为"组织理论之父"。

行政组织体系又被称为官僚政治或官僚主义，要使行政组织发挥作用，管理应以知识为依据进行控制，管理者应有胜任工作的能力，应该依据客观事实而不是凭主观意志来领导，因而这是一个有关集体活动理性化的社会学概念。

韦伯认为，合法型统治是官僚组织结构理论的基础，因为它为管理的连续性提供了基础，担任管理职务的人员是按照他对工作的胜任能力来挑选的，具有其合理性；领导人具有行使权力的法律手段；所有的权力都有明确的规定，任职者不能滥用其正式权力。合法型统治是以一种对正规形式的"法律性"以及对那些升上掌权地位者根据这些条例发布命令的权力的信任作为基础的。这种组织的管理制度不仅具有合法的公认权威性，并且具有"理性"，即能够实现最佳管理目标。

三、其他人的贡献

林德尔·厄威克在管理职能划分方面，基本上是在"法约尔五职能说"的基础上进行了分析和综合。他认为管理过程是由计划、组织和控制三项主要职能所构成的。他根据法约尔关于计划职能的论述，认为法约尔的计划职能中包含着预测活动。因此，他认为预测是计划的基础，而预测的原则是"适用性"，这就决定并要求计划应具有 "条理性"。厄威克认为，协调和控制的基础在于 "职权"，而职权则是依据"层次原理"来确定的，通过职务的高低和职能的统一，最后界定每个人的权责。他主张控制应遵循集中原则，他将控制职能又细分为配备人员、选择与安排、纪律和训练这三种派生的职能。提出和进一步丰富、完善"组织设计论"，使他成为该理论的重要代表人物之一。

厄威克提出了适用于一切组织的八项原则，即目标原则、相符原则、职责原则、组织阶层原则、控制幅度原则、专业化原则、协调原则和明确性原则。

第四节　行为管理理论

一、三位先驱者

第一，雨果·闵斯特伯格。闵斯特伯格是工业心理学的主要创始人，被尊称为"工业心理学之父"。他认为，心理学应该对提高工人的适应能力与工作效率做出贡献。他希望能对工业生产中人的行为做进一步的科学研究。他研究的重点是：如何根据个体的素质以及心理特点把他们安置到最适合他们的工作岗位上；在什么样的心理条件下可以让工人发挥最大的干劲和积极性，从而能够从每个工人处得到最大的、最令人满意的产量；怎样的情绪能使工人的工作产生最佳的效果。

闵斯特伯格的研究方向和路线，以及所采取的方法对后来的人们有很大启示，在管理学上也有诸多应用。他开创了工业心理学领域——对工作中的个人进行科学研究以使其生产率和心理适应最大化。他认为应该用心理测验来选拔雇员，用学习理论来评价培训方法的开发，要对人类行为进行研究以便找出什么方法对于激励工人是最有效的。他还指出了科学管理与工业心理学二者都是通过科学的工作分析，以及通过使个人技能和能力更好地适合各种工作的要求，寻求提高生产率。

第二，玛丽·派克·福莱特。福莱特是美国的政治哲学家、社会心理学家，同时又是一名企业管理方面的智者，有人称为"管理理论之母"。按照福莱特的思想，管理的实质是心理上和利益上的融合统一，组织的实质是情景支配下的互动体系，所以，组织与管理中的领导活动也要随之产生全新的变化。在福莱特的理论中，领导不再是对他人的统治和支配，而是领导者与被领导者的相互影响。她认为："人们在团体中寻求归属，在联合中寻求安慰，在隶属中寻求实现。"所以，管理的本质是寻求合作。"权威是一个自我发展的过程，所以就不应该把人们分隔开来并将他们分成两个阶级——发出命令的阶级和服从命令的阶级。"

福莱特强调，经理人员应当具备领导能力，但这种领导能力不是颐指气使，不是发号施令，而是实现组织的协作，确定共同的目标，进而鼓励和引导人们对情景做出积极反应的能力。领导的最重要的素质就是控制整个局势的能力，包括预测能力和冒险精神。"领导并不仅是对人的领导，而且是整体环境的领导。领导者是一个可以总结集体经验的人，他们懂得如何组织一个企业的全部力量，并且使之服务于一个共同的目标。"

第三，莉莲·吉尔布雷斯。莉莲是弗兰克·吉尔布雷斯的夫人，也是美国第一个获得心理学博士的女士，被称为"管理第一夫人"。莉莲·吉尔布雷斯注重研究个体行为，并对在管理中如何理解心理学的作用和重要性方面做出了深入的研究。莉莲把管理风格分为三类：①传统的管理风格：管理者为严格的驱动型，相信统一命令和使用集中权威；②过渡的管理风格：介于传统的和科学的管理风格之间；③科学的管理风格：管理者仔细甄选人员，全面关心工人的福利，使用各种诱因来激励职工，使雇员得到充分的发展。她认为，在传统管理下，个人受到中心人物的权力压抑，事实上处于一种受"胁迫"的地位；在科学管理下，个人则是一切活动的出发点和中心，挑选人员、激励工人、考虑工人的福利等活动，都得围绕"个人"进行。尊重"个人"是科学管理的基本内涵。科学管理提倡有系统的工作，鼓励良好的个人习惯，而且关心个人在物质上、精神上和经济上的发展，即要把"福利"理解为"总的幸福"——它包括精神、物质、道德和经济等各方面的发展。在莉莲看来，科学管理的目的，是通过培养人的品德、特殊的能力和技巧，从而使每一个人都能发挥其最大的潜力；所关注的核心问题是为了相互共同的利益，管理部门如何才能使个人得到发展，重在强调"有效"前提下的劳资合作。

二、梅奥的霍桑实验

霍桑实验是在 1924~1932 年，以哈佛大学教授 G. E. 梅奥为首的一批学者在美国芝加哥西方电气公司所属的霍桑工厂进行的一系列实验的总称。1933 年，梅奥出版了《工业文明中的社会问题》，对实验进行了总结，提出了一系列理论：

第一，社会人理论。传统管理理论认为，人是为了经济利益而工作的，因此金钱是刺激工人积极性的唯一动力，因此传统管理理论也被称为"经济人"理论。霍桑实验则表明，经济因素只排第二位，社会交往、他人认可、归属某一社会群体等社会心理因素才是决定人工作积极性的第一位因素，因此梅奥的管理理论也被称为"人际关系"理论或"社会人"理论。

第二，士气理论。传统管理理论认为，工作效率取决于科学合理的工作方法和好的工作条件，所以管理者应该关注动作分析、工具设计、改善条件、制度管理等。霍桑实验则表明，士气，也就是工人的满意感等心理需要的满足才是提高工作效率的基础，工作方法、工作条件之类物理因素只排第二位。

第三，非正式群体理论。传统管理理论认为，必须建立严格完善的管理体系，尽可能避免工人在工作场合中的非工作性接触，因为其不仅不产生经济效益，而且降低工作效率。霍桑实验则表明，在官方规定的正式工作群体之中还存在着自发产生的非正式群体，非正式群体有着自己的规范和维持规范的方法，对成员的影响大大超过正式群体，因此管理者不能只关注正式群体而无视或轻视非正式群体及其作用。

第四，人际关系型领导者理论。以泰勒的科学管理理论为代表的传统管理理论认为，管理者就是规范的制定者和监督执行者。霍桑实验提出，必须有新型的人际关系型领导者，他们能理解工人各种逻辑的和非逻辑的行为，善于倾听意见和进行交流，并借此来理解工人的感情，培养一种在正式群体的经济需要和非正式群体的社会需要之间维持平衡的能力，使工人愿意为达到组织目标而协作和贡献力量。

总之，霍桑实验表明，人不是经济人，而是社会人，不是孤立的、只知挣钱的个人，而是处于一定社会关系中的群体成员，个人的物质利益在调动工作积极性上只具有次要的意义，群体间良好的人际关系才是调动工作积极性的决定性因素。

管理思想的演进专栏 5　温氏集团的"同呼吸，共命运，齐创美满生活"

管理不仅是对物质生产力的管理，更重要的是对有思想、有感情的人的管理。人的价值是无法估量的。最大限度地开发人力资源将成为现代企业前进的主旋律，"重视人、尊重人和理解人"的管理思

WENS 温氏
图片来源：www.wens.com.cn.

想模式才会为企业创造美好的明天。

广东省云浮市新兴县曾经发展起著名的"三温一古"四大养鸡企业，四家起步时间差不多，至今有三家或者破产，或者退出行业，唯有温氏集团得到发展壮大。究其原因有很多，但其根本原因是由于企业文化中对人的看法存在的差异。

温氏集团创立于 1983 年，是一家涵盖养殖、食品加工、农牧设备、房地产开发、实业投资等几大产业的大型现代化、信息化的农牧企业。经过 30 余年的发展，目前已在全国 23 个省（市、自治区）建成 160 多家一体化公司。2013 年，集团上市肉鸡 8.48 亿只，肉猪 1013 万头，肉鸭 1472 万只，总销售收入 352 亿元。预计 2014 年集团总销售收入可达 430 亿元，合作养户获利 42.6 亿元。集团现有员工 3.68 万人，拥有大专以上学历的各类专业人才 5700 多人，其中博士 39 人，硕士 270 多人，外聘教授级专家 30 多人。公司一贯坚持建立和完善合理的利益分配机制，注重平衡好公司与农户（家庭农场）的利益。2013 年，集团公司的合作农户和家庭农场全年合计获养殖效益 38.07 亿元。

温氏集团的"聚合产权"的制度创新实践是整个企业文化的核心。经过多次股份制改造，作为创业家族的温北英家族持有的股份已经大大降低。至2013 年，温氏家族持有的股份仅占公司全部股份的 15.927%，董事长兼总裁的温鹏程，个人持有的股份仅为 3.287%。温氏集团的股权高度分散，集团 30 多亿元的出资额除 4785 万元由战略投资者中金佳泰（天津）出资，其余全部由6823 名员工共享，前十大股东持股比例仅为 25.178%（见图 3-6）。

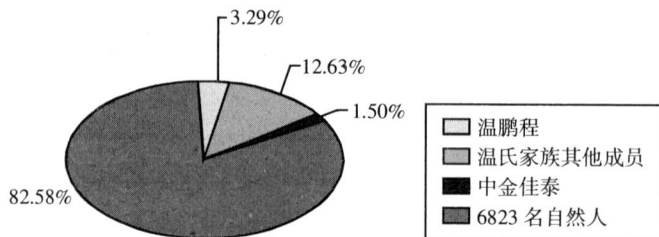

图 3-6　温氏集团股权结构

温氏集团的员工既是资产的所有者，又是企业的雇员，是企业真正的主人，员工彼此只有分工不同，没有等级的高低，从而最大限度地调动了员工们的积极性，形成了强有力的激励机制。因此，股权、期权等这种在中国尚属起步阶段的人力资源管理手段，其实早已在温氏采用了，而且形成了一套完整的股票管理的规章制度。通过温氏集团全员持股，增强了企业凝聚力，有力地推动了企业的管理。

资料来源：作者根据多方资料整理而成。

第五节　现代管理理论

现代管理理论是继科学管理理论、行为科学理论之后，西方管理理论和思想发展的第三阶段，特指第二次世界大战以后出现的一系列学派。与前阶段相比，这一阶段最大的特点就是学派林立，新的管理理论、思想、方法不断涌现。美国著名管理学家哈罗德·孔茨认为当时林林总总共有 11 个学派：经验主义管理学派、人际关系学派、组织行为学派、社会系统学派、管理科学学派、权变理论学派、决策理论学派、系统管理理论学派、经验主义学派、经理角色学派、经营管理学派等。

一、现代管理理论的形成和发展

在 20 世纪 40 年代，一方面，由于工业生产的机械化、自动化水平不断提高以及电子计算机进入工业领域，在工业生产集中化、大型化、标准化的基础上，也出现了工业生产多样化、小型化、精密化的趋势。另一方面，工业生产的专业化、联合化不断发展，工业生产对连续性、均衡性的要求提高，市场竞争日趋激烈、变幻莫测，即社会化大生产要求管理改变孤立的、单因素的、片面的研究方式，而形成全过程、全因素、全方位、全员式的系统化管理。另外，科学技术发展迅猛，现代科学技术的新成果层出不穷。各学科之间的联系越来越紧密，管理理论的发展越来越借助于多学科交叉作用。经济学、数学、统计学、社会学、人类学、心理学、法学、计算机科学等各学科的研究成果越来越多地应用于企业管理。管理理论的发展进入了新的时期。

二、现代管理理论学派

现代管理理论众多学派并存，从不同角度对管理理论进行了卓有成效的探讨，都对管理理论的发展做出了贡献。管理科学步入一个发展、创新、分化、综合并存的时期。主要的管理学派如下：

1. 管理过程学派

管理过程学派，又叫管理职能学派、经营管理学派，主要致力于研究和说明"管理人员做些什么和如何做好这些工作"，侧重说明管理工作实务。开山鼻祖是法约尔，当代最著名的代表人物是哈罗德·孔茨。

管理过程学派的主要特点是将管理理论同管理人员所执行的管理职能，也就是管理人员所从事的工作联系起来。他们认为，无论组织的性质多么不同（如经济组织、政府组织、宗教组织和军事组织等），组织所处的环境有多么不同，但管理人员所从事的管理职能却是相同的，管理活动的过程就是管理的职能逐步展开和实现的过程。因此，管理过程学派把管理的职能作为研究的对象，他们先把管理的工作划分为若干职能，然后对这些职能进行研究，阐明每项职能的性质、特点和重要性，论述实现这些职能的原则和方法。管理过程学派认为，应用这种方法就可以把管理工作的主要方面的理论加以概括，有助于建立起系统的管理理论，用以指导管理的实践。

相对于其他学派而言，它是最为系统的学派。他们首先从确定管理人员的管理职能入手，并将此作为他们理论的核心结构。孔茨认为将管理学这样分类具有内容广泛、能划分足够多的篇章、有利于进行逻辑性分析等优点。

2. 经验主义学派

经验主义学派又称为经理主义学派，以向大企业的经理提供管理企业当代的经验和科学方法为目标，创始人是彼得·德鲁克，代表人物有欧内斯特·戴尔、艾尔弗雷德·斯隆等。经验主义学派认为管理学就是研究管理经验，认为通过对管理人员在个别情况下成功的和失败的经验教训的研究，会使人们懂得在将来相应的情况下如何运用有效的方法解决管理问题。因此，这个学派的学者把对管理理论的研究放在对实际管理工作者的管理经验教训的研究上，强调从企业管理的实际经验而不是从一般原理出发来进行研究，强调用比较的方法来研究和概括管理经验。经验主义学派理论的研究内容主要涉及了以下几个方面的管理问题：

第一，管理应侧重于实际应用，而不是纯粹理论的研究。管理学如同医学、法律学和工程学一样，是一种应用学科，而不是纯知识的学科。但管理又不是单纯的常识、领导能力或财务技巧的应用，管理的实际应用是以知识和责任为依据的。

第二，管理者的任务是了解本机构的特殊目的和使命；使工作富有活力并使职工有成就；处理本机构对社会的影响以及相对的责任。每一个经理都必须：制定目标和措施并传达给有关人员；进行组织工作；进行鼓励和联系工作；对工作和成果进行评价；使员工得到成长和发展。

第三，实行目标管理的管理方法。目标管理结合以工作为中心和以人为中心的管理方法，使职工发现工作的兴趣和价值，从工作中满足其自我实现的需要，同时，企业的目标也因职工的自我实现而实现，这样就把工作和人性二者统一起来了。

3. 行为科学学派

行为科学学派是在梅奥开创的人际关系学说的基础上发展起来的，该学派已成为现代西方管理理论发展中的一个重要学派，代表人物有亚伯拉罕·马斯洛和弗雷德里克·赫茨伯格。

行为科学以人的行为及其产生的原因作为研究对象。具体来说，它主要是从人的需要、欲望、动机、目的等心理因素的角度研究人的行为规律，特别是研究人与人之间的关系、个人与集体之间的关系，并借助于这种规律性的认识来预测和控制人的行为，提高工作效率，达成组织的目标。行为科学研究主要包括关于个体行为的研究、关于群体行为的研究和关于领导行为的研究。

行为科学引起了管理对象重心的转变，强调要重视人这一因素的作用。它显然是认识到，一切事情都要靠人去做，一切产品的生产都要靠人去实现，一切的组织目标都需要人去实现。因而，应当把管理的重点放在人及其行为的管理上。这样，管理者就可以通过对人的行为的预测、激励和引导，来实现对人的有效控制，并通过对人的行为的有效控制，达到对事和物的有效控制，从而实现管理的预期目标。另外，行为科学引起了管理方法的转变。行为科学强调人的欲望、感情、动机的作用，因而在管理的方法上强调满足人的需要和尊重人的个性，以及采用激励和诱导的方式来调动人的主动性和创造性，借以把人的潜力充分发挥出来（见图3-7）。

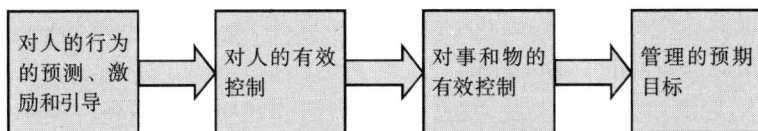

图3-7　行为科学学派的管理逻辑

4. 社会系统学派

社会系统学派的代表人物是美国著名的管理学家切斯特·巴纳德。他认为组织是一个复杂的社会系统，应从社会学的观点来分析和研究管理的问题。由于他把各类组织都作为协作的社会系统来研究，后人把由他开创的管理理论体系称作社会系统学派。

社会系统学派认为组织是一个由许多子系统组成的，作为一个开放的社会技术系统，组织是由五个不同的分系统构成的整体，这五个分系统包括：目标与价值分系统；技术分系统；社会心理分系统；组织结构分系统；管理分系统。这五个分系统之间既相互独立，又相互作用，不可分割，从而构成一个整体。这些系统还可以继续分为更小的子系统。

企业是由人、物资、机器和其他资源在一定的目标下组成的一体化系统，它的成长和发展同时受到这些组成要素的影响，在这些要素的相互关系中，人是主体，其他要素则是被动的。管理人员需力求保持各部分之间的动态平衡、相对稳定、一定的连续性，以便适应情况的变化，达到预期目标。同时，企业还是社会这个大系统中的一个子系统，企业预定目标的实现，不仅取决于内部条件，还取决于企业外部条件，如资源、市场、社会技术水平、法律制度等，它只有在与外部条件的相互影响中才能达到动态平衡。

5. 决策理论学派

决策理论学派的主要代表人物是曾获得 1978 年诺贝尔经济学奖金的赫伯特·西蒙。决策理论学派着眼于合理的决策，即研究如何从各种可能的抉择方案中选择一种"令人满意"的行动方案。该学派吸收了系统理论、行为科学、运筹学和计算机科学等学科的研究成果，在 20 世纪 70 年代形成了一个独立的管理学派。

决策理论学派很重视对决策者本身的行为和品质的研究，认为组织成员都是为实现一定目的而合理地选择手段的决策者。组织中经理人员的重要职能就是作决策。公司经理及其职员们用很大部分的工作时间来调查经济、技术、政治和社会形势，来判别需要采取新行动的新情况。

该学派认为决策分为程序化决策和非程序化决策。程序化决策，就是那些带有常规性、反复性的例行决策，可以制定出一套例行程序来处理的决策。例如，为普通顾客的订货单标价，办公用品的订购，患病职工的工资安排等。非程序化决策，则是指对那些过去尚未发生过，或其确切的性质和结构尚捉摸不定或很复杂，或其作用十分重要而需要用现裁现做的方式加以处理的决策。比如，某公司决定在以前没有经营过的国家里建立营利组织的决策，新产品的研制与发展决策等。但是这两类决策很难绝对分清楚，它们之间没有明显的分界线，是像光谱一样的连续统一体。

6. 管理科学学派

管理科学学派，也称计量管理学派、数量学派。埃尔伍德·斯潘赛·伯法是西方管理科学学派的代表人物之一。该学派认为，解决复杂系统的管理决策问题，可以用电子计算机作为工具，寻求最佳计划方案，以达到企业的目标。管理科学其实就是管理中的一种数量分析方法。它主要用于解决能以数量表现的管理问题。其作用在于通过管理科学的方法，减少决策中的风险，提高决策的质量，保证投入的资源发挥最大的经济效益。管理科学学派依据科学的方法和客观的事实借助于数学模型和计算机技术来解决管理问题，并且要求按照最优化的标准为管理者提供决策方案，设法把科学的原理、方法和工具应用于管理过程，重点研究的是操作方法和作业方面的管理问题，侧重于追求经济和技术上的合理性。

就管理科学的实质而言，它是泰勒的科学管理的继续与发展，因为它们都力图抛弃凭经验、凭主观判断来进行管理，而提倡采用科学的方法，探求最有效的工作方法或最优方案，以达到最高的工作效率，以最短的时间、最小的支出，得到最大的效果。不同的是，管理科学的研究，已经突破了操作方法、作业研究的范围，而向整个组织的所有活动方面扩展，要求进行整体性的管理。由于现代科学技术的发展，一系列的科学理论和方法被引进到管理领域。因此，管理科学可以说是现代的科学管理。

7. 权变理论学派

权变理论学派是研究组织的各子系统内部和各子系统之间的相互联系，以及组织和它所处的环境之间的联系，来确定各种变数的关系类型和结构类型的一门学派。权变管理就是依托环境因素和管理思想及管理技术因素之间的变数关系来研究的一种最有效的管理方式。该学派兴起于美国 20 世纪 60 年代末 70 年代初，是在美国经验主义学派上进一步发展起来的，创始人是洛什，代表人物有弗雷德·卢桑斯、菲德勒和伍德沃德。

20 世纪 70 年代以来，权变理论在美国兴起，受到广泛的重视。权变理论的兴起有其深刻的历史背景，70 年代的美国，社会不安、经济动荡、政治骚动达到空前的程度，石油危机对西方社会产生了深远的影响，企业所处的环境很不确定。但以往的管理理论，如科学管理理论、行为科学理论等，主要侧重于研究加强企业内部组织的管理，而且以往的管理理论大多都在追求普遍适用的、最合理的模式与原则，而这些管理理论在解决企业面临瞬息万变的外部环境时又显得无能为力。正是在这种情况下，人们不再相信管理会有一种最好的行事方式，而是必须随机、因地制宜地处理管理问题，于是形成一种管理取决于所处环境状况的理论，即权变理论，"权变"的意思就是权宜应变。

权变理论认为，在企业管理中要根据企业所处的内外条件随机应变，没有什么一成不变、普遍适用的"最好的"管理理论和方法。该学派是从系统观点来考察问题的，它的理论核心就是通过组织的各子系统内部和各子系统之间的相互联系，以及组织和它所处的环境之间的联系，来确定各种变数的关系类型和结构类型。它强调在管理中要根据组织所处的内外部条件随机应变，针对不同的具体条件寻求不同的最合适的管理模式、方案或方法。

第六节 当前管理科学的发展趋势

一、管理实践的发展趋势

管理学是研究在相应的条件下，如何通过合理的组织和配置人、财、物等因素，提高生产力的水平。在现代，管理学更是一门综合性的交叉学科，运用其他学科的方法解决管理中的问题。因此，环境的变化也会对管理学提出新的挑战，管理学也将针对不同环境下的问题进行研究并解决。总体来说，管理科学的发展将呈现以下趋势：

第一，以重视人在企业中的作用为核心，创新各类管理理论和实践。丰富"人本管理"的思想。"人本管理"是与"以物为中心"的管理相对应的概念，它要求理解人、尊重人、充分发挥人的主动性和积极性。"人本管理"可分为五个层次：情感管理、民主管理、自主管理、人才管理和文化管理。具体包括这样一些主要内容：运用行为科学，重新塑造人际关系；增加人力资本，提高劳动力质量；改善劳动管理，充分利用劳动力资源；推行民主管理，提高劳动者的参与意识；建设企业文化，培育企业精神；等等。可以预见，在 21 世纪，随着社会的发展和进步，理解人、尊重人的价值观将会得到广泛认可，通过具体管理理论和实践的创新，上述"人本管理"的内容将得到进一步丰富和发展。

第二，管理方法的创新更倾向于依靠计算机技术手段，解决决策问题和综合问题的管理方法将不断增多。一般地，科学是认识世界的工具，而技术则是改造世界的手段。计算机技术的产生和发展，已经且正在加速地改变我们这个世界。手段是服务于目的的，但有时如果没有相应的手段，人们就不可能去设想某种目的。对于企业管理手段而言，可以划分为人工手段和计算机技术手段。随着 21 世纪信息社会的全面到来、计算机技术的迅速发展，现代企业的管理手段已经更多地使用计算机了。计算机手段在现代企业管理中的广泛运用使管理方法得到创新，从而实现了没有计算机时管理者想象不到的管理目标。

第三，互联网思维区别于传统型企业的运营思维，其本质上是一种运营理念的创新。例如在企业人力资源管理中，可以广泛学习和使用互联网思维促进管理。首先，要有用户至上的理念，从企业的实际需要出发，提供人力资源支持。任何一个产品或服务的提供，都是以用户需求为出发点的，而人力资源部门要成为企业经营的重要部门，成为业务部门的合作伙伴。其次，要有数据化思维，成为各部门选、育、留、辞人员的理性参谋部门。人力资源部门拥有大量的数据数量，互联网思维告诉我们，每一个数据都有价值。通过建立模型，可对大数据进行分析，找到人力资源工作开展的轨迹和规律，可为我们当下工作的提升找到科学依据。最后，要有粉丝效应思维，让员工参与人力资源管理，与人力资源部一起"工作"。人力资源部需要通过企业微博、个人微信及微信公众平台、电子邮箱等方式，让员工参与人力资源管理，让员工成为人力资源部的"粉丝"，时刻为人力资源管理工作建言献策，共同打造以实际需求为基础的人力资源管理体系。

管理思想的演进专栏 6　　　姚明织带：社交网络促进管理

姚明？是那个篮球明星吗？这里不是那位叱咤 NBA 赛场的姚明。在厦门也有一位姚明，他创办的织带企业在美国的知名度也很高。2009 年美国商务部开始对华窄幅织带进行反倾销反补贴调

图片来源：cn.yama.cn.

查，姚明织带作为唯一一家应诉的中国企业，孤军奋战一年后，终于获得反倾销零税率，反补贴税率也仅为 1.56%，而其他企业均被裁定为 123.83%~247.65% 的不等税率。

厦门姚明织带饰品有限公司属中国香港独资企业，成立于 2004 年，公司专业生产高品质涤纶色丁丝带、涤纶罗纹丝带、涤纶织边印标丝带、尼龙雪纱带、丝绒带、丝带印刷、丝带小包装、丝带发饰和丝带花饰。"姚明织带"目前是全球最大的涤纶丝带、丝带印刷、丝带花饰制造商，是国内织带行业第一品牌，是全球织带行业公认具有巨大影响力的领袖企业。

社交网络技术能够有效地打破组织壁垒，实现企业内外的广泛交流和互

动，塑造公司开发协同的企业文化，形成企业向心力，打造企业内外的领导力。在姚明织带，社交网络技术得到了广泛应用。

第一，塑造企业文化。姚明董事长利用微信平台持续不断地发布分享战略、文化、领导力转型的文章，传递正能量，提升团队素质；同时提供一个在打破企业组织层级关系以及企业壁垒的沟通交流渠道，塑造企业文化氛围，树立企业在行业内的良好形象。

第二，凝聚企业向心力和执行力。部门内通过 RTX 等即时通信工具进行群组协同，管理层建立群组，通过微信平台、云之家等即时社交工具和平台实现领导意志的快速传播和分享，实现了公司领导层思想的迅速统一；基于社交网络技术的快速沟通和交流，更好地支持企业的资源整合和决策推动，凝聚企业的向心力和执行力。

第三，打造营销2.0，推动内外资源的整合。从基于区域进行划分的营销组织模式向基于资源整合的交叉矩阵式组织模式转型，打造姚明织带的营销2.0 模式。在纵向上基于市场进行团队划分，不同的团队负责不同的具体市场；同时在横向上，在大客户方面识别重要客户和核心客户，市场部从单纯的服务销售团队向市场客户开发、需求分析以及市场引导转型，建立以自建电子商务平台为核心，阿里巴巴、环球资源、环球市场等第三方电子商务平台为补充的电子商务交易环境。

第四，推广织带文化，塑造品牌价值。姚明织带建立官方微博，借助新浪微博平台组织织带文化推广活动，培育国内的织带文化，塑造姚明织带的品牌效应，使得市场联想到姚明织带就想到感性温馨的亲情联系，强化品牌黏度和客户忠诚度，进一步实现姚明织带打造文化导向性核心竞争力的转型战略。

资料来源：作者根据多方材料整理而成。

第四，管理组织将呈现出追求网络化、扁平化、柔性化的发展趋势。在全球化、市场化和信息化三大时代大潮的背景下，组织环境一方面呈现出复杂多变的发展趋势，另一方面为组织应付这种趋势提供了一定的技术工具。这使得管理组织创新将呈现出追求网络化、扁平化、柔性化的发展趋势。

长期以来，企业都是按照职能设立管理部门，按照管理幅度划分管理层，形成了金字塔型的管理组织结构。这种组织结构越来越不适应信息社会的要求，减少管理层次和管理职能部门必将成为一种新的趋势，其结果是管理组织结构正在变"扁"变"瘦"，综合性管理部门的地位和作用更加突出，扁平化、网络性的组织结构将发展起来。组织结构的柔性是指在组织结构上不设置固定的和正式的组织，而代之以一些临时性的、以任务为导向的团队式组织。借助组织结构的柔性化，可以实现企业组织集权化和分权化的统一，稳定性和变革性的统一。

第五，风险管理是未来管理的重要组成部分。高科技及其产业的崛起，市场、金融、经济的全球化扩张，导致不确定性因素增长，由于信息不完备与非对称分布，又促进风险加大。人们在管理活动中不能不考虑风险因素，提高风险意识，加强风险管理，在捕捉机遇的同时努力防范风险。国家要防范金融风险，企业要防范市场风险、经营风险、技术风险等。在风险管理中，应加强监测和预防，以预防为主，把风险降低到最低限度，缩小风险可能造成的损失和带来的影响。分析风险的成因，预测风险到来的时机，积极采取防范风险的对策，以回避风险、转移风险、分散风险、减轻风险和做好承受风险的准备。为了搞好风险管理，就需要重视信用管理，信用管理是风险管理的前提。发展市场经济，应讲究信用和信誉。政府不能失信于民，企业不能失信于用户。信誉乃是否有信用和信用度高低的保证。因此，它是一种无形资产。在企业管理中要了解和掌握供应商、客户、合作伙伴的信用，甚至对他们的信用和自己的信用进行评估、分级。

第六，"非管理化"是未来管理的最高境界。在探索人与组织的协调性以及组织利益与社会利益的统一性过程中，人们开始认识到，在新经济时代，人性得到充分尊重、个人自主性得到充分发挥、企业得到可持续发展的唯一正确的管理模式将是没有管理的管理——非管理化，即人人都是管理者的模式。政府的"非管理化"趋势随着社会中介组织的兴起和社会自治能力的提升而日益凸显。早在20世纪60年代，日本企业家松下幸之助就敏感地体悟到这种趋势，他觉得自己经营的唯一妙诀是顺应自然法则去做事，他认为人类也应该可以运用智慧去做事，但必须遵循超越人类智慧的伟大自然法则，这才是获得成功与长久发展的切实保证。现代信息技术的发展为人的个性、潜能的充分发挥创造了必要的技术条件，为"非管理化"模式的实施奠定了技术基础和物质基础。

二、管理科学研究的发展趋势

20世纪90年代后半期以来，企业面临着更加动荡的经营环境，管理主题更趋"多元化、复杂化"。如何指引企业在这样一个全新的"时空环境下"谋求持续生存和不断发展，管理理论面临着新的挑战和机遇。今后管理理论研究将呈现出以下一些变化特点和趋势：

第一，在研究思维方面。将从传统的线性思维向非线性思维转变，从而实现在理论上正确引导企业突破惯例陷阱以实现跨越式发展。因为明天的环境不完全是今天和昨天环境的线性延伸，而是在很大程度上呈现出较明显的突变性和非线性特征。因此，昨天、今天的成功惯例并不必然是明天获取成功的基础，因而对企业战略的动态性（柔性或应变性）提出了更高的要求，这就要求必须突破传统的静态思维而实现向动态思维转变，探索如何提高战略的柔性以正确引导企业在这样一个以"不确定性"为显著特征的环境里通过实施柔性战略而突破"不确定性"的制约。

第二，在研究路线方面。将从单纯以"理论导向"或以"实践导向"的研究路线向"理论导向"和"实践导向"两者有机地集成路线转变，而通过将二者有机结合起来，既可以实现对企业进行前瞻性引导（如通过对未来趋势进行扫描和预测工具与方法的创新可为企业进行战略创新提供指导），同时也能较好地指导企业解决实践过程中面临的突出问题。

第三，在研究对象方面。随着信息技术尤其是网络技术应用的不断拓展和全球经济一体化的不断推进，使得企业边界日趋模糊，企业形态也正发生着革命性的变化，如由供应链、价值链、需求链等利益共生体融合成的"价值网"，虚拟企业、企业群落等日渐涌现。从而使得企业的决策行为受到越来越多的制约，尤其是直接利益相关者，从而大大增加了企业战略制定、实施尤其是战略变革的复杂性和难度。另外，随着竞争模式的改变，先前那种你死我活（零和博弈）已日渐变为你我共存（双赢或多赢博弈）的格局，因此，合资、合作尤其是战略联盟数量正以前所未有的速度递增。

第四，在研究内容（重心）方面。基于上述企业管理主题的演变趋势，今后管理理论研究的重心将逐渐转移到指导企业实施全球化、区域化、本土化经营以及网络环境下企业经营模式的创新、转变和经济转型过程中企业经营战略的创新、转型等管理活动上来。具体来讲，研究内容重心将围绕以下几个方面进行：实现全球化战略、区域化战略、本土化战略的协调整合机制、途径；实现战略柔性的支撑机制；促进战略转型的机制、途径和管理方法；基于网络环境下的经营模式创新机制、途径和竞合战略模式。

第五，在研究方法方面。研究方法将逐渐以相应基础理论（尤其是经济学理论、组织行为学理论、知识管理理论、系统科学理论等）的创新及其交叉整合为基础，同时可充分借鉴吸收哲学、心理学、社会学、政治学、伦理学、历史学、人类学及综合演化论等学科的研究成果。近年来上述理论都取得了一些新的突破，如经济学理论中的博弈论、信息经济学、生态经济学等的兴起；组织理论中的学习型组织的兴起；系统科学理论中的非线性理论、突变理论、混沌理论、系统科学理论等都有新的突破。

三、管理理论的新发展

现代科学技术的发展以及现代市场经济动力机制、运行机制的特点使现代企业经营管理产生了许多新的特点，管理学科的研究方向也越分越细，大量研究成果不断涌现，由于篇幅所限，下文仅介绍管理理论发展的几个方向。

第一，六西格玛管理理论起源于 20 世纪 80 年代中期的美国摩托罗拉公司。六西格玛的应用使得摩托罗拉公司摆脱了因质量缺陷问题带来的市场份额大幅下降的困境，并将摩托罗拉公司产品的质量塑造成为了优质质量的象征。正因为六西格玛从一种提升产品质量的方法向管理哲学和经营战略进行转变，一些学者对六西格玛理论进行了深入的研究。

第二，管理创新是战略和创新研究的一个重要主题，并且被认为是企业长期竞争优势的一个重要来源，因而引起了管理学界和企业界的关注。

第三，随着团队工作模式的日益盛行，组织越来越寄希望于借助团队来汇聚多样的信息、知识和观点，从而有效地捕捉到外部环境的变化，并提出高效和优化的问题解决方案。

第四，灵性问题，特别是职场灵性问题，是近十多年来备受欧美国家管理学界关注的一个研究新热点。职场灵性研究通常涉及员工的幸福感水平以及生活质量、工作目的和意义、关联感和团体意识等内容。

四、我国管理学的发展历程及现状

根据中国企业的发展历程，学者陈佳贵大致把中国管理学分为三个阶段：

第一阶段是 1949 年前的"管理学萌芽"阶段。在这一阶段，随着国内民族企业发展，开始引入西方企业管理的思想，但是还保留了一些东方传统。例如，民国时期的棉纺专家穆藕初，曾几次拜访过被后人尊称为"科学管理之父"的泰勒，1916 年中华书局出版了由穆藕初翻译的泰勒著作《科学管理原理》。此外，还有张謇在南通、荣氏兄弟在无锡创建民族企业，卢作孚创办民生公司、侯德榜等人创建纯碱厂等。这些人大都抱有"实业救国"的思想，强调"洋为中用"、"中学为体，西学为用"。

第二阶段是 1949~1978 年的"管理学初步形成"阶段。在这一阶段，我国社会主义企业管理学初步形成，并建成了独立的、比较完整的社会主义工业体系和国民经济体系。20 世纪 50 年代，我国企业管理主要以学习借鉴苏联模式为主，在全国范围内系统引进了苏联的整套企业管理制度和方法，强调集中统一领导，推行苏联的"一长制"模式和"马钢宪法"，在计划管理、技术管理、经济核算制等方面奠定了生产导向型管理的基础；从60年代初开始，为克服照抄照搬苏联管理方法的缺点，针对管理学存在的问题，结合国情，我国开始探索与建立社会主义企业管理模式，"鞍钢宪法"、《工业七十条》就是当时具有代表性的成果。

第三阶段是1979年至今的"融合发展"阶段。1979~1992年，我国企业管理模式开始从生产型转向生产经营型，学习国外管理学知识的重点从苏联转向美、日、欧等发达国家，管理学在学科建设、学术研究、教育培训等方面都有很大发展，我国管理学进入全面"恢复转型"阶段。1992年以后，在社会主义市场经济条件下中国管理学发展更加强调"两个注重"，即注重对先进理论的引进，注重中国经济体制改革的特殊国情。在管理学研究方面，我国学者开始追踪国外管理学研究前沿，国际管理学权威期刊逐渐为国内学者所熟悉。中国管理学研究的规范性得以增强，实证研究方法受到重视，越来越多的管理学研究成果发表于国外顶级学术期刊。

未来中国管理学创新发展既要把握世界发展趋势，也要结合中国文化和社会情景。中国管理学创新需要正确处理两个关系。

一是正确处理理论引进和本土现实的关系。西方的管理学思想和方法为中国管理学提供了研究基础，中国的企业家和管理研究学者从中学习了很多。但是，单纯的理论引进还不能够满足本土现实的需要。中国是制造业大国，但是我国制造业面临着产业创新不足、劳动力成本提高等问题，传统制造业发展模式已越来越难支持制造业的发展。需要实现具有中国本土特征的管理理论和实践创新，从而提升中国企业的创造力和竞争力。

二是正确处理基础理论研究和现实热点研究的关系。在管理学研究领域，新概念层出不穷，概念快速引入，但是对基础理论研究重视不够。其中一个典型现象是，在商学院的教学、研究中，战略、组织、文化一类课程较为受重视，而对于生产运营、技术创新等课程的关注程度就没有那么高。一些新的管理概念，例如"蓝海战略"、"长尾战略"、"基业长青"等迅速受到业界和学者的关注，但是人们在关注这些热点的同时，还需要重视基础理论层面的研究，应该进一步强调加强企业基础管理工作。

管理学经过百年发展，形成了巨大的知识积累，这些管理知识如何能够为中国管理学创新提供有效的经验和借鉴？中国经济快速发展的背后是中国企业的丰富实践，丰富的企业实践为管理学理论研究提供了广袤和肥沃的土壤，为国际学术话语体系中"中国元素"的丰富提供了历史机遇。可以预见，未来的中国管理学研究将会更加丰富多彩，也将会更加国际化。

【章末案例】　　行为科学管理思想在海底捞的应用

1. 海底捞简介

海底捞成立于 1994 年，是一家以经营川味火锅为主、融汇各地火锅特色为一体的大型跨省直营餐饮品牌火锅店，全称是四川海底捞餐饮股份有限公司。在北京、上海、郑州、西安、南京、天津、杭州、

图片来源：www.haidilao.com.

深圳、厦门、广州、武汉、成都等共 25 个城市开有 93 家直营餐厅。在国外，已在新加坡有 2 家，在美国洛杉矶有 1 家直营餐厅。

海底捞的顾客在排队等待时，可以享受免费的水果、饮料、零食。等待桌位上放有扑克牌等游戏，上网区可供顾客浏览网页，顾客也可免费美甲和擦皮鞋。

准备就餐时，围裙、定时更换的热毛巾、赠送长发顾客的皮筋发夹、眼镜客人的眼镜布、装手机的小塑料袋等一系列的服务让人倍感温暖。点餐借助 iPad，顾客在这边点好，厨房马上就能收到信息开始准备餐饮。如果顾客带了小孩子，服务员会帮助喂小孩子吃饭，为睡着的小孩子抬来婴儿床；过生日的客人，还会意外得到一些小礼物。餐后，服务员马上送上口香糖，一路上所有服务员都会向你微笑道别。一个流传甚广的故事是，一位顾客结完账，临走时随口问了一句："怎么没有冰激凌？"5 分钟后，服务员拿着"可爱多"气喘吁吁地跑回来："让你们久等了，这是刚从超市买来的。""只打了一个喷嚏，服务员就吩咐厨房做了碗姜汤送来，把我们给感动坏了。"很多顾客都曾有过类似的经历。孕妇会得到海底捞的服务员特意赠送的泡菜，分量还不小；如果某位顾客特别喜欢店内的免费食物，服务员也会单独打包一份让其带走。

不仅是餐饮区，海底捞在洗手间里为顾客准备了牙膏、牙刷、梳子，甚至护肤品，在洗手间里还有为顾客专门缝扣子的阿姨。

在外送服务方面，服务员会拿着锅来到家中，在外面礼貌示意，意思是可以等到所有人吃完再把锅子拿走，让大家很是不好意思。

总之，海底捞的服务可以归结为——全面细致。同时，客人们也非常喜欢

服务员自身的积极状态，他们面带微笑，充满活力，可以为你表演手擀面舞蹈，可以所有人站在一起为过生日的顾客唱祝福歌。这就是海底捞的员工以及他们星级的服务。

那么海底捞究竟是如何能够做到让所有员工每天都如此精神焕发、积极主动的呢？这个问题恐怕不只是餐饮业的同行非常想知道的，任何企业的管理者都会希望自己的员工能像海底捞员工一样主动工作。

2. 需求层次理论的应用

从马斯洛需求层次理论上来讲，餐饮业给予他们员工的大都停留在生理需要、安全需要以及部分社会需要的层次上。基本的工作保障和薪水满足了员工的生活基本需求，一些餐饮店组织早操早会，将群体意识带入服务员心中，以激励大家的工作热情。

海底捞在这些基本层次上做得要更好。首先体现在吃上面有两个特点：第一，每天吃四顿饭，周六、周日加班还要加餐。这就使员工感觉他们一天到晚都在吃饭，一天到晚都是饱饱的，不会有人饿肚子工作。其实，餐饮企业如果不能让员工吃好，真是管理者莫大的悲哀。吃不好的员工肯定会有偷吃的冲动，而偷吃的机会总是随时都有的。想吃饱、吃好是每个人的本能，并不是因为谁天生嘴馋。偷偷摸摸吃客人吃剩的东西肯定是很没尊严的事。每个人都需要尊严。海底捞的管理者认为，如果给予员工的待遇尚且不足以使他们有尊严，那么简直是在犯罪。

第二，上班就吃饭，比上班点到要好。海底捞的早饭是在9:00上班以后吃的，下午饭是在16:00上班以后就吃的，所以他们早上、下午上班以后都是直接吃饭。如果上班就点到，必然需要维持秩序，需要让大家站好，需要批评迟到的人，结果想调动员工的情绪就难以做到，因为还没开始干活就开始批评人了。但是一上班就吃饭却不一样，因为不用点到，人人见面以后相互问候："吃了没有。"加上伙食很好，所以员工不会迟到——吃饭的事，谁也不想落在别人后头。心理上对上班这件事不会很抵触，因为上班就意味着直接吃饭。即使吃饭以后的例会上也会有对不好现象的批评，但是这时说几句重一点的话就没有关系了，因为上班吃饭已经施"恩"了，再施些"威"并不会引起抵触。中国人向来喜欢"先礼后兵"，还喜欢先吃饭，吃饱了饭再干活。

在住宿方面，海底捞的员工住的公寓都是租小区楼房，有空调、热水器及简易家具，人均住宿面积估计不少于6~8平方米。良好的住宿环境和生活条件更好地满足了员工心理的安定感及归属感。海底捞营造了一种"家"的氛围，有了"家"，也就有了安全感，安全需要就解决了。海底捞创始人张勇说过："人心是肉长的，你对人家好，人家也就对你好，只要想办法让员工把公司当成家，员工就会把心放在顾客身上。"

　　只要是店长以上级别，如果把孩子带到北京念书的话，就可以每年在公司报销 12000 元以内的学费。还有，经理以上级别的员工父母每月发给 200 元补助，这对农村的老人来说就差不多够花了——而且这就使经理们产生自己能够供养家庭、赡养老人的自豪感。海底捞在四川简阳建了一座寄宿学校，海底捞员工的孩子可以在那里读书。海底捞鼓励夫妻在同一家公司工作并提供补贴房，欢迎员工推荐老乡加入团体，进而增强了群体之间的融洽关系，满足了员工归属和爱的需要。

　　从更高的层次来讲，海底捞对员工尊重和自我实现的需要是其突出的优势。服务员多是农村长大、背井离乡的人，他们家境不好，读书不多，见识不广，被人歧视。但是海底捞注意到，真正想要他们被尊重，必须让他们发自内心地愿意干这份工作，他们提供最优质的服务，与公司的价值观相契合的时候，顾客自然会喜欢他们，并由衷地尊重他们。

　　首先从入职培训开始，新员工就能实实在在地得到很多东西。第一，他们得到了系统内最优秀培训师的指导。海底捞每家店都不直接招聘人员，而是由片区人事部负责统一招聘，集中培训。所以可以在系统内挑选一名最优秀的培训人员做培训工作。培训师在第一天开始培训之前就告知每个人他的电话号码，并表示以后有困难可以随时给他打电话。这也是海底捞所有管理者的共同方式，新员工到店以后店长、大堂经理、后堂经理都会告知其手机号码，都会让员工在困难的时候给他（她）打电话。

　　第二，新员工接受入职培训以后底气更足。其实培训的内容并不是很重要，重要的是经过了脱岗的培训。有没有培训给员工的心理暗示很不一样——海底捞的培训至少可以给新员工两种心理暗示。其一，我们经过培训，我们是"正规军"，不是临时拉起来的"雇佣军"，更不是"游兵散勇"。其二，我们在学习，海底捞让我们学习，给我们学习机会。有这两种心理暗示，员工以后工作肯定会更加有底气。

　　新员工到店后也能收到出乎意料的礼遇。店里所有领导都要轮流接待新员工。新员工进店以后认识的第一个人是店长，店长之后，大堂经理、后堂经理，以及实习店长、实习经理都会轮流接待新员工。然后经理会把新员工交到各自的部门领班那里，交待领班要怎样怎样。领导都这样接待新员工，其他人怎能不热情？员工对店长和领班以"哥"、"姐"相称，老板从不把自己当老板，融洽的家庭般的气氛，处处都显示出对人的尊重。让那些农村出身、处在社会底层的员工得到了尊严。

体面的住房、优质的福利、无微不至的照顾，对员工情绪的照顾充分满足了这些员工被尊重乃至能给别人带来快乐的自我实现的需要，这也是为何我们每次都能看到海底捞的员工状态都是那么积极。

3. 双因素理论的应用

双因素理论启示我们在现代管理中要通过保健因素消除员工的不满，并且用激励因素让员工更加热情积极地工作。海底捞为员工的个人生活、工作环境以及人际关系都做出了很多的努力。前面已经介绍过，相比餐饮业大多数员工，海底捞员工有非常优越的待遇，是海底捞在保健因素上的成功突破。

同时在激励因素上，海底捞也做得相当成功。

首先，海底捞员工工资中还使用了一个很有特色的制度：分红。其实"分红"与"奖金"并不一定有本质上的差别，都是从利润里拿出一部分来奖励给员工。但是，"分红"这个词绝对比"奖金"更有魅力。因为很多单位都给普通员工奖金，而只有海底捞给普通员工分红；绝大多数企业都只给股东分红，而只有海底捞给普通员工分红。换句话说，"奖金"的激励效果已经退化了，甚至快要沦落到和基本工资一个地位；不给奖金员工肯定不满意，给多一点奖金也不会提高多少员工满意度。但"分红"还是一个"新事物"，激励效果还很大，员工说起他们有"分红"的时候都特别自豪，因为他们感觉到了和别人不一样的待遇。

其次，提供独特的晋升模式。"必升而非选升"这有点接近部队校级以下军衔的晋升。就是说，每个人只要在一个职位上连续一段时间都表现优秀，就可以实习更高一级职务，实习合格以后就会拥有那个职位。然后连续一段时间表现优秀就可以再实习下一个职位。比如某店的实习店长就是从后堂经理提升上来，店长再教她做店长。等她合格了，店长就可以调走，也是去实习下一个岗位。这位实习店长合格以后也可以提携一位经理来做实习店长。这是他们的制度，并不是个人对个人的恩惠。没有带起来合格后备人员之前，他们自己是不能够调任或者升职的。普通员工的评级制度也接近"必升"。比如连续三个月被评为"先进"就可以自动晋升为"标兵";连续四个月被评为"标兵"就可以自动晋升为"劳模";连续六个月被评为"劳模"就可以自动晋升为"功勋",也可以直接被店长晋升级别。正是在这样的"必升"环境下,大部分员工才愿意坚持下来。

资料来源:作者根据多方资料整理而成。

【本章小结】

管理活动源远流长,自古既有,但形成一套比较完整的理论,则是经历了一段漫长的历史发展过程。因此,回顾管理学的形成与发展,了解一些管理先驱对管理理论和实践所做的贡献,以及管理活动的演变和历史,这对每一个学习管理学的人来说都是必要的。本章首先介绍了管理实践和管理思想的萌芽,管理实践与人类社会几乎同时产生,经过长期的积累和总结,对管理实践有了初步的认识和见解,从而开始形成管理思想;其次,重点介绍了科学管理学派的诞生和其主要观点、组织管理学派的代表人物及其观点,这一个阶段被称为古典管理理论;再次,介绍了以行为科学学派的诞生作为分水岭,管理学进入了现代管理理论时代,出现了大量不同角度的学派;最后,阐述了当前管理实践的发展趋势,管理科学研究的发展趋势,管理学理论的最新发展以及中国管理学的发展历程和现状。

【问题思考】

1. 从海底捞火锅的管理看,管理理论能够给企业带来哪些变化?

2. 如何理解管理实践和管理理论的辩证关系?

3. 科学管理理论的基本观点是什么?

4. 法约尔的理论中哪个对于管理学贡献最大?为什么?

5. 行为科学学派给我们带来哪些新的启示?

6. 能否区分管理理论丛林中不同学派的观点?

7. 现代管理实践发展的趋势是什么?

8. 如何促进管理学在中国的发展创新?

|第二篇||

【原理篇】

第四章　计划与控制

【学习要点】

☆ 计划的概念与类型；

☆ 制订计划的基本步骤；

☆ 计划的方法；

☆ 控制的概念、过程、类型；

☆ 实施有效控制的必要条件。

【章首案例】　　　　**董文标与中民投的 500 亿元计划**

1. 公司简介

中民投是由全国工商联牵头，59 家国内民营企业共同发起成立的公司，全称中国民生投资股份有限公司（下称"中民投"），2014 年 5 月 9 日在上海完成工商注册，8 月 21 日在上海揭牌。注册资本金 500 亿元，董文标任董事长，史玉柱、卢志强、孙荫环等民企大腕成为股东，参股企业资产总额近 1 万亿元，主要涉及领域是过剩行业的产能整合。对于中民投，国务院层面认为其有利于引领民营经济转型和中国经济结构调整，便特事特办，特批了"国字头"称号，总理亲自签字批准。在中国民营企业史上，还从未有任何一家公司未挂牌就引起如此大的轰动。对于中民投，董文标将其定性为由全国工商联发起成立的大型民营投资公司，是继发起成立民生银行后的又一重大举措，对中国民营经济发展具有里程碑式的意义。

2. 模式的创新

（1）投资模式创新。中民投董事长董文标坦言，和传统企业概念不同的是，中民投将更注重发挥金融手段功能，未来发展以战略投资和产业投资为主，通过财务投资实现对产业的转型升级。在国内市场的产业选择上，中民投主要瞄准光伏、钢铁、装备制造、通用、物业等九大行业，选择产业链上某一个突破口作为切入点，是中民投战略投资的特点。

在中民投的业务板块中，国外也将是一块重要的市场。在董文标看来，中国民营企业"走出去"，如果靠单打独斗的话，受伤率非常高。中民投则不同，未来中民投将在国外建立一个平台，对走出去的民企在技术、资金、业务研究等方面提供支持。中民投既有资金实力又有很好的平台，可以在较高级的层面实现"走出去"，极大地降低失败率。据悉，中民投在香港地区成立了中民国际（香港），在伦敦成立了中民国际（伦敦），其职责之一就是帮助企业"走出去"。与此同时，国际板块方面，投资收购一家欧洲金融机构也是拓展的一个方面。

（2）高管激励方式创新。按最初设想，中民投原本打算将股东数定在50个，但令筹备组意外的是，消息传播出去之后，民营企业的参股积极性空前高涨。即使是在中民投注册完成之后，还有一些企业通过各种渠道向董文标表达了火线入股的希望。

从目前一份广为流传的中民投的股东名录来看，中民投股东数达到59家。其中，巨人集团、泛海建设、苏宁集团、东岳集团、宗申集团、亿达控股等声名赫赫的民营企业悉数在列。此外，更受关注的是在59家股东中，有11家投资管理公司，其中有10家又是2014年设立的新公司。最近的一家注册日期为2014年4月22日，距中民投注册成立仅仅隔了17天。这些公司背后，往往有民生加银资管等企业的身影。民生加银资管则是民生银行的孙公司、民生加银基金的子公司。

"这实际是中民投的一个激励计划。"董文标断然否认了和民生银行之间存在利益输送的外部猜测。"实际上，方方面面对这个高管持股计划都很支持。"他说，"从一开始，就没想过会搞利益输送，将来公司都是要透明的"。

据参加过中民投董事会的人士透露，股东们都认为要办好这个公司，高管激励是核心。董文标提交的激励计划初稿，高管持股比例并不高，还被股东们认为思想不够解放。董事们提出："要和国际一流的公司对标，没有激励计划，公司搞不好。"从国际惯例来看，一般公司会拿出15%~20%的股份来激励高管。中民投则最终将拿出8%的股份来激励高管。但中民投注册资本高达500亿元，即使是1%的股份，都需要耗资5亿元。中民投的高管多为职业经理人，动辄上亿元的资金从何而来？据悉，中民投高管通过民生加银资管公司发行资管计划，所募集到的资金入股中民投。持有股份的高管将年底的分红用于抵扣资金本息。最终在若干年之后，把资管计划偿清，高管正式持有中民投股份。

一位民生银行内部人士称，民生银行最大的一个缺陷就是未能实现高管持股。这次高管持股终于在中民投实现了。对于商业银行而言，股权激励曾经一度出现过。2006~2007年，一批银行推出了股权激励计划，其中北京银行、宁波银行等的股权激励造就了一批富豪。但2008年7月，财政部的一纸通知，明确规定国有控股上市金融企业不得擅自搞股权激励，不少金融机构的股权激励计划就此搁浅。

一般认为，股权激励计划难以实施的主要原因也与国有金融机构高管的"双重身份"有关。从国际做法来看，金融高管拿高薪属于行业惯例。但部分国有银行高管属于"中管干部"，亦官亦商，而作为有级别的官员，高薪又缺乏制度依据。因此，银行股权激励计划一直在争议声中停滞不前。尽管民生银行是一家民营银行，但其股权激励计划亦迟迟未能实现。股权激励的好处在于使高管层的个人利益与公司中长期发展目标有机统一。

据悉，中民投的股权激励份额将达到总股份的8%，覆盖至部门副总以上级别，人数将占20%左右。

3. 结论与启示

篆刻民营资本烙印、根植产业资本逐利基因，中民投肩负化解产能过剩之任，为另辟蹊径的改革探路。

化解产能过剩的实质是谁来支付产业转型成本、培育经济新增长点的问题。在宏观经济的涨潮退潮间，产业经济被搁浅在了沙滩上，目前急需一汪清水，帮助产业脱离困境完成转型，并建立起新的经济增长点。

谁来提供这一汪清水，承担风险呢？是政府兜底，还是引入社会资本？

"（中民投）要做中国版的摩根集团。"中民投董事长董文标曾公开对媒体表示。当年，洛克菲勒在"一战"后的世界经济危机期间借助金融资本的力量，实现了对美国钢铁产业的整合。

金融之于产业，已经不再是过去获利抽成的关系，而是通过金融重塑产业发展。在董文标的预想中，中民投将成为一个控股集团，是集合民生银行、民生租赁、民生电商等公司的金融产业帝国，一方面参与国内基础设施建设，另一方面寄希望于享受政府的优惠政策，凭借外储和国家开发银行的授信，支持中国民营企业到海外并购。在中国成立民营投资银行是一个大胆的设想，出于风险顾虑，中国不允许银行业直接投资实业，直接持有实业公司股权。因此，在上报国务院的方案中，中民投隐去了投资银行的提法，并结合化解产能过剩，提出了产融平台的解决方案。

资料来源：作者根据多方资料整理。

第一节　计划的内涵与内容

一、计划的内涵

计划职能在所有管理职能中是最基本的。"计划"一词既可以是名词，也可以是动词。从名词意义上说，计划是指用文字和指标等形式所表述的、组织以及组织内不同部门和不同成员在未来一定时期内关于行动方向、内容和方式安排的管理文件。从动词意义上说，计划是指为了实现决策所确定的目标预先进行的行动安排。这项行动安排工作包括在时间和空间两个维度上进一步分解任务和目标，选择任务和目标的实现方式，进度规定，行动结果的检查与控制等。

综上所述，计划可以定义为：计划是关于组织未来的蓝图，是对组织在未来一段时间内的目标和实现目标途径的策划和安排。

计划职能也是管理的首要职能，它贯穿于管理的全过程。具体来讲，计划职能是为实现一定目标而科学预计和制定的未来行动方案。同时有必要指出，计划和控制是不可分割的，试图抛开计划进行控制的做法是徒劳的，因为人们不知道他们要达到的结果是什么，而控制离开计划也一样是寸步难行（见图4-1）。

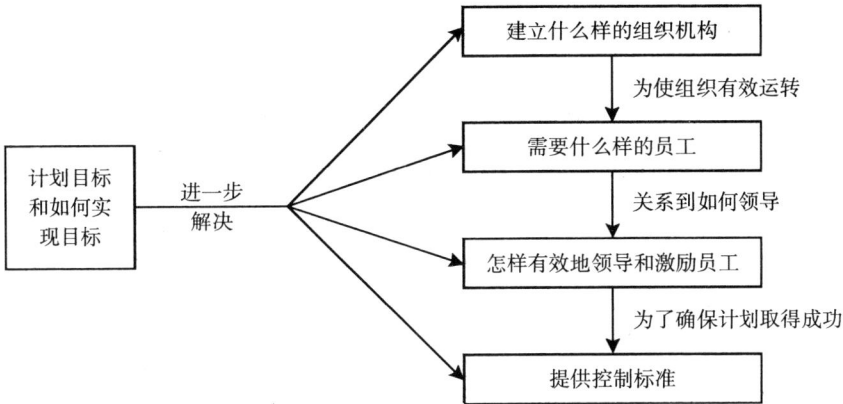

图 4-1　计划工作领先于其他管理职能

二、计划的内容

计划的基本内容可以用"5W1H"模型进行表述。

第一，What（做什么）。要明确组织的使命、战略、目标以及行动计划的具体任务和要求。例如，企业在未来 5 年达到什么样的战略目标；企业年度生产计划的任务主要是确定生产哪些产品，生产多少，怎样安排产品投入和产出的数量及进度。

第二，Why（为什么做）。员工对组织企业的宗旨、目标和战略了解得越清楚，认识得越深刻，就越有助于他们在计划工作中发挥主动性和创造性。

第三，When（何时做）。要制订计划中各项工作开始和完成的进度，以便进行有效的控制，对能力及资源进行平衡。

第四，Where（何地做）。要规定计划的实施地点或场所，了解计划实施的环境条件和控制，以便合理安排计划实施的空间和布局。

第五，Who（谁去做）。计划不仅要明确规定目标、任务、地点和进度，还应明确规定每个阶段由哪个部门、哪个人负主要责任，哪些部门协助，各联合体的接口处由哪些部门和哪些人员参加鉴定和审核等。

第六，How（怎么做）。要制定实现计划的措施以及相应的政策和规则，对资源进行合理分配和使用，对人、生产能力进行平衡，对各种派生计划进行综合平衡等。

实际上，一个完整的计划还应包括控制标准和考核指标的制定，使组织中所有部门与成员不但知道组织的使命、战略、目标和行动计划，而且还要明确本职工作的内容、如何去做以及要达到什么样的标准（见表 4-1）。

表 4-1 计划的基本内容

要素	所回答的问题	内容
前提	在何种情况下有效？	预测、假设、实施条件
目标	做什么？	最终结果、工作要求
目的	为什么做？	理由、意义、重要性
战略	如何做？	途径、基本方法、主要战术
责任	谁做？结果谁承担？	人选、奖罚措施
时间	何时做？	起止时间、进度安排
范围	涉及什么部门和地域？	组织层次和地理范围
预算	需要投入多少资源？	费用和代价
应变	实际情况和预计不符怎么办？	最坏情况的应变之道

第二节 目标设定、方案选择与实施

一般来说，计划工作的程序步骤都是相似的，主要包括估量机会、确定目标、确定计划工作的前提条件、拟定可供选择的方案、评价各种备选方案、选择方案、制订辅助计划与通过预算使计划数字化八个方面（见图 4-2）。

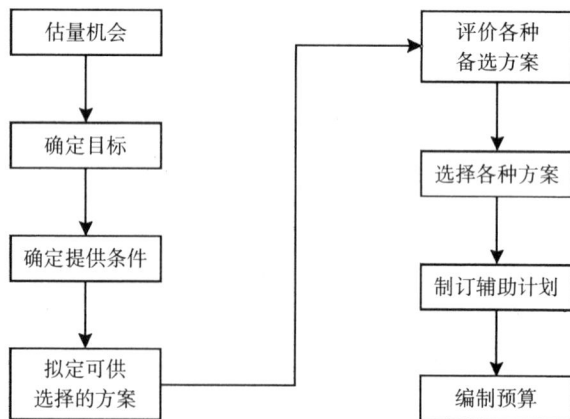

图 4-2 计划工作的基本程序

第一，估量机会。对机会的估量，要在实际的计划工作开始之前就着手进行，但它是计划工作的真正起点。其内容包括：对未来可能出现变化和预示的机会和威胁进行初步分析；分析自身的长处和短处，了解自身所处的地位；了解自己利用机会的能力。编制计划需要实事求是地对机会的各种情况进行判断。

第二，确定目标。计划工作的第二个步骤是要确定整个组织的目标，然后确定每个下属单位的目标，包括确定长期的和短期的目标。在这一步上，要说明基本的方针和要达到的目标，要强调目标应由哪个主体实现，以及如何通过战略、政策、程序、规则、规划和预算等去完成最终目标。

第三，确定提供条件。编制计划的第三个步骤是确定一些关键性的计划前提条件，并达成共识。这些前提条件就是计划工作的假设条件即计划实施时的预期环境。计划工作的前提条件按照所涉及的范围、表现方式以及控制程序等，可分为组织内部的和组织外部的；定性的和定量的；可控的和不可控的以及部分可控的。

第四，拟订方案。计划工作的第四个步骤是寻求可供选择的方案。尽可能多地形成方案，但也不是越多越好。我们可以采用数学方法和借助电子计算机的手段，要对候选方案的数量加以限制，以便把主要精力集中在少数最有成功希望的方案的分析上。

第五，评价方案。计划工作的第五个步骤是按照目标和前提来权衡各种因素，比较各个方案的利弊，对各个方案进行评价。评价实质上是一种价值判断，它一方面取决于评价者所采用的标准，另一方面取决于评价者对各个标准所赋予的权数。在评价方法方面，可以采用运筹学中较为成熟的矩阵评价法、层次分析法以及在条件许可的情况下采用多目标评价方法。

第六，选择方案。计划工作的第六个步骤是选择方案。这是在前五步工作的基础上做出的关键一步，也是实质性阶段——抉择阶段。

第七，制定辅助计划。辅助计划是总计划下的分计划。总计划要靠辅助计划来保证和支持。

第八，编制预算。计划工作的最后一步是把计划转变成预算，使计划数字化。预算实质上是资源的分配计划。预算工作做好了，可以成为汇总和综合平衡各类计划的一种工具，也可以成为衡量计划完成进度的重要标准。

一、目标设定的原则、方法与 MBO

从管理的意义上讲，目标就是目的或宗旨的具体化，是组织根据宗旨提出的在一定时期内要达到的预期成果。下面从目标设定的 SMART 原则、方法和目标管理三方面展开论述。

1. 目标设定的 SMART 原则

一个有效的目标需要遵循 SMART 原则，即具体的、可衡量的、适度的、切合实际的和有明确时间表的。

第一，目标必须是具体的（Specific）。这是指目标必须是清晰的、可产生行为导向的。比如"我要成为一个优秀的大学生"就不是一个具体的目标，但"我要获得今年的一等奖学金"就算得上是一个具体目标。

第二，目标必须是可衡量的（Measurable）。这是指目标必须用指标量化来表达。比如"我要获得今年的一等奖学金"就对应着许多可以量化的指标——考勤、考试成绩和参加活动的结果等。

第三，目标必须是适度的（Achievable）。这里的"适度"有两层意思：一是目标应该在能力范围内确定，若确定的目标经常达不到，体验不到成就，会让人感到沮丧；二是目标应具有一定的挑战性。

第四，目标必须是切合实际的（Realistic）。这是指目标要与现实生活和环境相一致，而不是简单的"白日梦"。

第五，目标必须有明确的时间表（Time-limited）。这是指必须确定完成目标的日期，不但要确定最终目标的完成时间，还要设立较小时间段上的"时间里程碑"，以便对进度进行监控。

2. 目标设定的方法

一般来说，可借助竞争环境扫描、预测和基准化等方法来设定有效的目标。

（1）竞争环境扫描。竞争环境扫描是指管理者通过获取组织边界之外的、直接或间接影响到组织整体绩效的所有信息，为目标制定和竞争优势的构建提供依据。企业在实施竞争环境扫描的同时需要考虑宏观环境和行业环境的影响，确定扫描的范围和频率，以及其中能够对企业竞争优势产生影响的关键。

第一，宏观环境。企业所处的宏观环境由诸多要素构成，包括政策和法律因素、经济因素、社会文化因素、技术因素、人口因素、自然环境因素等（见图 4-3）。

较为常见的宏观环境分析工具是 PEST 分析方法，即政治（Political）、经济（Economic）、社会文化（Social）、技术和技术环境（Technological）分析。

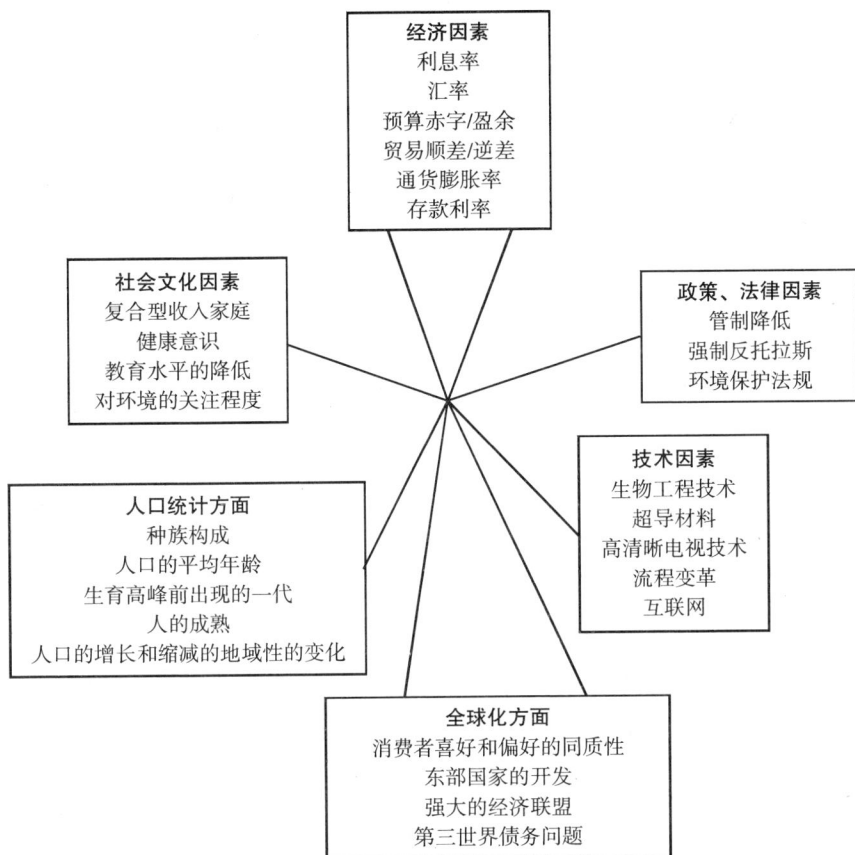

图4-3　宏观环境扫描的主要因素

计划与控制专栏 1　　　**黑龙江省村镇银行发展的 PEST 分析**

1. 黑龙江省村镇银行发展的政治法律环境

第一，财税政策。包括补贴、奖励、优惠及减免费用等。如中央财政对发放贷款符合规定条件的村镇银行给予 2%的补贴等。

第二，金融政策。村镇银行存款准备金率比大型商业银行存款准备金率低 4~5 个百分点；人民银行将涉农贷款占其各项贷款比例不低于 70%的村镇银行作为支农再贷款的试点对象。

第三，培育政策。允许符合条件的小额贷款公司、资产管理公司设立村镇银行等。2009年黑龙江省政府发文明确规定大力推进民间资本进入及设立村镇银行。

尽管政府的扶持政策从财税、金融、组建等方面给予了村镇银行一定的支持，但由于享受优惠政策的限制条件多、政策适用范围小，优惠效应不明显。另外，已出台的村镇银行相关文件没有上升到法律高度，村镇银行的持续发展缺乏法律的规范和促进。

2. 黑龙江省村镇银行发展的经济环境

第一，农业大省。黑龙江省享有"中华大粮仓"的美誉，是我国最大的商品粮生产基地。农业大省这个巨大市场对金融服务的强烈需求，为村镇银行的持续发展提供了深厚的资源支撑。

第二，两大平原建设。在"两大平原"改革试验方案正式获得批准后，黑龙江省农委工作会议的《创新农村金融服务总体方案》（讨论稿）提出。改革试验的工作开展，使得村镇银行的发展前景越来越光明。

尽管农业大省与两大平原建设的经济环境为村镇银行的发展壮大提供了广阔的空间，但来自于其他极具优势的农村金融机构（如邮储银行、农信社）的竞争，使村镇银行的发展面临很大的压力。

3. 黑龙江省村镇银行发展的社会环境

"三农"资金供需失衡。在社会主义新农村建设的大背景下，农村居民资金需求量不断增大。然而自2004年以来，我国县域金融网点数不仅没有增加，反而大幅度减少，使得农村资金的供给更加短缺。"三农"资金的供求失衡正是催生村镇银行的前提条件。但是由于村镇银行所在地点偏僻、工作环境较差，很难得到专业人才的青睐，人力资源匮乏；同时，由于村镇银行是新生事物，社会认可度低，致使村镇银行在吸收存款和开展业务等方面都遇到了困难。

4. 黑龙江省村镇银行发展的技术环境

第一，来自发起行的技术支持。村镇银行的发起行为了满足其业务开办的基本条件，提供了诸如IT系统建设、汇兑结算等综合业务网络系统，供其无偿使用。

第二，农村信息化建设。目前，黑龙江省完成了省、市、县、乡四级网络体系的农业信息网建设，60.6%的乡镇及行政村已接通宽带业务。

但是由于实力不足，对于很多村镇银行而言人民银行大、小额支付系统不能接入或只能间接接入；银联银行卡系统进入困难，使得村镇银行的日常经营受到限制，客观上阻碍了村镇银行的发展。

资料来源：辛立秋，张珍洁.黑龙江省村镇银行发展的 PEST 分析［J］.当代经济，2004（13）.

第二，行业环境。哈佛商学院的迈克尔·波特（Michael Porter）提出分析行业竞争环境的五力框架，成为企业战略管理领域使用最广泛的竞争力分析模型，也是使用最为广泛的分析竞争环境的工具。波特认为产业结构中有五种具体的特性可能威胁企业维持和创造竞争优势的能力。这五力包括进入威胁、竞争威胁、替代威胁、供应商威胁以及买方威胁（见图 4-4）。

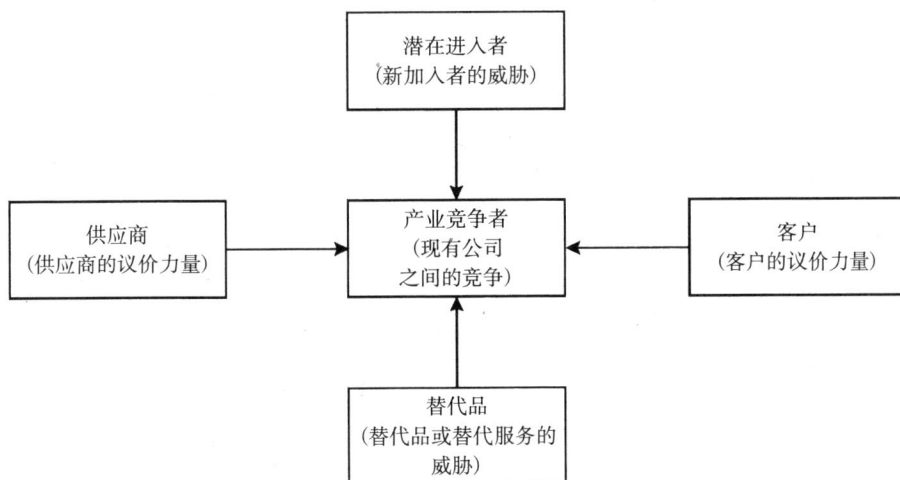

图 4-4　行业环境扫描的五力模型

计划与控制专栏 2　　小肥羊的行业竞争战略五力模型分析

小肥羊创办于 1999 年，以新的用餐方式和用餐材料开创了火锅行业的新纪元。早期的小肥羊采用"加盟为主，重点直营"的低成本战略，但加盟店未经规范的管理影响了小肥羊的品牌形象。对此，小肥羊管理层决定在发展战略上冷静转身，通过五力模型对其行业竞争力进行分析定位。

第一，行业内现有的竞争力。首先，火锅业增长缓慢，竞争者较多，竞争激烈；其次，竞争对手提供的产品或服务大致相同，或者体现不出明显差异。小肥羊在行业内受到了相对大的竞争。

第二，潜在进入者的威胁。火锅行业具备潜在发展趋势，越来越多的商家进入火锅行业。但小肥羊可以比新进入者更快获得廉价的原材料，且小肥羊前期的加盟模式为小肥羊带来了发展所需要的大量资金，且小肥羊在火锅行业中已具备一定的品牌影响力。因此，小肥羊遭受潜在进入者的威胁较小。

第三，供应商议价能力。小肥羊企业拥有一个调味品基地、两个肉业基地、一个物流配送中心和火锅底料生产厂，故在该方面并不会遭遇太大威胁。

第四，替代品的威胁。随着餐饮行业的蓬勃发展，火锅行业存在滋味相对单一、进入门槛较低、地区口味差异巨大等劣势，其他餐饮行业竞争者有一定威胁。

第五，顾客的议价能力。一般来说，火锅行业里有较强议价能力的消费者群体：一次性购买数较多的；认为服务态度或服务质量不好的；就餐频率较多的。另外，顾客没有特定的消费偏好，且转换成本很低，较易找到其他的替代品。因此，为了吸引消费者势必要采用比其他火锅企业更低廉的价格。

通过五力模型分析可以得出，小肥羊面临着庞大规模的竞争对手，并且在将来还会有更多的竞争对手。同时，由于选择的多样化的存在，增强了消费者议价的能力。小肥羊自己的调味品基地、肉业基地、物流配送中心、火锅底料生产厂极大地削弱了供应商的威胁，增强了小肥羊自身的获利能力。另外，小肥羊的火锅餐饮很容易被现在市场上多样化的餐饮方式所代替，越来越多的消费者喜欢丰富的饮食方式，而不是拘泥于一种。

资料来源：赵德慧，王璐曦. 小肥羊的行业竞争战略五力模型分析 [J]. 全国商情，2004（7）.

（2）预测。预测就是根据过去和现在估计未来，预测未来。统计预测属于预测方法研究范畴，即如何利用科学的统计方法对事物的未来发展进行定量推测，并计算概率置信区间。统计预测方法可归纳分为定性预测方法和定量预测方法两类，其中定量预测法又可大致分为回归预测法和时间序列预测法（见图 4-5）。

（3）基准化。基准化，也称标杆管理，是指与其他公司相比对一家公司的基本功能和技术进行评估的过程，基准化的目标是对其他公司"最好的行为"进行全面的分析，努力实现低成本和高效益。詹姆斯·哈里顿认为："标杆管理是一种鉴别、认识并创造性地发展优秀产品、服务、设计、设备、流程以及经营管理实

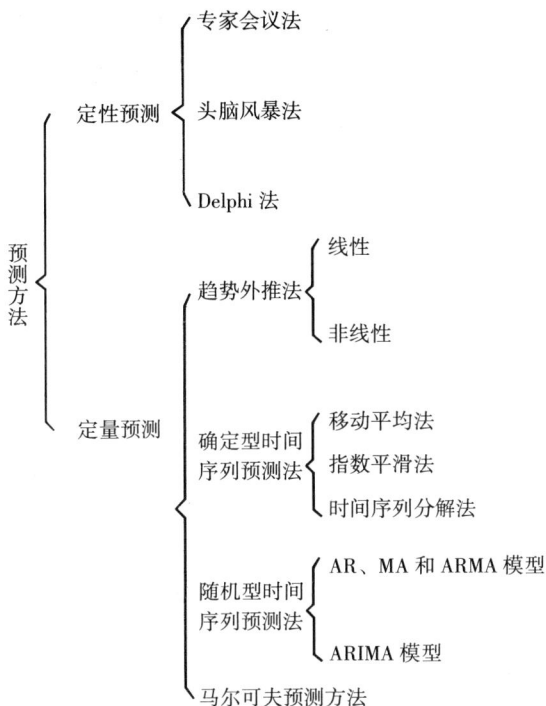

图 4-5　基本的预测方法

践，并用于改善组织实际绩效的系统方法。据统计，全球 500 强企业中有近 90% 的企业应用标杆管理。中国也有越来越多的企业开始应用标杆管理来增强竞争力，青岛海尔公司、雅芳公司、李宁公司、联想公司等知名企业都采用了标杆管理的方法。

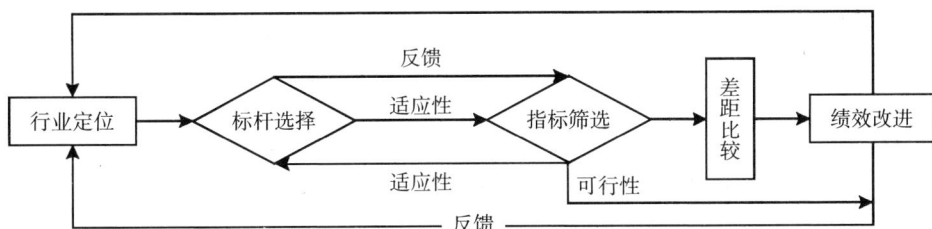

图 4-6　基准化的基本流程

3. 目标管理

（1）目标管理的概念。1954 年彼得·德鲁克提出目标管理（Management by Objectives，MBO）概念。MBO 逐步成为西方国家普遍采用的系统地制定目标并进行管理的方法。目标管理是一个全面的管理系统，它用系统的方法把许多关键管理活动结合起来，将组织的整体目标转换为组织单位和成员的目标，通过层层落实和采取保证措施，有效地和高效率地实现它们。MBO 特点主要表现在以下几个方面：

第一，明确目标。美国马里兰大学的早期研究发现，明确的目标要比只要求人们尽力去做有更高的业绩，而且高水平的业绩是和高的目标相联系的。人们注意到在企业中目标技能的改善会继续提高生产力。

第二，参与决策。MBO 中的目标不像传统目标的设定那样，由上级给下级规定目标，然后分解成子目标落实到组织的各个层次上，而是用参与的方式决定目标，上级与下级共同参与选择设定各对应层次目标，即通过上下协商，逐级制定出整体组织目标、经营单位目标、部门目标直至个人目标。因此，MBO 的目标转化过程既是"自上而下"的，又是"自下而上"的。

第三，规定时限。MBO 强调时间性，制定的每一个目标都有明确的时间期限要求，如一个季度、一年、五年，或在已知环境下的任何适当期限。

第四，评价绩效。MBO 寻求不断地将实现目标的进展情况反馈给个人，以便他们能够调整自己的行动。

（2）目标管理的基本过程。由于各个组织活动的性质不同，目标管理的步骤可以不完全一样，但一般来说，基本分为以下四步：

第一，建立一套完整的目标体系。实行目标管理，首先要建立一套完整的目标体系。这项工作总是从企业的最高主管部门开始的，然后由上而下地逐级确定目标，从而构成一种锁链式的目标体系。同时，目标体系应与组织结构相吻合，从而使每个部门都有明确的目标。

第二，明确责任。通常，组织结构并不是按组织在一定时期的目标而建立的，因而常常发现部门和具体岗位难以有明确的目标与之对应，其责任多是含糊不清的。实施目标管理的重要一点就是要尽可能地做到每个目标和子目标都应是部门或某个人的明确责任。如果难以做到，则至少应该对每一协作的管理人员所要完成的计划目标及所做的具体任务做出明确的规定。

第三，组织实施。目标既定，主管人员就应放手把权力交给下级成员，而自己去抓重点的综合性管理，完成目标主要靠执行者的自我控制。在组织实施时，要特别注意把握好两点：一是高层领导的管理要多体现在指导、协助、提出问题、提供信息情报以及创造良好工作环境方面；二是高层领导要把更多的权力交给下级成员，充分依靠执行者的自我控制完成目标任务。

第四，检查、评价、奖惩。对各级目标的完成情况定期进行检查，检查的方法可灵活地采用自检、互检和责成专门的部门进行检查。检查的依据就是事先确定的目标。对于最终结果，应当根据目标进行评价，并根据评价结果进行奖罚（见图4–7）。

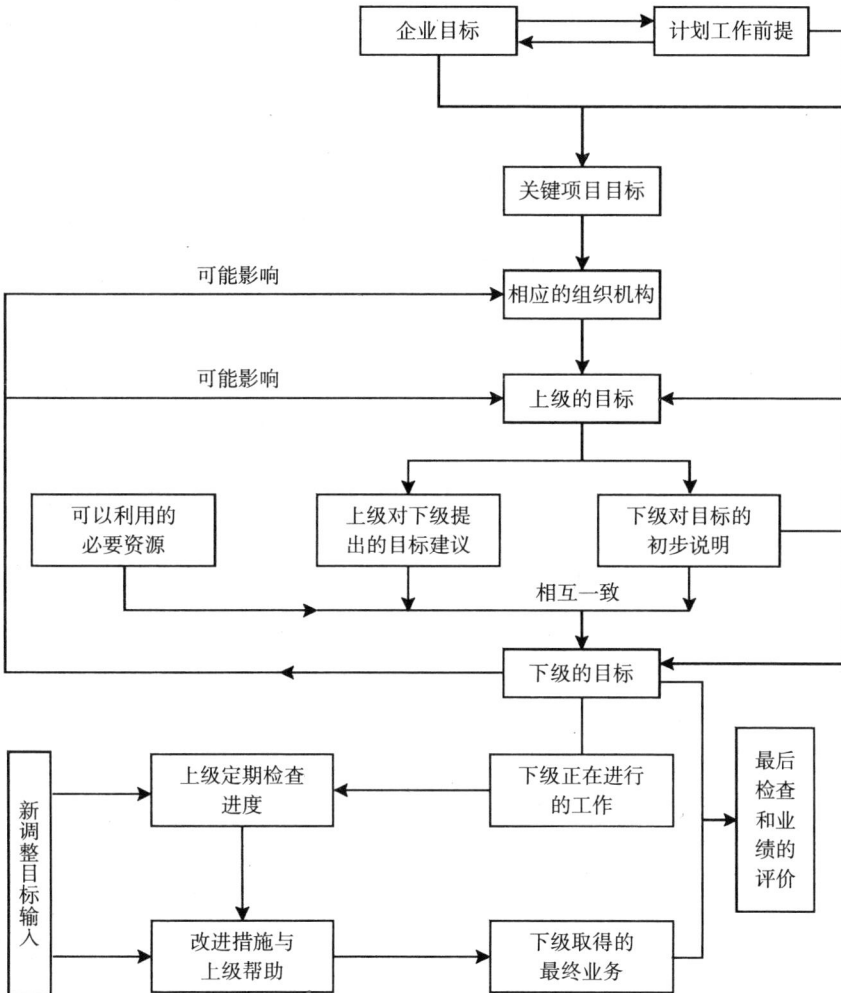

图 4–7　目标管理的基本过程

（3）目标管理的利弊。目标管理能够被许多大型企业采用，是因为其对企业绩效的巨大促进作用。其主要优点如下：

第一，目标管理会对组织内易于度量和分解的目标带来良好的绩效。对于那些在技术上具有可分性的工作，由于责任、任务明确，目标管理常常会起到立竿见影的效果，而对于技术不可分的团队工作，则难以实施目标管理。

第二，目标管理有助于改进组织结构的职责分工，由于组织目标的成果和责任力图划分到每一个职位或部门，容易发现授权不足与职责不清等缺陷。

第三，目标管理启发了自觉性，调动了员工的主动性、积极性、创造性。由于强调自我控制、自我调节，将个人利益和组织利益紧密联系起来，提高了士气。

第四，目标管理促进了意见交流和相互了解，改善了人际关系。

但是，同样不能否认目标管理存在的一些缺点，主要有：

第一，制定目标的困难。一方面，要建立始终具有正常的"紧张"和"费力"的但是可以达到的可考核目标难度很大，需要做更多的研究工作；另一方面，制定目标过于着重经济效果或远离实际，除会对个人产生过大的压力外，还可能会出现厂级人员为追求过高目标而不择手段采取违法或不道德做法的情况。

第二，过多强调短期目标。通常情况下，管理人员制订目标管理计划很少会设立超过一年的目标，所确定的目标往往是一季或更短的短期目标。强调短期目标所导致的短期行为可能会对长远目标的安排造成不利的影响。

第三，目标商定可能会增加管理成本。目标商定上下沟通、统一思想是很费时间的；每个单位、个人都关注自身目标的完成，很可能会忽略相互协作和组织目标的实现，滋长本位主义、临时观点和急功近利倾向。

第四，缺乏灵活性。明确的目标和明确的责任是目标管理的主要特点，也是目标管理取得成效的关键。但是，计划是面向未来的，而未来存在许多不确定因素。这又使得必须根据已经变化的计划工作前提对目标进行修正。

计划与控制专栏3　　　上海电力电缆工程有限公司的目标管理实践

目标管理最基本的方法依据是"我现在做的，使我更接近目标"的原则，根据这一原则，该公司的具体做法如下：

图片来源：http：//www.spcec.com.cn/www/index.aspx.

1. 科学地制定公司发展的总目标

在目标制定前，对公司的现状和所处的市场及政策环境进行全面的调查、研究，并在此基础上考虑公司未来的发展。公司一般会在每年的年底制定第二年公司的发展目标，主要包括经济类指标、工程类指标、技术类指标和文明工地创建指标。在目标体系的制定中，一般的做法是公司领导或具体负责的经理与项目经理签订项目目标管理责任书。在项目目标管理责任书中应对成本、工期和质量三大目标进行量化处理，形成指标体系，明确规定公司与项目经理的权利与义务。各部门各层次的目标应该始终以公司的总目标为依据，上至总经理，下至施工一线的管理人员，都必须有明确的目标。

2. 目标分解

首先，根据目标的轻重缓急区分：重要又紧急、重要但不紧急、紧急但不重要、繁忙、浪费时间。其次，在纵向上可根据企业的总目标结合各项目的具体情况制定出项目目标，再把项目目标分解形成项目员工的分目标；在横向上以项目目标管理为主线，落实各职能部门的目标责任，确定他们在项目部经营活动中的义务与权利，让职能部门成为项目部职能管理的支持者与监督者。通过目标的纵向与横向的分解，形成企业完整的目标体系。

3. 自我控制

电缆工程公司以目标管理为核心，在认真筹备、精心组织的基础上，对机构设置、岗位优化工作有计划地稳步推进。目前公司新的组织结构和人员配置已全面完成，原电缆管道公司全体及兴润公司的部分人员并入电缆工程公司，取消了原科室分公司三级管理模式，成立了八个新部室，包括党群工作部、办公室、人力资源部、工程管理部、市场部、安质部、物资部、财务部，实行部室制二级管理模式。在此基础上，落实了各岗位人员配置。

4. 坚持建立良好的运行监督机制

首先，坚持定期研究制度。诸如每周的安全生产会、每旬的领导办公会、每月的生产经营分析考核会、定期召开的各类专题工作会等。定期听取工作汇报，研究生产工作目标实施情况，安排下一步工作。其次，坚持及时检查指导制度。各级管理组织和管理者对目标的实施进行察看和督导，目的在于及时发现问题，总结经验教训，纠正目标实施中的偏差，以保证目标的实现。

资料来源：阴建华.上海电力电缆工程有限公司目标管理初探 [J].中国电力教育，2012（15）.

二、制定方案的主要方法

方案的制定需要采取科学的方法，可运用定性与定量相结合的方法来制定方案。

1. 定性的方案选择方法

第一，头脑风暴法。头脑风暴法的创始人是美国心理学家奥斯本。该方法的四项原则是：各自发表自己的意见，对别人的建议不进行评论；建议不必深思熟虑，越多越好；鼓励独立思考、奇思妙想；可以补充完善已有的建议。

头脑风暴法的特点是：针对解决的问题，相关专家或人员聚在一起，在宽松的氛围中，敞开思路，畅所欲言，寻求多种决策思路，倡导创新思维。时间一般在 1~2 小时，参加者以 5~6 人为宜。

计划与控制专栏 4　　　塔采一厂"头脑风暴法"激励管理创新

"现在开始讨论昨日布置的议题，如何做好采油气现场的检查，请大家发言！"塔河采油一厂采油四队采油工长毛宝财在头脑风暴畅谈会上说。

"岗位人员要提高自己的责任心，要有思想意识、责任意识、能力意识、督查意识。"该队采油一班班长高国泰发言道。

图片来源：http://www.sinopec-news.com.cn.

"对检查出来的问题及时整改，没整改的分级纳入考核，低级问题不能重复出现，涉及安全问题都是重大问题。"

2013 年以来，塔河采油一厂采油四队引用"头脑风暴法"激励员工管理创新。在头脑风暴畅谈会上，让大家进行互动，改变以前业已形成的观察问题、思考问题、判断问题、解决问题的固定思维方式，用一个全新的眼光来看待企业发展。

头脑风暴法又称智力激励法，是现代创造学奠基人奥斯本提出的，是一种创造能力的集体训练法。当一群人围绕一个特定的兴趣领域产生新观点的时候，这种情境就叫做头脑风暴。由于会议使用了没有拘束的规则，进行头脑风暴，人们就能够更自由地思考，进入思想的新区域，从而产生很多的新观点和问题解决方法。

"我们进行头脑风暴，每日确定议题，各职能室、班组长经过充分准备，每个人都可以畅所欲言，从不同角度、不同层次、不同方位，大胆地展开想象，同时与会的每个人都不得对别人的设想提出批评意见。"副队长刘耀宇说。

"畅所欲言表心声，尽职尽责献良策。大家头脑风暴分析问题，每个人都提出自己的想法，不管好坏都记录下来，然后再分析谁的分析更好，选出有价值的好方法到实际工作中检验得出结论，是确定创新项目和日常处理事务的好途径。"

"如何做好原始资料的录取工作"、"如何减一分成本，增一分效益"、"怎样合理地进行污油回收"……2013 年以来，塔河采油一厂采油四队通过组织头

脑风暴畅谈会，收集整理合理化建议 24 条，采纳 18 条，有效地促进了该队生产经营管理工作。

美国著名女企业家玛丽凯说过这样一句话："世界上有两种东西比金钱和性更为人们所需要，那就是认可和赞美。"进行头脑风暴，不是将方法写在纸上，而是落在行动上，通过群策群力谋发展，集思广益献良策，达到管理创新，让广大职工得到认可和赞美。

"在生产运行上工作目标求高，工作思路求新，工作成效求实，工作措施求细，运行质量求好，运行节奏求快，运行管理求严，内部管理求精，为打造西北油田分公司偏远特色的基层分队，我们将不停息地将头脑风暴开展下去。"塔河采油一厂采油四队队长黄江涛在谈到开展头脑风暴激励管理创新时信心十足地说。

资料来源：周先贵.塔采一厂"头脑风暴法"激励管理创新［J］.中国石油和化工标准与质量，2013（10）.

第二，名义小组技术。在集体决策中，如果大家对问题性质的了解程度有很大差异，或彼此的意见有较大分歧，直接开会讨论效果并不好，可能争执不下，也可能在权威人士发言后随声附和。这时，可以采取"名义小组技术"。管理者先选择一些对要解决的问题有研究或有经验的人作为小组成员，并向他们提供与决策问题相关的信息。小组成员各自先不通气，独立地思考，提出决策建议，并尽可能详细地将自己提出的备选方案写成文字资料。然后召集会议，让小组成员陈述自己的方案。在此基础上，小组成员对全部备选方案投票，产生大家最赞同的方案，并形成对其他方案的意见，提交给管理者作为决策参考。

第三，德尔菲技术。德尔菲技术是兰德公司提出的，用于听取专家对某一问题的意见。运用这一方法的步骤是：根据问题的特点，选择和邀请做过相关研究或有相关经验的专家。将与问题有关的信息分别提供给专家，请他们各自独立发表自己的意见，并写成书面材料。管理者收集并综合专家们的意见后，将综合意见反馈给各位专家，请他们再次发表意见。如果分歧很大，可以开会集中讨论；否则，管理者分头与专家联络。如此反复多次，最后形成代表专家组意见的方案。

2. 定量的方案选择方法

（1）确定型决策。确定型决策是指决策面对问题的相关因素是确定的，因而建立的决策模型中的各种参数是确定的。确定型决策是比较容易求解的问题，最为常见的确定型决策方法是盈亏平衡法和线性规划。

盈亏平衡法又称保本分析法或量本利分析法，是通过考察销售量、成本和利润的关系以及盈亏变化的规律来为决策提供依据的方法。在运用盈亏平衡分析法时，关键是找出企业盈亏平衡销售量，此时企业的总收入等于总成本。该法常用来考察销售量、成本和利润的关系（见图4-8）。

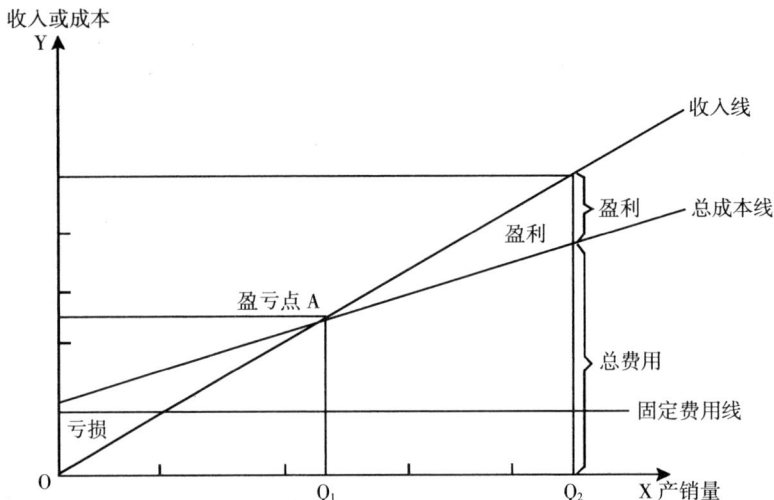

图 4-8　盈亏平衡分析图

从图4-8可以看出，盈亏平衡的产销量为 Q_1 时，在这一点上企业不亏不盈。当产销量低于 Q_1 时，就产生亏损，产销量越少，亏损额越多；当产销量高于 Q_1 时就产生利润，产销量越多，产生利润也就越多。通过公式也可计算出盈亏平衡点A，决策者需要知道产品销售的单位价格P、单位可变成本V及总固定成本C。盈亏平衡点A的产销量为 Q_1，计算公式如下：

$Q_1 = C / (P - V)$

由此，可以推算出有一定利润L的产销量 Q_2 的计算公式：

$Q_2 = (C + L) / (P - V)$

线性规划是最基本也是最常用的一种数学规划。线性规划方法用于解决两类问题：①在资源一定的条件下，力求完成更多的任务，取得好的经济效益；②在任务一定的条件下，力求节省资源。

案例：某企业生产A、B两种产品，每种产品对某种材料的消耗定额、加工工时定额以及能够提供的资源量见表4-2。

表 4-2　A、B 两种产品现有资源表

可供资源名称	计量单位	产品		可供资源数量
		A	B	
某种材料	千克/件	3	6	6000
工时	小时/件	4	2	5000
单位产品利润	元	120	180	

　　试问在现有资源条件下，A、B 两种产品各生产多少才能使企业获得最高利润？

　　解答：设 A 为产品 A 的生产量，B 为产品 B 的生产量，目标利润为 maxP

　　模型： maxP = 120A + 180B

　　　　　　 $3A + 6B \leqslant 6000$

　　　　　　 $4A + 2B \leqslant 5000$　　　　A = 1000（件），B = 500（件）

　　　　　　 $A \geqslant 0$，$B \geqslant 0$　　　　maxP = 120 × 1000 + 180 × 500 = 210000（元）

　　（2）风险型决策。风险型决策，就是在不确定情况下的决策。风险型决策一般有以下特点：决策目标明确、量化；有多个方案可选择，可根据项目条件和市场预测资料对方案收益和损失进行比较准确的计算；未来环境可能存在多种自然状态；决策者可估算出不同自然状态出现的概率；标准是使期望净收益达到最大或损失减至最小。因此，决策者在决策时，无论采用何种方案，都要承担一定的风险。在进行风险型决策时，一般使用期望收益法。

　　案例：某公司准备生产某种新产品，可选择两种方案：一是引进一条生产线，需投资 500 万元，建成后如果销路好，每年可获利 150 万元，如果销路差，每年要亏损 30 万元；二是对原有设备进行技术改造，需投资 300 万元，如果销路好，每年可获利 60 万元，如果销路差，每年可获利 30 万元。两种方案的使用期限均为 10 年，根据市场预测，产品销路好的概率为 0.6，销路差的概率为 0.4，应如何进行决策？

　　解答：计算两种方案的期望收益：

　　方案一：① = (150 × 0.6 − 30 × 0.4) × 10 − 500 = 280（万元）

　　方案二：② = (60 × 0.6 + 30 × 0.4) × 10 − 300 = 180（万元）

　　选择方案一。

（3）不确定型决策。决策问题涉及的条件中有些是未知的，对于一些随机变量连概率分布也不知道的决策问题称为不确定型决策。

常用的解决不确定型决策问题的方法有以下三种：

①小中取大法（悲观准则）：决策者对未来持悲观态度，认为未来会出现最差的情况。决策时，对各种方案都按它带来的最低收益考虑，然后比较哪种方案的最低收益最高，简称"小中取大法"。

②大中取大法（乐观准则）：决策者对未来持乐观态度，认为未来会出现最好的情况。决策时，对各种方案都按它带来的最高收益考虑，然后比较哪种方案的最高收益最高，简称"大中取大法"。

③最小最大后悔值法（后悔值准则）：决策者在选择了某方案后，若事后发现客观情况并未按自己预想的发生，会为自己事前的决策而后悔。由此，产生了最小最大后悔值决策方法。最小最大后悔值法又称为后悔值大中取小法，计算各方案在各种自然状态下的后悔值，列出后悔值表，然后找出每一种方案在各种自然状态下后悔值的最大值，取其中的最小值，其所对应的方案为合理方案。

后悔值：机会损失值，在一定的自然状态下由于未采取最好的行动方案来获取最大收益的机会而造成的损失。

后悔值＝该自然状态下最大损益值－该自然状态下相应损益值

案例：某企业有 3 种新产品待选，估计销路和损益情况见表 4-3，试分别用乐观准则、悲观准则、后悔值准则选择最优产品方案。

表 4-3　损益表（万元）

状 态	甲产品	乙产品	丙产品
销路好	40	90	30
销路一般	20	40	20
销路差	-10	-50	-4

解答：（1）乐观准则（大中取大法）：

甲产品最大利润 40 万元；乙产品最大利润 90 万元；丙产品最大利润 30 万元。则 90 万元对应的乙产品为最优方案。

（2）悲观准则（小中取大法）：

甲产品最小利润-10 万元，乙产品最小利润-50 万元，丙产品最小利润-4

万元。-4 万元对应的方案丙产品为最优方案。

（3）后悔值准则（见表 4-4）：

表 4-4 后悔值矩阵（万元）

状 态	甲产品	乙产品	丙产品
销路好	50	0	60
销路一般	20	0	20
销路差	6	46	0

甲产品最大后悔值 50 万元，乙产品最大后悔值 46 万元，丙产品最大后悔值 60 万元。因此，46 万元后悔值对应的乙产品为最优方案。

三、计划的基本方法

计划的基本方法主要包括滚动计划法、甘特图和网络计划技术等，下面对此展开详细的论述。

1. 滚动计划法

滚动计划法是一种动态编制计划的方法。它不像静态分析那样，等计划全部执行完了之后再编制下一个时期的计划，而是在每次编制或调整计划时将计划按时间顺序向前推进一个计划期，即向前滚动一次。滚动计划的具体做法是：在制订计划时，同时制订未来若干期的计划，但计划内容依据"远粗近细"的原则，即近期计划详细和远期计划粗略相结合；在计划期第一阶段结束时，根据该阶段计划的执行情况和内外部环境变化情况，对原计划进行修正，并将整个计划向前滚动一个阶段，以后根据同样的原则逐期向前滚动。滚动计划法如图 4-9 所示。

滚动计划法的优点主要表现在：使长、中、短期计划能够相互衔接，从而能根据环境的变化及时地进行调整，使计划始终处于一个动态适应过程，也使得各期计划能够保持基本一致，从而大大增强了计划的弹性，避免了计划的僵化，提高了计划的适应性和组织的应变能力。

当然，滚动计划法会使编制计划的工作量加大，但在计算机已被广泛应用的今天，这已不成什么问题。

2. 甘特图

甘特图是 20 世纪初由亨利·甘特开发的，它基本上是一种线条图，横轴表示时间，纵轴表示要安排的活动，线条表示在整个期间计划的和实际的活动完成情

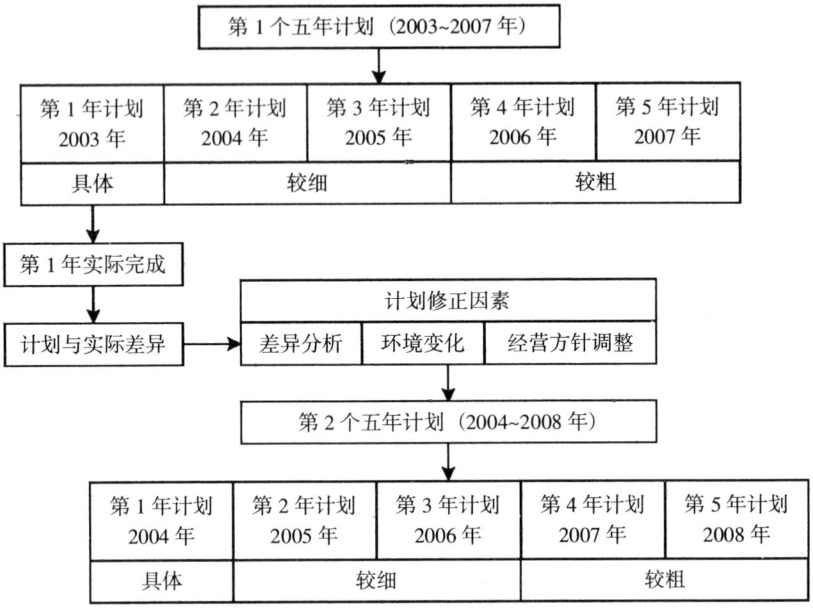

图 4-9　滚动计划法示意图

况。甘特图直观地表明任务计划在什么时候进行，完成各项任务的起始时间、结束时间和延续时间以及实际进展与计划的对比（见图 4-10）。

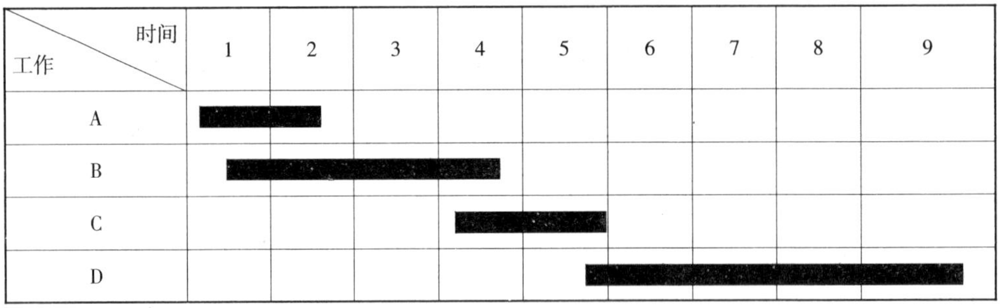

图 4-10　项目进度甘特图

第一，甘特图的最大优势是比较容易理解。一眼就能看出活动什么时间应该开始，什么时间应该结束。

第二，甘特图是表述项目进展的最简单的方式，而且容易开展，以确定其提前或者滞后的具体因素。在项目控制过程中，它也可以清楚地显示活动进度是否落后于计划；如果落后于计划，那么是何时落后于计划的；等等。

甘特图有以下缺陷：第一，虽然能方便地描述项目活动的进度，但是却不能揭示出这些活动之间的相互关系。第二，它不能指明活动如果较早开始或者较晚开始会有怎样的结果。第三，它没有指明项目活动执行过程中的不确定性，因此没有敏感性分析。这些弱点严重制约了甘特图的进一步应用。所以，传统的甘特图一般只适用于较简单的小型项目。

3. 网络计划技术

网络计划技术是 20 世纪 50 年代后期在美国产生和发展起来的，是一种应用于组织大型工程或生产计划安排的科学的计划管理方法。它以网络图的形式反映组成一项生产任务或一项工程中各项作业的先后顺序及相互关系，并通过相应的计算方法找到影响整项生产任务或项目的关键作业和关键路线，对生产任务或项目进行统筹规划和控制，不断地改善网络计划，求得工期、资源与成本的优化方案并付诸实施；在计划的执行过程中，通过信息反馈进行监督和控制，以保证预期计划目标的实现（见图 4–11）。

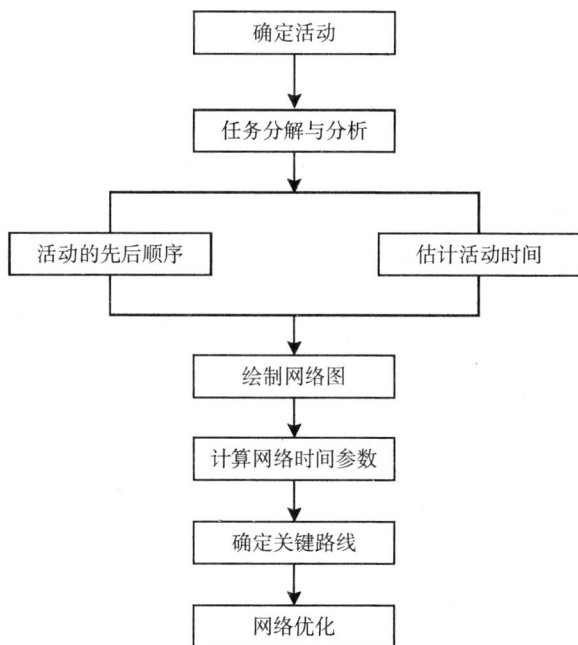

图 4–11　网络计划技术的基本步骤

网络图是网络计划技术的基础。任何一项任务都可以分解成许多步骤，根据这些工作在时间上的衔接关系，用箭头表示先后顺序，画出一个由各项工作相互联系，并注明所需时间的箭头图，称为网络图。图 4–12 是一个网络图实例。

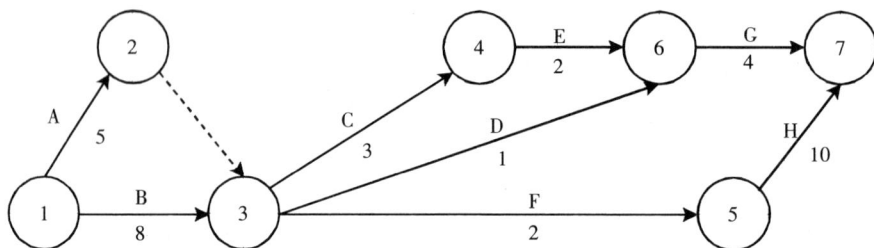

图 4-12　网络图实例

（1）活动。活动是指一项工作或一道工序。一般来讲，活动需要花费时间，消耗一定的资源。活动用"→"表示，一般规定，箭线上方注明活动内容，下方注明活动消耗时间。

（2）事项。事项是指一项活动的开始或完成，一般用带有编号的圆圈表示。在网络图中，圆圈是两条或两条以上箭线的交接点，故又称节点（Node）。事项不占用时间和资源，它只是表示某项活动的开始或结束。应特别注意，每一项活动都应有自己唯一的节点编号。另外，同一节点号码不能重复使用。

（3）虚工序。因为箭线首尾的节点编号只能唯一地表示一项活动，但对于平行活动来讲，要正确表示活动之间的关系，往往要借助于虚工序。虚工序用虚箭线表示，它仅仅起着表示活动先后顺序的作用，并不是一项真正的活动，它没有活动名称，不占用时间。

（4）线路和关键线路。线路是指从网络始点事项开始，顺着箭线方向，到网络终点为止，中间是由一系列首尾相连的节点和箭线所组成的通路。关键线路是网络中花费时间最长的事项和活动的序列。

为了反映工序的先后顺序关系，经常使用紧前工序或紧后工序的概念。若有A、B两道工序，当A工序完工以后，才能紧跟在它后面开始B工序，则称A是B的紧前工序，或B是A的紧后工序。没有紧前工序的工序是项目的初始工序，没有紧后工序的工序是项目的最后工序。

网络计划技术作为组织与控制工程项目进度的方法，在把工程项目绘制成网络图的基础上，要进行各项时间参数的计算和关键线路的确定，以便在时间上对工程项目中的各道工序进行科学合理的安排。

关键线路就是由总时差为零的工序组成的线路，关键线路上各工序作业时间之和即为总工期。如果把网络图看成一个有向图，关键线路即有向图的最长路。

掌握和控制关键线路是实施网络计划技术的精髓。关键线路的长度决定了工期，缩短关键线路上的工序作业时间即可缩短工期，但是关键线路上工期的缩短并非无止境的，当缩短到一定程度时，关键线路将变成非关键线路，非关键线路延长的时间超过它的总时差，非关键线路就变成关键线路。另外，关键线路可能不止一条，关键线路越多，关键工序就越多，就越需要加强管理。

第三节　控制机制

控制是一项重要的管理职能。管理者必须依据各个单位不同的目标和计划进行持续的监督和控制，以便在出现状况时会有相应的应对措施。控制在协调组织成员的行动、规范成员行为、衡量计划完成情况、确保工作进展与计划同步、规避风险、提高组织运营绩效、实现组织战略等方面发挥着重要作用，是每一位管理者必须具备的管理职能。

一、控制概述

1. 控制的概念

一般认为，控制就是指组织在动态变化的环境中，为确保实现既定目标而进行的检查、监督和纠偏等管理活动。控制既可以理解为一系列管理活动，也可以理解为实施检查、监督和纠偏的管理活动过程，即控制过程。

所有的管理者都应当承担控制的职责，即使其部门是完全按计划运作着。一个有效的控制系统可以保证各项行动完成的方向是朝着达到组织目标的。控制系统越是完善，管理者实现组织的目标就越是容易。

2. 控制与计划的关系

控制常常被称为计划的孪生兄弟。一旦管理者制定了计划和战略，就必须保证计划得到执行。如果计划没有被很好地执行，管理者就必须采取行动对问题进行修正，这其实就是管理的基本控制过程。毫无疑问，有效的计划促进控制，有效的控制亦会反作用于计划。计划是未来的框架，从这一点上看，提供了控制的蓝图。控制系统反过来调节资源的利用和配置，从而有利于计划的进行。

3. 控制的内容

控制的内容规定了管理者需要控制什么，是管理控制的焦点与重心所在。管理学家斯蒂芬·罗宾斯将控制的内容归纳为如下几个方面：

第一，人员控制。组织目标需要企业员工来实现，为了使员工按照既定的计划工作，就必须对人员进行相应的管理控制。一方面，通过直接巡视的方法，及时发现存在的问题并进行纠正；另一方面，通过绩效评估，对员工进行系统的评估，对绩效良好的员工给予奖励，对绩效较差的员工帮助其及时纠偏。

第二，财务控制。对组织进行财务控制是保障企业正常运营、获取利润的关键。通过审核各期财务报表可以保证企业拥有的现金存量、负债水平在企业可以承受的范围之内以及有效利用各项资产等，因此，可以说对财务的控制是组织的一项重要的管理控制。

计划与控制专栏5　　吉化化工的会计人员的内部控制机制

2011年的一天，一辆检察院的警车呼啸而来，将中石油吉化北京销售公司（下称"控股公司"）控股的廊坊开发区中石油吉化化工有限公司（下称"吉化化工"）的财务负责人张某带走。这个消息在公司上下引起了不小的震动，这是继公司董事长因挪

图片来源：http://www.sinope.com/.

用公款罪、受贿罪被检方指控，公司又一高管因贪污罪被检方指控。公司两名高管先后因经济犯罪入狱，该公司财务岗位的内部控制是否出现了问题？

吉化化工由控股公司和北京澳海达石化有限公司（下称"参股公司"）共同出资设立，注册资本为500万元，控股公司出资300万元，占60%的股份、参股公司出资200万元，占40%的股份，并按《公司法》要求成立了董事会、监事会及确定了总经理；制定了公司固定资产、财务管理、人员费用、工资待遇及相关管理制度。控股公司董事长兼任吉化化工的董事长，控股公司派出两名职工分别担任董事和财务负责人，其中张某就是财务负责人；参股公司派出两名职工分别担任董事兼任总经理和监事，公司治理结构形成。运行一段时间后，参股公司派出的两名职工从吉化化工撤出，从而形成了控股股东一股独大、董事长大权独揽的局面。

自2000年吉化化工成立以来，董事长就任命张某在担任控股公司财务负责人的同时兼任吉化化工的财务负责人，全权处理公司的会计事务。该公司会计机构仅有张某一人，其既担任会计又担任出纳，既办理货币资金支付又办理货币资金的审核、核算及保管，严重违背了不相容职务必须分离控制的原则。直到2006年张某离职，其一直担任财务负责人，一人包办全部会计事务。

　　董事会、监事会管理监督严重缺位、会计机构设置缺乏制衡，内部控制机制缺失导致董事长滥用职权、大肆挪用公款、违规担保和贪污受贿。

　　资料来源：刘宝锁，蔡桂荣. 会计人员的内部控制机制分析——以吉化化工为例 [J]. 财务与会计，2012（2）.

　　第三，作业控制。组织中的作业是指从劳动力、原材料等物质资源到最终产品和服务的转换过程。通过对作业进行控制，可以评价并提高作业的效率与效果，从而达到提高产品或服务的质量的目的。常用的作业控制方法包括：①生产控制，即监督生产活动以保证其按计划进行；②质量控制，即监督组织的产品或服务的质量；③库存控制，即评价购买能力，以尽可能低的价格购进质量和数量符合组织需要的原材料；④维护控制，即对组织生产所使用的设备进行良好的维护，保证生产的顺利进行。近年来，也出现了诸如全面质量管理、准时化生产方式、精益生产等新的作业控制技术和工具。

　　第四，信息控制。现代技术高速发展的今天，人类已完全步入了信息社会。对于组织来说，信息在其运行中的地位越来越重要，无效的、残缺的、延迟的信息都会影响组织运行的效率。因此，对信息的控制在现代组织中显得尤为重要，以保证为组织和管理者提供及时、充分、可靠的信息，提高组织的运行效率。

　　第五，组织绩效控制。组织绩效控制指标是反映组织效能的一系列指标，其不仅是组织管理者重点关心的问题，也受到组织外部人员的密切关注。比如潜在的投资者、贷款者、供应商与证券分析师等。常用的组织绩效控制指标包括：劳动生产率、市场占有率、产量、员工稳定性等，但这些单一的指标都不足以全面衡量组织的绩效，合理的方法应该是通过一套较为完整的指标体系来进行衡量，比如平衡计分卡与标杆学习法。

二、控制的过程

　　控制的对象和手段多种多样，但控制过程一般可分为三个步骤，即确立控制的标准、衡量实际绩效与纠正偏差（见图4-13）。

　　1. 确定控制的标准

　　第一，首先要解决"控制什么"的问题。组织活动的目标应该成为控制的重点对象。一般情况下，管理者应对影响组织工作成效的全部因素进行控制，但受到资源条件、管理者能力等诸多方面的限制，最实际的做法就是对影响组织目标实现的重点因素进行控制。

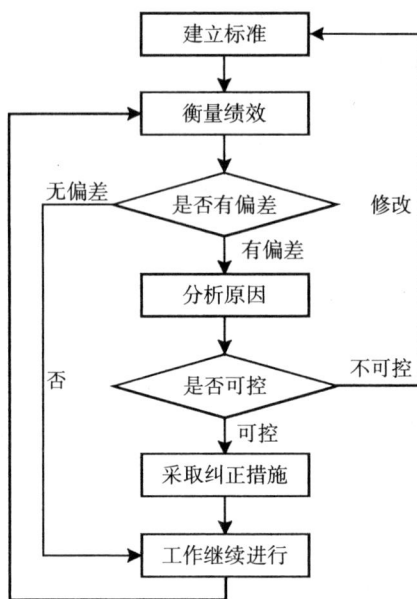

图 4-13　控制循环

第二，选择关键控制点。在控制对象的诸多因素之中，哪些因素是影响企业生产经营的因素，有效控制要求关注的那些关键的控制点，这个控制点有可能是实物、费用、资金、收益、程序，也可能是员工忠诚度、品牌价值等无形资产。良好的控制来源于关键控制点的正确选择，因而这种选择或决策的能力也就成为判断管理者控制工作水平的一个重要标准。

第三，制定标准的方法。制定标准有三种较为常见的方法，即采用历史性标准、依据专家的经验判断以及工作标准法。实际操作中应根据控制目标的特性进行选择，但均要满足便于对各部门工作进行衡量、具有一定弹性和可实现性、具有一致性和公平性三个原则。

2. 衡量实际绩效

衡量实际的工作绩效，首先需要收集反映实际运行状态的信息，然后才能通过对这些信息与标准进行比较，确定是否存在偏差，因此，衡量绩效实质上就是信息的收集与处理过程。

管理者在实际工作中可以采用如下几种方法来收集信息：个人观察、统计报告、口头报告和书面汇报、召开会议、抽样调查。

3. 纠正偏差

对实际工作进行衡量之后，就应该将评估结果与标准进行对比，确定实际工作绩效与标准之间的偏差，并分析偏差产生的原因，制定实施必要的纠正措施。

第一，找出偏差产生的主要原因。即使是同一偏差也可能由不同的原因造成，因此要通过评估反映偏差的信息和对影响因素的分析，通过表面现象找出造成偏差的深层原因，找到影响企业效率最主要的方面，为纠偏措施的制定指出方向。

第二，选择适当的纠偏措施。在实际工作中，通常有三种方法：①针对因工作失误而产生的问题，控制工作主要是加强管理和监督，确保工作与目标接近或吻合。②针对计划或目标与实际不符合的问题，控制工作主要是按实际情况修改计划或目标。③针对组织运行环境发生重大变化、计划失去客观依据的问题，控制工作主要是启动备用计划或是重新制订新的计划。

此外，管理者可以运用组织职能重新分派任务来纠正偏差，还可以采用增加人员、更好地选拔和培训下属，或是最终解雇、重新分配人员等办法来纠正偏差。

三、控制的类型

根据控制工作的需要，按照不同的划分标准，控制工作可分为不同的类型。

1. 按控制发生的时间分类

按控制发生的时间，控制可以分为前馈控制、实时控制和反馈控制（见图 4-14）。

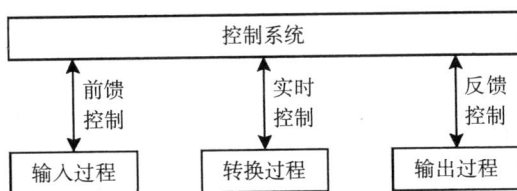

图 4-14　不同阶段的控制类型

第一，前馈控制。发生于实际工作开始前，它是未来导向的，能避免预期出现的问题。前馈控制需要及时和准确的信息，但不幸的是这些常常是很难办到的，因为事先的预测和实际情况之间总是存在着不同程度的差距。因此管理者总是不得不借助于另外两种形式的控制。

第二，实时控制（现场控制）。它发生在活动进行之中的控制。在活动进行之中予以控制，管理者可以在发生重大损失之前及时纠正问题。最常见的实时控制方式是直接视察。

第三，反馈控制。反馈控制是指绩效数据被收集和分析整理，结果返回给某些人（某些事），以便进行修正。反馈控制的优点是：①为管理者提供了关于计划的效果究竟如何的真实信息；②如果偏差很大，管理者就应该利用这一信息使新计划制订得更有效。反馈控制的主要缺点在于管理者获得信息时损失已经造成了。

2. 按控制的层次分类

约瑟夫·朱兰认为，组织首先应进行简单的控制，然后再转为较复杂的控制。

第一，简单控制。这类控制涉及的是重复性的活动，几乎不需要思考。组织中的一般业务流程中已经包含了许多这类活动的控制，如会议流程。

第二，自动化控制。这类控制不需要太多的人工干预就能产生反馈回路，如工厂的反应器温度、交叉路口的信号灯控制等。这些系统需要监控，但可以利用机器或者计算机来实现。

第三，操作员控制。这类控制需要人做出反应，如检查存货数量、销售记录等。这类控制的关键点在于让控制人员理解这种控制。

第四，监督控制。这类控制由监督者或者实施控制的人，如总经理审阅各部门的工作计划。组织必须确保这类控制的效果，并使之能被成员接受。

第五，信息控制。这是最终的反馈回路，管理者必须汇总由其他控制提供的所有信息，如工作总结报告。

第四节　控制的方法

在控制系统的构建过程中，由于控制的对象、内容、性质不同，可采用多种控制方法和手段。较为常见的控制方法包括预算控制和非预算控制。

一、预算控制方法

预算控制是在管理控制中应用较为广泛的一类方法。所谓预算就是用数字反映组织在未来某一时期内的综合计划，并通过形式把计划数字化，并把这些计划分解落实到组织的各个层次和各个部门中去，达到实施管理控制的目的。

预算的种类很多，但是就一个企业来说可以把各种预算归纳为三大类：财务预算、经营预算、投资预算。

第一，财务预算。财务预算是指企业以资金为主要对象的计划与控制活动，包括收入预算、现金预算和资产负债预算等。

计划与控制专栏 6　　　　平煤股份在完善财务预算控制方面的探索

图片来源: http://www.pmjt.com.cn/.

　　2010 年前平煤股份计财处于每年 10 月，按照集团公司要求对本公司及所属各单位下一年度的财务指标进行测算，报经集团公司同意后，于次年年初下达该年度的财务预算指标。其中，分公司下达目标成本指标，子公司下达利润和目标成本指标，经费单位下达创收和经费指标（简称"主指标"）。同时对所有单位下达应收款压减指标、储备资金占用指标、产成品及在产品占用指标以及业务招待费、差旅费、会议费和办公费四项费用控制指标（简称"辅助指标"）。考核时对辅助指标完成情况的奖罚与主指标挂钩，主指标的完成情况与单位工资指标和领导者年薪挂钩。

　　在集团公司对单位工资绩效考核和领导者薪酬考核中，财务指标的完成情况只是设置考核要素的一部分，在财务指标完成难度大时，基层单位就不再过多地从控制成本、提高煤质、增加效益上去多做工作，而是从容易完成和获取奖励的指标着手，弥补财务指标未完成受到的扣罚。目前财务预算在运行中存在的主要问题突出表现在：一是基层单位成本超支严重；二是对只下达成本指标未下达利润指标的分公司，只重视产量，而忽视质量，出现煤质差、售价低、效益差的情况。平煤股份计财处虽然在兑换资金、审批工资指标等方面与成本完成情况进行挂钩，但控制手段仍显无力，严重影响了预算指标的完成。

　　针对部分公司只重视产量，忽视质量，因而造成企业效益下滑的不利局面，平煤股份计财处在下达基层单位 2011 年财务指标时采取了以下措施：①对分（子）公司既下达成本指标，同时下达利润指标，扭转分公司只重视产量、成本，而忽视煤质，造成煤质差、售价低，影响企业效益的不利局面。②为了鼓励生产矿调整产品结构，加大入洗煤量，多生产效益高的 1/3 焦煤和主焦煤，在下达原煤成本时，将主焦煤或 1/3 焦煤成本与非主焦煤成本分别下达，并拉大差距，增加生产主焦煤或 1/3 焦煤的成本。③为进一步调动各生产单位加强煤质、选煤管理的积极性，促进公司煤炭质量的稳定提高和精煤产量的持续增长，提高企业效益，通过提质增收，保证预算指标的完成。

针对生产矿成本超支严重，平煤股份计财处控制手段单一，控制力度不够的情况，平煤股份计财处在2011年采取了严格控制资金支出的办法。从2011年开始，各分公司在平煤股份计财处另外开设一个内部结算专户，专门用于办理本年度发生的经济业务，该账户实行余额控制，结算中心存款余额不得出现赤字。为保证各分公司生产经营的正常开展，平煤股份计财处每月月初按照计划目标成本下拨各分公司资金，用于各分公司的支出，月末待目标成本考核后，差额部分连同次月计划目标成本于次月1号一并拨付各分公司。各分公司的销售收入不再由运销公司转入各单位，而转入计财处。

通过上述预算控制措施的到位，2011年一季度有效控制了成本严重超支的情况，实现了提质增收的目标。

资料来源：魏耀东.平煤股份在完善财务预算控制方面的探索［J］.煤炭经济研究，2013（2）.

第二，经营预算。经营预算是企业日常发生的各项基本活动的预算，包括采购预算、生产预算、销售预算、人工预算、单位生产成本预算、管理费用预算等。

第三，投资预算。投资预算是指对工厂的投资，如对厂房、机器和存货等方面的投资进行长期资本性支出的安排。除了直接投资预算外，长期资本性支出还可用于增加新的产品品种、完善产品性能或改进工艺研究与开发的支出；用于提高员工和管理队伍素质而进行的人事培训与发展支出；用于广告宣传、寻找顾客的市场发展的支出等。长期资本性支出预算与收入、支出、现金等预算的区别主要在于前者需要跨几个经营阶段，而后者往往是某一个经营阶段的预算。

预算是一种有效的控制工具，其优点包括：①使各项工作成果均数字化，一目了然；②控制很方便，因为任何活动最终都会反映到财务上；③便于授权，同时又保证不会失去控制，凡预算内批准的项目，即可授权下级处理。

尽管预算是一种普遍适用、行之有效的计划与控制方法，但在实际工作中，也存在一些缺陷：①预算过于烦琐会使组织失去灵活性。预算批准后会对组织成员产生"刚性"的硬约束力，但在实际工作中如果发生与计划不一致的情况，此时预算有可能成为组织目标实现的障碍。②发生目标置换。预算工作中经常出现的问题是会发生目标置换，即让预算目标取代组织目标。③效率低下。

二、非预算控制方法

预算控制主要以定量方式为主，而非预算控制则以定性方法为主。一般来说，非预算控制方法主要有成本控制、采购控制、质量控制、库存控制和审计控制五种方法。

第一，成本控制。成本控制是使用成本核算方法，通过制定成本、可比产品成本降低率以及相关责任等实现对组织活动有效控制的目的的管理活动与过程。

进行成本控制最重要的是制定控制标准，一般组织较易采用预算成本或标准成本作为成本控制的标准。预算成本是指用财务核算方法为各部门或各项活动规定的在资金、劳动、材料和能源等方向支出的额度；标准成本则是根据组织一段时间内各成本项目的实际耗费情况来确定。

第二，采购控制。采购控制的主要内容是供应商交付的物料的性能、质量、数量和价格等，以及寻找、评价和决定能够提供最好产品或服务的供应商。采购控制的目标是确保原材料来源正当、质量可靠以及价格合理，同时减少采购流程、降低成本。目前，国内一些企业采用"比价采购"的方法，对企业的采购工作进行价格控制以降低采购成本，多数都收到了比较好的效果。

第三，质量控制。质量控制是指通过对作业系统运行全过程的监控，确保产品质量满足预先制定的标准。其主要注重三个方面：一是管理者应明确对产品是采用全数检测的方法还是采用抽样检测的方法。二是管理者应该确定何时、何地检测。三是管理者还要考虑是采用计数值检测还是采用计量值检测。前者是将产品简单地分成合格品和不合格品，并不标出缺陷的程度；后者则需要设定一个可接受的偏差范围，然后衡量诸如重量、速度、尺寸或强度等指标，看是否落在可接受的范围内。

第四，库存控制。对库存的控制不仅可以提供明确的关于采购数量和采购时间等信息，更重要的是可以减少库存、降低各种占用并提高经济效益。库存控制包括对原材料库存、在制品库存、制成品库存和在途库存的控制，但不同库存由于目的、用途和存储方式的差异，控制方法也不相同。

进行库存控制可以借助 ABC 分类法确定不同库存物资控制的重要程度。在库存物资的补充时间控制方面，常用的方法是订货点法和定期补充法。订货点法是指设置一个订货点，当现有库存量降低到订货点时，就向供应商发出订货，每次的订货量均为固定的值，如经济订购批量。近年来比较流行的是准时制（Just-in-time，JIT），它给库存管理带来了重大变化，不仅有效地降低了库存空间与投资，也实现了原材料在需要时的按时到达。定期补充法是按预先确定的订货时间间隔检查库存项目的储备量。根据盘点结果与预定的目标库存水平的差额进行订货，以补充库存的一种库存控制方法。

第五，审计控制。审计是常用的一种控制方法。从审计内容分，包括财务审计和管理审计两大类；从审计主体分，有外部审计和内部审计。

其一，财务审计。财务审计是由专职机构和人员依法对审计单位的财务、财政收入及有关经济活动的真实性、合法性和效益性进行审查，评价其经济责任，以达到维护财经法纪，改善经营管理，提高经济效益，促进宏观调控的独立性的经济监督活动。财务审计的主要方法有审计检查法、审计调查法、审计分析法、抽样审计法。

其二，管理审计。管理审计是指以管理原理为评价准则，系统地考查、分析和评价一个组织的管理水平和管理成效，进而采取措施克服存在的缺点和问题。管理审计目标不是评价个别主管人员的工作质量和管理水平，而是从系统的观点出发来评价一个组织整个管理系统的管理质量。

其三，外部审计。外部审计是指独立于政府机关和企事业单位以外的国家审计机构所进行的审计，以及独立执行业务会计师事务所接受委托进行的审计。外部审计包括国家审计和社会审计。由于审计人员与管理当局不存在行政上的依附关系，外部审计能保证审计的独立性和公正性。但由于审计人员不了解内部的组织结构、生产流程和经营特点，增加了审计的难度。

其四，内部审计。内部审计是指组织内部的一种独立客观的监督和评价活动，它通过审查和评价经营活动及内部控制的适当性、合法性和有效性，达到评价和改善风险管理、控制和公司治理流程的目的，帮助企业实现其目标。

【章末案例】 ## 扬子江集团的内部控制机制的构建与实施

1. 企业内部控制的社会经济大背景

如何进一步提高我国企业集团管理效率和资源利用效益，一直是我国政府、理论界和实务界的热点问题之一。企业内部控制制度是企业内部各层次、各环节整体科学高效的管理控制制度的有机体系，是由一系列控制政策和程序所组成的系统。加强企业集团的内部控制是实现企业集团组建目的的关键，它会直接影响企业集团财产物资的安全、会计信息的真实和风险的有效防范。不可否认的是，财务内部控制是企业集团内部控制的核心。

在当前知识经济的时代下，特别是我国加入世界贸易组织以后，我国企业将直接面对外国企业特别是跨国公司的挑战，对外贸易越来越频繁，企业经营所遇到的各种风险也越来越多，加之企业经营改制中存在的不完善运作，企业的压力越来越大，面临的危机越来越严峻。因此，一个企业要想在这样的经济潮流中生存、竞争、发展就必须提高自身的竞争能力，而建立健全企业内部的控制制度，是提高企业经济效益、提高自身竞争能力的关键所在。

我国的内部控制思想较国外起步晚，这也导致我国近年来的公司丑闻更是频频曝光，从早期的"郑百文"、"银广夏"、"麦科特"、"蓝田股份"、"东方电子"等上市公司会计造假，到 2005 年伊利股份董事长被拘留，创维数码董事局主席和金正数码及深圳石化董事长被捕，开开公司高层人员携款潜逃。反省以上事件，问题无不出在公司的管理经营上，而内部控制不利是非常重要的一个原因。

目前，我国很多企业控制环境的现状是不容乐观的。存在的主要问题有：首先，公司治理结构不完善。其次，不注重人力资源的有效利用，缺乏良好的人力资源政策，不能激发员工的积极性。再次，组织结构和职责权限不明确。机构臃肿，人浮于事的现象严重。最后，对企业的监督不力。如上所述，很多企业的内部审计机构形同虚设，未能发挥应有的职能作用，而债权人对企业的监控作用也很小，因此造成一些企业看似有健全的内部控制制度，但是对企业效益的提高却很难发挥作用。

2. 公司简介

扬子江投资发展集团有限公司是扬州市政府于 2003 年 12 月 18 日出资设立的大型国有独资集团公司，注册资本金 6.8 亿元。截至 2012 年底，集团资产总额 42.84 亿元，净资产 20.34 亿元。集团主要从事市政府授权范围内的资产经营管理、转让、投资、企业托管、资产重组等业务，共有成员企业 48 家，其中全资企业 18 家、控股企业 3 家、参股企业 13 家、间接持股企业 12 家和受委托管理企业 2 家。

3. 集团财务内部控制机制的构建与实施

集团通过约束机制、运行机制和动力机制三大机制来构建和实施财务的内部控制。

（1）财务约束机制的构建与实施。财务约束机制是财务机制的重要组成部分。它是由财务机制内各种约束要素组成的有机整体，企业财务在各种约束条件下实现自我控制、自我制衡的机能。该机制充当财务运行机制的控制器和调节器，对财务机制的运行方向进行约束和控制；同时，可以不断调整财务机制使之适应外部环境的变化。

集团自 2003 年组建至 2010 年间，先后制定了财务会计与内部审计控制制度 22 项，涵盖了财务、审计的各项主要业务与管理基础工作。2010 年以来，集团陆续制定了《财务主管委派管理细则》、《财务主管考核管理办法》、《预算管理制度》及《关于进一步推进财务队伍建设的意见》等，主要从制度方面对集团财务内部控制进行了规范，促进了集团的健康发展。

2005 年，在国资系统率先实现了集团财务主管委派制，财务主管的人事关系和薪资关系由集团统一管理和发放；对财务主管的管理实现双重管理，即行政管理属于服务单位，业务管理属于集团财务部，同时建立了财务会计岗位责任制，从权力和责任上对集团财务人员进行管理和约束。

（2）财务运行机制的构建与实施。财务运行机制是指财务各要素之间彼此依存、有机结合和自动调节所形成的内在关联和运行方式，它是企业财务机制的主要部分。从理论上讲，财务运行机制是财务活动规律和资金运行规律的内在表现，是财务管理体制存在并发挥作用的依据，并成为宏观政策和微观效益的结合线。从实践上看，随着现代企业制度的建立，赋予了企业独立财权，企业成为自主经营、自负盈亏的实体。

从 2006 年开始，集团对下属子公司和控股公司执行了预算管理与绩效考核相结合的管理办法；2007 年，对集团内酒店行业的部分大宗物资开始执行集中采购的模式；2008 年，对集团内投资超过一定数额的工程项目由集团相关职能部门牵头、财务审计部配合，实行公开招投标；2012 年，集团为强化企业内部控制管理工作，将原来财务审计部设为财务部和审计部两个相对独立的部门，进一步明确了内部审计在集团内的地位，强化了集团内部审计的作用。

自 2005 年下半年开始，由集团财务审计部牵头，根据集团宾馆酒店的特点，在求同存异的原则下规范了下属所有酒店的财务工作流程和会计核算体系，2010 年，集团引进 ERP 管理软件，实现了财务核算、人力资源的信息化管理，构建集团信息传递机制，推进了集团信息化进程。

（3）财务动力机制的构建与实施。财务动力机制是指本金的收益活动。收益活动是指财务收入的取得及其分配过程，包括销售收入与其他财务收入的取得和利润的实现与分配两个主要方面。财务动力机制是财务机制运行的目的，本金的投入只有在取得预期的收益后，这种投入才是有意义的，才需要继续投入，使财务活动不间断地进行。

集团自成立以来，由集团财务审计部牵头，每年组织各单位财务主管进行财务工作交叉检查，实现了相互监督、相互交流的目标，对完成工作目标的给予相应的奖励；从 2006 年开始对下属公司负责人的薪资实行年薪制，在每年年末根据年初签订的目标责任书，结合年报审计情况确定薪酬的多少；2009年，开始着手进行财务队伍的建设，特别是后备人才的培养机制，开通职务晋升的渠道，为集团的发展打下坚实的基础。

4. 集团的成功经验

集团经过多年的发展，在实践中形成了一套行之有效的财务内部控制方法，可为同行业企业加强财务内部控制提供思路借鉴。

（1）根据动态管理原则，进一步完善财务会计和内部审计制度。集团将对前期出台的各项财务、审计制度进行认真梳理，在动态中不断改进、完善，着力推进和提升预算管理水平，提高企业管理的现代化水平，加大对经济活动监督检查力度，保证企业集团持续、健康、稳定发展。

（2）加强对集团资金活动过程的管理。从集团局部来看，成员企业现金流存在"贫富不均"现象，即一些单位拥有大量的闲置资金放在银行吃利息，而另有一些单位由于资金短缺不得不向银行贷款。因此，建立资金结算中心，不但可以实现资金的内部融通，还可以对成员单位资金的使用进行全过程实时监控，有效地强化成员单位现金流的监督，通过强化预算管理，促进集团公司集中资金优势，加速资金周转，防范资金风险，降低资金成本，提高资金使用效率。

（3）建立健全科学、规范的激励机制。集团将进一步建立健全规范的考核体系，改进考核奖励措施，建立科学的考核激励机制，更好地发挥考核的激励作用。一是建立一套科学合理的考核指标。这套指标既要能够科学地衡量集团内部成员企业的短期经营绩效，又要能够反映成员企业的长期发展状况；二是要明确考核主体，应提高公司监事会的考核评价力度；三是要充分利用考核结果，根据考核进行科学的奖惩，做到奖罚分明。

（4）加强对集团财务文化的建设。集团拟从物质文化、精神文化、行为文化、制度文化四要素入手，构建一个多元、多角度的财务文化建设机制，更好地发挥财务会计在集团健康发展中的功能作用。同时，加强集团财会人员职业道德教育，引导广大财会人员感受到会计职业道德所倡导的主流文化内涵。会计人员要把职业道德体现在提高自我素养和修养方面，做到不断修正自我，调整自我，完善自我，超越自我，为集团发展发挥自身的作用。

资料来源：柏广才.企业集团内部控制机制的构建和实施——以扬子江集团为例 [J].商业会计，2014（10）.

【本章小结】

本章重点讨论了组织的计划制订问题。编制计划应遵循一定的原则，依照编制的程序进行编制，常用的计划方法主要有滚动计划法、线性规划法、网络计划法及目标管理法。

控制是管理的一项非常重要的职能，是保证组织实际运行情况与组织计划保持动态一致的管理过程。控制的内容包括人员控制、财务控制、作业控制、信息控制等。按控制发生的时间分类，控制可分为事前控制、实时控制和反馈控制。控制的基本过程可以分为三个基本步骤：确定标准、衡量绩效和纠正偏差。

【问题思考】

1. 你认为计划与组织绩效有什么关系？

2. 有人对制订长期目标表示异议，因为他们认为不可能知道未来会发生什么。这是一种可取的明智的态度吗？为什么？

3. 环境的不确定性如何影响计划？

4. 计划与控制是什么关系？

5. 目标管理中有哪些因素使之成为设定目标的一种符合逻辑的技术？

6. 试述控制的过程。

7. 影响有效控制的因素有哪些？

8. 试述控制与其他管理职能的关系。

第五章　组织与变革

【学习要点】

☆ 理解组织的内涵、基本原则与作用；

☆ 知晓组织形式的不同类型；

☆ 了解组织设计的含义、步骤以及影响因素；

☆ 掌握组织授权和组织管理的科学方法；

☆ 熟悉组织变革的对象、过程、影响因素及其内容和方式；

☆ 知晓组织发展的定义、特征；

☆ 了解学习型组织的内涵，明白建设学习型组织的重要性。

【章首案例】　　　　**"来往"软件开发团队的组织扁平化**

1. "来往"的渊源

2013 年 9 月 23 日，阿里巴巴正式发布移动好友互动平台"来往"，这也是阿里第一款独立于电商业务之外的社交产品，其核心功能是实现熟人之间的社交。除了语音、文字等基本

图片来源：http://www.laiwang.com/.

的通信功能之外，"来往"支持"阅后即焚"。"来往"不仅是移动端产品，更是一个针对个人用户的新一代友好互动平台。它把人们的社交、生活和消费等不同的应用场景连接起来。这个平台将会依托于整个阿里庞大的用户基数，以及过亿的手机淘宝和旺信用户之间的互动需求，打造出新的无线应用场景。

2011 年 11 月，脸谱（Facebook）的社交概念大行其道，阿里巴巴在内部成立了一个具有探索性质的团队来开发社交产品，但又不希望该产品与电商有任何牵连。于是这个团队成了浮游生物，不归任何团队管理，不受已有框架和业务模式的束缚。管理层生怕电商的买卖关系束缚了真正的人与人的社交概

念。那时谁都不知道这个社交产品未来会长成什么样。对团队来说，这款新产品是要在电子商务的基因中长出 SNS 的形，就像腾讯要在 SNS 的基因中长出电商的形一样，两者都想摆脱赖以成长的基因。令团队困惑的不是点子太少，而是方向太多。最初阿里开发出的是一个基于 Web 端的 SNS 产品，取名"来往"。

2. "来往"团队的组织结构

在最初阶段，来往团队中的 20 多人都是技术开发人员，没有考虑可能的商业前景，目标设定也很简单，强调用户体验。"互联网产品的特性就是圈用户，在用户做起来之后才能考虑解决商业模式的问题。"负责人邹孟睿话虽这样说，面对微信陡然成几何级数增长的用户和越来越强的用户黏性，团队还是压力重重。

如同阿里进行的组织扁平化、互联化的变革，直面竞争对手的"来往"团队更是层级模糊。尤其是当"来往"由最初 20 多人的规模发展到 170 多人时，速度和效率是赢的关键，最关键的是交流沟通扁平化，一旦产品经理有开发需求，可以直接找到相关工程师来实现。这里没有传统领导和下属的概念，各个端口的负责人实质是召集人、协调人的角色。连对"来往"团队的考核都有所变化。阿里的价值观之一是拥抱变化，在看得见炮火的前线，开发团队需要根据客户和市场需求做快速调整，考核目标也不再按季度制定，而是配合团队一起拥抱变化，调整得颇为灵活。

有一次，开发团队的几个人一起外出吃饭，聊天时，有人发现在聚会中拍的照片和说的话应该可以在产品中体现。这个想法得到了大家的认可。谁来做，这在阿里不是个问题。"这像在家里吃完饭，谁洗碗完全是自愿。""来往"团队内部甚至没有相关的组织流程，一定要指派谁来完成某项任务。有了想法之后，有兴趣的人自然而然就凑在一起讨论如何细化。有些简单的功能两三个人就完成了，而复杂的功能会在一起讨论，持续投入人手，"来往"中的"扎堆"功能就是这样实现的。

"来往"团队内部合作的灵活性也在向外渗透。M 工作室是另一个阿里的"浮游生物"，专做与集团未来发展有关的前沿技术研究，如语音、二维码扫码等，归属于无线事业部。M 工作室研发出的语音转文字的功能立刻就应用在"来往"中，而"微信"落后两周才推出这一功能。M 工作室开发的扫码技术同时也应用在了移动天猫商城和"来往"中。"浮游生物"之间的主动觅食和自由合作打破了事业部的限制，部门不再只为自己的业务需求而开发，技术共享、灵活合作的方式为集团带来了巨大的收益，在竞争中节约了研发资源，赢得了宝贵的时间。

"开发中没有严格意义上的错误，一个想法只有不断地试错才能找到机会，失败99次、成功一次也算成功，这和传统行业成功的概念不同，开发看重的是结果。"阿里遵循的开发原则是快速失败、快速成功。"来往"有一个需求池，所有用户的反馈都会汇集到这个"池"中，阿里集团CEO陆兆禧作为"来往"的首席产品体验师，始终关注团队的每一次改进，但他的体验也是放在需求池中统一考虑的。组织扁平化，每个人都有表达意见的权利，充分尊重用户和开发团队的意见。

为了提升用户体验，"来往"以更快的频率进行版本升级，近乎两周更新一次，刚在美国兴起的阅后即焚功能在"来往"里也有。"如果到一个月后才优化，用户体验肯定不会好。"用户体验现在成为"来往"的关键词，一切以用户为中心，一旦谁有好的想法，第二天就会拿出一个原型让大家体验。每个功能、每个版本发布之前需要团队一起来拍板，这种拍板也没有严格的标准，而是放开谈各自的想法，争论得多了，渐渐地也能够形成一个主流的开发趋势，最后自然而然地形成统一看法。

3. 结论与启示

随着信息技术的飞速发展，互联网络技术和各种功能强大的营销管理软件能够对众多经销商反馈的大量信息进行快速处理，并能通过互联网将企业的信息"集群式"（即在同一时间点向所有对象群发信息）传递给所有经销商。因此，通过现代信息技术这种途径可以使扁平化过程中所遇到的信息的传递与处理问题迎刃而解，信息化技术极大地推动了渠道扁平化趋势的发展。

阿里的"来往"团队实行组织扁平化的结构，减少了行政管理层次，裁减冗余人员，从而建立起一种紧凑、干练的扁平化组织结构。因而在现在竞争异常激烈但是市场前景广阔的社交聊天软件开发领域中能"主动觅食"，打破了原有事业部制的结构限制，在竞争中节约了研发资源，赢得了宝贵的时间。阿里旗下的这款"来往"社交软件的未来命运如何，我们拭目以待。

资料来源：作者根据多方资料整理。

第一节　组织概述

一、组织的内涵

彼得·德鲁克说："社会已经成为一个组织的社会，在这个社会里，不是全部也不是大多数社会任务是在一个组织里和由一个组织完成的。"那么，什么叫组织？管理学家曼尼认为组织就是为了达到共同目的的所有人员协力合作的形态。亨利·西克斯指出，组织是为了达到特定目标而结合在一起的具有正式关系的一群人。"组织管理之父"巴纳德认为，"组织是一个有意识的协调两人或两人以上的活动和力量的系统"。斯蒂芬·P.罗宾斯进一步指出，组织是具有明确的目的，包含人员和成员并且具有某种精细结构的群体。

一般而言，组织包括如下两层含义：一是指组织结构或组织体系，指的是两个人以上的群体为了共同目标，形成的具有一定关系结构和共同规范力量的协调系统。二是指组织活动和组织工作，是指为了有效地实现共同目标和任务，确定组织成员、任务及各项活动之间的关系，对组织资源进行合理配置的过程。

从以上可知，组织是指在一定的环境中，由一定的群体组成的有机体，是一个为了实现某种共同的目标，按照一定的原则，通过组织设计，以特定的结构运行的一种集合体。虽然随着实践的发展，人们对组织的认识将不断深入，并将进一步演变和深化，但究其根本，组织包含三个方面的内容：第一，每个组织都会确立一个目标，并为了目标的实现而努力；第二，目标不会自动实现，组织中的群体必须通过各种行动来实现这个目标；第三，所有组织都需要构建一个制度系统来规范组织成员的行为。

二、组织类型

1. 正式组织与非正式组织

现实中，组织可以按照不同的标准进行多种分类。按形成方式，组织可以划分为正式组织与非正式组织（见表5-1）。

（1）正式组织是为了有效地实现组织目标而明确规定组织成员之间职责和相互关系的一种结构，其组织制度和规范对成员具有正式的约束力。约束力是判别

表 5-1　正式组织和非正式组织特征比较

比较项目	正式组织	非正式组织
产生	经正规程序而建立	未经筹划，自发形成
目标	清晰明确	不明确
权力	强制性、正统性、合法性	属于个人，自然形成核心人物
组织结构	层级式，比较严密	不明确，比较松散
行为规范	效率逻辑	情感逻辑
企业文化构建	建制型，传递官方信息	非建制型，传递"小道消息"
总体特征	刚性	柔性

资料来源：Kim，Daniel. Tne Link Between Individual and Organizational Learning，Sloan Management Review，1993：42~48.

一个组织是否为正式组织的主要标准，正式组织通过明确的目标、任务、结构、职能以及由此而决定的成员间的责权关系，对个人有很大的强制性。合理、健康的正式组织为组织活动的效率提供了基本的保证。

（2）非正式组织是组织成员为了满足心理或情感需要而在其实际活动和共同相处的过程中自发形成的团体。非正式组织一般有自己的目的，也可能存在分工，但这种分工不是经过正式的计划的，也没有严格的规章制度来保证其目的和分工的实施和存续。与正式组织相比，非正式组织具有凝聚力强、信息传播快、组织模式较松散等特点。

【知识链接】　　　　**霍桑试验与组织中的非正式组织**

1924~1932 年，以哈佛大学教授 G.E.梅奥为首的一批学者在美国芝加哥西方电气公司所属的霍桑工厂进行了一系列实验。在其中一项群体试验中，梅奥等人选择 14 名男工人在单独的房间里从事绕线、焊接和检验工作。对这个班组实行特殊的工人计件工资制度。

图片来源：http://image.baidu.com.

实验者原来设想，实行这套奖励办法会使工人更加努力工作，以便得到更多的报酬。但观察的结果发现，产量只保持在中等水平上，每个工人的平均日产量都差不多，而且工人并不如实地报告产量。经过深入的调查发现，这个班组为了维护他们群体的利益，自发地形成了一些规范。他们约定，谁也不能干得太多，突出自己；谁也不能干得太少，影响全组的产量，并且约法三章，不准向管理当局告密，如有人违反这些规定，轻则挖苦谩骂，重则拳打脚踢。进一步调查发现，工人们之所以维持中等水平的产量，是担心产量提高，管理当局会改变现行奖励制度，或裁减人员，使部分工人失业，或者会使干得慢的伙伴受到惩罚。

这一试验表明，为了维护班组内部的团结，可以放弃物质利益的引诱。由此提出"非正式群体"的概念，认为在正式的组织中存在着自发形成的非正式群体，这种群体有自己特殊的行为规范，对人的行为起着调节和控制作用。同时，加强了内部的协作关系。

非正式组织的存在既可对正式组织目标的实现起到积极促进的作用，可以满足职工的需要、加强人们合作的精神、可以帮助正式组织起到一定的培训作用、自发地帮助正式组织维护正常的活动秩序，但也许因为非正式组织的目标与正式组织发生冲突，则有可能对正式组织的工作产生极为不利的影响。

资料来源：作者根据多方资料整理而成。

2. 垂直结构组织与扁平结构组织

若在企业人力规模大致一定的情况下，管理幅度与组织层次在数量上是一种反比例关系。在组织管理过程中要正确处理好管理幅度与组织层次之间的关系问题。有的企业用扩大管理幅度和减少组织层次的方法，构成扁平式组织结构（Flat Organization）；有的企业则采用缩小管理幅度和增加组织层次的方法，形成垂直式组织结构（Tall Organization）。

相对来说，垂直式组织结构属于集权型组织。它具有高度的权威性和统一性，决策和行动都比较迅速。其缺点和不足是不便于纵向联络沟通，缺乏灵活性和适应性，所需管理人员多，管理费用大。减少管理幅度，建立垂直式组织结构，在下述条件下显得更有效：①工作任务要求不明确；②下属人员自由处置权太大；③工作责任重大，绩效衡量期限长；④成果不易测定或测量；⑤部属之间工作依赖性强。在此情况下，需要缩小管理幅度，以便实行有效控制。

扁平式组织结构属于分权式组织。它层次少，便于上下信息交流，有利于发挥下级人员的才干，灵活而有弹性，所需管理人员少，管理费用低。其缺点是不便进行有效的监督和控制，加重了交叉联络的负担。

选择合适的管理幅度是至关重要的。首先，它会对一个部门的工作关系产生影响，较宽的管理幅度意味着管理者异常繁忙，结果组织成员会得到较少的指导和控制；与此相反，过窄的管理幅度意味着中基层管理人员权力有限而难以充分发挥工作的能动性。其次，它会对组织决策活动产生影响。如果组织层次过多，将减缓决策速度，这在环境迅速变化的今天是一个致命的弱点。

3. 机械式组织与有机式组织

机械式组织也称官僚行政组织，是综合使用传统组织设计原则的自然产物。其特点是提倡高度复杂化、高度正规化、高度集权化；有正式的沟通渠道；认为组织结构应该像高效率的机器，以规则、条例和正规化作为润滑剂；人性和人的判断应该被减少到最低限度，因为它会产生非效率和不一致；尽量避免模糊性，强调标准化和稳定性；固定的职责。如我国的一些大型国有企业（中石油、中石化等集团公司）都属于机械式组织。

有机式组织也称适应性组织，是松散的、灵活的、具有高度适应性的组织结构形式。其特点是低复杂性、低正规化、分权化不具有标准化的工作和规则、条例；员工多是职业化的；具有非正式的沟通渠道；保持低程度的集权；不断调整的职责（见图5-1）。

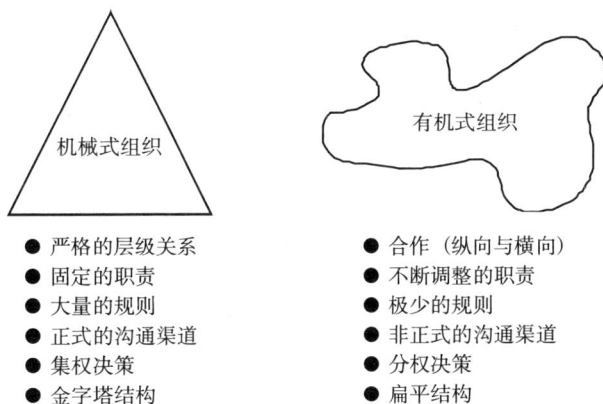

图 5-1　机械式组织和有机组织式示意图

三、组织结构类型

组织结构是企业全体职工为实现企业目标，在管理工作中进行分工协作，在职务范围、责任、权力方面所形成的结构体系。一个组织的结构类型是根据其目标的需要和组织环境特点而选定的。随着社会发展和组织环境的变化，组织结构也在不断更新和发展。目前常见的组织结构形式有直线型结构、职能型结构、直线职能型结构、事业部制结构、矩阵型结构、三维立体型结构、委员会型结构、团队型结构和网络型结构等。

1. 直线型组织结构

对于小型组织，如生产规模较小、生产过程简单的企业，通常采用直线型结构。这种结构如图 5-2 所示。直线型结构即在组织最高管理者之下设若干中层管理部门，而每一个中层管理部门之下又设若干基层管理部门。组织的最高管理者是决策者，最低一级是执行者，从上至下执行单一的命令，形成一个单线系统，没有职能部门。目前，我国的很多中小民营企业就属于这种类型。

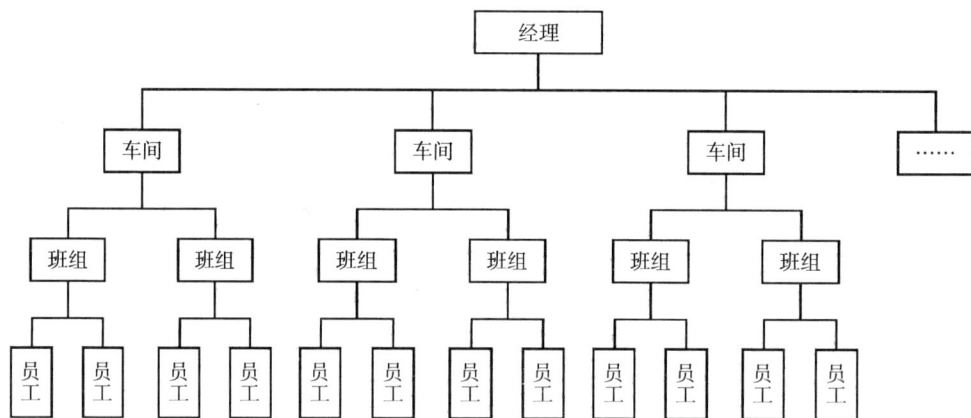

图 5-2 直线型结构示意图

这种组织结构要求管理人员掌握多种专业知识和管理知识，能较好地处理多种业务。这种结构只适用于规模不大、员工较少、业务比较简单的组织。直线型组织结构的优缺点如表 5-2 所示。

表 5-2 直线型组织结构的优缺点

优 点	缺 点
● 结构简单，管理人员少 ● 职责权利明确，上下级关系清楚	● 组织结构缺乏弹性，同一层次之间缺乏必要的联系 ● 主管人员独揽大权、任务繁重，一旦决策失误将会给组织造成重大损失

2. 职能型组织结构

职能型结构是在各级直线指挥人员或行政领导人员之下，按专业分工设置相应的职能机构，这些职能机构受上一级直线指挥人员的领导，并在各自的业务范围内有权向下级直线指挥人员下达命令。因此，下一级直线指挥人员或行政领导人员，除了要服从上级直线指挥人员的指挥外，还要服从上级职能机构的指挥。这种结构如图 5-3 所示。

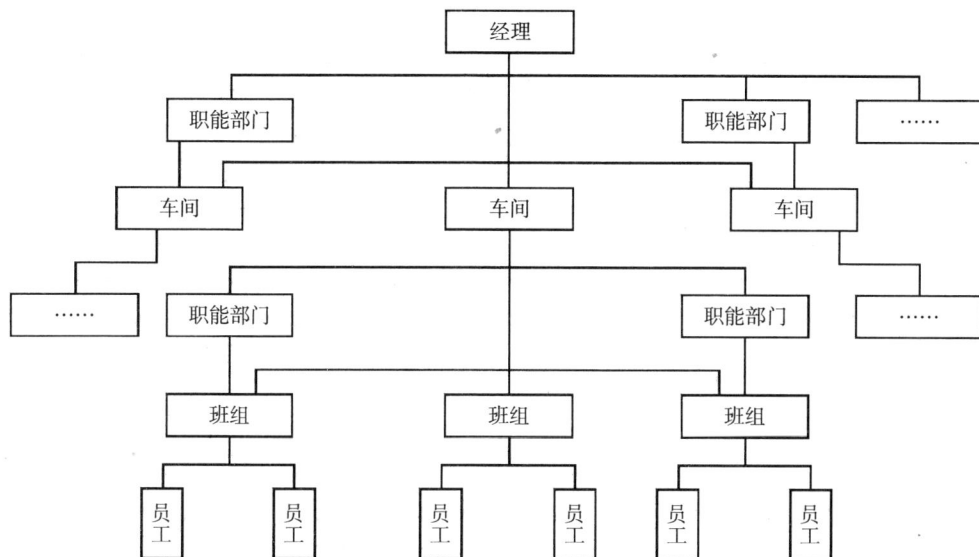

图 5-3　职能型结构示意图

以企业为例，总经理之下的职能机构可以是主管财务、销售、人事的部门，而中层车间一级的职能机构可以是主管生产、工艺、质量的部门。我国著名的娃哈哈集团和双汇集团就属于这种组织结构类型。职能型组织结构的优缺点如表 5-3 所示。

表 5-3　职能型组织结构的优缺点

优　　点	缺　　点
● 专业分工明确，每一个人都在相应的职能机构之下有自己的岗位 ● 组织具有很强的稳定性，可以满足生产技术比较复杂和管理分工较细的组织要求 ● 提高了管理的专业化程度 ● 减轻了各级行政领导人员的工作负担	● 每一级直线指挥人员或行政领导人员都需服从多头领导，容易造成管理上的混乱 ● 不利于划分各级行政领导人员和职能科室的责任权限 ● 弹性较差，在调整、改革时易于出现自发的抗拒倾向

3. 直线职能型组织结构

直线职能型结构是综合了直线型结构和职能型结构的优缺点而设计的一种组织结构。这种结构是当前国内各类组织中最常见的一种组织结构，如企业、机关、学校、医院等。

在各级直线指挥人员或行政领导人员之下，按专业分工设置相应的职能机

153

构。这种职能机构是行政领导的业务助手和参谋，他们不能直接向下级部门下达命令，而只能进行业务指导，职能部门拟订的计划、方案以及有关指令，统一由直线指挥人员批准下达。因此，下一级直线指挥人员或行政领导人员，只会接受上级直线指挥人员的命令，这种组织结构如图 5-4 所示。

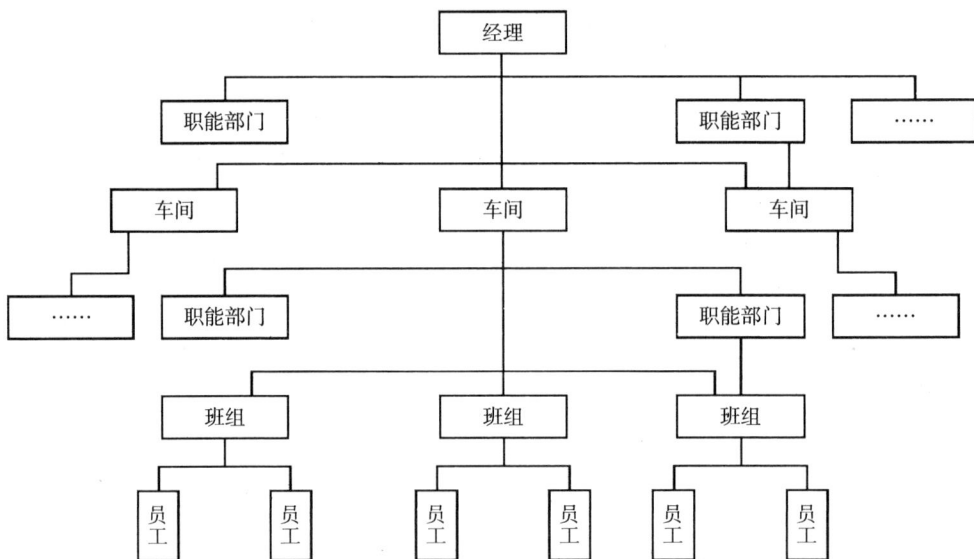

图 5-4　直线职能型结构示意图

直线职能型结构和职能型结构的主要区别在于各级职能机构是否对下级拥有直接指挥权。在直线职能型结构的系统中，管理人员相应地被分为两类：一类是直线指挥人员或行政领导人员，相当于军队中的各级指挥官，他们可以对下级发号施令；另一类是职能人员，相当于军队中的参谋、技术人员和后勤人员，他们只对下级机构进行业务指导，而不能直接对下级发号施令，除非上级直线人员授予他们某种权力。直线职能型组织结构的优缺点如表 5-4 所示。

表 5-4　直线职能型组织结构的优缺点

优　点	缺　点
● 既保持了直线型结构的集中统一指挥的优点，又吸收了职能型结构的专业分工管理的长处，从而大大提高了管理的效率 ● 具有较高的稳定性，在外部环境变化不大的情况下，易于发挥组织的集团效率	● 横向部门之间缺乏信息交流，各部门缺乏全局观点 ● 职能机构之间、职能人员与直线指挥人员之间的目标不易统一，最高领导的协调工作量较大 ● 由于分工较细，手续烦琐，当环境变化频繁时，这种结构的反应比较迟钝

4. 事业部制结构

事业部结构是美国通用汽车公司在20世纪20年代首创的，是指大型公司按产品的类型、地区、经营部门或顾客类别设计建立若干自主经营的单位或事业部的组织结构。这种事业部具有三个特性：①具有独立的产品和市场，是产品责任或市场责任单位；②具有独立的利益，实行独立核算，是一个利润中心；③具有足够的权力，能自主经营，是一个分权单位。这种结构如图5-5所示。

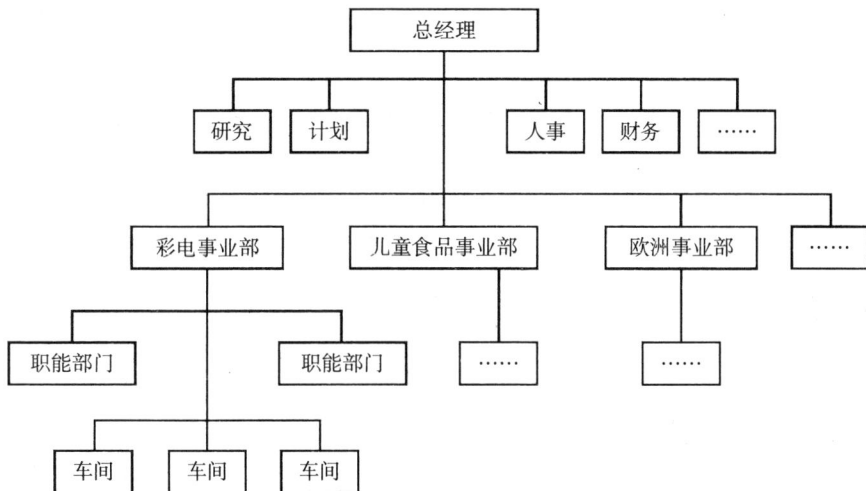

图5-5　事业部制结构示意图

事业部结构的组织形式的基本原则是政策制定与行政管理分开，即集中决策，分散经营。企业的最高层是最高决策管理机构，负责研究和制定企业的总目标、总计划和各项方针政策，并保持战略发展、资金分配以及人事安排三个方面的决策权。

事业部设置的标准可根据企业的不同需要来选择。以跨国公司为例，制造业跨国公司、金融业跨国公司一般按照不同地区设置事业部，而贸易型跨国公司多以产品划分事业部。

在我国，有很多著名企业集团就采用了事业部制组织结构，如食品饮料行业的蒙牛集团、伊利集团；农副产品加工行业的六和集团和新希望集团；纺织行业的波司登集团；电子信息行业的长虹和中兴通讯等。事业部制组织结构的优缺点如表5-5所示。

表 5-5 事业部制组织结构的优缺点

优　点	缺　点
● 使企业的最高层摆脱了日常的行政事务，可以集中精力决策规划企业的战略发展问题 ● 便于组织专业化生产、采用先进的生产组织形式和技术，提高了企业管理的灵活性和适应性，有利于大公司开展多元化经营，从而大大地提高了企业的竞争力 ● 通过各个事业部的管理和经营的实践和锻炼，为企业储备了宝贵的高级管理人才	● 增加了管理层次，机构重叠，使管理人员和管理费用大大增加 ● 对事业部一级的管理人员的业务和管理水平要求较高，必须熟悉全面的业务和管理知识才能胜任工作 ● 各事业部之间的相互交流和支援困难，各事业部容易忽略企业的总体利益而产生本位主义，引起总体协调的困难

组织与变革专栏 1　　　　　　**民生银行的事业部制改革**

　　由于大客户金融服务方面竞争非常激烈，而资产在 1000 万元以上的中型客户为数众多，民生银行业

图片来源：www.cmbc.com.cn.

务试图通过事业部改革转变客户对象，从强力渗透大客户转向服务大型核心客户，并全面向中小型客户转移。

　　2005 年下半年，公司业务从支行上收到 176 个行业金融部，支行专注做零售业务。这是实现以专业化运作为核心的事业部改革的前提。

　　民生银行根据自身特点，最终选择了混合型事业部。公司改变以分行为中心的块状作坊管理模式，对现分散在各分、支行的公司业务人员按照客户、产品和行业三个维度进行重新整合，对公司业务主要产品线和行业线实行事业部管理体制。

　　按照行业线划分，民生银行成立了房地产、交通、冶金、能源四个行业金融部；按照产品线划分，成立了贸易金融部、金融市场部、投资银行部三个产品事业部；按照客户类型，还成立了直属总行的事业部、工商企业金融部。

　　民生银行各分行的定位也发生较大变化，其职责和经营范围转变为地方特色公司业务经营、零售业务管理推动、公共关系和公共平台的管理与维护、对事业部的业务代理和服务。具体到与事业部或行业部的关系上，即分行有责任组织代理销售事业部专营产品，扩大交叉销售；分行作为公共服务平台，为事业部提供落地服务，如资金调拨服务、授信业务放款服务、行政后勤服务、落地人员的人事劳资服务、地方经济金融和行业信息服务、科技支撑服务、法律合规服务、与监管机构沟通联系等。支行定位于零售业务和公共服务平台。事

业部内部一体化流程化设计，风险、人力、财务管理职能内置到事业部，根据业务流程设计内设机构和岗位。

改制之后，事业部制改革效果开始逐步体现。分行层面上一些难以推行的商业模式在事业部得到有效运用。截至 2009 年 6 月，事业部存款余额 2208 亿元，贷款余额 2918 亿元，分别比成立时的 1168 亿元和 1843 亿元增长了 89.13%和58.30%，比全行公司业务同期存贷款增幅分别高出 32 个和 1 个百分点；资产质量呈现出稳定向好趋势，不良贷款余额和比率比 2008 年末下降 5.34 亿元和 0.48 个百分点；资产风险定价能力有所提高，报告期内事业部贷款平均利率为 5.77%，高于全行公司贷款平均利率 0.18 个百分点。2009 年，四个行业事业部实现净收入 75.22 亿元，比 2008 年增长近 10%。新产品、新商业模式开发速度明显加快，推出了分层银团贷款、汽车金融服务方案、信保押汇、物流融资等广受市场欢迎的创新产品，增值服务能力和中间业务收入稳步提高。

资料来源：作者根据多方资料整理。

5. 矩阵型组织结构

组织的矩阵型结构是从专门从事某项工作的工作小组形式发展起来的一种组织结构。这里的"矩阵"是从数学中移植过来的概念，即工作小组是由一群具有不同背景、不同技能、不同知识，分别选自不同部门（企业的不同职能部门或生产部门）的人员所组成。这种结构如图 5-6 所示。

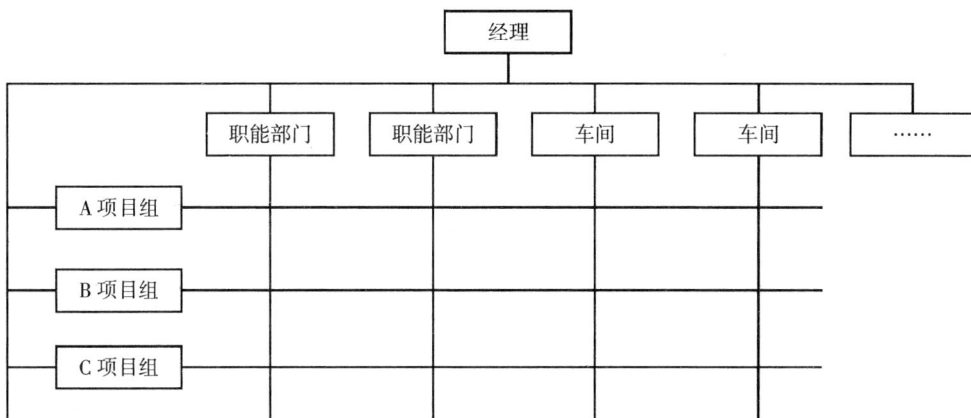

图 5-6　矩阵制结构示意图

一个组织可以有多个项目组，每一个项目组由项目负责人负责，该项目所在矩阵的行的元素即为其组成人员，每一位成员完成自己的任务后，仍回到原来的部门工作，因此，项目组的成员在一般意义上需接受项目组负责人和原部门的双重领导。这里的项目组可以是按任务、产品、地区设置的部门，项目完成后项目组即可解散。矩阵型组织结构比较适用于项目攻关（如新技术的研发、新产品的研制、重大科研项目研究等），企业、大学、科研所、影视摄制部门等常会采用这种组织结构。矩阵型组织结构的优缺点如表5-6所示。

表5-6 矩阵型组织结构的优缺点

优　点	缺　点
● 不同部门、具有不同专长的人员在一起，有利于互相启发、集思广益，提高了攻克项目的专业化程度和速度 ● 由于一个人可以同时参加多个项目组，因此，加强了组织不同部门之间的配合和信息交流，实现了人才资源的共享 ● 项目组可以根据需要随时成立和解散，对于刚性较强的组织可以弥补柔性不足的缺陷，增强了组织的灵活性和适应性	● 稳定性差，这主要是因为项目组的成员均是从不同部门抽调而来的，容易产生临时性的感觉，常常会对工作产生不利影响 ● 项目组的每一个成员都须接受项目组负责人和原部门负责人的双重领导，容易产生权责不清、管理混乱的现象。如在人员的绩效评定和奖惩方面常常会因为这种双重领导受到影响 ● 项目组的负责人必须与各个部门的负责人很好地配合，才能顺利地进行工作

组织与变革专栏 2　郑州宇通客车的矩阵式企业研发组织模式

图片来源：http://www.yutong.com/.

作为中国客车制造行业的龙头企业，宇通客车2007年开始推进研发转型，结合研发转型对技术中心的组织结构进行了调整，形成了矩阵式的技术管理结构（见图5-7）。

企业研发部矩阵式管理主要是将管理部门分为两种，一种是传统的职能部门，另一种是为完成某一项专门任务而由各职能部门派人联合组成的专门小组，并指定专门负责人领导，任务完成后，该小组成员就各回原单位。如果这种专门小组有若干个的话，就会形成一个为完成专门任务而出现的横向系统。这种矩阵结构，又称规划—目标结构。其组织成员既接受某项专门任务小组的领导，又受原职能部门的领导。矩阵式结构的横向是组成的各类研发团队，强

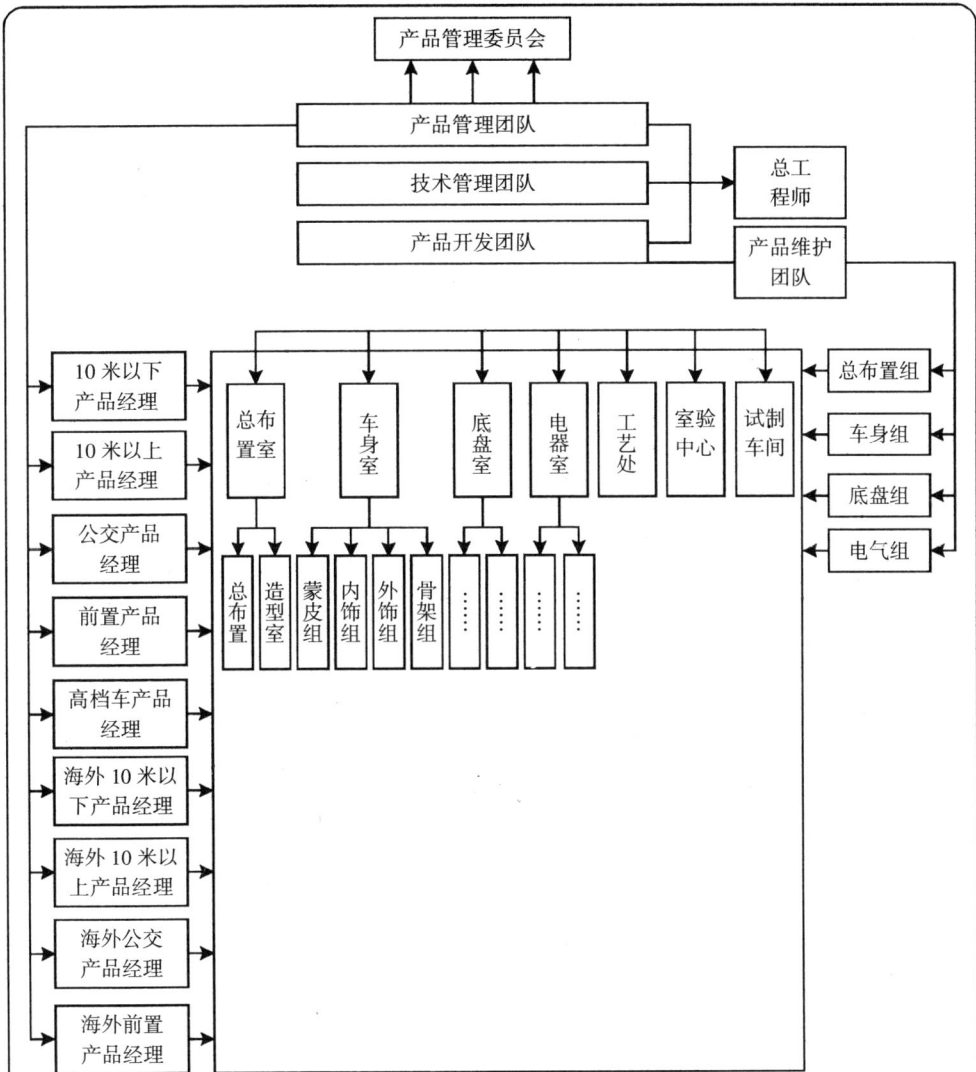

图 5-7　宇通客车技术研发中心的矩阵式组织模式

调横向的资源流动；纵向是职能式结构，强调资源的纵向匹配。从横向看：产品经理负责市场管理（国内、海外）和产品规划；同时对产品的全生命周期负责，重点在立项前的概念设计；全新产品按项目运作，立项后由项目经理直接对产品的市场成功负责；技术经理负责日常订单技术评审和订单处理工作。从纵向看：技术研发中心下设产品管理部、底盘室、车身室、电器室、工艺处、实验中心和试制车间等。矩阵式技术管理体系中，产品经理负责产品的全生命周期管理，项目经理负责直接面向客户的研发管理。职能部门的设置使得公司能够更好地把握市场和引导客户需求。

技术研发中心目前对技术人员采取矩阵式的管理模式，不但突出了对技术的管理，同时也更强调了对产品的管理，呈现出一个专业技术管理和产品项目管理交叉并行的矩阵管理模式。在这种管理模式中，任何技术人员都有机会、有可能被临时任命为项目经理，负责组建一个技术团队，完成一个研发任务。企业的研发项目，是一个涉及多个部门、多种资源、复杂的系统工程，需要来自不同职能部门的项目成员在最佳协作和交互环境下工作，并通过知识分享使组织的能力得到最大程度的提升。宇通客车的技术中心以项目组为核心，职能区域为扩展，职能区域又以区域内项目协调人为次核心，零部件设计人员为扩展，组成了双向沟通关系网络。

资料来源：邸晓燕.矩阵式企业研发组织模式及其技术创新［J］.高科技与产业化，2011（1）.

6. 三维立体型组织结构

三维立体结构是矩阵型结构的进一步发展，若一个组织拥有三方面（三维）部门，一是按专业分工的职能部门，二是按产品划分的事业部门，三是按地区划分的地区管理机构（以这三方面为坐标轴，形成一个三维坐标系），将这三方面结合在一起，组成由不同职能部门、不同事业部和不同地区管理机构的人员参加的委员会，共同进行某种产品的开发、生产和销售等工作。这种结构如图5-8所示。

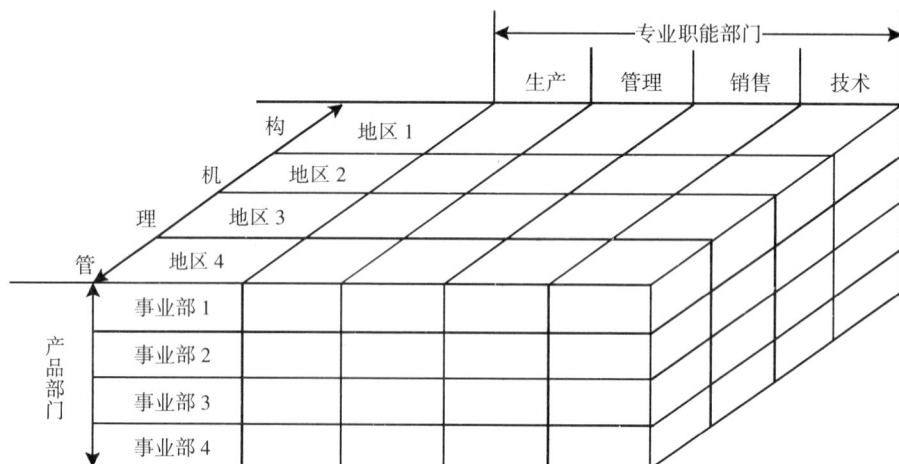

图5-8　三维立体型结构示意图

7. 委员会型组织结构

委员会是由来自不同部门，具有不同经验、知识和背景的人员组成，跨越专业和职能界限执行某方面管理职能的一种组织结构。它的作用是完善个人管理的不足，并预防过分集权化，使各方的利益得到协调和均衡。大到国家，小到企业、大学等，委员会组织随处可见。例如，我国的全国人民代表大会常务委员会、国务院学位委员会、国家自然科学基金委员会、公司中的董事会和监事会、高等学校的学术委员会等。因此，委员会是一种重要的组织结构。

一般认为，委员会在处理法律、政策、裁决等方面具有较好的效果，在执行和领导等问题方面效果较差，因为后者往往采取个人行动会更有效。委员会型组织结构的优缺点如表5-7所示。

表5-7　委员会型组织结构的优缺点

优　点	缺　点
● 完善个人管理的不足，并预防过分集权化，使各方的利益得到协调和均衡 ● 有权利义务平等、民主、集体决策的特点 ● 使决策方案更合理、更有效，减少决策失误 ● 可以大大增强决策的民主性、代表性和权威性	● 责任不清。委员会的决议是集体做出的，当决策出现失误时，无法追究委员的个人责任 ● 通过的决议或方案折中调和的成分很大，有时实质性的内容难以在决议中保留

8. 团队型组织结构

团队是国外一些大公司（如丰田、通用、福特、沃尔沃等汽车公司）较早引入到生产过程的一种结构，它是一种为了实现某一个目标而由相互协作的个体组成的正式群体。当企业将团队作为协调组织活动的主要方式时，便形成了组织的团队结构。这种结构的主要特点是：不受部门限制，可以快速地组合、重组、解散，形成相对独立的、高效的、自我管理的、可以完整地完成某种产品的制造或服务的团队。一个有效的团队应具有明确的目标、明确的角色与任务分派；应具有平等的责任和权力、非正式的气氛以及成员的自觉参与；组织中的每一个成员应虚心倾听、公平竞争、公开沟通。

一般而言，小型公司可以将团队结构作为整个组织的形式，而对大型企业，团队可以作为原有组织结构的补充。团队结构在一些企业中是很成功的，如摩托罗拉、惠普、施乐等大公司都广泛地采用了团队结构。

在我国的一些IT行业中，也不乏有些企业是采用这种组织结构类型的。如腾讯QQ团队、微信团队等。团队型组织结构的优缺点如表5-8所示。

表5-8　团队型组织结构的优缺点

优　点	缺　点
● 提高了解决问题的能力 ● 提高了劳动生产率 ● 能够更有效地利用资源	● 组织相对松散 ● 不受部门的限制，可能难以很好地自律 ● 可能导致目标与任务的不明确，队员间关系不融洽等

9. 网络型组织结构

网络型组织结构是利用现代信息技术手段建立和发展起来的一种新型组织结构。现代信息技术使企业与外界的联系加强了，利用这一有利条件，企业可以重新考虑自身机构的边界，不断缩小内部生产经营活动的范围，相应地扩大与外部单位之间的分工协作。

网络型结构是一种只有精干的中心机构，以契约关系的建立和维持为基础，依靠外部机构进行制造、销售或从事其他重要业务经营活动的组织结构形式。如卡西欧是世界有名的制造手表和袖珍型计算器的公司，却一直只是一家设计、营销和装配公司，其生产设施和销售渠道工作内容都外包给了更专业的公司来运作。

第二节　组织设计

所谓组织设计是建立或改造一个组织的过程，即通过对组织活功、组织结构和组织岗位的设计和再设计，把任务、权力和责任进行有效的组合和协调的活动过程。其目的是协调组织中人与事、人与人的关系，最大限度地发挥人的积极性，提高工作绩效，更好地实现组织目标。

职能设计的主要工作是职能分解、职能整理和职能分析。职能设计要达到四个目标：列出职能清单；明确各种职能之间的关系：分清主要职能和辅助职能；落实各种职能的职责。在组织设计的过程中，要遵循一些基本的原则，比如，有效管理幅度原则、统一指挥原则、责权一致原则、分工与协作原则、机构精简原则、弹性结构原则、集权与分权相平衡原则等。

一、组织设计的一般过程

组织设计的整个过程可以分为职务设计、部门划分、建立层次、分配责权以及协调活动五个步骤，如图5-9所示。

1. 职务设计

职务设计是组织设计最基础的工作。职务设计就是将实现组织目标所必须进行的活动逐步分解，划分成若干较小的任务单元，以便于每个人专门从事某一部分的活动，而不是全部活动，这就是劳动分工。劳动分工的重要意义在于把复杂的工作分解成一项项简单的工作，每个人不断重复相同的工作，利用同一种设

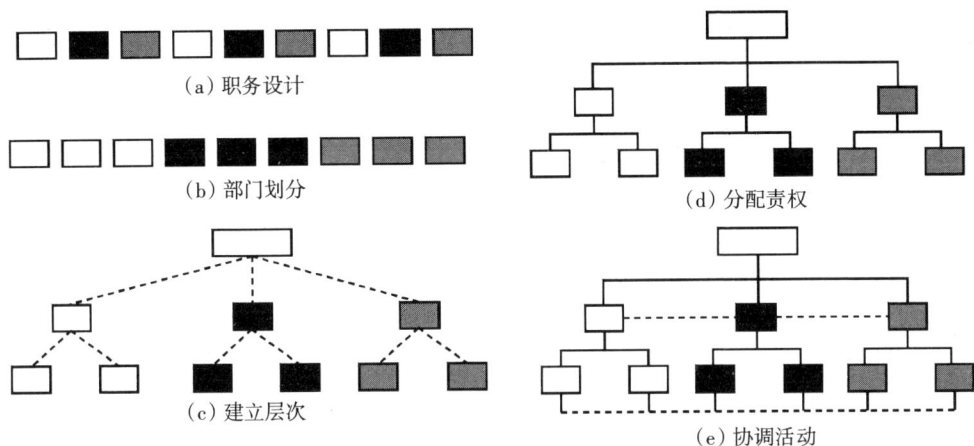

图 5-9　组织设计的基本步骤

备，从而大大提高劳动生产率。职务设计的一般步骤如下：

第一，工作分析。工作分析是职务设计的前提和依据。工作分析就是对完成组织目标的所有作业活动进行分析、描述和记载。它不仅应对所有工作及其相互关系予以完整、难确地说明，而且应对每一项工作所包含的全部内容予以完整、准确地说明。它要准确地确定每一项工作的性质、任务、责任，工作的前后连贯性、工作量，以及工作的难易程度、责任大小、所需任职资格高低等事项，为设定职务服务。

第二，设定职务。对完成组织目标的各种工作，按管理的需要，将其归并组合成一个个的职务，以便寻找适当人员担任。在归并组合中应注意将性质相同的作业活动尽量组合为一个职务，以便配合专业分工的发展和寻找专业人才任职。将难易程度、责任大小、任职条件等相当的工作尽可能组合为一个职务，使人力资源得到充分利用。应使职位保持适当的工作量，根据工作量确定职位的数量，以免产生人员闲置的现象。

第三，规范职务内容和运行模式。职务规范也就是职务说明书，以规范和确定职务内容和运行模式建立职务说明书，包括职务名称、职责、职权、工资报酬、所需任职资格条件、职务的纵向领导和横向协作关系等内容。这样，既确定了职务的职责、职权，又确定了工作在职务之间的流程。

职务设计的方法主要包括：

其一，职务轮换。也叫岗位轮换，目的是为组织成员提供全面发展的机会，使组织成员能够全面了解和熟悉整个组织或相关专业工作的流程情况，减少长期重复单一工作带来的厌烦和不满，提高组织成员的成就感和自尊心，从而提高组织成员士气和工作效率。同时，它还有利于培养组织发展所需要的管理人才。

其二，职务扩大化。是指横向扩大组织成员的工作范围，将组织成员的工作范围向前后工序扩展，以便组织成员从事较为多样化的工作。职务扩大化可以减少组织成员从事单一工作带来的单调乏味的情绪，提高组织成员的工作积极性和工作效率。

其三，职务丰富化。职务丰富化是从纵向扩大工作范围，增加工作的深度，它可以增强组织成员的责任感、成就感和自主意识。

其四，工作团队。工作团队设计方法是围绕小组来设计职务，而不是围绕个人设计职务，这样的工作团队被授权可以获得完成整个任务所需的资源，包括各种技能的组织成员可以自主进行计划、解决问题、决定优先次序、支配资金、监督成果、协调与其他部门或团队的活动。这种设计方法充分体现了"以人为本"的管理思想，极大地激发了组织成员的工作积极性和创造性。

2. 部门划分

部门划分是组织的横向分工，其目的在于确定组织中各项任务的分配与责任的归属，做到分工合理、职责分明，从而有效地达到组织的目标。

部门划分的方法：部门划分可以按组织人数、时间、职能、产品、区域、顾客、生产和服务过程来进行。

（1）按生产过程划分部门。在生产过程中，根据技术作业将工作划分成部门。因为它是建立在特殊技能和训练的基础上，所以部门内协调比较简单。但由于生产过程将自然的工作流程打断，将工作流程的不同部分交给不同的部门去完成，故要求每个部门管理者必须将自己的任务与其他部门管理者的任务协调起来（见图 5-10）。

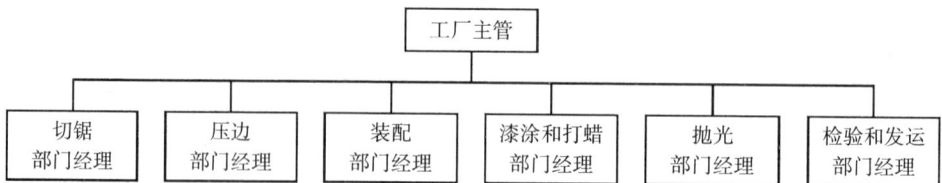

图 5-10　按生产过程部门化

（2）按职能划分部门。按职能划分部门符合分工和专业化原则，有利于发挥各职能领域专家的特长，提高人员的使用效率。有利于使组织的基本活动得到重视和保证，从而有利于对整个组织活动实施严格控制。但是这种部门化方法也存在一些缺点：由于人员过度专业化，因此容易形成本位主义，给各部门之间的协调带来一定困难。只有最高层对最终成果负责，因而不易对各部门的绩效和责任进行考核。这种方法较多用于管理或服务部门的划分（见图 5-11）。

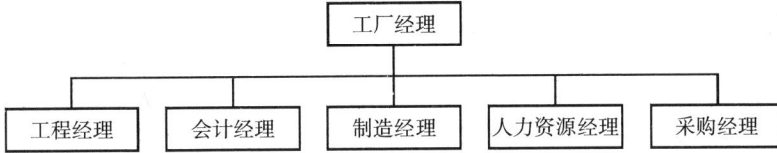

```
                      工厂经理
   ┌──────┬──────┬──────┬──────┬──────┐
 工程经理  会计经理  制造经理  人力资源经理  采购经理
```

图 5-11　职能部门化

（3）按产品划分部门。按产品划分部门能够充分利用专项资本和设备、发挥个人的技术知识和专长，有利于部门内的协调。利润、责任明确划分到部门一级，易于评价各部门的业绩。可促进组织内部竞争，有利于产品和服务的改进和发展，有利于增加新的产品和服务，有利于锻炼和培养全面的综合性管理人才。但是这种方法需要具备全面知识和技能的人才来担任部门负责人，总部和分部的职能部门和人员须重复设置，会导致管理成本增加（见图 5-12）。

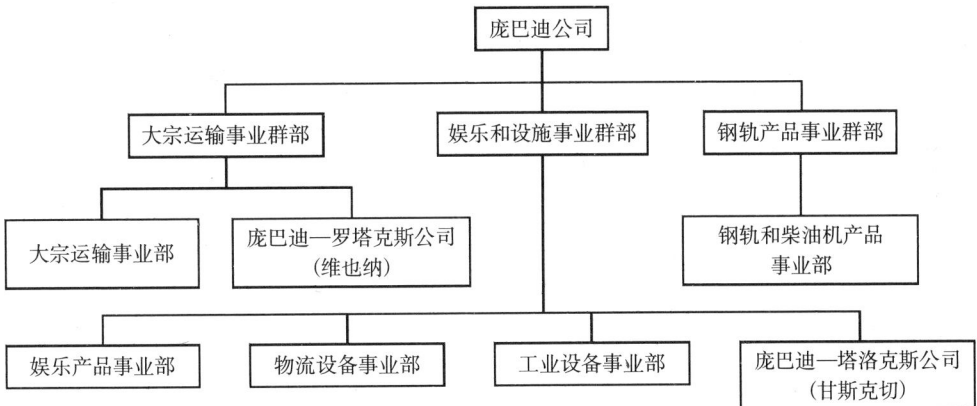

```
                              庞巴迪公司
        ┌──────────────────┬──────────────────┐
   大宗运输事业群部      娱乐和设施事业群部      钢轨产品事业群部
    ┌───────┬───────┐                        ┌───────┐
 大宗运输事业部  庞巴迪—罗塔克斯公司                  钢轨和柴油机产品
                  （维也纳）                         事业部
    ┌───────┬───────┬───────┬───────┐
 娱乐产品事业部  物流设备事业部  工业设备事业部  庞巴迪—塔洛克斯公司
                                              （甘斯克切）
```

图 5-12　产品部门化

（4）按区域划分部门。按区域划分部门有利于调动各区域的积极性，有利于适应区域的特殊要求与特定环境，促进区域性活动的协调。有利于促进组织内部竞争，有利于培养能力全面的管理者。但缺点在于由于机构重复设置而导致管理成本增加，增加了最高主管部门对区域控制的难度，要求区域部门主管人员具有全面的管理能力。这种方法主要是用于空间分布很广的组织部门。

图 5-13　区域部门化

（5）按顾客划分部门。按顾客划分部门有利于重视和满足顾客的某种需要，针对不同顾客的特点和需要开展组织活动，从而增加顾客的满意度和忠诚度。这有利于本组织形成针对特定顾客需求的经营技巧和诀窍。但这种划分方法不能使设备和专业人员得到充分利用。为满足特定顾客需要，可能导致部门间的协调困难。这种方法适用于服务对象差异较大、对产品和服务有特殊要求的组织（见图 5-14）。

图 5-14　顾客部门化

部门间的横向联系：一般来说，即使部门划分得再合理，由于各部门追求的目标、职权、利益及思维习惯和行为特征不同，部门之间的横向联系也必然会存在一定的矛盾。为了使横向联系真正达到加强协作、提高组织管理整体功能的目的，必须从组织整体目标出发，客观地看待横向联系存在的矛盾，加强部门间的横向协作与沟通。

首先要正确判断组织横向联系的状况。为了改善组织内部的横向联系，先要正确判断横向联系的状况是否良好，是否有必要加以改善，这是组织设计所必须搞清楚的前提条件。其次以整体现点为指导，以分工为基础，加强横向联系。组织设计，特别是横向联系设计，其直接目标就是组织的任务与目标。同时要实行层层协调，减少"矛盾上交"。为了既保证统一指挥，又能让下级及时解决问题，提高管理工作效率，应该由上级授权允许下级在处理日常业务时由有关双方直接协调解决。

3. 建立层次

部门划分是对组织活动进行横向的分工，在此基础上还需要进行纵向划分，即建立上下级的层次关系，构成多层次结构的组织系统。建立层次需要解决好管理跨度与管理层次的关系问题。

4. 分配责权

通过建立层次形成的组织结构，还应将组织中的责权分配到各个层次、各个部门和各个岗位，并最终形成组织中从最高领导层一直贯穿到最低操作层的权力线，即通常所说的指挥链。

（1）职权的种类。一个正式组织的职权有直线职权、参谋职权和职能职权三种。

第一，直线职权。是指直接领导下属工作的直线管理人员所拥有的职权，包括决策权、发布命令权和执行权三个部分，也就是通常所说的决策指挥权。直线职权是组织中一种最基本、最重要的职权。

第二，参谋职权。是指作为主管人员的参谋或幕僚所拥有的辅助性职权，主要是评价直线系统的活动情况，进而提出建议或提供咨询的权力和专业指导权。参谋职权有两种形式：一是个人参谋的形式，如院长助理；二是专业化参谋的形式，如智囊团、顾问委员会等。

第三，职能职权。是指由直线主管人员授予参谋人员或职能部门的主管人员在一定范围行使的决策与指挥权。职能职权的设立主要是为了能充分发挥专家的核心作用，减轻直线主管的工作负荷，提高工作效率。

（2）职权分配。职权分配是指为有效履行职责，实现工作目标，而将组织的权力在各管理部门、管理层次、管理职位中进行配置。职权分配的类型主要有两种：一是职权横向分配，即依目标需要将职权在同一管理层次的各管理部门和人员之间进行合理配置。二是职权纵向分配，即依目标需要而将职权在不同管理层次的部门或人员之间进行配置，是解决好集权与分权的关键。

5. 协调活动

对工作分工与协调关系的处理，是组织设计中的一个重要问题。传统组织设计强调工作的专业化分工，有分工，就需要协作，分工和协作是组织管理中的两大要素。在把实现组织目标所需完成的任务分配到不同的职位和部门，并进行责权安排，还必须在此基础上进行整合，以使组织里的个人或部门协同运作，实现组织的整体目标。根据系统论的观点，组织设计的目的就是发挥"整体大于部分之和"的优势，使有限的资源形成最佳的综合效果。因此，协调是组织设计的重要步骤，也是组织目标得以顺利实现的根本保障。

二、组织设计的影响因素

在现实生活中，组织结构是千姿百态的，普遍适用的组织结构是不存在的。管理者必须根据所面临的特定情况，制定适合本组织的结构设计方案。一般而言，影响组织设计的主要因素包括环境、战略、技术、规模和生命周期等。

1. 环境的影响

组织的外部环境可以被定义为存在于组织边界之外，并对组织只有外在的直接影响的所有因素。处于动荡多变环境中的组织，与处于相对稳定环境中的组织比较，其组织结构要求具有更好的弹性和适应性，能及时地对外部环境的变化做出灵活而有效的反应。矩阵型、网络型组织就是比较适用于此种特定条件的组织形式。处于相对稳定环境中的组织，则通常要求组织较为正规和集权，主要追求组织结构方面的刚性和稳定性。直线职能制就是这种条件下比较适用的组织形式。

2. 战略的影响

战略是指决定和影响组织活动性质及根本方向的总目标，以及实现这一总目标的路径和方法。钱德勒的研究认为，新的组织结构如不因战略而异，就将毫无效果。组织必须服从组织所选择的战略的需要。不同的战略要求不同的业务活动，从而影响管理职务的设计。战略重点的改变，会引起组织的工作重点的改变，因此要求各管理职务以及部门之间的关系做出相应的调整（见表5-9）。

表5-9　组织结构与战略

经营战略	组织结构
专业化	职能制
主副业多元化	附有单独核算单位的职能制
限制相关多元化（纵向一体化）	混合结构
非限制性相关多元化（共享价值链某一环节）	事业部制
无关多元化	母子公司制

组织与变革专栏3　　　　海尔集团国际化战略过程中的组织结构调整

1984年，海尔集团前身——青岛电冰箱厂成立时，生产品种只有1种，规模也很小。海尔当时的企业发展战略是名牌战略。针对这种情况，海尔采用的是典型的直线职能制：厂长—职能科室—车间主任—工段长—班组

图片来源：http://www.haier.net/cn.

长。发展到 1988 年，海尔的年销售额已经达到 216 亿元，特别是在 1991 年兼并了青岛冰柜厂和青岛空调器厂之后，伴随着企业多元化战略的实施，海尔集团逐步推行事业部制组织结构。由于事业部制在企业快速的多元化发展的过程中，逐渐暴露出系统快速反应和应变能力差、职责不明晰等问题，海尔集团在 1997 年初，对其组织结构进行了新的调整，形成超级事业部制—本部制。其组织机构简图如图 5-15 所示。

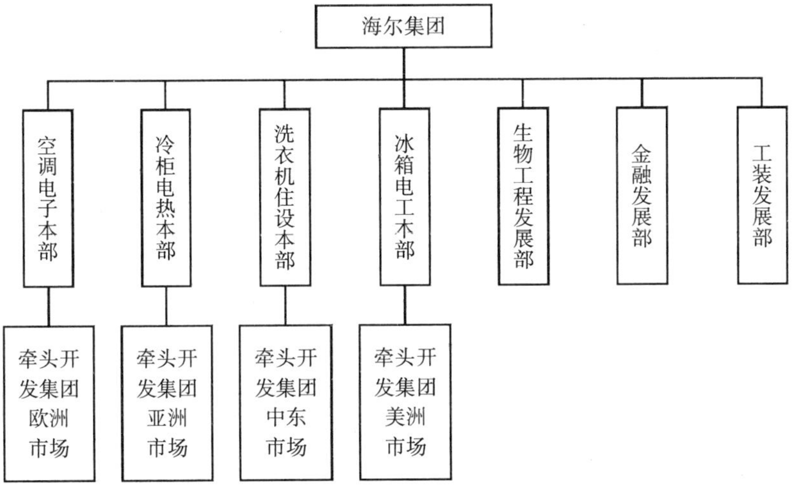

图 5-15 海尔国际化初始阶段的组织结构

1998 年底，海尔集团的发展战略进入国际化阶段，而企业管理的国际化又是各项工作进行国际化转移的根本和基础。为此，从 1998 年 9 月至 2000 年底，海尔集团开始了以流程再造、机构重组、资源整合为主的市场链流程再造第一阶段工作。2001 年开始，海尔集团又开展了全员参与市场链并成为创新的 SBU（策略事业单位）为主的市场链流程再造的第二阶段工作。与业务流程再造相配合，海尔集团于 1998 年开始对组织结构进行了战略性调整，形成扁平化、信息化的组织结构。第一步，把原来分属于每个事业部的财务、采购、销售业务全部分离出来，整合成独立经营的商流推进本部、物流推进本部和资金流推进本部，实行全集团范围内统一营销、统一采购、统一结算。第二步，把集团原来的职能管理资源进行整合。如人力资源开发、技术开发、质量管理、设备管理、信息管理、规划管理等职能管理部门全部从事业部中分离出来，成为独立经营的服务公司。整合形成集团直接面对市场的完整的以物流、商流为核心流程体系和以资金流、企业基础设施、研究发展、人力资源等职能中心为支撑的流程体系。整合后的海尔组织结构如图 5-16 所示。

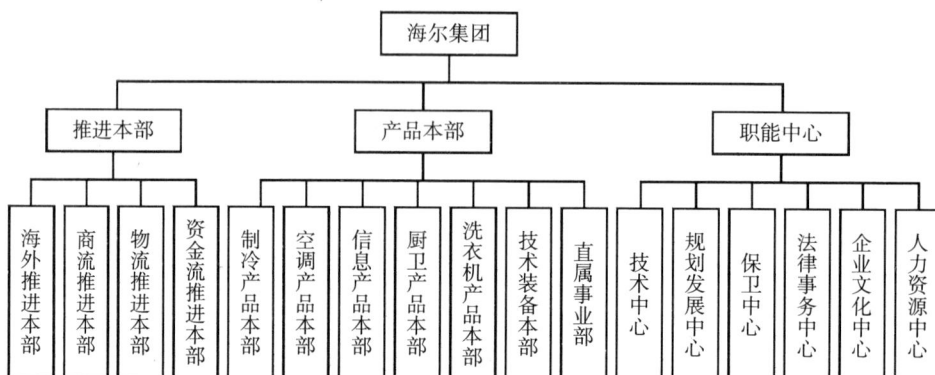

图 5-16　海尔国际化进程中的组织结构

　　企业经营战略规范着组织结构，如果战略发生了变化，组织结构也要作相应的调整，以支持战略的变化。企业组织结构的调整，并不是为调整而调整，而是要寻找、选择与经营战略相匹配的组织结构，切不可生搬硬套。如企业是按产品设置组织结构还是按职能设置组织结构，是按地理区域设置分公司还是按用户设置分部，是建立事业部结构还是采用更为复杂的矩阵结构，一切必须以与战略相匹配为原则，以提高企业沟通效率、激励员工参与为目标。由于结构跟随战略而定，所以组织结构的有效性首先取决于它与创新战略之间的协调性。组织结构也制约着战略的制定和实施，战略只有与组织结构相匹配才能成功实施，没有组织结构上的重大变革，很难在战略上实现实质性的创新。

资料来源：邵兴东. 论加入 WTO 后我国企业集团实施国际化战略中的组织结构调整——海尔集团经验与启示 [J]. 经济问题探索，2005（3）.

　　3. 技术的影响

　　技术是指把资源转化为最终产品或服务的机械力和智力转换过程。任何组织都需要通过技术将投入转换为产出，那么组织的设计就需要因技术的变化而变化，特别是技术方式的重大转变，往往要求组织结构做出相应的改变和调整。英国学者 Joan Woodard 发现组织结构由技术所决定，技术的复杂程度越来越高，管理的层级越来越多，管理人员所占的比例也越来越大，随着技术复杂程度的提高，间接人员和直接人员之比也提高。

4. 组织规模与发展阶段的影响

布劳等人曾对组织规模与组织设计之间的关系作了大量研究，认为组织规模是影响组织结构的最重要的因素，即大规模会提高组织复杂性程度，并连带提高专业化和规范化的程度。可以想象，当组织业务呈现扩张趋势、组织员工增加、管理层次增多、组织专业化程度不断提高时，组织的复杂化程度也会不断提高，这必然给组织的协调管理带来很大的困难，而随着内外环境不确定因素的增加，管理层也越难把握实际变化的情况并迅速做出正确决策，组织进行分权式的变革成为必要。

5. 企业生命周期的影响

企业生命周期的不同阶段对企业能力的要求是不一致的。企业每次进入生命周期的一个新阶段，也就进入了与一套新的规章相适应的全新阶段，这些规章是阐述组织内部功能如何发挥及如何与外部环境相联系的。企业组织结构变革能够影响或改变企业的能力。所以，基于企业生命周期的发展，企业对其组织结构提出了动态调整的要求（见表 5-10）。

表 5-10　企业生命周期各阶段组织结构设计的要求

生命周期　组织要求	投入期	成长期	成熟期	衰退期	转折期
专门化	低	较低	高	很高	低
部门化	低	较低	高	很高	高
指挥链	简单	较复杂	复杂	很复杂	简单
管理跨度	大	较小	小	很小	大
集权	高	较高	低	较高	高
分权	低	较低	高	较低	低
正规化	低	较高	高	较低	较高

第三节　组织授权

组织与变革专栏 4　　　　　　**沃尔玛在中国管理的失误**

"一统就死，一放就乱"，这个两难问题在下放采购权导致管理混乱的沃尔

玛身上再次出现。然而，分权
中产生的问题并非证明分权不
足取；在管理扁平化成为趋势
的情况下，放权式的分权难以
走回头路。问题在于，当企业

图片来源：http://wal-mart china.com/.

通过分权为自己"减负"的同时，必须通过公司治理承担更多的责任，无论是
尽到监管责任还是承担社会责任方面都应如此。

1. 优秀生"变坏"凸显分权软肋

六年前，在失去德国、韩国等市场后，沃尔玛对中国市场的变革寄予厚
望。被称为"铁腕人物"的中国区总裁兼 CEO 陈耀昌，受命开启了沃尔玛中
国的改革，其中重要的一条就是打破沃尔玛中央集权的模式，将采购等权限下
放到地方。与此同时，陈耀昌用高速开店提升销售，通过经营指标的分解将业
绩压力下传到门店。各门店为了完成指标，利用下放的权力"开源节流"，比
如在商品利润之外加大向供应商收取通道费等。于是出现了销售过期、不合格
食品，过期板鸭油炸后当熟食卖，虚假宣传等乱象。迫于连续出现的价格标签
事件，两位高管涉嫌虚报销售数据而离职；重庆"绿色猪肉"等事件的爆发，
让沃尔玛决定提前换帅——陈耀昌离职。

沃尔玛的提前换帅或许有助于分权难题的解决，然而由此暴露出的分权软
肋，值得更多企业进行公司治理的反思。其中的症结在于，分权的必要性很容
易与用权的正当性混同；公司治理对分权后的具体管理行为是否正当很难及时
识别，遑论深入监管。陈耀昌的改革从总部集权到初步放权再到向各个大区分
权，这种调整本身并没有错，但当以沃尔玛传统的体制很难去掌控一个分权的
采购体系时，这种分权过程就很容易出现问题。如果说其"变坏"行径主要集
中在改革上显得有些急功近利而非着眼长远，那么对于两者之间的取舍，总部
与局部往往有不同的侧重点。对局部方便、有效，但对于总部长远利益未必正
当，于是分权后的"灵活反应"反倒成了沃尔玛的软肋。

2. 分权并非为了推卸责任

公司治理本身就存在一个分权与制衡的关系，在公司层面，横向的分权
（比如所有权与经营权、决策权与执行权等）本身就是一种制衡。然而，导致
沃尔玛"变坏"的分权是一种纵向分权，主要指上级向下级的放权或赋权，这
并非必然带来制衡。因为纵向的分权是一种零和关系，按照权力与责任对等的

原则，分权后上级在管理向度上的确可以减少自己的责任，但是在治理向度上恰恰相反。

事实上，分权并不能减少自己的责任。重庆沃尔玛"绿色猪肉"事件的解决还是要由沃尔玛中国总部"灭火"。其中的原因在于，一个系统内部下放决策等权力并不意味着全部权力的下放，后果实质上还是由分权的上级背负。反过来说，为了减少自己责任而分权往往隐含着对各种潜规则或者急功近利式"创新"的默许。很多事实证明，为了减少自己的责任而分权，导致官德、商德败坏，对老百姓或者下级的社会信任感的冲击将是难以估量的。

3. 治理触角应"察其终始"

如果公司通过分权确实减轻了一定负担的话，那么就应当将腾出来的资源和精力倾注在公司治理方面，即通过公司治理更多地在基层发挥正本洁源的作用。早有业内人士指出：陈耀昌主导的分权改革破坏了沃尔玛一贯的价值体系，违背了沃尔玛传统的价值观，绝非仅仅属于员工的"切割失误导致了假冒事件的出现"。只有坚持以核心价值观和愿景引领的企业，才能够走可持续发展之路，这在权力下放中也不例外。企业的核心价值观和愿景无论怎样表述，其主旋律都应当是承担更多的社会责任，无论怎样分权，也不能放弃这方面的共识。

资料来源：陈洪安. 管理学原理（第 2 版）[M]. 上海：华东理工大学出版社，2013.

一、组织的权力

任何一位管理者从事某项管理工作时都应有一定的权力和责任。所谓权力，从领导和指挥角度讲，就是为了实现组织的整体目标或各部门的目标，管理者要求或命令其下属如何行动或停止行动的一种力量，这是组织中的一种约束力量。

责任或职责，就是接受职务的管理者去尽职务的义务。上级领导者有权命令和要求下级人员去做某项工作或事情，下级人员则依据组织内部的契约关系和制度去尽义务，去处理或完成某项工作任务，并对其结果负责，以便取得某些报酬和其他利益。

管理者的权利和责任是相辅相成的关系。也就是说，管理者有管理权利就应有管理责任，有责任就应有权利。世上没有无权利的义务，也没有无义务的权利。在安排和处理组织中的权利义务关系问题时，应坚持权利与责任的对等或相应原则。如果要求某人对某项工作的结果负责，就应当首先给予他能够确保工作得以完成所应有的权利。

二、授权

1. 授权的含义

授权是指上级委托和授予下属一定的权力，使下属在一定的监督下，有相当的自主权和行动权。授权应对被授权者有指挥和监督的权力，被授权者对授权者负有报告及完成任务的责任。

授权实际上是一个过程，主要包括以下三个阶段：

第一，职责的分派。管理者必须明确下级运用被授予的权力所要完成的任务，并把这个任务分派给下级管理者。

第二，职权的授予。把完成任务所必需的职权授予下级管理者，使之能够应用这个权力去完成任务。值得注意的是，上级管理者把权力授予下级之后，仍然保留着权力回收的权利。当上级管理者认为有必要时，他可以来改组组织、撤销下级人员的职务或将权力更新授予等方式来收回已经下放的权力。

第三，责任的建立。根据权责一致的原则，在授权之后，下级管理者必须承担起履行权力、实现目标的义务，确立相应的责任范围和责任项目，以利于监督和控制。

2. 授权的必要性

法约尔指出，组织管理所处的时代背景已经发生了很大的变化，没有一个领导人有足够的知识、精力、时间来解决一个大企业面临的所有问题，授权式管理已成为必需。设想一个上千人的大企业每件事都要最高管理者事必躬亲的话，这个管理者就是再有精力也会被累倒。尤其是组织扁平化流行的今天，管理者的必然选择就是把职权分散到低层管理者和不是管理者的员工手里。授权的优点主要包括：减轻高层管理人员决策的负担；给管理者更多的决策自主权和独立权，有助于适应快速变化的环境；有利于增强激励作用，有利于管理人员能人的培养。

然而，授权也并非是完美的管理方式，它同样会增加监控的成本，增加协调的复杂性，容易形成官僚主义。

3. 授权的原则

第一，适度原则。授权的职权是上级职权的一部分，不能是全部，仅限于完成任务所必需的。若涉及组织全局等重大职权，不能轻易授权。

第二，责权一致原则。授权应明确任务目标和职责权限，这不仅有利于下属完成工作，又能避免其推卸责任。

第三，级差授权原则。不可越级授权，否则会让中层被动，容易造成上下级矛盾。

第四，相互信任。有效的授权是取决于上下级之间的相互信赖。否则"用人又疑"必然导致最后的失败。

第五，责任共担。在授权过程中，责任是不可下授的。上级管理者即使授权于下属去完成某项任务，但仍然负有对于该项任务的责任。

4. 授权的方法

为了使上述谈到的若干好处成为现实，授权必须恰到好处。授权的第一步是确定目标，要求管理者对他（她）想要的结果有一个清醒的认识，接下来管理者应该选择一个能够完成这项任务的人。

被授权者也应该适合完成任务所必需的职权、时间和资源。在整个授权过程中，管理者和下属应该并肩工作，交流工作任务。管理者应该从一开始就了解下属的想法，并在定期会议或核查过程中询问进展情况和遇到的问题。因此即使是下属在执行任务，管理者也能够随时了解任务的现状。

想要学会有效授权的管理者们应该记住一个区别：如果你不授权，你仅仅只是在做事；你授权的越多，你才真正是在建立和管理组织。

组织与变革专栏 5　　　　　　　**A 公司的授权**

A 公司是某民营集团公司下属的一家玩具生产企业，由于集团公司业务经营规模的扩大，从 2008 年开始，集团公司老板决定将 A 公司交由企业聘请的总经理及其经营管理层全权负责经营管理。其间，公司老板基本不过问玩具企业的日常经营事务，同时，既没有要求玩具企业的经营管理层定期向集团公司汇报经营情况，也没有对经营管理层的经营目标做任何明确要求，只是非正式地承诺如果企业盈利了，将给企业的经营管理层奖励，至于具体的奖励金额和奖励办法也不明了。而且，企业没有制定完善的规章制度，采购、生产与销售甚至财务全部由玩具企业的总经理负责。经过两年的经营，到 2010 年底，问题出现了。

公司老板发现，玩具企业的生产管理一片混乱，账务不清，在生产中经常出现用错料、装错模、次品率过高、员工生产纪律松散等现象，甚至出现个别业务员在采购中私拿回扣、收取外企业委托加工费不入账等问题。同时，因为账务不清，老板和企业经营管理层之间对企业是否盈利也各执一词：老板认为这两年来公司投入了几千万元而没有得到回报，属于企业经营管理不善；企业经营管理层则认为这两年企业已经扭亏为盈了，老板失信于企业的经营管理层，没有兑现其给予企业经营管理层奖励的承诺。

面对企业管理中存在的问题，老板决定将企业的经营管理权全部收回，重新由自己亲自负责企业的经营管理。于是原有经营管理层一下觉得大权旁落，认为老板对自己不信任，情绪低落，使得企业人心涣散，经营陷入困境。

授权是企业管理者最重要的能力之一，授权不仅是一门科学，也是一种艺术。授权得当与否体现了一个企业管理者和领导者的管理才能，正如韩非子所说"下君尽己之能，中君尽人之能，上君尽人之智"。敢于授权并善于授权，既是一个管理者成熟的表现，又是一个管理者取得成就的基础和条件。

集团公司的老板本意是通过授权使自己能够从企业日常经营管理活动中解脱出来，将员工特别是经营管理层的积极性调动起来，但是，事与愿违，不但没有达到预期的效果，反而使企业经营管理陷入困境。究其原因，主要是该集团公司的老板没有正确运用好授权管理的艺术，走入了两个极端：一个是把授权当作是放任不管，在实施授权管理的前提条件不完全具备的情况下，对企业经营管理层"授权过度"，导致企业管理混乱，在企业经营管理的一些重要环节出现权力真空；另一个是公司老板发现企业经营管理中存在的问题后，又将企业的经营管理权全部收回去，"授权不到位"束缚了企业经营管理层的手脚，挫伤了企业员工的工作积极性。

其实，正确的授权不是放任不管，也不是将权力绝对的无原则的下放，更不是弃权。正确的授权应该是相对的、有原则的，是在有效监控之下的授权。

资料来源：作者根据多方资料整理而成。

第四节　组织变革

一、组织变革的对象

虽然不同的组织变革的侧重点有所不同，同一组织在不同阶段的变革对象也不完全相似，但对于组织变革的对象，基本上是从战略与结构、技术、产品与服务和组织文化变革四个方面加以分析。

环境的变化首先引起组织战略的变化与调整，组织战略的变化与调整要求组织结构、组织权力配置和业务流程上作相应的调整。

技术变革是指组织对作业流程与方法方面的变革，包括产品或服务的生产技术、工作方式、装备、业务流程等。组织中的技术系统包括计算机网络、设备、工作方法、质量标准、管理控制手段等内容。对技术因素的变革，可以直接促进组织技术的升级换代、制造方法的改进、业务流程的改变、管理方式的改变和工作条件的改善，从而提高组织的效率与效益，使组织不断地保持先进生产力。

环境和组织目标的变化都会引起产品与服务的变革。由于科技的快速发展和顾客需求的不断变化，产品的生命周期越来越短，因此公司需要不断提出新产品和新服务的创新性理念，以满足市场的需要。顾客需求的变化是企业价值实现的导向，产品业务是企业价值实现的具体体现。企业一方面要满足顾客需求的变化，另一方面要创造客户，对企业来讲就是要用产品与服务的变革来创造客户。

战略与结构变革、技术变革和产品与服务变革不会经常发生。相反，任何一个方面的变革都离不开人的改变和组织文化的变革。人员与组织文化变革指员工和组织在哲学、理念、价值观、精神、伦理、道德和行为等方面的变革。在所有的变革中，人员的变革是组织变革中最复杂、最深刻、最难以把握的。组织变革中的人员因素是变革最基本的一个因素，组织人员的行动最终决定了要做出哪些变革。

组织文化变革就是要产生新的组织文化，这种文化重视员工参与和授权层的尊重、相互间的信任和支持，使员工更加认同组织文化，支持组织变革是一个持续的过程，这个过程是以渐进式变革或剧烈式变化方式出现的。

二、组织变革的过程

组织变革是一个过程。为了科学、有效地进行变革，需要遵循一定的过程，目前有三种比较完善的组织变革过程模式。

1. 三阶段模式

三阶段组织变革过程模式将组织的变革分为解冻、变革、再冻结三个阶段。

第一，解冻。这是指组织对当前的状况并不满意，想要通过变革，淘汰原来的组织行为方式，而且让组织内成员意识到这种变革将会带来的良好效果，得到组织成员的心理认同过程。

第二，变革。这是指旧阶段向新阶段过渡的过程。这个阶段确定组织未来的发展方向，执行组织的变化，在组织内产生新的行为和态度。变革包括了组织结构、生产过程以及绩效考评的改变。

第三，再冻结。这是新的行为方式或者新的态度在组织内重新固化的过程。这个过程有赖于组织内个体成员的相互强化，促使新态度和新行为保留较长的时间，因此变革计划包括职工所在的群体。

2. 适应循环过程模式

适应循环过程模式认为组织变革的过程是一种不断寻求适应的循环过程，具体分为六个步骤，如图 5-17 所示。

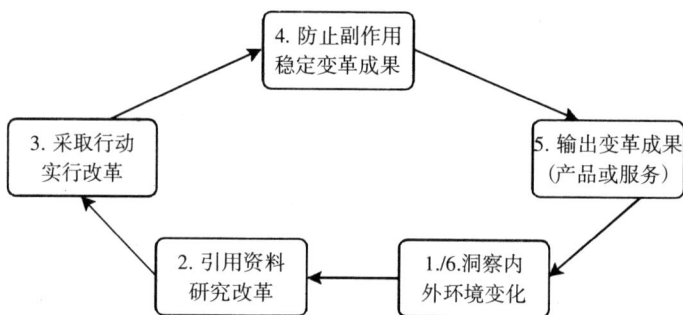

图 5-17 沙因的适应循环过程模式

3. 唐纳利的组织变革过程模式

在适应循环模式的基础上，唐纳利等人认为，变革力是其推动变革的开始，这种变革力来自于组织内部和外部相关力量的比较，模式中加入"实施计划"和"选择方法与战略"的快速反馈，使得组织变革成功的可能性得到了提高（见图 5-18）。

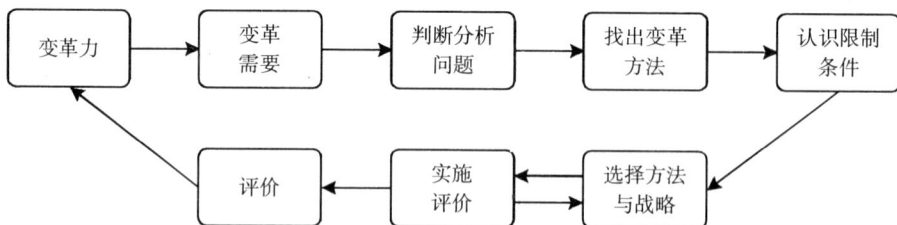

图 5-18 唐纳利等的组织变革过程模式

三、组织变革的内容和方式

1. 组织变革的内容

第一，组织要素重组的变革。知识生产力的作用不断改变着社会整体的面貌，其作用在组织结构上的反映便是"要素"重组。这种重组不是要素的简单变化，而是以"知识"要素为中心的组织要素的创造性组合。

第二，组织管理任务的变革。传统的组织管理是一种相对正规化的管理，具有相对固定的程序化的内容和计划、指挥、协调、控制与决策环节，在管理中突出以人为本。组织管理的创新则是创造一种指向未来的动态管理模式，实现以人为中心的各种要素管理的有机结合。

第三，组织功能的变革。在组织变革中，功能的变化是一个重要方面。随着社会的变迁和环境的变化，企业组织的功能已扩展到物质商品生产、流通、服务以及知识、文化的创造和相应社会责任的承担方面。在管理上，现代条件下的企业，要求具备以学习为基础的自我适应组织功能和将流程管理与结构管理结合的集中控制功能。

第四，组织制度的变革。组织的各方面变革必须以制度变革作为基本保证，制度变革的主要内容包括组织体制、组织机构条例、组织运行规则、组织管理章程等方面的系统变化。现代组织制度的创造性变革还在于层次管理与流程管理的规范和组织、知识产权与其他权益的制度化维护、国家创新制度与组织创新的协调等方面的变化。组织制度的变革既是其他方面创新的结果，又是推动组织综合创新的基本保证。

2. 组织变革的方式

第一，激进式变革与渐进式变革。激进式变革是指管理者力求在短时间内，对组织进行大幅度的全面调整，以求彻底打破组织现状模式并迅速建立新的组织模式。渐进式变革是指通过对组织进行小幅度的局部调整，力求通过一个渐进的过程，实现组织模式从现状向目的状态组织模式转变。

激进式变革能以较快的速度达到目的状态，因为这种变革模式对组织进行了大幅度的全面的调整，所以变革过程就会较快。但是，这种模式容易导致组织的平稳性差，严重时会导致组织崩溃。与之相反，渐进式变革依靠持续的、小幅度的变革达到目的状态，但波动次数多，变革持续时间长，这样有利于提高组织稳定性。渐进式变革是通过局部的修补和调整来实现，对组织产生震动较小，而是可以经常地、局部地进行调整，直至达到目的状态，但容易产生路径依赖，导致组织长期不能摆脱旧机制的束缚。

第二，自上而下的变革和自下而上的变革。自上而下的变革是从组织的管理层开始的，自管理层发起，变革的进程要迅速一些。自下而上的变革是由下级或基层率先开展的变革，这种变革的速度要慢一些。

第五节　组织发展

一、组织发展的含义

自 1960 年以来，管理心理学家和企业家都特别关注"有计划变革"，即从零散的变革活动转向系统的、战略性的有计划变革，重视变革的理论指导和方法途径。由此，组织发展应运而生。所谓组织发展是指以人员优化和组织气氛协调为思路，通过组织层面的长期努力，改进和更新企业组织的过程，实现系统的组织变革。组织管理学家沃伦·本尼斯说："组织发展涉及一系列复杂的教育策略，包括改变组织成员的信念、态度、价值观甚至组织的结构，以更好地适应新技术、市场变化的挑战，最终达到自身的飞快发展。"

广义的组织发展用以泛指各类变革，涵盖组织的变革与适应，涉及结构、技术、管理、组织行为与组织文化的发展过程，是组织整体性、系统性与前瞻性的革新发展过程，包括诸如领导能力、群体激励和工作计划等具体方面，及诸如战略、组织设计和国际关系等宏观方面。

狭义的组织发展通常侧重于改变人员及人际间工作关系的本质和性质的各种方法或方案，侧重改变工作态度与士气。

二、组织发展的特征

组织发展是提高全体员工积极性和自觉性的手段，也是提高组织效率的有效途径。组织发展有以下几个显著的基本特征：

第一，高速度。随着信息化和网络经济的发展，规模经济时代正在向"速度经济"时代转变，正如美国思科公司总裁钱伯斯所言："新经济规则不是大鱼吃小鱼，而是快的吃慢的。"因此，未来的竞争在很大程度上依赖于速度，未来是"快者生存"的时代。

第二，组织扁平化。由于计算机互联网在组织中的应用，组织的信息收集、整理、传递和控制手段的现代化，"金字塔"式的传统层级结构正在向扁平式的组织结构演进。在当今组织结构的变革中，减少中间层次，加快信息传递速度，直接控制是一个基本趋势。

第三，组织运行柔性化。柔性是指组织结构的可调整性和组织对环境变化、战略调整的适应能力。在知识经济时代，外部环境变化已大大快于工业经济时代变化的速度。因此，组织的战略调整和组织结构调整必须及时，应运而生的柔性组织结构使得组织结构运作带有柔性的特征。

第四，组织协作团队化。这里的团队是指在组织内部形成具有自觉团结协作精神，能够独立完成任务的集体。团队组织与传统的部门不一样，它是自觉形成的，是为完成共同任务，建立在自觉信息共享、横向协调的基础上。在团队中，没有拥有制度化权力的管理者，只有组织者。团队中的成员不是专业化的，而是多面手；分工的界限不像传统分工那么明确，相互协作是最重要的特征。

第五，组织管理人本化。组织中最重要的资源是人，特别是具有特殊才能的人才。组织的高效率和高效益依赖于组织成员的积极性和创造性，因此组织要尊重每个成员的合理需要，建立科学有效的激励制度和各项规章制度，为组织成员创造充分发展的机会和环境，使组织成员得到全面发展。

第六节　学习型组织

组织与变革专题6　红豆集团竞争优势的形成——建设学习型组织

红豆集团创立于1957年，在2014年（第11届）《中国500最具价值品牌》排行榜中，红豆品牌位居"品牌500强"第285位，世界品牌实验室评估其品牌价值达78.16亿元。该集团在以下四个方面的成功做法值得同行企业效仿。

1. 人员子系统

创立初期，红豆实质上一直是一家基于乡镇的家族企业，这样的家族企业缺乏有效的人才培养和成长机制。从周耀庭接手企业后，红豆确立了"一方水土用八方人才"的用人战略思想。1995年，红豆集团聘请陈忠等30名海内外高级管理人才；1997年成立ESMOD国际培训中心；2006年办起了红豆职业学校；2009年被授予省博士后科研工作站；2011年成立红豆大学，为企业和社会培养各种专业人才。

2. 学习子系统

个体学习方面，红豆集团不断引进高技术人才，借以提升组织内员工的文化水平，同时促进员工的自我学习。团队学习方面，红豆主要的措施是技术引进，与科研机构合作以及专利研发。从1986年开始，红豆集团与无锡市服装研究所、江苏纺织研究所的8家科研机构挂钩，引进大量国际上最先进的生产设备和流水线，提高产品质量和档次，打造中国名牌。至2005年底，红豆集团拥有完全自主知识产权的专利技术项目达到150项，实现专利产品销售额累计达20亿元。组织学习方面，红豆组织通过实施知识产权战略，将积累下来的宝贵知识与企业自身牢牢地联系了起来。

3. 组织子系统

组织子系统之下有四个要素：观念、文化、结构、战略。下面我们从观念、文化、结构、战略四个方面对红豆集团进行分析：

（1）观念。红豆集团的观念主要体现在两个方面：一是危机意识、拼搏精神。红豆集团特别强调危机意识和拼搏精神，让睡觉的人回家；让无能的人下岗；让无能的领导下来当普通工人；百万元年薪聘请总经理；不断突破原有的思维模式；在危机意识中奋进。二是永续创新。红豆集团极其推崇创新。在其组织的学习氛围下，不断进行着新的尝试。有一句话很能体现红豆对创新的态度：大创新，大发展；小创新，小发展；不创新，不发展。

（2）文化。文化是红豆集团着力打造的一个品牌标志。红豆文化立足于中国传统文化，"愿君多采撷，此物最相思"是红豆文化最完美的诠释。

（3）结构。红豆集团在全国首创的"母子公司制、内部市场制、内部股份制、效益承包制"为内容的"四制联动"的管理机制，使企业管理更加科学、规范。竞争上岗、制度选人等制度的推行，使企业充满活力。

（4）战略。红豆以创民族品牌为己任，从企业草创的1957年，到走出困境的1983年，再到目前产业的相对多元化，走过了辉煌的创业历程。红豆集团从原来单一的服装企业裂变为服装、橡胶轮胎、生物制药、地产四轮齐动的发展格局，并在发展中不断改革。

4. 管理子系统

它并不是单独存在的，它穿插在人员子系统、学习子系统和组织子系统中发挥作用。组织学习的经验也会反馈，并完善管理子系统。对于红豆集团，母公司带动子公司一同前进，不断学习、总结管理经验。同样地，"四制联动"也是红豆集团在长期经营管理中，对企业经营方式进行不断总结得出的方法。同时，硬件的构成也是管理子系统的一个方面。根据调查，红豆集团在信息化建设方面的投资已超过 250 万元，建立了企业内部局域网和外部信息网，服装、机械设计数字化。目前正向采购供应、销售等流通领域的管理方向进行改进和努力。同时，红豆集团也成立了自己的信息技术管理中心。

资料来源：邹佳敏，倪佳杰. 组织学习视角下的企业竞争优势的构建 [J]. 市场周刊，2012 (7).

一、学习型组织的内涵

彼得·圣吉于在 1990 年出版的《第五项修炼——学习型组织的艺术与实务》一书中首次系统地提出了"学习型组织"的概念。

美国麻省理工学院终生荣誉院士杨通谊先生，曾经把学习型组织形象地比喻为"一种身心健康的机体"，它不仅能迅即传递和处理各种信息，更要"活出生命的意义来"，也就是说，使组织具备"不断增进其创造未来"的能力。

在此，我们不妨引用鲍尔对学习型组织的一段精辟论述："学习型组织就是把学习者与工作系统地、持续地结合起来，以支持组织在个人、工作团队及整个组织系统这三个不同层次上的发展。"

学习型组织是以共同愿景为基础、以团队学习为特征、对顾客负责的扁平化的横向网络系统；它强调"学习+激励"，不但使人勤奋工作，而且尤为注意使人"更聪明地工作"；它以增强企业的学习为核心，提高群体智商，使员工活出生命意义，自我超越，不断创新，达到企业财富速增、服务超值的目标。

二、学习型组织的几种构建模型

1. 鲍尔·沃尔纳的五阶段模型

沃尔纳运用实证研究法，从企业教育与培训活动这一角度对为数众多的企业进行了深入的观察与分析，并在此基础上归纳出学习型企业的发展模式。他认为，企业学习活动的发展一般历经五个阶段：无意识学习阶段；消费性学习阶段；组织开始有意识地在内部开发适合自己特定需要的学习项目，并建立相应的学习基地来推动成员的教育培训工作阶段；组织已把学习纳入日常工作中，培训课程的设计开发趋于成熟；学习与工作完全融合。组织学习一旦发展到第五阶段，其组织系统、结构和过程就十分利于组织真正成为学习型组织。

2. 约翰·瑞定的"第四种变革"模型

瑞定从战略规划理论角度分析组织学习的各种模式以及学习型企业的基本特点，提出了被称为"第四种模型"的学习型组织理论。它有四个基本特点，即持续准备—不断计划—即兴推行—行动学习（见图 5-19）。

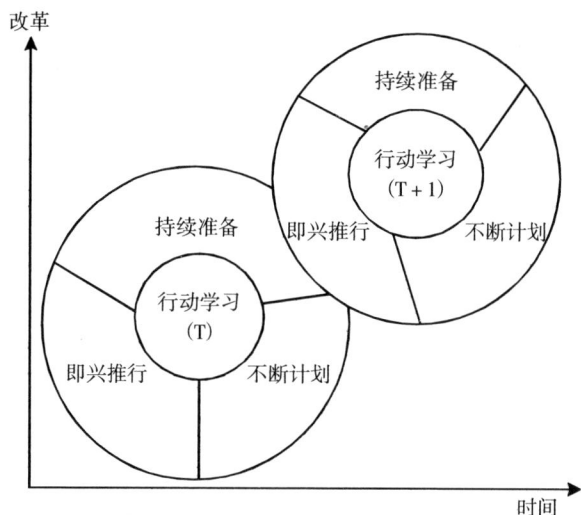

图 5-19　瑞定的"第四种模型"

瑞定认为，学习与工作是不可分割的，学习型组织强调的是在行动中学习，强调边学习边准备、边学习边计划、边学习边推行。学习贯穿准备、计划和实施的每一个阶段，是"全过程学习"，即学习必须贯穿于组织系统运行的整个过程。

3. 彼得·圣吉模型

彼得·圣吉认为，建立学习型组织需要进行五项修炼。

第一项修炼是自我超越。它强调要认识真实世界并关注于创造自己的最理想境界，并由这两者之间的差距，产生不断学习的意愿，不断地自我创造和自我超越。

第二项修炼是改善心智模式。心智模式是指了解外部世界及采取行动时内心一些习以为常、认为理所当然的习惯常谈的思维定式。心智模式是指个人了解外部的偏见、假设或印象等。

第三项修炼是建立共同愿景。共同愿景是指能鼓舞组织成员共同努力的愿望和远景，主要包括共同的目标、价值观和使命感。组织需要共同的愿景，并使组织成员一起为共同的愿景而努力，才能有所成就。

第四项修炼是团队学习。这是组织中沟通与思考的对话工具，强调彼此在不本位、不自我设防的情况下共同学习，以发挥协调作用，克服团体智商低于个人智商的情况。

第五项修炼是系统思考。这是五项修炼的核心，也是其他四项修炼的基础，强调把各个独立的、片面的事件联系起来，以发现其内在的互动关系。组织在决策时，应扩大思考的空间和时间范围，才能把握环境变化的趋势（见图5-20）。

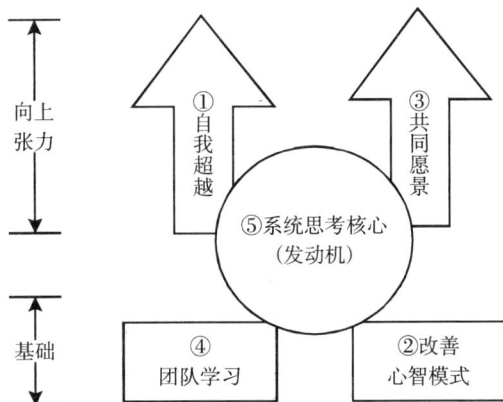

图 5-20　圣吉五项修炼模型

彼得·圣吉认为，像缺乏学习能力的儿童不能健康成长一样，不会学习的企业在竞争激烈的环境中将存在致命的危险，企业只有提高学习能力，将自己改造为"学习型组织"，才能求得长期的生存与发展。这是现代企业的根本所在；未来的道路难以预料，只有学习才能给我们提供一个参考点和开拓未来的跳板。企业未来唯一持久的竞争优势源于比竞争对手学得更快更好的能力，学习型组织正是人们从工作中获得生命意义、实现共同愿望和获取竞争优势的组织蓝图，学习型组织是21世纪全球企业组织和管理方式的新趋势。

【章末案例】　　建设学习型组织的重要渠道

——对浦发银行企业培训案例分析

1. 公司简介

浦发银行是1992年8月28日经中国人民银行批准设立，1993年1月9日开业，1999年在上海证券交易所挂牌上市的全国性股份制商业银行。自成立以来，浦发银行秉承"笃守诚信、创造卓越"的经营理念，积极推进金融改

图片来源：http://www.spdb.com.cn.

革创新，资产规模持续扩大，经营实力不断增强，取得了良好的社会效益和经济效益。

截至 2014 年 6 月末，公司总资产规模达 39302 亿元，各项贷款余额 18983 亿元，各项存款余额 27568 亿元，2014 年上半年实现归属于上市公司股东的净利润 226.56 亿元。2014 年 7 月，在美国《财富》杂志发布的财富世界 500 强企业排行中，浦发银行位列第 383 位，居上榜中资企业第 81 位和上榜中资银行第 9 位，表现出良好的综合竞争优势。

目前，浦发银行已在全国设立了 40 家一级分行、991 家营业机构，拥有超过 3.9 万名员工，架构起了全国性商业银行的经营服务格局。近年来，浦发银行也加快了国际化、综合化经营发展。浦发银行香港分行开业、伦敦代表处成立；浦发村镇银行、浦银金融租赁有限公司、浦发硅谷银行等机构的投资设立是浦发银行迈出国际化和综合化经营的实质性步伐。

2. 如何通过培训组织建设创造"学习环境"

（1）培训组织架构。1998 年浦发银行在总行人事部下设培训中心，成立培训团队，统筹全行培训工作。2005 年组建总行培训中心，成为一个独立部门，下设教育培训部和教育管理部两个专业团队。分行层面的培训职能设在分行人力资源部门，由部门总经理负责，总行各部门人事管理团队负责部门及所辖条线的培训工作，形成了总行、分行和支行"统一管理、分级（条线）规划、分级（条线）实施"的三级教育培训体制。2009 年建立由总行分管领导牵头，总行党委办公室、人事部、机构管理部、战略发展部和培训中心参加的教育培训工作联动会议制度，专题研究教育培训在全行战略实施不同阶段的工作重点，对重大培训事项和培训项目做集体研讨和决策，提升培训决策科学化水平。2010 年，成立了浦发银行党校。党校的主要职责是在总行党委领导下，培训轮训全行中高层管理人员、高级专才及后备干部，具体教学活动由总行党委办公室、培训中心或联合社会培训机构组织实施。

（2）培训职能分工。教育培训工作联动会议不定期对全行培训工作的重大事项进行讨论和决策。总行培训中心重点负责全行教育培训及管理实务制和制度建设，研究制定全行教育培训政策、中长期教育培训规划和年度培训工作计划，负责全行教育培训工作的政策引领、资源支持和流程指导；分行（总行业务条线）在总行的统一规划及相关政策的指引下，分别规划辖内（条线内）的年度培训计划，并负责组织实施和落实。

（3）培训运行制度保障。通过八项基本制度保障培训工作的日常运行：一是将企业对员工在学习与发展方面的要求导入《员工行为守则》，把员工个人的发展作为推动企业长远发展的重要动因；二是新员工入职教育制度；三是覆盖全员的培训基金账户制度；四是兼职培训师考核遴选制度；五是专业岗位执证上岗制度；六是教育培训工作评价制度；七是教育培训纳入全面审计的制度；八是党委中心组学习制度。

3. 利用何种培训方式提升银行"学习力"

（1）全员网络培训。建立了覆盖全员的网络学习培训体系，基本满足了全员随时学习和大规模学习的需求。大力推广 E-learning 学习平台建设，完善了网络课件开发与制作、学员在线测试与交流、网络课件体系建设与管理等基础功能。自 2005 年以来，坚持每年开发 100 门网络课件，经过几年不懈努力，截至 2010 年底已累计开发了 700 余门具有浦发特色的网上培训课件，形成了合规类、管理类、业务类、产品类、职业技能类、银行概况类、党建类七大课程系列。截至 2010 年底，全行员工累计完成课时 67 万余学时，参加网络培训的员工达到 35 万余人次，为推进全行学习力提升发挥了积极作用。

（2）中高层管理人员培训。一是通过开展党校轮训，提高干部党性修养和综合素质。党校轮训以"党的基本理论、党性修养、宏观视野和领导艺术"为主要培训模块，重在加强中高层干部的"软实力"。浦发银行与中国浦东干部学院合作。二是开展高层海外培训，拓展国际视野和专业能力。以提升"应对经济周期波动能力"和"持续发展能力"为重点，组织总行部门负责人和分行行长海外培训项目。主要以英国剑桥大学穆勒中心为培训基地。海外培训重在提高中高层管理人员专业化经营方面的"硬实力"。三是开展支行行长培训。支行行长轮训紧密围绕区域化发展战略和网点机构的战略布局，已成为常态化培训项目。支行行长培训旨在贯彻总行发展战略目标，推进网点建设，提升支行行长岗位胜任能力。总行高管领导还亲自讲课，从不同角度就"如何当好称职支行行长，促进支行全面建设"与学员交流。四是组织后备干部培训班。以分行后备管理人才为培训对象，依托新加坡南洋理工大学南洋商学院组织高级管理研修培训。2010年，100名中高层管理人员参加党校轮训。截至2010年底，已有130余人参与海外高层培训，850余名支行行长参加支行行长培训，72名学员参加了后备干部培训。

（3）服务人才专业化培训。一是开展个人银行"金融理财师"系列认证培训。个人银行业务是商业银行未来业务发展的重点领域，有着广阔的发展前景。2005年以来，浦发银行与中国金融标准委员会合作，引入国际通行的金融理财师系列认证培训，其国际金融理财师（CFP）认证资格是全球个人理财领域的权威专业证书，考试难度很高，是对学员"学习力"的综合性检验。自实施国际金融理财师系列资格培训以来，截至2010年底，全行共有2027名员工通过金融理财师（AFP）考试、241人通过国际金融理财师考试、90人通过金融理财管理师（EFP）考试、68人通过私人银行家（CPB）考试。二是优化公银客户经理岗位资格认证。公司银行业务是浦发银行的传统业务优势。为提高客户经理学习力，浦发银行不断优化"公银客户经理岗位资格认证"体系，逐步形成了"客户经理助理"、"客户经理"、"高级客户经理"、"资深客户经理"的认证体系。其中"高级客户经理"、"资深客户经理"以面试为主，尤其是"资深客户经理"要通过案例分析、客户需求解决方案设计、专家委员会答辩等环节严格把关，是对客户经理的市场敏感度、沟通能力、营销技巧、业务知识、方案设计、客户管理、危机应对等诸多能力、知识和经验的全面考查。截至2010年底有5349人取得客户经理资格、1690人取得高级客户经理资格、93人取得资深客户经理资格。

4. 启示

（1）建立科学的培训决策和制度保障系统。现代企业的培训职能必然与公司的发展战略和人才培养政策相联系，涉及培训的重大事项必然不是企业培训职能部门所能有效把握的。必须形成一个高效、权威、科学的决策系统，从全局和战略的高度认识培训工作，提高培训的决策能力，同时还须有相应制度作保障。浦发的培训联动会议制度和企业党校制度就很好地解决了培训决策过程中的复杂沟通工作，达成共识和高效前提下的民主集中，实现决策的科学化问题。其教育培训基金制度很好地解决了培训投入公平性、投入长期稳定性和员工自主选择性的问题。通过培训制度安排和项目开展在全行努力营造良好的培训生态环境。

（2）注重全员培训，构建网络培训体系。要构建学习型组织，离不开员工的广泛参与，浦发银行非常注重"大规模开展教育培训"的工作，通过搭建有效学习平台、开发制作网络课件，学员参与测试和交流等措施，形成了全员学习、团队学习、个人自主学习的良好氛围，为形成"学习型组织"打下坚实基础。网络培训是现代化企业培训工作的重要组成部分，构建完善的网络培训体系是全员学习的长期实现的重要保障。浦发银行除了建立网络培训平台外，还立足提供核心业务系统的仿真操作环境，建立了产品培训及体验平台，以帮助员工熟悉核心业务系统的功能和操作。最后还建立了网络培训考试系统及会议制度来实现对全员培训工作效率、全员学习效果的检验。

（3）紧抓关键，注重中高层管理人员及专业化人才培训。中高层管理人员和专业化人才培训是企业培训的重点，中高层管理人员和专业化人才是建设学习型组织的核心，对他们的培训能以点带面，通过发挥他们的组织、领导、协调效应，从而能让整个企业的学习力得到全面、迅速而有效的提高。浦发银行正是通过党校轮训、海外培训、支行行长培训、后备干部培训、金融理财师培训、客户经理岗位认证资格等项目的推进已基本形成了覆盖各层级管理人员的培训体系，使各级管理干部及企业高级专门人才的培养工作已经进入良性轨道，也大大提升了银行的学习力和竞争力。

资料来源：根据严军《上海浦东发展银行总行培训中心》整理。

【本章小结】

1. 组织一般包括如下两层含义：一是指组织结构或组织体系；二是指组织活动和组织工作。

2. 组织基本原则包括：因地制宜原则、统一指挥原则、责权统一原则、分工与协作相配合原则、精简高效的原则和集权与分权相制衡原则。

3. 组织具有组织能力的培养、确定责权关系、促进沟通与协调等作用。

4. 组织设计分职务设计、部门设计、建立层次、分配责权和协调活动五个步骤。

5. 组织授权的优点与缺点兼得，有其固有的原则和必要性。

6. 组织变革的对象有战略与结构变革、技术变革、产品与服务变革等，分为解冻、变革与冻结三个过程，变革内容为组织要素重组的变革、组织管理任务的变革、组织功能的变革与组织制度的变革，变革方式主要有激进式变革与渐进式变革和自上而下的变革与自下而上的变革两种。

7. 现代组织发展具有高速度、组织扁平化和组织运行柔性化的趋势特征。

8. 对于学习型组织，中外学者有不同的见解，彼得·圣吉首次系统地提出了"学习型组织"的概念；学习型组织管理理论是一种现代管理理论。

【问题思考】

1. 简述组织的基本内涵、基本原则及其作用。

2. 谈谈你对组织形式的认识。

3. 组织设计有什么含义，它的步骤和影响因素又是什么？

4. 阐述组织授权的科学方法，并谈谈这对公司的重要启发。

5. 说说自己对组织变革的对象、过程、影响因素的认识。

6. 阐述学习型组织的内涵，并通过案例明白建设学习型组织的重要性。

第六章　协调与整合

【本章要点】

☆ 掌握协调能力的内涵；

☆ 了解协调能力的内容；

☆ 掌握协调与整合的作用；

☆ 了解整合的含义；

☆ 了解资源整合的含义；

☆ 掌握资源整合的内涵及内容。

【章首案例】　整合线上线下资源　大众点评改造微生活

1. 强强联手：大众点评与腾讯微生活

2014 年 2 月，腾讯公司宣布以持有大众点评 20%股份入股大众点评，与大众点评进行战略合作。

8 月 21 日，随着大众点评和腾讯的战略合作的推进，微生活团队公布其已于 6

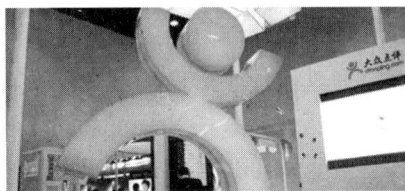

图片来源：www.techweb.com.cn.

月 6 日并入大众点评。据了解，原微生活团队成员少部分继续留在微信团队。双方整合两个月后，大众点评和微生活合作推出全新的客户关系管理（CRM）服务品牌——大众微生活。腾讯"微生活"进入大众点评两个月后，被彻底改造成为一个全新的 CRM 服务平台。大众微生活是在整合大众点评用户触达优势和微生活会员互动优势的基础上，打造成的全新 CRM 服务平台。

2. 腾讯微生活简介及其优、劣势分析

腾讯微生活是一个全新专注生活电子商务与 O2O（Online to Offline）的解决方案，意在使更多线上与线下用户享受移动互联网的便捷，获得生活实惠和特权。它主要依靠腾讯强大的账号体系、PC 与手机产品的入口，特别是手机产品微信、腾讯微博、手机 QQ、QQ 浏览器等，通过把微生活产品植入到各种产品平台中，为用户第一时间提供给力优惠，同时打通用户与企业之间的关系通道，帮助企业建立广泛用户体系。

腾讯打造的微生活项目线上技术能力不错，产品也具有较强竞争力，一度令在本地生活服务耕耘了十年的大众点评高层心生忌惮。然而，微生活线下团队不够多，对本地生活理解也不够深入，以及线下商户触达能力不强等明显短板制约了其发展。

3. 微生活与大众点评结合的必要性

与大众点评的结合，让双方优势得到互补，新的大众微生活已经为超过 1 万多家商户门店、近 5000 万会员提供服务，并采用了大众点评和微信双入口模式。

据大众点评商家平台副总裁王雨介绍，大众微生活打通了大众点评会员卡业务与微生活会员卡业务，未来使用大众微生活 CRM 服务平台的商户将同时拥有大众点评和微信两大平台入口，能够更好地管理会员关系，提高用户忠诚度。随着商业竞争的白热化，商户获取新客的成本日益提高，如何运营好老客户将是商户们的制胜关键。

原大众点评的合作商户可以选择升级为大众微生活合作商户，实现与大众微生活平台账号打通，可通过微信公众号管理会员，会员则可以通过服务号订座、叫外卖等。原微生活合作商户则可新增大众点评上亿规模用户，提高对用户的触达能力，还将与大众点评既有的预定、外卖等业务打通。

业内人士认为，对于商户而言，相比其他会员管理平台，大众微生活具备大众点评及微信两大平台的数亿会员的触达能力，覆盖了全国绝大多数消费者和消费场景，与微生活的后台管理能力产生乘法效应。

资料来源：作者根据网络资料整理而成。

第一节　协调能力概述

一、协调能力的内涵

法约尔认为，"协调就是指企业的一切工作都要和谐地配合，以便于企业经营的顺利进行，并有利于企业取得成功……总之，协调就是让事情和行动都有合适的比例，就是方法适应于目的"。明茨伯格进一步认为，协调是通过外力使得系统中分散的各要素具有一定整体性，并使之配合适当。总的来说，协调是为了实现组织目标而对组织内外各单位和个人的工作活动和人际关系进行调节，使之相互配合、相互适应的管理活动。

孔茨认为协调的普遍性是管理中的核心。管理是为了实现组织目标，以人为中心的协调活动（周三多，2005）。良好的协调可以给关系各方带来许多益处。比如，良好的协调可以降低外部环境激烈变化给个体企业带来的风险，有利于提高关系各方的绩效。反之，如果缺乏有效协调，则必然会给关系各方带来非功能性失调、生产中断等问题，导致关系各方交流减少，冲突增加，甚至出现关系终止等问题。

二、协调的对象与内容

第一，从协调的要素分类。毛克宇、杜纲（2006）按照制造业企业协同产品商务的特点，将企业协同能力包含的协同要素分为五类：知识协同、资源协同、制度协同、流程协同、关系协同（见表6-1）。

表6-1　协同要素

要　素	内　容
知识协同	企业中各种无形资源的协调管理
资源协同	企业从原材料的采购到成品销售、库存整个流程中涉及有形资源的协调管理
制度协同	企业各类规章制度中有关协同思想的规定的集合
流程协同	企业产品整个生命周期各个环节的协同
关系协同	企业与客户及合作伙伴充分、有效的沟通

应可福、薛恒新（2004）认为协同的内容包括组织协同、财务协同、资产协同、信息协同、管理协同、业务协同、技术协同等（见图6-1）。

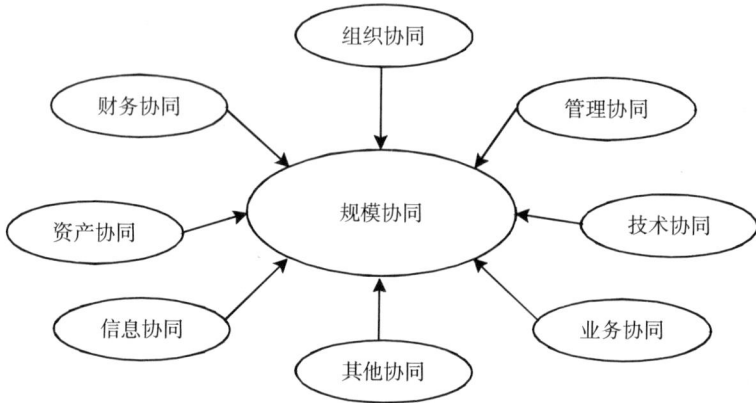

图 6-1　企业集团协同模型

第二，从协调的范围分类。李海婴、周和荣（2004）将协同分为外部协同和内部协同。外部协同依据协同的功能和性质，又可分为同盟协同、合作协同、竞争协同；按其协同职能和内容，又可分为战略协同、资源协同、组织协同、创新协同、采购协同、设计协同、生产协同、营销协同等（见图6-2）。

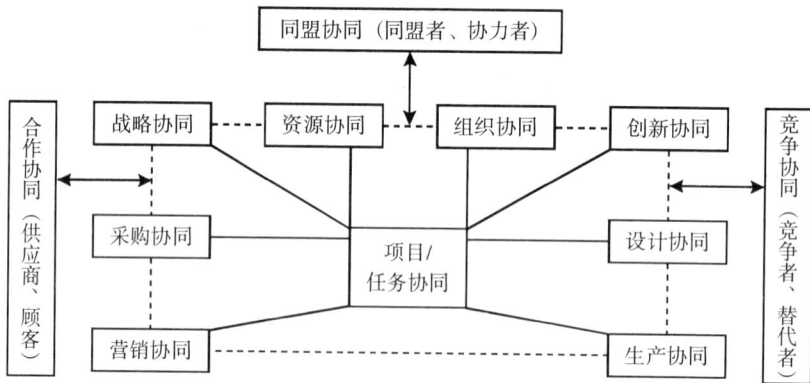

图 6-2　敏捷企业协同模型

第三，从协调的层次分类。吴正刚、韩玉启（2005）以及邹志勇（2008）根据企业各协同要素的不同作用和特征，利用复杂系统的分析方法，将企业的协同要素划分为三个层面：宏观层面、中观层面、微观层面（见图6-3）。

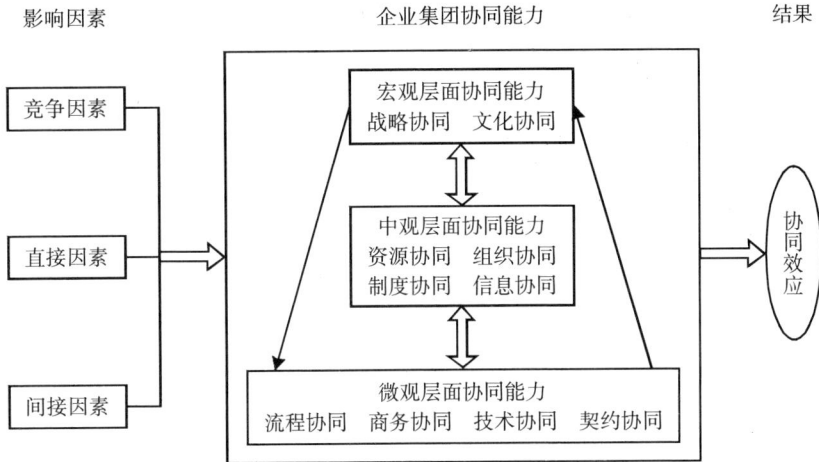

图 6-3　企业集团协同能力理论模型

资料来源：邹志勇. 企业集团协同能力研究［J］. 科技管理研究，2008（10）.

第四，从协调的内容性质分类。将协调分为认知性协调和利益性协调。任何矛盾冲突的产生，在本质上是跟人们的利益预期有关。因此，协调首先是一种利益性协调。利益协调必须根据矛盾冲突各方的利益动机和利益需要分析并设法调整当事各方的利益预期，以期达成理解上的共识、利益实现上的平衡和行动上的协同。与利益性协调有所不同，认知性协调是由于各具体的执行主体，在知识水平、能力结构、心理素质、价值观念等方面的不同，使得他们对于同样一个任务目标产生了不同角度、不同程度的理解，并通过一定的态度、情绪、行为反映出来。

三、协调产生的根源及基本的协调战略

我们可以将协调问题产生的根源归结为以下六个方面：私人的和不完善的信息、相互依赖性、分散的决策、不确定性、有限理性以及机会主义行为等。

由于市场上资源和信息的稀缺性，不同组织的相互依赖关系必然存在。这种相互依赖性的关系，如买卖关系、委托人代理人关系等，同时由于信息是不对称的、不可观察的、不可证实的、不完善的和延迟的，协调问题必然产生。并且当决策以分散的形式做出，或者以人类的行为做出，诸如自利、机会主义、风险厌恶、理性的缺乏、有限理性或有限制的理性进一步增加了协调的复杂性（见图 6-4）。

根据六种产生协调问题的根源，可以使用三种不同的协调战略，即信息管理

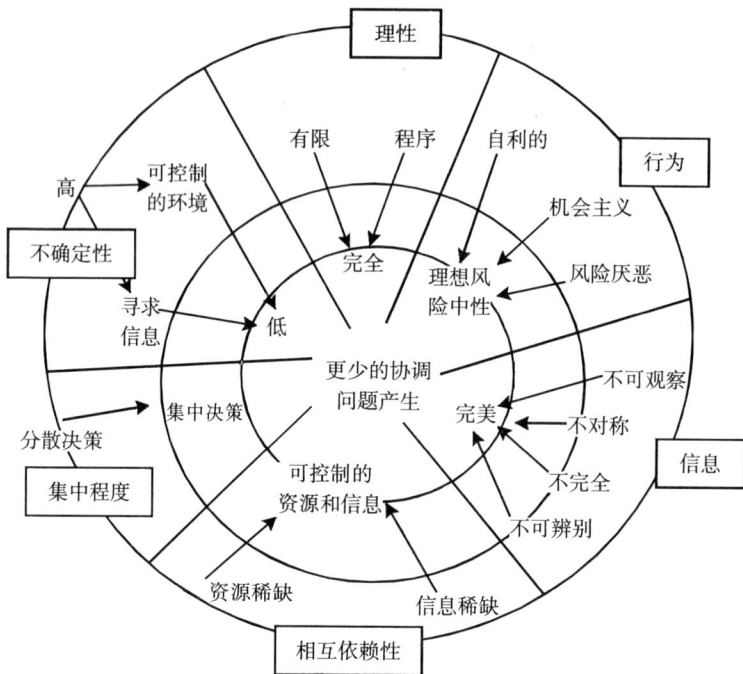

图 6-4　协调问题产生根源的框架

资料来源：程新章.组织理论关于协调问题的研究［J］.科技管理研究，2006（10）.

战略、激励和补偿机制战略以及共同获取资源和灵活地运用合同的战略等。

第一是信息管理战略。信息可能是不完善的、延迟的、扭曲的、不可观察的或者是不可证实的，商业环境越不确定，企业对信息的依赖程度越高，理性的缺乏加剧了信息问题。因此，增强信息共享、促进信息处理能力的提升、降低对信息的依赖程度、对信息加以集中或管理都有助于处理信息所导致的协调问题。

第二是运用激励和补偿机制以影响代理人的决策和行为，激励和补偿机制能使代理人更加理性、更加风险中立。自利、机会主义和风险厌恶等都可能成为目标冲突的根源，因此，激励和补偿机制成为了调整目标和决策的有效手段。激励和补偿机制可能包括决策的集中以及计划和运营的协作。

第三是共同获取资源和灵活地运用合同战略。共同获取资源以及灵活的合同运用，在组织理论中提及的相互调整、联盟和合作等都是解决由于资源相互依赖性所产生协调问题的手段。

总之，私人的和不完善的信息、相互依赖性、分散的决策、不确定性、有限理性以及机会主义行为六个方面所产生的协调问题，可以通过不同的战略解决。在实践中，某个协调问题的产生可能是上述六个方面中的几个方面综合作用的结果，如隐蔽行为问题是自利行为、有限理性以及不对称信息等方面综合作用的结果，其解决方案必须包含不同战略的综合运用。

第二节　整合能力概述

哈佛大学前校长萨默斯普说过：今日最成功的人，他们最特别的不是掌握了多少知识，而在于他们思考问题的方式，在于他们能把多少东西结合在一起的方式，在于他们能够看到人们以前看不到的模式。他所说的"把多少东西结合在一起的方式"，其实就是整合。

一、整合能力的定义与本质

所谓整合，是指将两个或两个以上的要素通过相同点或相异点的有效组合、重组直至融合、共生，使现存共有资源达到良性组合的最优化状态，即通过动态地综合使其系统更加完整与和谐。企业整合各种资源构建其能力体系，并通过企业间学习完善企业能力是一种重要的企业价值创造形式。

如今，资源整合已经成为世界趋势。管理大师汤姆·彼得斯指出：未来所有的资源和所有的企业，都必须要重新想象，都可以重新创造，都可以创造出不一样的可能。他提出的一个观点是"大破大立"，每一个人都必须以巨大的能量和胆识，有勇气把过去的东西、旧有的东西破坏掉，然后再建立新的系统。

在战略思维的层面上，资源整合是系统论的思维方式，就要通过组织和协调，把组织内部彼此分离的职能、把组织外部参与共同的使命又拥有独立利益的合作伙伴整合成一个为他人服务的系统。在战术选择的层面上，资源整合就是优化配置的决策，是根据组织的发展战略和市场需求对有关的资源进行重新配置以凸显组织的核心竞争力，并寻求资源配置与客户需求的最佳结合点。目的就是要通过组织制度安排和管理运作协调来增强组织的竞争优势，提高服务水平。

资源具有综合性和立体组合性。一个人、一个企业、一个乡镇、一个城市、一个地区，都拥有多元的资源组合（见图6-5）。

简言之，资源整合就是将可以利用的自然资源、社会资源运用多种经济手段进行合理的重新组合、配置，以达到所有资源发挥最大、最彻底的功能作用，形成一个完善、高效、科学、统一的思维方式和决策。

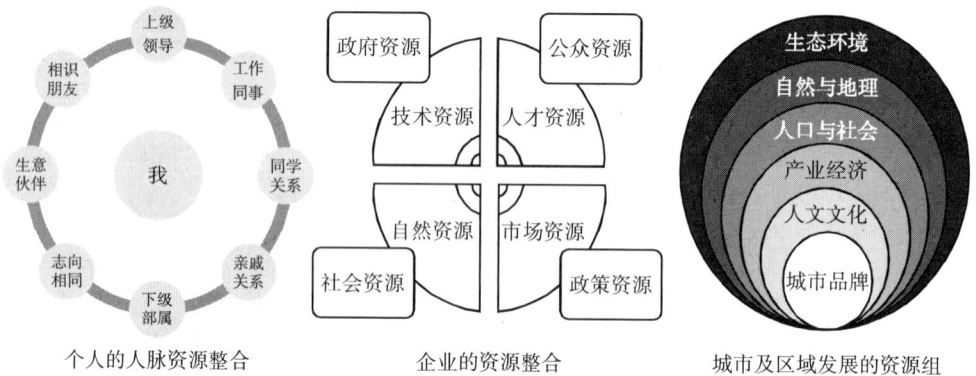

图 6-5　多元的资源整合

二、整合的必要性

第一，聚合资源。具有显在价值的资源通常是很容易被发现的，而许多分散的资源，其潜在价值往往不受到重视。整合资源能使潜在价值增值或增量，可能成为显在资源，使价值得到放量发挥的可能。

第二，把局部优势变成综合优势。局部优势在整合过程中，由于各个方面的有机结合，使得局部优势与整体优势相结合，甚至可能使某些处于局部劣势的某些环节，通过整合新的资源或新的技术、新的商务智慧以后，形成新的综合优势。

第三，把不完全信息变成完全信息。整合可以把分散在价值链中不被人们发现或者没有充分进行价值挖掘的不完全信息变成完全信息。越多越复杂的不完全信息对接成的完全信息，它所具有的价值就越高。

第四，把产业链的上下游企业有序地组合起来。产业链中的上下游企业只有按照一定的顺序有序地组合起来，才能具有高效率，发挥规模效应。整合就是企业各自发挥自身的长处，通过有序的业务对接，使得成本降低，效益提升。这种有序的业务对接最终使得价值链中的各方效益最大化。

第五，把技术实现和商业智慧有机地结合起来。整合中的信息交汇使得成果与商业智慧有更多机会实现碰撞，从而诞生出更能满足市场需求的产品。这其中并不是技术实现与商业智慧简单的结合就能产生新的价值，双方必须充分理解对方的价值取向之后，进行不断的调整。

三、整合的基本步骤

整合就是根据企业的发展战略和市场需求，对相关的资源进行重新配置，以凸显企业的核心竞争力，并寻求资源配置与客户需求的最佳结合点。这样做的目的是，通过组织制度安排和管理运作协调，来增强企业的竞争优势，提高企业的盈利水平，获得整体最优。有效地进行资源整合，一般包括明确目标、资源分析和资源整合等步骤（见图6-6）。

第一步　明确目标

第二步　必须具备的资源

第三步　分析已有资源

第四步　还缺哪些资源

第五步　缺少的资源在谁手里

第六步　如何将缺少的资源整合回来

图6-6　资源整合的一般步骤

资源整合是快速轻松达成目标的工具，要想用好资源整合，就必须从清晰明确的目标开始，然后分析达成这个目标需要的资源，通过分析企业本身已经具备的资源以及缺乏的资源，采用相应的方法，进行整合。

经济学家郎咸平说"一个人整合能力的大小，决定他成功的大小"。走好资源整合的六步，可以说就抓住了资源整合的关键，就向成功迈出了最大的一步。

协调与整合专栏1　　　　　　携程网的整合之道

图片来源：http://www.ctrip.com/.

携程网被称为"旅游产业的入侵者"，它毫不客气地破坏了传统旅游业的游戏规则，甚至剥夺了传统旅行社主动向在线服务转型的机会。1999年，携程网以在机场候车室、火车站出入口等出行黄金地段派发携程网会员卡的方式，将网络订酒店、订机票这种新的消费模式推介给了用户；2003年，携程网成为资本市场的神话，它成功登陆纳斯达克，并创纳市三年来开盘当日涨幅最高纪录；现在，携程网拥有超过1300万会员。服务范围也由酒店、机票扩大至度假预定，商旅管理、特惠商户及旅游咨询服务。不经意间，当初的那家"发卡公司"、订酒店和机票的网站，成为国内在线旅游业无可置疑的老大。

携程网高站在产业链的上游，扮演着航空公司和酒店的"渠道商"角色，它建立了旅游需求方和酒店、旅行者以及航空等供给方的数据库。一只手掌控着全国千万以上的会员，另一只手向酒店和航空公司获取更高的折扣，以从中获取更为丰厚的佣金。

在传统旅游业利润日益稀薄，综合毛利率不足10%的情况下，携程网2006年第三季度的财报显示，携程网净营收仍保持高速增长，同比2005年增长47%，比第二季度增长9.5%。

这是一个独特的资源整合者。携程网CEO范敏回忆道："在携程网成立之前，全国有一万多家旅行社。在携程网之前提供预订服务的公司都是区域性的，上海的旅行社只订上海的酒店，可能有的旅行社合作酒店比较多，也就能多订几家。但没有哪家公司能在全国200个或300个城市订酒店，且没有一家旅行社能做到全天候服务。"同样地，在携程网之前，也没有一家全国性的、能统一处理全国各地机票的公司，机票都是转接售票点，售票点再以柜台的形式面对各地区的客户，而这样分散的服务方式让质量控制难以执行。

显然，在机票和酒店预订行业，存在着空白地带，携程网就找到了产业的缝隙，并将其与互联网结合。

与传统旅游业的进入门槛低、地域分割严重、广告推广费用以及运营成本高相比，携程网在上海总部有个一千多人的呼叫中心，全国各地机票业务、订房业务都可以经呼叫中心及IT后台统一处理，机票的出票时间和价格、酒店的预约时间和价格甚至员工的服务质量也都能得到监控。六西格玛管理使携程网人能将客人打给呼叫中心电话的等待时间控制在20秒以内，将接听比例从80%提高到90%以上，将服务客户的话时长缩减到150秒左右。而且，由于携程网整合的是信息层面，几乎可无成本地加入新的航线、酒店预订。

相对于整个旅游产业，携程网不大，但它靠整合产业链的信息层面带动了整个产业的变革。

资料来源：杜芸. 整合发展360度资源整合 [M]. 北京：中国经济出版社，2012.

第三节　人力资源整合

人力资源已经成为了企业的核心竞争力和企业中最重要也是最特殊的资源。美国《CFO》杂志对世界 500 强中的 45 家并购企业进行了相关调查，根据调查结果显示，有 75% 的并购是令人失望的或者是完全失败的，其主要原因是并购中人力资源整合的失败。

一、人力资源整合的基本步骤与内容

1. 整合前期

整合前期是指并购企业间意向达成至并购方案正式出台之前的阶段。大卫·施维格提出整合前几个与整合直接相关的活动①：

第一，组织信息搜集和分析。创建、发展和管理一组人来执行有效的和高效率的尽职调查是很重要的。特别是如果可用的时间很有限时，搜集的信息在这里提供了一个对需要管理的整合事项的早期看法。

第二，评估目标企业的文化。企业之间的文化差异是并购冲突的主要来源，这一观点已经越来越得到普遍的认同。收购企业要评估它自己和目标企业的文化，以便于决定企业文化对交易是否很重要，判断这些差异，并采取处理方法，确保差异变成价值的来源而不是破坏性的冲突。

第三，评估关键目标人员。确定和评估那些在收购方、目标方和对过渡成功或者对并购组织的长期生存很重要的人员是很关键的。

第四，引导谈判者、尽职调查小组的行为和态度。整合过程开始于收购方和目标企业的人接触的时刻。因此，收购方的职员应该在如何正确地与目标企业打交道并创造合作的环境方面接受训练。

2. 整合中期

整合中期是指企业正式并购方案出来之后至整合基本完成阶段。整合中期是企业并购整合过程的核心。这一阶段的人力资源整合一般包括以下基本步骤②：

---

① 大卫·M.施维格. 整合：企业并购成功之道 [M]. 北京：中国财政经济出版社，2004：14.
② 刘海英. 企业并购中的人力资源整合管理 [J]. 齐鲁学刊，2003（4）.

第一，成立并购过渡小组。该小组的主要职责是保持企业的稳定以及帮助企业建立新的观念，其成员最好由 3~5 人组成，除了来自能够代表双方利益的双方企业外，也要有独立的第三方协调者。

第二，合适的整合主管。根据需要和双方企业的实际情况选派具有专业管理才能，同时诚实可靠的人担任目标企业的整合主管，以确保充分地发挥整合效果。

第三，融合不同企业的文化。不同文化、价值观念、思维方式、语言习惯和信仰等都会对人力资源整合产生重要影响。企业并购后，通常需要雇用相当数量的被并购企业的员工，这有利于在被并购企业所在地拓展市场，与被并购企业文化的融合，减少其对外来资本的危机情绪，这就是所谓的人力资源本土化策略。

第四，合理安排员工。根据各自的具体情况，并考虑未来的发展方向以及业务的重叠性高低来决定，并不一定完全由并购方企业来全权主导。首先要确定管理阶层的人选，然后尽快安排其他人员。减少因并购而引起的人才资源的流失和人员的震荡，是人力资源整合管理的首要问题。

第五，加强交流和沟通。沟通是解决员工思想问题、提高士气的重要方式，应在整合开始就建立一个常规的沟通程序，包括正式的和非正式的，并贯穿于整个整合过程中。

第六，重视并购后员工的教育和培训。应该针对原来被并购企业员工的文化层次、知识技能以及不同部门及岗位的人员及其能力水平制定不同的培训方案。

第七，建立科学的考核和激励机制。并购整合中稳定人力资源的政策还需要有实质性的激励措施相配合，使员工产生对未来前途的安全感，对重组企业的认同感和归属感，从而激发其责任感和使命感。

3. 整合后期

整合后期是指并购企业认为整合任务基本完成以后的阶段。整合之后需要进一步评估整合后的绩效，也有可能整合失败引起危机，都在这一阶段显现。

二、人力资源整合的模式

由于并购的复杂性，文化的多样性，经营管理特点的特殊性，决定了并购之后将有不同的整合模式。针对并购的企业特点的不同，可将整合模式分为[1]（见表 6-2）：

① 张金鑫，王方，张秋生. 并购整合研究综述 [J]. 商业研究，2005（9）.

表 6–2　整合模式说明

整合模式	适用条件	整合特点	注意事项
吸收模式	被并购企业具有较强的核心优势，某些方面甚至优于并购方	并购企业应该对被并购企业的核心优势进行仔细琢磨，将其精华部分系统化，纳入自己的核心能力中	并购方必须摒弃"王者"思想和"家长"作风，充分尊重被并购企业的核心优势
同化模式	并购企业的核心能力优于被并购企业	要通过整合，将并购企业的核心能力移植到被并购企业中	充分尊重被并购企业人员，尽可能取得被并购企业员工最大程度的支持
分立模式	并购双方的核心能力在各自长期的培植和不断完善的基础上，都已发展得十分成熟，没有哪一方更占优	尽可能维持双方原有的优势，实行"一企两制"，允许它们保持各自的特色、个性以及相互的独立性	在保持对立性的同时，注意鼓励双方发现彼此的差异、进行最广泛的交流与合作，从而发挥优势互补的效用
融合模式	并购双方发展都处于较低级的阶段，并没有一方形成较为明显而且完善的核心能力	客观、公正地进行资源评估，充分整合，剔除庸浮，保留精华，将各种制度融合成一个新的具有特殊适应性的制度体系	要把握好整合程度和形成的新企业结构的质量

第一，吸收模式。吸收模式是指并购的双方完全地融合，在以自身为核心的情况下，充分吸收被并购方的人力、物力等，在遵循被并购方条件的情况下扩大自身的实力和范围，既不使原有企业的员工有受挫感，又能将自身系统化。这种完全吸收的整合模式，能够保证整合的平稳性，使矛盾和冲突最小化。

第二，同化模式。这种模式的特点是，并购企业较之被并购企业来说具有更强的吸引力，在将被并购企业并购之后，自身的文化慢慢地渗入到被并购企业当中，也就是成为被并购企业的文化，精神成为被并购方的精神。但是这种整合模式有可能遭到被并购方员工的拒绝。

第三，分立模式。由于并购的双方在长期的发展过程中都形成了自己独有的模式，形成了自己的核心，如果在整合的过程中让其中的任何一方去接受另一方都容易出现冲突，更有甚者会造成人才的流失，从而降低企业的综合竞争力。就分立模式来说，双方的动荡比较小，不致招来太多的非议。

第四，融合模式。双方对自己的资源进行客观、公正的评估，将其最精华的部分糅合到一起，共同提出一整套具有特殊性，并且适应性比较强的制度。将双方员工的目标和公司的目标统一起来，使各方的资源重新配置，形成新的核心能力。这种整合模式在很大程度上减少了员工的不公平感，整合的阻力也较小。但是成本比较大，风险大，速度慢。

三、人力资源整合风险及控制策略

人力资源整合风险就是并购企业在对原企业的人力资源潜力挖掘、重新分配时所造成的失误和损失，一般包括[①]：

第一，人才流失风险。据统计，有 47% 的高层管理人员在并购的第一年内会辞职，三年内有 72% 会最终离开，在留下来的人中，大部分人不再忠于职守。人才流失给并购企业带来了两方面的风险：一是自身效益的下降。人才流失形成了大量的工作空位，特别是优秀人才的流失造成了企业竞争力下降，同时岗位员工搜寻增加了企业的经营成本，导致企业效益下降。二是强化了对手的竞争能力。

第二，错误裁员风险。被并购的企业之间由于存在某些部门或功能的近似而需要合并、精减人员。由于用人机制、考核指标体系等原因，可能出现优秀的人才被率先淘汰的情况。伊利集团在 1997 年重组对牛根生的错误裁员，形成了蒙牛集团这个强大的竞争对手，给伊利集团造成了巨大的竞争压力。

第三，留任员工的幸存者综合征。"幸存者综合征"是指在裁员事件后留任员工对自己可能被裁掉的担忧而出现的各种反应，如愤怒、焦虑、怨恨、消极怠工，甚至自动辞职等。美国 Hudson 学会 2000 年对全球 32 家拥有一万名以上员工的公司进行调查显示，经历了几年的裁员后，仅有 34% 的员工对公司真正的忠诚，31% 觉得无处可去而留在现公司，27% 的员工则计划在两年内离职，这无疑降低了企业运营效率。

人力资源整合风险控制策略主要有基于规范的控制策略、基于公正期望的控制策略、基于高绩效期望的控制策略和基于契约的控制策略，如表 6-3 所示。

表 6-3　并购式内创业中人力资源整合风险控制策略的比较分析

维度	基于规范的控制策略	基于公正期望的控制策略	基于高绩效期望的控制策略	基于契约的控制策略
实施基点	新规范的推行、确立和共享	公正的人力资源管理实践活动	及时获取高组织绩效	签订有法律效力的契约
实施载体	人力资源整合过程	人力资源整合过程中的关键事件	进入有发展前景的业务、取得高组织绩效	确立被并购组织成员进入并购组织的前提
实施时间	整个人力资源整合过程	人力资源整合前期阶段	人力资源整合初始阶段	人力资源整合之前

[①] 马举魁. 并购企业人力资源整合的风险及内容构建 [J]. 理论探讨，2009（6）.

维度	基于规范的控制策略	基于公正期望的控制策略	基于高绩效期望的控制策略	基于契约的控制策略
实施结果	共享新规范	树立起成员对新组织的信任和信心	建立七成员工对新组织的信心和依赖感	改变被并购组织成员进入并购组织的心态
优势	有效实施意味着人力资源整合的成功	及时控制人力资源整合风险	有效控制人力资源整合风险	大量清除人力资源整合中的障碍
劣势	实施难度大、时间长	偏差后负面影响大	需要辅助策略	易造成人才流失

资料来源：颜士梅.并购式内创业中人力资源整合风险的控制策略：案例研究［J］.管理世界，2006（6）.

这样，存在四种人力资源整合风险的控制策略：基于规范、基于公正期望、基于高绩效期望和基于契约的控制策略。

这四种人力资源整合风险控制策略在实施基点、实施载体、实施时间、实施结果、优势、劣势上都各不相同，在人力资源整合中，管理者可以根据其特征和并购式内创业活动的具体情况而采用不同策略，也可以根据需要综合运用两种或几种策略协同作用，从而控制人力资源整合风险，实现人力资源整合目标。

第四节　知识整合

一、知识整合的内涵

企业知识的积累水平决定了企业的发展路径。由于企业知识的来源、内容不同和价值的不同，知识在企业中存在不同程度的默会性和黏滞性，分布也处于无序状态。因此，要想发挥企业知识的最大价值，就必须对企业所拥有和能够控制的知识进行整合。Prahalad认为企业的竞争能力是一个组织的积累性学习，特别是关于协调不同生产技能、进行有机结合的学识。通过"知识"的整合能使企业具备独特的、不可仿制的竞争能力，从而获得长期的经营优势[①]。

知识整合是对组织内部和外部的知识进行有效的识别、利用和提升，促进不

---

① C. K. Prahalad. The Core Competencies of the Corporation ［J］. Harvard Business Review，1990（78）：71–91.

同主体维度上知识的彼此互动并产生新知识的能力[①]。

高巍等[②]认为，知识整合概念包含几个方面的含义：①知识整合的对象主要是既有知识，包括企业内部知识和外部知识；②知识整合是企业知识的组合或联结；③知识整合的基础是组织成员的充分交流与沟通；④知识整合能力是组织的基本职能和组织能力的本质。

二、知识整合的模式

李柏洲、汪建康（2007）将跨国企业集团的知识整合机制分为系统式和交互式两类。系统式知识整合机制是指采用指令、规则、程序、计划等形式化方式进行知识整合；交互式知识整合机制是指通过人际间密切的、沟通互动的方式来进行集体问题的解决，增加复杂、内隐或专属性知识的可整合性，或是发展作业例规，以逐渐形成形式化的知识整合机制（见图6-7）。

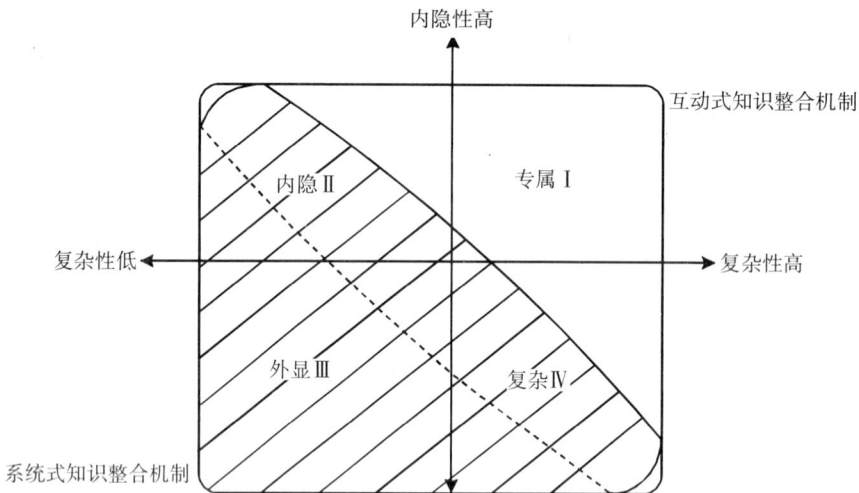

图6-7 跨国企业集团的知识属性与知识综合机制的耦合关系

苗明杰、刘明宇（2006）认为，在网络状产业链中，资产关联服从于知识的关联，知识整合是网络状产业链整合的实质，网络状产业链的知识整合模式分为多级控制模式、分散控制模式和多层控制模式。

---

① 沈群红，封凯栋. 组织能力、制度环境与知识整合模式的选择——中国电力自动化行业技术集成的案例分析［J］. 中国软科学，2002（12）：81-87.

② 高巍，田也壮，姜振寰. 企业知识整合研究现状与分析［J］. 研究与发展管理，2004（5）：33-39.

单伟、张庆普（2008）认为，知识整合机理是由多方面因素共同作用而形成的一种复合型协调机理，在多种机制共同作用下，通过有效运转，个人知识与组织知识、隐性知识与显性知识、原有知识与新知识、内部知识与外部知识等不断地发生多方面知识整合，产生放大效应和涌现效应，不断地创造出各种新知识（见图6-8）。

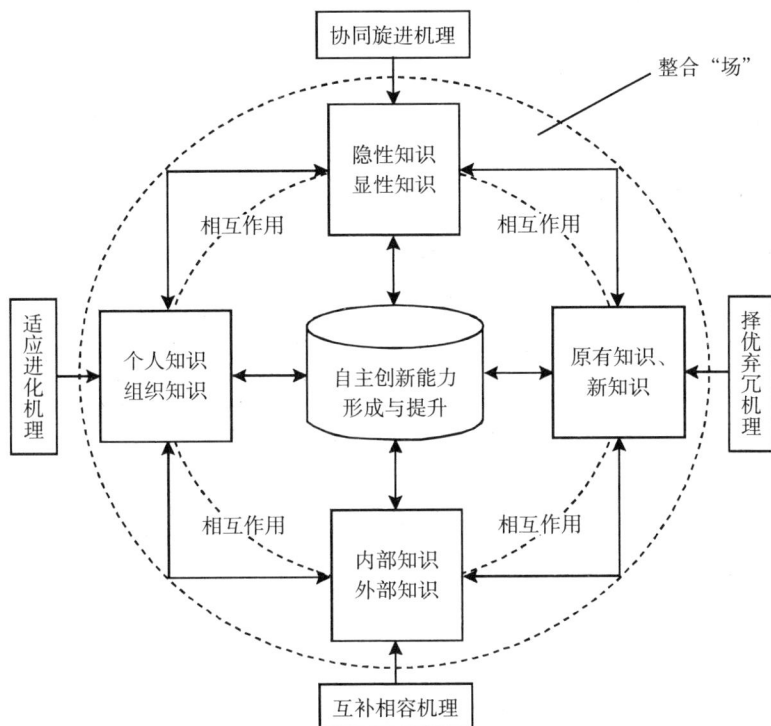

图 6-8　企业自主创新中知识综合协调机理框架模型

同时，根据不同的市场环境和企业的发展层次，知识整合可分为三种模式，在弱势领域进行的技术引进—消化吸收—自主创新知识整合模式；在追赶领域进行的技术追赶—技术超越—自主创新知识整合模式；在优势领域进行的自主性原始创新—知识整合模式。

协调与整合专栏 2　　　　　　TCL 自有渠道将进行一场大整合

图片来源：http://www.tcl.com/.

1. 5 亿自建 O2O

TCL 董事长李东生对外宣布，TCL 将以 5 亿元人民币的注册资金，成立酷友科技公司来运营自己的 O2O 平台。在他的规划里，这个 O2O 平台将承担 TCL 集团各产业线上线下销售、配送和服务等业务。这意味着，TCL 的自有渠道将进行一场大整合。据了解，这个 O2O 平台将囊括 TCL 旗下的酷友电商、速必达物流以及负责客服业务的惠州客音三家企业，以及 TCL 多媒体、通信在线下布局的体验店与专卖店资源。TCL 多媒体 CEO 郝义说："我们以前彩电是彩电，手机是手机，现在通过这个 O2O 平台，无论是在我们的物流、电商还是整个服务、产品，都会产生合力。"

在李东生的时间表里，O2O 平台建设的时间节点已经确定。2014 年 9 月 1 日，零售 IT 系统将上线。TCL 集团一万多家专卖店、体验店将使用 TCL 统一开发的 IT 系统，将整个线上通道打通，使信息实现一体化。10 月将实现送装调一体化，年底则要实现物流和售后平台的整合。他对这个平台的期望是，在 2015 年中，O2O 网络覆盖用户将达到 1000 万；2015 年末，O2O 能够实现 100 亿元的销售目标。

2. 自有渠道重组

O2O 平台启动的背后，是 TCL 自有渠道掀起的一场重组供应链的革命。

在李东生的规划中，传统一到六线城市的客户，以及苏宁、国美这些传统线下渠道被称为分销。O2O 平台负责的电商、专卖店以及体验店等自有渠道则被称为直销。据了解，在集团牵头运作 O2O 平台的多媒体公司中，负责国内销售业务的分销与直销渠道已经在组织架构上做了相应的拆分。但郝义也表示，因为业务要一开始就做起来，所以还是在 TCL 的内部做运营。

郝义表示，第一步要先整合 TCL 多媒体线上线下的销售、配送和服务资源。因为多媒体的网络渠道相对其他产业里面是最深的，这也是线上许多互联网企业几乎很难达到的区域。所以多媒体先行先做，慢慢这个平台搭建起来以后，其他的产业再分别把产品搭建进来。但郝义也坦承，TCL自己的官网现在比较弱，主要的营收还来自分销这一块。他表示，希望今年直销的比例在20%~30%。他说："毕竟线下的渠道，国美、苏宁还有传统三四五级市场的客户，还是占绝大多数的比例。但我们今年希望直销分销的比例在20%以上，如果能够在30%就达到我们的目标了。"

这场渠道革命的背后还是成本的压力。用李东生的话来说，"如果TCL能够用一种新的商业模式更大比例地取代旧模式，就能保持相对好的毛利。"

事实上，早在2014年1月于美国举行的CES展会上，李东生已坦承，互联网时代硬件企业备受成本压力困扰。在低毛利的情况下要保持利润和竞争力，TCL已制订渠道O2O的计划。他当时介绍称，发展O2O，把门店和电商结合起来，可节省约6~7个点的费用率。

但O2O也并不是一剂立刻显效的灵药。有业内人对其分析称，线上线下协同将是TCL O2O平台面临的一大难题。他表示，线上的价格体系将对线下造成一定的冲击，库存协调也将成为难题。郝义也表示，线上线下同价需要一步一步来进行。目前TCL想出的办法是两个渠道将在产品上予以区分。

资料来源：作者根据凤凰网商业相关主题整理而成。

第五节　品牌整合

品牌整合是指企业在一定的背景下，如企业发生并购重组等，且在战略愿景的驱动下，通过采取一些战略措施、手段和方法，对所经营的品牌或服务进行科学的调整配置，对有关的关键要素进行系统性融合和重构，最终以此来创造和增加品牌价值，提高企业竞争力的过程。

一、品牌整合的一般步骤

品牌整合主要包括确定品牌目标，创建旗帜品牌和建立品牌联系三个步骤。

第一，确定品牌目标。品牌整合需要企业对品牌家族进行系统管理，以使每个品牌都有明确的角色，且在与其他品牌互动中能够形成一种整合力量。

第二，创建旗帜品牌。企业"旗帜品牌"是整个品牌家族乃至整个企业的灵魂，起着统率全局的作用，必须由处在战略层的管理者负责管理，以得到企业各部门的协调与配合。

第三，建立品牌联系。保持品牌系统内的各品牌之间的关联（尤其是"旗帜品牌"与产品品牌之间的关联）有助于发挥品牌的协同效应，降低企业的推广费用，并提高推广成功率。

二、品牌整合的基本战略

根据双方品牌的差异程度和多品牌经营的维护成本来采取不同的品牌整合策略，如图6-9所示。当并购企业的自有品牌与被并购企业的品牌差异程度较小，与竞争对手的品牌差异程度较大时，品牌整合策略取决于实行多品牌经营的维护成本，当成本较小时，并购企业将采用多品牌战略；当多品牌经营的维护成本较大时，并购企业单独使用自有品牌。当并购企业的自有品牌与被并购方品牌的差异程度较大，与竞争对手的品牌差异程度较小时，企业跨国并购后将使用被并购企业的品牌。

多品牌经营的维护成本

	小	大
小	多品牌策略 （A、D 品牌策略）	使用自有品牌 （D 品牌策略）
大	使用被并购企业品牌 （A 品牌策略）	使用被并购企业品牌 （A 品牌策略）

（左侧纵轴标注：与被并购企业品牌差异）

图6-9 Hotelling 模型下的品牌整合策略选择矩阵

具体来看，品牌资源整合方案主要有品牌收购、品牌租赁、贴牌、使用自有品牌、品牌联合及树立本土化的新品牌等[1]（见表6-4）。

---

[1] 刘文纲. 跨国并购的品牌资源整合策略选择［J］. 商业研究，2010（1）.

表 6-4　跨国并购中品牌整合策略的比较

品牌整合策略	品牌控制力	对企业实力的要求	风险	潜在收益
使用被并购企业的品牌				
品牌收购	较强	高	大	大
品牌租赁	较弱	较高	较小	较大
贴牌	很弱	低	小	小
使用自有品牌	最强	高	较小	大
联合品牌	较强	高	大	较大
树立本土化新品牌	强	高	较大	大

第一，品牌收购。通过企业收购，获得被收购企业的品牌资源的所有权。通过收购，并购方企业可以利用所收购的品牌及其背后的客户关系、渠道等资源，快速进入新的市场，扩大销售收入。但由于文化差异、品牌管理能力等因素的影响，品牌背后的战略性资源不一定能够完全被企业所掌控，风险也较大。

第二，品牌租赁。品牌租赁是指在拥有品牌控制权的企业的许可下，另一企业获得在一定时期内对品牌的经营权。当收购方企业资金实力不足或者被并购企业没有出让品牌所有权的意愿时，品牌租赁往往成为一种重要的整合方式。在品牌租赁方式下，租赁方企业不仅要负责产品的生产，还要负责品牌在特许区域内的宣传推广以及售后服务等工作。

第三，贴牌。在跨国并购中，贴牌是一种最为初级的品牌整合策略，能使企业在短期内快速实现收入的增加。但在该策略下，企业潜在收益也最低，对企业国际化成长的推动作用也最小，因此较少被具有战略眼光的企业采用。

第四，使用自有品牌。对于被并购企业的品牌资源既不收购也不利用，而是在海外市场推广使用自有品牌。该策略保证了企业对品牌资源绝对的控制力，但对企业实力的要求非常高，且需要考虑文化差异对品牌接受程度的影响。

第五，使用联合品牌。当两个品牌具有相当的规模和市场声誉以及某些方面的互补性时，一般采取联合品牌策略，将双方的核心技术和竞争力整合在一起，共同服务于市场，从而起到强化彼此客户忠诚、共同提升品牌价值的作用。

第六，创建本土新品牌。并购双方根据当地市场状况、文化状况树立一个新的品牌，以获得当地消费者的认同和接受。新品牌的树立需要投入大量的资源和精力，因此这种策略较少被企业使用。

协调与整合专栏3　　　中国石化"六变一"的品牌整合战

2004年4月，随着中国石化"品牌整合"行动的结束，其旗下"海牌"、"南海"两个商标划归"长城"品牌。这样，中石化经过6年的整合从"六变三"

图片来源：http://www.sinopec.com/.

到"三合一"，终于完成了品牌的大统一。一年后，中石2004年年报出炉，长城润滑油全年销售收入突破66亿元，同比增长17%。更重要的是，高端产品在集团销售的润滑油中所占的比例进一步提高。

多品牌战略和单一品牌战略本身不存在优劣，关键是企业应该结合自身的资源和市场竞争的需要，选择能发挥出最大化的效率和竞争优势，适合自身发展需要的品牌战略。

1. 以强势品牌为依托

与中国石油等企业的品牌整合不同，中国石化的润滑油业务整合并没有采取重新塑造一个新品牌的办法，而是将润滑油业务集中统一到一个已有的品牌——长城。作为中国本土润滑油的第一品牌，长城多年来始终位居国内高档润滑油市场首位。将品牌统一到长城，能够充分借助长城多年来所建立起的遍及全国的营销网络和完善的客户服务体系，以及在消费者心目中的良好口碑，从而将市场变动的风险降到最小。

2. 先难后易的整合法则

品牌整合不是外界所理解的把品牌合多为一，或者消灭掉多余的品牌那么简单，品牌整合是一个系统工程，有着复杂的程序和很多层面要解决的问题，品牌整合必须以产品整合、体系整合为基础，也不可能一蹴而就，需要有步骤、有计划地进行调整。

中国石化的品牌整合采取先易后难、逐步推进的方法。先将火炬、古塔、一坪等规模比较小的品牌进行整合，最后再将海牌、南海两个品牌与长城进行统一。这样做一方面有助于中国石化积累经验，另一方面逐步实施的策略也能够将品牌整合的冲击降到最低限度。

3. 统一思想认识

中国石化润滑油公司使全体员工明确了品牌整合的必要性，从而自觉地支持和配合工作的开展，使各项工作得以顺利进行。在此基础上，中国石化润滑油公司建立了品牌整合领导小组，统一协调各方面的工作，理顺了品牌统一过程中的组织体系和业务流程。

4. 进行质量标准和生产工艺的统一

在品牌转换之前，润滑油公司完成了九大生产基地生产工艺的改造和质量标准的统一，并在营销、物流、技术支持和售后服务等方面和长城实现了系统对接。

5. 给足经销商"利益点"

销售渠道的统一和稳定直接关系到品牌整合的成败。一般而言，在品牌整合的过程中，由于前景的不确定，市场销售体系最容易发生变动，从而造成市场通路的不畅，给变革带来不利的影响。因此在品牌整合过程中，如何优化和整合经销商队伍，制定适应市场的产品定价策略就成为其中最关键的问题。为维持销售系统的稳定，中石化对销售体系采取了"先保持后调整"的方法：在品牌整合中保持销售体系基本不变、产品价格基本不变、经营环境不变、转牌后产品的包装设计风格和桶型均保持不变。而且让所有经销商享受同样的销售政策、广告支持、技术服务，继续维持经销的利润空间，稳定经销商的信心，并推进网络化渠道伙伴计划，吸引新老经销商。

6. 借助强势传媒的几何级数效应，迅速完成品牌整合

一般而言，品牌整合面临的最大问题是如何迅速打通信息传递的各个环节，使品牌整合的信息以及新品牌的信息迅速传递给消费者，并通过积极的手段消除消费者及分销系统各环节的顾虑。为了迅速提升长城品牌的影响力，中国石化基于对中国的特有传媒环境的掌握，采取以央视广告投放促进品牌建设的策略。

中国石化润滑油品牌的成功，为长城润滑油的持续发展奠定了品牌基础，使中石化润滑油公司能够集中全部资源，全力打造一个强势的、具有国际竞争力的品牌。更为重要的是，中国石化的成功表明，在中国的市场环境下，只要能够采取适当的策略，借助强有力的资源，进行信息的迅速传递，完全能够在一个比较短的时间内完成众多品牌向单一品牌的整合，并实现品牌竞争力的提升。

资料来源：作者根据多方资料整理而成。

第六节　文化整合

企业文化整合是指企业在并购过程中将相异或矛盾的文化特质在相互适应、认同后形成一种和谐、协调的文化体系。

由于文化是一个复杂的系统，包括物质文化、行为文化、制度文化和精神文化四种由表及里、由浅入深的不同层面。因而，文化整合也可能呈现出一个依次递进的过程，即首先表现为物质层的文化冲突与文化整合，然后依次是行为层、制度层、精神层的文化冲突与文化整合（见图6-10）。但在现实过程中，由于多种因素的作用，并购企业中的文化冲突与文化整合并不会严格按照这一逻辑次序来进行，而是表现出交替进行、复杂多变的特点，这就增加了整合工作的难度。

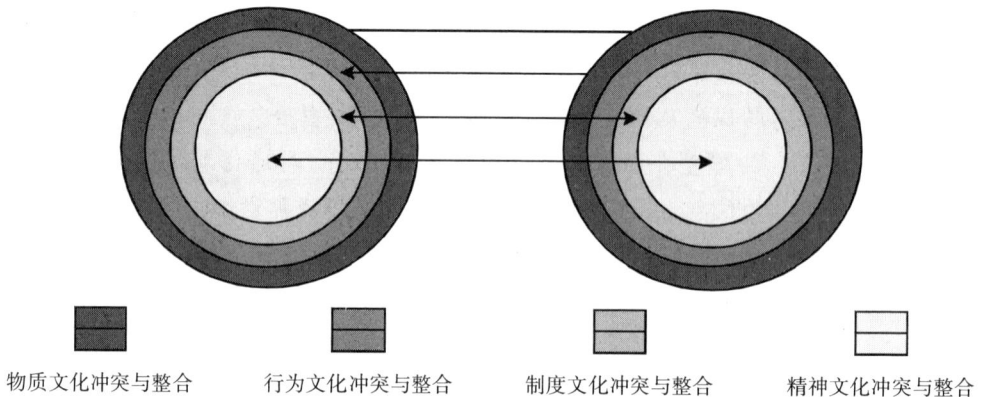

| 物质文化冲突与整合 | 行为文化冲突与整合 | 制度文化冲突与整合 | 精神文化冲突与整合 |

图6-10　企业文化冲突与整合层次

资料来源：黎正忠.并购企业文化整合的影响因素及策略研究［D］.暨南大学博士学位论文，2006.

一、文化整合的四个阶段

文化整合一般要经历探索期、碰撞期、磨合期、拓创期四个阶段。

第一，探索期。文化整合的探索期是指全面地考察整合对象原有的文化状况、原有文化同并购企业的差异及冲突的可能以及根据考察的结果做出初步的整合方案的时期。并购双方要努力缓解文化冲突，就要敢于正视双方企业存在的文化差异，通过了解对方企业的经营历史、规章制度、领导风格、员工行为等较为外显的文化来逐步认识对方企业的核心价值取向。

第二，碰撞期。碰撞期为文化整合开始执行的阶段。这一阶段往往伴随着较大的改革举措，如新的组织结构的建立、管理层的调整、人员的精简或启动较大的项目等。在这个过程中十分重要的是对于"障碍焦点"的监控。所谓"障碍焦点"是指可能对文化整合造成重大障碍的关键因素，它可能是某一关键人物、某个利益集团或原企业的某种制度等。在碰撞期，整合人员需要恰当把握文化整合的速度和强度，注意反馈信息，及时掌握对方员工的情绪、态度变化。

第三，磨合期。磨合期是指并购双方文化逐步达到共处、协调或融合的过程。这一阶段相比探索期和碰撞期可能历时更长，主要任务通过寻找"中立点"来维护、调整文化整合过程中已确定的新的管理制度和行为规范。"中立点"是指与双方文化都不矛盾的第三点。整合人员在这一阶段中的工作重点是：通过整合现状与预期目标的比较，判断文化整合的进程，实时调整整合速度；通过面谈、互动交流、研讨、企业内刊等渠道与员工充分沟通，肯定并巩固已经取得的阶段性成果以激励员工采取更为积极的态度和行为；预防文化整合中的倒退现象。

图 6-11 中的两条曲线所描述的是四个阶段中文化冲突的大小。这两种曲线的形态都是可能发生的，即文化冲突的高潮或升级可能发生在各种举措导入的碰撞期，也有可能发生在磨合期，这将随各个并购文化整合个案的具体条件和实施情况的不同而不同。

第四，拓创期。拓创期是指在文化趋向融合的基础上，被并购企业开拓、创新或整合出新的文化的时期。这一时期的开始点相对于前面三个时期来说是比较模糊的，因为很可能文化碰撞的过程就是一个开拓和创新的过程。这一个过程的终结期显然也是不可预期的，它可能随着企业的成长、成熟而不断进行下去。这一过程的最佳境界就是：两种不同类型的企业文化通过融合，最终保留了各自的优秀文化基因，并同时摒弃了各自文化缺陷而形成一种新的更为优秀的企业文化。

二、文化整合的四种模式

Berry（1983）是较早提出企业并购文化整合模式的学者，他认为并购双方共有四种文化整合模式，即文化融合（Cultural Integration）、文化同化（Cultural Assimilation）、文化分离（Cultural Separation）、文化消亡（Cultural Deculturation）。张定芳（2013）的跨文化整合模型如图 6-12 所示。

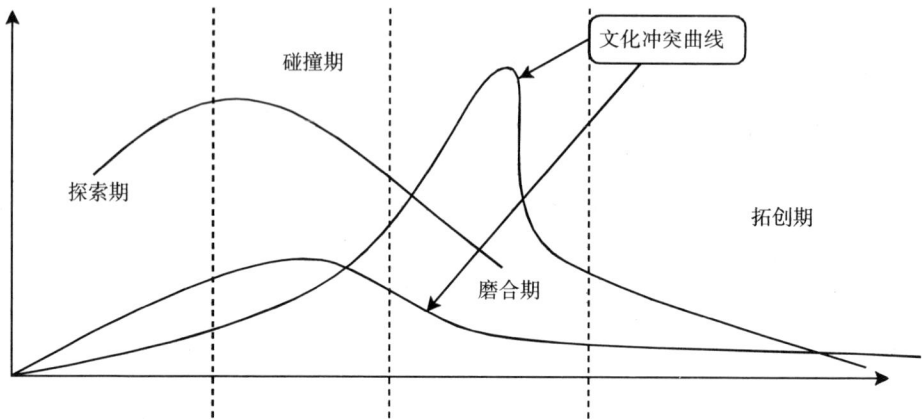

图 6-11 文化冲突曲线形态变化

资料来源：范征. 并购企业文化整合的过程类型与方法 [J]. 中国软科学，2000（8）：91-95.

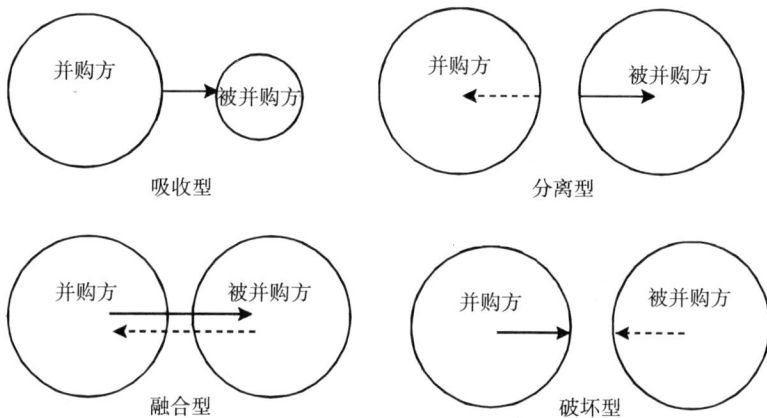

图 6-12 跨文化整合模型

资料来源：张定芳. 中国企业海外并购的跨文化整合——模式选择与案例分析 [D]. 山东大学硕士学位论文，2013.

第一，文化融合模式。文化融合模式是指被并购方放弃自己原有的文化模式，包括经营理念、价值取向和行为方式，转而接受并购方的企业文化，服从并购方的统一管理和控制。在这种模式下，优势核心企业通过适当的方式和手段，强制地将本企业的精神文化、制度文化等内容导向目标企业，使被并购企业的弱文化受到优势企业强文化的冲击而被取代。根据德勤公司对中国企业并购后文化整合的调查，60%的企业认为并购模式为吸收型，即新公司接纳了并购企业文化，只有30%的被调查企业认为双方是互相融合。由此可见，在企业并购的实践中，大多数中国企业选择了并购方主导的吸收模式。

第二，文化同化模式。该模式是指并购方在企业文化上互相渗透、妥协，融合各自文化中精华的部分，有目的地吸收对方企业成功的文化经验，达成包容统一的共识文化。这种文化模式的优点在于容易受到双方员工的认同，在保留原有的文化优势的同时，有效克服双方的文化缺陷，博采众长，求同存异。但缺点是整合速度较慢，整合成本较高，虽然会得到对方一部分组织文化的控制权，但也会失去一部分自己的组织文化，并购双方都要承担一定的风险。

第三，文化分离模式。分离型是在并购后双方文化背景差异很大甚至相互对立情况下，彼此保持独立运作的一种模式，也被称为"保留型"。适用这一模式时，并购双方文化强弱相当，任何一方都无法完全影响另一方，同时彼此文化风格迥异，再整合难度和代价较大。

分隔保持了目标企业文化的自立，并减少了双方成员公开接触的机会，因而有助于缓和双方的紧张状态，避免产生强烈文化冲突。但这只是一种权宜之计，往往会给企业的长期继续发展留下隐患。

第四，文化消亡模式。这种模式下被并购方既不接纳并购企业的文化，也放弃了原有文化，价值观和行为变得混乱，处于文化迷茫状态的情况。这种模式有时是并购双方有意而为，目的是将企业糅成一盘散沙以便于管理控制；有时是文化整合失败的结果，表现为文化冲突激烈，市场份额缩小，并购价值期望成为泡影。跨文化整合模型如图 6-13 所示。

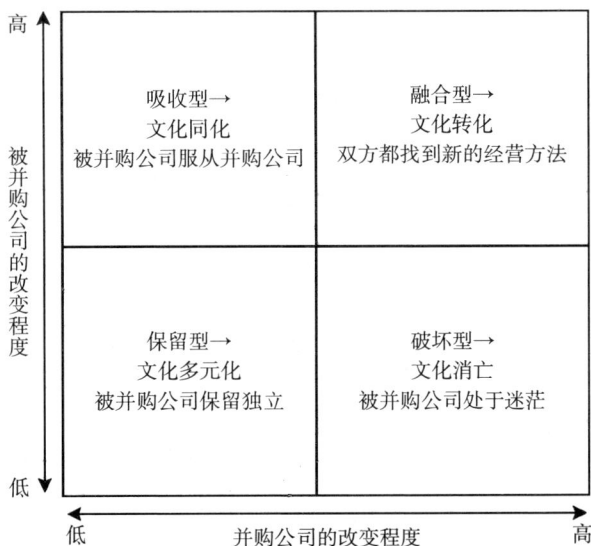

图 6-13　跨文化整合模型选择

资料来源：张定芳. 中国企业海外并购的跨文化整合——模式选择与案例分析［D］. 山东大学硕士学位论文，2013.

并购整合须根据企业双方不同的文化特征，选择合适的文化整合模式。在模式选择的考量中，要考虑东道国的文化适应性、双方企业文化特点、竞争力强弱、并购战略以及文化差异对于企业整合的影响等因素。在出现文化冲突时，无法套用公式，也不能盲目照搬其他企业的模式，须立足于企业实际，根据具体情况做出决策。并购企业和被并购企业对文化整合的偏好如图6-14、图6-15所示。

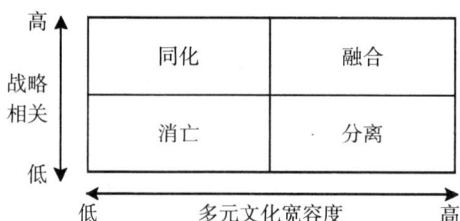

图 6-14　并购企业对文化整合的偏好　　　图 6-15　被并购企业对文化整合的偏好

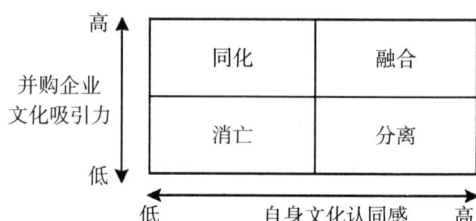

资料来源：邹燕，陈笑. 中国企业跨国并购文化整合的模式选择 [J]. 黑龙江对外经贸，2009(1).

【章末案例】　海尔：运用"拼积木"原理整合全球资源

1. 公司简介

2013 年 12 月 22 日，据全球四大通讯社之一的路透社消息称，拥有 41 年历史的英国老牌调查机构欧睿国际（Euromonitor）发布 2013 年全球大型家用电器调查结果显示：海尔 2013 年品牌零售量占全球市场的 9.7%，第五次蝉联全球第一。按制造商排

图片来源：www.haier.com.

名，海尔大型家用电器 2013 年零售量以占全球 11.6% 的份额首次跃居全球第一。同时，在冰箱、洗衣机、冷柜、酒柜分产品线市场，海尔全球市场占有率继续保持第一。

至 2013 年，海尔集团全球营业额 1803 亿元，在全球 17 个国家拥有 7 万多名员工，海尔的用户遍布世界 100 多个国家和地区。海尔今天的成就离不开其创新型的发展战略，从 1984 年创业至今，海尔集团经过了名牌战略、多元化战略、国际化战略、全球化品牌战略四个发展阶段。2012 年 12 月，海尔集团宣布进入第五个发展阶段：网络化战略阶段。在提升海尔全球化增长力量的诸多因素中，对全球资源的整合无疑是非常重要的。

2. 海尔整合的资源

海尔认为，最好的方式可能是整合全球优势资源。虽然许多资源不属于海尔，但是可以像积木一样，一块块拼接起来为海尔所用。

（1）技术资源。海尔先后与德国的迈兹、荷兰的飞利浦、日本的松下、美国的 NETSCREEN 等公司分别在全媒体技术、数字化技术、变频技术、软件技术等方面建立了 15 个技术联盟，通过整合国际科技资源，使海尔在核心技术、关键技术领域同国际先进科技水平保持同步，大大提高了产品的技术竞争力；海尔还在日本东京、美国洛杉矶和硅谷、法国里昂、荷兰阿姆斯特丹、加拿大蒙特利尔设立了 6 个设计分部，他们与青岛的海尔设计总部一起组成全球化的星型设计网络，使得海尔能全方位地利用世界各地的设计资源，为海尔产品的本地化设计开发创造了条件。海尔同国外大公司、科研机构、大学以项目牵头的形式进行联合研究，成立了 48 个联合研究中心，合作方有东芝、朗讯等，大大提高了海尔自身的应变能力。

（2）人才资源。海尔在科技创新工作中非常重视国内外高科技人才的运用，形成了国内、国际的人才网络。海尔在国内与几大著名的研究院所、大专院校等均有密切联系，可根据需要随时高薪聘请各类专家针对不同的问题进行技术指导。海尔与全国 25 家大学的 120 位教授建立了联合性开发网络，与上海复旦大学等联合建立了 5 个博士后流动站，他们组成了海尔的国内人才网络；另外，现有几十位外国专家常年与海尔的技术开发人员一起工作，国外有几百名高级技术人员为海尔开展项目研究开发，他们组成了海尔的国际人才网络。

（3）信息资源。海尔已在首尔、东京、硅谷、洛杉矶、阿姆斯特丹、蒙特利尔、维也纳、伦敦、巴基斯坦、新加坡、迪拜、中国台湾、中国香港等城市和地区建立了 16 个信息中心，它们与海尔集团在国内的信息中心一起组成全球信息网络，使得海尔能够动态及时地获得世界各地最新的科技信息、市场信息并充分了解各地市场的需求信息，为科技创新工作提供了重要的条件。

3. 海尔整合资源的方式

（1）研发团队实现国际化制。依托合资公司的资源优势，海尔电脑构建起日、韩、欧、美四大研发团队，并与英特尔、微软、广达、华硕、威刚等全球500 强的企业建立战略合作关系。以海尔电脑为中心，他们的研发人员、开发工程师提供全面的专业技术支持，围绕着业界难以克服的散热、噪声、稳定性、模精细化、转轴设计等难题提供解决方案。

（2）战略联盟打造坚固的合作伙伴。2006 年，两大国际品牌巨头强强联手，海尔、英特尔组建"海尔英特尔创新产品研发中心"。英特尔全球 15000 多名人文科学家和业界顶尖的技术工程师为该中心对未来新技术趋势方向的产品研发全力提供课题性技术支持。研发中心成立后，双方互利共赢，海尔不仅得到了 ADC 包括主板、台式机、笔记本电脑等方面的英特尔技术支持，英特尔也同样通过海尔现有的资源优势与严格的检测系统，对在上海投资超过 3 亿元人民币（3000 万美元）的闪存芯片、芯片组和微处理器芯片等全球重要的尖端技术和平台新品进行测试、研发。此次融合，标志着世界领先的两大创新企业将联手积极引领并推动移动计算领域"高品质、高稳定、低噪声"等能效技术革新的伟大进程，并先后成功地推出屏幕可自由拉伸的钻石级酷睿 V60、汽车电脑超低电压便携笔记本、家家乐、博越、征服 VM 等针对不同用户群体差异化产品和趋势产品。

（3）品质管控实现高品质追求。海尔电脑依托海尔集团和台湾宝成集团强大的支持，投资组建国际化生产制造基地，其国际化的质量管理体系为海尔以技术创新实现产品品质的突破奠定了坚实的基础。该基地有世界级的代工厂，如达裕、威成、裕明等，承担着许多国际顶尖品牌电脑商的代工生产作业，其严格的质量管理体系、品质控制基础和研发技术实力，产品的"可靠性"、"稳定性"成就了国际品牌的品质标准。海尔电脑整合母公司国际代工厂的制造和研发实力的资源优势，成功地将国际 PC 巨头的品质成果移植到自己的品质管理系统中。

（4）营销渠道打造完整电脑产业。海尔电脑一方面利用集团的国际资源优势展开市场攻势，将触角伸向欧美等发达国家；另一方面积极部署电脑体系的国际营销架构，建设国际渠道体系。2007 年 11 月，海尔电脑与全球最大的 IT 分销商——英迈（Ingram Micro）签订了"总价值 2.5 亿美元，合计大约 40 万台电脑"的 2008 年全球经销协议，启动 2008 年海外市场扩张战略。海尔电脑充分利用英迈全球范围内的物流、信息流、资金流的各项资源大力提升海外市场占有份额。同期，海尔集团与英特尔公司签了"全球范围全方位战略合作协议"，英特尔公司和海尔集团在电脑领域进行联合开发，双方将利用英特尔公司全球资源共组技术研发团队进行产品创新和设计等。

海尔和渣打银行签署协议，由渣打银行来收购海尔的海外应收账款。海尔只负责产品出口，渣打负责审查应收账款账户，帮助海尔辨别信度差的企业，同时发现优质客户资源。

4. 启示

（1）目标明确，以满足用户需求进行整合。海尔把目标定位于"世界第一"。为了实现这个目标，海尔实施"走出去"战略。"走出去"的目的不是卖产品，而是满足用户需求。为了实现这个目标，海尔实行"本土化"战略，2008年海尔冰箱就在17个国家和地区建立了"三位一体"的本土运营基地，海外制造基地17个，在全球有26个。在国外建厂，以国外各个工厂为窗口，大量网罗当地管理、设计人才为海尔所用，利用当地人才熟悉当地客户或员工需要、当地文化的特点，从而更好地整合用户资源，设计出更合理的产品，实现更高效的管理。如巴基斯坦的"宽体冰箱"就是熟悉当地的设计人员依据巴基斯坦温度高、家庭人口多、女性相对偏矮的情况设计的。

（2）注重合作，多手段并用各种资源。在整合技术资源和人才资源的过程中，海尔注重合作，具体包括与某些高级人才的合作，与国内外大专院校的合作，与国内外相关企业的合作，与国内外相关研究机构的合作等。如与英特尔的合作，创造出了像"不需洗衣粉的洗衣机"等深受客户青睐的产品。当然，除了采用合作的方式外，海尔还广泛采用了兼并、并购、联合等方式来获得外部的技术或信息。如日本研发中心并购三洋研发中心，澳新开发中心整合斐雪派克研发机构，美国研发中心借力麻省理工等。

（3）坚持创新，提升自身整合资源能力。靠什么获取比对手更多的资源？靠的是创新。创新能力强，在同业间才有联合甚至是并购其他企业或研究中心的资本，也才有吸收外部技术的能力。技术创新方面，海尔按照核心技术研发是前提，关键专利占位为基础，构建专利池为手段，国际标准主导为思路，实现企业的知识产权运营。至今，海尔累计专利申请13952项，其中海外专利3299项。产品创新方面，海尔立足客户需求创造出了像地瓜洗衣机、超级卡车上的海尔冰箱等，都吸引了大量海外客户资源。卡萨蒂意式三门冰箱则是海尔进行全球资源整合后经典产品创新的产物，同时也为用户创造了居家舒心的生活。

资料来源：作者根据多方资料整理而成。

【本章小结】

协调问题产生的根源归结为以下六个方面：私人的和不完善的信息、相互依赖性、分散的决策、不确定性、有限理性以及机会主义行为。根据六种产生协调问题的根源，可以使用三种不同的协调战略，即信息管理战略、激励和补偿机制战略以及共同地获取资源和灵活地运用合同的战略等。

整合是指将两个或两个以上的要素通过相同点或相异点的有效组合、重组直至融合、共生，使现存共有资源达到良性组合的最优化状态，即通过动态地综合使其系统更加完整与和谐。

整合能够通过聚合资源，把局部优势变成综合优势，把不完全信息变成完全信息，把产业链的上下游企业有序地组合起来，把技术实现和商业智慧有机地结合起来，实现效率的提升。

人力资源整合风险包括人才流失、错误裁员、留任员工的不稳定和各方的文化、价值冲突等。人力资源整合风险控制主要有基于规范的控制策略、基于公正期望的控制策略、基于高绩效期望的控制策略和基于契约的控制策略。

品牌资源整合方案主要有品牌收购、品牌租赁、贴牌、使用自有品牌、品牌联合及树立本土化的新品牌等。

企业文化整合是指企业在并购过程中将相异或矛盾的文化特质在相互适应、认同后形成一种和谐、协调的文化体系。文化整合一般要经历探索期、碰撞期、磨合期、拓创期四个阶段，存在文化融合、文化同化、文化分离、文化消亡四种文化整合模式。

【问题思考】

1. 资源整合的内涵及内容是什么？

2. 简要说明整合的基本步骤。

3. 人力资源整合有哪些模式？整合风险有哪些？风险控制策略主要包括哪几种？

4. 品牌整合一般有哪些步骤？主要模式是什么？其优缺点如何？

5. 文化整合有哪些模式？你认为文化整合的难点在哪里?如何解决？

6. 资源整合的内涵及内容是什么？

第七章 领导理论

【学习要点】

☆ 了解领导理论的发展历程；

☆ 熟悉领导特质理论的运用；

☆ 熟悉领导行为理论的运用；

☆ 了解领导理论的发展趋势。

【开章案例】 **"铁娘子"董明珠：水至清亦有鱼**

图片来源：www.gree.com.cn.

2014 年 9 月 4 日，2014 夏季达沃斯论坛新闻发布会召开。据相关负责人介绍，本届论坛是一场"推动科技创新与企业家精神的全球性盛会"。来自全球 90 个国家，逾 1600 位嘉宾参会。据了解，本届论坛上，格力电器董事长董明珠成为达沃斯青年导师。这是迄今为止，达沃斯历史上的首位中国女性导师。

"铁娘子"、"营销女王"，只要这两个称呼一出，大家第一时间就联想到的一定会是格力集团、格力电器董事长董明珠。对于外界说她强势的观点，她显得并不在意："我比一般男同志都厉害。"

1994 年底，在格力电器最困难的时候，董明珠接任了经营部长一职。历经多项改革，一年后，企业销售收入增长了 7 倍，达到 28 亿元。在格力的这些年，董明珠没有休过年假，最大的快乐就是看到格力的销售数据攀登新高。

有人说，竞争让企业优胜劣汰。

她说，企业垮掉都是自己把自己整死的。

当董明珠还是一位名不见经传的推销员时，格力对于很多家电卖场的店员来说是一个陌生名词，可就是这个后起之秀，用了 20 年的时间，年销售额从 2000 万元增加到 1200 亿元，年销量从 2 万台增加到 4000 万台。一边是企业以惊人的速度增长，一边是有的企业在竞争中销声匿迹，有的市场学家用"优胜劣汰"来形容其原因，不过，董明珠却语出惊人：企业垮掉都是自己把自己整死的。

"以前空调企业在中国有几百家，但到今天所剩无几。"有些企业天天想的是如何挤垮别人，而忽略了企业自身的发展。"不练'内功'，企业如何发展？经营理念决定了企业能走多远，技术只有可以改变别人的生活，才能得到世界的认可。"

董明珠说："对我而言，格力的方向就是我的方向，就是制造出中国乃至世界上最好空调的方向。我希望格力空调能成为世界上叫得响的牌子，能让中国的空调业在国外同行面前挺直腰杆。"

有人说，鸡蛋不能都放在一个篮子里。

她说，鸡蛋放在一个篮子里才是"专注"。

1998 年前后，有家电企业率先宣布进军 IT 业，一批家电企业甚至进军与家电风马牛不相及的汽车业。

"我们专注于空调，这意味着我们没给自己留退路，如果我们的空调做得不好，肯定就死路一条。"董明珠的选择在很长时间内都被视为异类，她说这就是"专注的力量"。

对于格力把鸡蛋放在一个篮子里的做法，很多专家都表示质疑，但董明珠却有自己的看法："我们不能培养一个队伍是朝三暮四的，只有专业化才能去创造、去研究。"

由于一直心无旁骛地做空调，格力如今已经是名副其实的空调领域"领军者"，自始至终，格力都体现了自己"专注"的特质，即使通过掌握上游核心技术，使技术延伸和发展逐步形成多个产品，也并不改变格力专业化的本质。

有人说，水至清则无鱼。

她说，水至清亦有鱼。

古人都说"水至清则无鱼"，董明珠却偏偏特立独行，觉得"水至清亦有鱼"。

"如果把企业比作一池水，当池水浑浊的时候，会滋生腐败的杂质，这些杂质能把一部分池鱼养得又肥又大，却最终逼死了其他鱼，破坏了健康的生态。"2001年，董明珠担任格力总经理后，对公司治理进行了大刀阔斧的制度创新。

格力公司的员工对于公司的规定如数家珍：员工必须统一穿公司制服，白上衣、蓝裤子，戴党徽，挂厂牌。女士长发必须束起，男士不得留长发。所有人上班不得佩戴夸张的首饰，办公室里不能说笑打闹，吃零食……

有人给董明珠的评价是：太厉害、不近人情。例如，一个在格力工作12年的员工因为违规走在车道上被开除；一个中层干部因为撒谎被免职。对此，董明珠说："就是要在格力营造水至清的品质和氛围。"

有人说，"请"得来人才，企业才能发展。

她说，格力是一个没有专家的地方。

21世纪什么最重要？人才！很多人都看过这样一个广告，也将人才看作企业发展的"牛鼻子"。

董明珠"不走寻常路"的特质再一次体现。

"格力是一个没有专家的地方，也没有韩国、美国等高级技术人才。"见很多人疑惑，董明珠说，格力的技术团队相当"年轻"，从事技术研究的约7000名大学毕业生都是80后，而这些人都是在格力里成长起来的。

如今在格力，自主培养人才成了所有人的共识。董明珠算了一笔账，如果一个企业坚持自主培养人才，只要有30%的人才肯留下来，这个企业都是成功的。"每年按照30%的比例，过了几年，企业中层员工越来越多，竞争力不容置疑。"

有些小企业"请"不来人才，或者"请"来人才却留不住，该怎么"挽留"人才？董明珠有自己的一套方法：不把升官挂在嘴边，而是给员工很好的成长空间。

"前年，我们和德国工业大学联合办了一个工程学校，格力的几万人都要在学校'回炉'，为此我们每年要拿出4亿元。"董明珠这么做，自始至终只有一个想法：把员工培养成一个专家或者技术工人，这样给了员工成功空间，也给企业增强了竞争力。

有人说，微笑曲线中，制造最不赚钱。

她说，希望将格力做成一个百年企业。

微笑曲线你听说过吗？一头是技术一头是销售，处于底部的是制造，只要抓住微笑的两头就 OK 了？

NO，作为制造业的杰出代表，虽然制造业最不赚钱，但董明珠所带领的格力并没有放弃。因为在她看来，没有制造业的奠定，微笑曲线根本就不存在。"带着吃苦的精神把制造做好，才能让微笑曲线笑得更灿烂。"

在大数据的浪潮下，很多企业纷纷"触网"，将电子商务发展得风生水起，而董明珠却表示，电子商务只是为消费者带来便利的一个工具，未来空调会跟电子商务结合起来，通过先进的数据分析技术，就能够在珠海总部看到合肥某一栋大楼里空调的运行状况是否良好，并提前安排服务项目和时间。

董明珠的果敢、坚毅、永无止境的创新精神在业内广为流传。在空调领域，董明珠已是人人皆知的"拼命三郎"、"中国的阿信"。作为一名从基层业务员逐步走向总裁位置的传奇女性，她的感悟无疑对青年人有着重要意义。

事实上，董明珠一直认为，好的领导者，必须具有强烈的责任感和进取心。对于年轻人而言，这二者是成长道路上重要的精神特质。创新是引领中国经济发展的原动力，无论在任何领域，唯有进取的企业、个人才能迈过困难，成为竞争中的强者。

资料来源：凤凰财经。

第一节　领导理论概述

一、领导的含义

领导在学术领域是一个很特殊的概念，从发展历程上是比较模糊和广泛的，通用的学术术语解释较多。Hemphill 和 Coons 提出领导是个人引导群体活动以达到共同目标的行为。Janda 认为领导是一种特殊的权力关系，这种权力使得某一成员有权根据另一成员的行为来规定他的工作方式。Rauch C.F.认为领导是组织团体为达到既定的目标、成就，领导者影响组织活动的过程。还有学者将领导定义为管理者指挥、带领、引导和激励组织成员为实现组织目标而努力的过程。

这一定义包含以下几个方面的含义：

（1）领导是一个过程。领导是由领导者、被领导者、领导行为、组织目标、行为结果等共同构成的内容体系。领导者是领导行为的主体，是领导的基本要素。领导业绩是通过被领导者群体活动的成效表现出来的。

（2）领导的本质是影响力。这些能力或力量包括组织赋予领导者的职位私权力，也包括领导者个人所具有的影响力。权力在组织中的分配是不平等的，领导者拥有相对强的权力，使其得以指挥组织中其他成员的行为。领导者也可以通过个人的影响力引导下属的思想和行动，使其表现出某种符合组织期望的行为。

（3）领导者必须有部下或追随者。领导一定要与所领导的群体或组织的其他成员发生联系。这些人可能心甘情愿地服从或被迫无奈地屈服于该领导者的权力，使自己处于被领导者的地位。被领导者的追随和服从，不完全由组织赋予领导者的职位和权力决定，而是取决于追随者的意愿。因此，有些具有职权的管理者可能没有部下和追随者的服从，也就谈不上真正意义上的领导者。

（4）领导的目的是实现组织目标。与其他管理职能一样，领导工作也具有明确的目的性。这种目的一是为了使组织目标得以更好地实现，二是使组织成员能在工作中得到发展和进步。有效的领导者应当为组织成员发挥主动性和创造性提供一定的自由度。

对领导的定义，并不是学术上刻意创新，而是在领导学发展过程中，学者们对如何认识领导者和领导有不同的理解。这种差异化可以帮助我们对领导理论进行系统的研究，并归纳出不同的范式。

二、领导历程与变革

过去的一个多世纪中，学者们从许多令人眼花缭乱的认知视角对领导力进行了定义、建构和研究，诞生了各种领导理论。很多学者将20世纪80年代中期看作是领导理论研究的分水岭：在此之前的研究被称为"传统领导理论"；此后的研究被称为"新领导理论"，而两者最主要的区别就是变革型领导范式的出现。

1. 传统领导理论的基本流派及分类

不同领导理论的内涵，都显示出领导与领导者能力和特征密切相关。按照先后顺序，传统的领导理论总体上可以分为五大类。

（1）特质论。特质理论主要研究的是领导者应具备的素质。特质理论认为领导效率的高低主要取决于领导者的特质，那些成功的领导者一定有某些共同特质。根据领导效果的好坏，找出好的领导者与差的领导者在个人品质或特性方面有哪些差异，由此就可确定优秀的领导者应具备哪些特性。对于该理论，其中比较有影响的研究学者有斯托格蒂尔（R.M.Stogdill）和吉赛利（E.Echiselli）。斯托格蒂尔主要根据领导者的年龄、身高、体重、体格、外表、语言、智力、知识、洞察力、独创力等26个要素对领导者特质进行了研究，并将领导相关要素分为才能、成就、责任、参与、地位、情景六大类。但是他最后的结论却是"领导者并不是仅仅通过特质就成为领导者的"。吉赛利以对领导者性格的特征研究而出名，他通过督查能力、事业、才智、自我实现、自信和决断能力等决定性要素来研究领导者的激励特质。这些研究都是以发现领导者与非领导者的区别为目的，但无法证明具有这些品质的人一定能够成为领导者。

（2）行为论。领导行为理论在领导研究中占据主导地位。行为论强调领导者动态的特质，而对静态的特质不甚关注。怀特（Ralph K. White）和罗纳德·李皮特（Ronald Lipper）从领导方式理论的角度进行了研究，即通过所谓"独裁式"、"民主式"、"放任式"来研究不同领导的风格和效率。汉姆菲尔进行的"领导者行为描述问卷"具有较大的影响力，认为领导者具有关怀行为和定规行为。布莱克的管理方格理论和雷丁的三位理论都是对领导者方式的划分和领导模式的分类。行为论的研究者认为可通过行为的培养来培养领导者。

（3）权变论。到了20世纪60年代，学者开始重视有关领导权变的研究。权变研究主张依照不同的情景采取最好的领导模式。主要代表理论是弗雷德·菲德勒（Fred E.Fedler）的权变理论和罗伯特（Robert House）的路径—目标理论。菲德勒强调在情景不同的情况下，可以采用任务激励型、关系激励型领导方式。罗伯特则认为根据不同的员工性格和环境压力，领导者需要分别采用指导型、支持型、参与型和成就型的领导模式。

（4）批判论。即因上述理论脱离特定环境而对其进行批判。该理论的核心主张就是：所有的领导行为和特质在没有特定的环境下都难以使一个人成为真正的领导者。

（5）新领导论。约翰·科特（J. P. Kotter）等认为，由于外部环境的快速变化，为了保持组织内部的健康与外部的适应性，应该将领导的各要素综合起来研究。该理论重点关注领导者所扮演的角色和对下属的影响。新领导论是对该理论的一种通俗的称谓。

传统理论的研究集中在领导者与被领导者之间的领导效能和绩效的关系，对从组织层面或战略层面系统研究组织整体领导能力问题的关注度较低。此外，传统领导研究过分关注领导者个体，对领导有效性和作用机制问题的研究较少，并且传统领导理论主要关注微观领导，对宏观领导关注较少。

20 世纪 80 年代后，领导理论研究从传统的领导、管理和控制的研究逐步向变革性领导研究转变。

2. 传统领导理论向战略领导理论的演变

从研究体系而言，现代领导理论的研究由战略领导理论的提出正式开始。英国领导学家约翰·阿代尔（John Adair）是领导理论的集大成者，他率先提出了战略领导的概念，认为战略领导就是战略思想和战略规划。战略领导不仅要思考和战略思考，而且要将战略思考转化为战略规划并达到预期的效果。在约翰·阿代尔研究的基础上，学者们不断深化和完善战略领导理论，使战略领导逐步成为领导研究"丛林"的新方向。

战略领导理论研究的重点随着环境的变化而不断发展变化。从战略领导理论提出开始，学者首先重点关注战略领导的定义、界定、内涵；其次是关注差异比较，即战略领导与特质型领导、创业型领导、情境型领导的异同；最后是关注战略领导的影响因素和实施战略领导的挑战。从研究的重点看，战略领导理论关注的依然是领导与下属的关系，领导对下属的影响，领导的支配性、表达性以及魅力能力对战略的影响。近十年来，战略领导理论突破传统概念和比较研究，开始对战略管理的过程、绩效和组织实施进行关注，即从组织整体与外部环境的视角，探讨领导者个性因素与行为因素对战略和整体组织的影响。

战略领导理论的发展为领导理论的研究指明了新的发展方向，并注入了新鲜血液，使领导理论再次呈现出顽强的生命力。这种生命力的出现，很大程度是因为研究视角的转换和研究范式的创新。

第二节　领导特质理论

领导特质理论（Trait Theory）是研究有效领导的个人特征和品质，寻求最合适的领导者特质。领导特质理论认为有效的领导取决于领导者自身具有的某些特质，所以这一类理论的研究便围绕着有效的领导者所应具备的特质而展开。根据这些品质和特征的来源不同，可分为传统领导特质理论和现代领导特质理论。

一、传统领导特质理论

传统领导特质理论认为，领导者的品质基本上是天生的，与后天的培养、训练和实践无关。基于这样的认识，从 20 世纪开始到 20 世纪 30 年代，许多心理学家对某些社会上公认的成功或不成功的领导者进行了研究、测定，试图归纳出成功的和不成功的领导者各自应具备哪些品质，以作为选择领导者的标准。

这一阶段的领导理论研究，侧重于研究领导人的性格、素质方面的特征。心理学家从人的个性心理特征出发，试图通过观察、调查等方法，找出领导人同被领导人在心理特征方面的区别。其主要目的是企图制定出一种有效领导者的标准，以此作为选拔领导人和预测其领导有效性的依据。他们的研究主要集中在三个方面：

（1）身体特征，如领导人的身高、体重、体格健壮程度、容貌和仪表等。

（2）个性特征，如领导人的魄力、自信心和感觉力等。

（3）才智特征，如领导人的判断力、讲话才能和聪敏程度等。

这些传统的理论虽然正确地指出了某些领导者应具备的性格品质，但却因其难以摆脱的局限性和不合理性而不可能对管理实践产生积极的指导作用。

二、现代领导特质理论

与传统理论不同，现代领导特质理论把领导者所应具备的性格品质特征作为有效领导的必要条件而不是决定因素，同时指出这些性格特征不是先天赋予的，而是后天形成的，可以学习、训练和培养，并在领导活动中不断完善。

"领导是天生的"，这种理念在 19 世纪末至 20 世纪上半叶占主导地位，这也是领导特质理论的出发点和基本前提。领导特质理论就是通过大量考察、分析和研究，从领导者的性格、生理、智力及社会因素等方面寻找领导者特有的素质或应有的品质的理论，也叫"素质理论"。它强调领导者先天的个性和行为，认为领导者天生就具有领导他人的特殊才能与素质，是天生的"伟人"。这种特定的领导才能和品质意味着不管在什么情况下，具有这些特质的人最终将被推向领导者的位置。对人格力量和先天品质的信念，使人们把研究的重点集中在领导品质的研究上，形成了一些理论观点和假设。到了 20 世纪 80 年代，特别是知识经济时代的来临，人们又对特质理论产生了新的兴趣，并继续深入研究，取得了新的成果。

1. 拉尔夫·斯托格蒂尔的六类领导特质

美国俄亥俄州州立大学工商企业研究所的拉尔夫·斯托格蒂尔教授曾两次对特质理论做过详细的研究，并从 163 位领导者的素质分析中找到了六种类型的领导特点，如表 7-1 所示。

表 7-1　成功领导者具备的特点

领导特点	具体项目
身体特点	精力、身高、外貌等
社会背景特点	社会经济地位、学历等
智力特点	判断力、果断力、知识的深度和广度、口才等
个性特点	适应性、进取性、自信、机灵、见解独到、正直、情绪稳定、不随波逐流、作风民主等
与工作有关的特点	高成就需要、愿承担责任、毅力、首创性、工作主动、重视任务的完成
社交特点	善交际、广交游、积极参加各种活动、愿与人合作

此外，拉尔夫·斯托格蒂尔还明确地提出以下观点：拥有一些品质和技能能增强领导的有效性，但它们不能保证领导者真正有效；拥有一定品质的领导者可能在一种情景下是有效的，但是在另一种情景下却是无效的；两个拥有不同品质的领导者可能在同一情景下都是成功的。

2. 威廉·包莫尔的领导特质论

美国普林斯顿大学的威廉·包莫尔教授提出了领导者应具备合作精神、决策能力、组织能力、精于授权、善于应变、敢于求新、勇于负责、敢担风险、尊重他人、品德高尚十大条件的理论，颇具代表性。

美国著名心理学家埃德温·吉塞利通过对 300 名经理人员的研究，探索了八种个性特征和五种激励特征，如表 7-2 所示。

表 7-2　吉塞利的八种个性特征和五种激励特征

八种个性特征	五种激励特征
才智：语言与文字方面的才能 首创精神：开拓创新的愿望和能力 督察能力：指导和监督别人的能力 自信心：自我评价高，自我感觉好 适应性：善于向下属沟通信息，交流感情 判断能力：决策判断能力较强，处事果断 性别：男性与女性有一定的区别 成熟程度：经验、工作阅历较为丰富	对工作稳定性的需要 对物质金钱的需要 对地位权力的需要 对自我实现的需要 对事业成就的需要

麦肯锡公司创始人之一马文·鲍尔在他1997年出版的著作《领导的意志》中指出，领导应具备值得信赖、公正、谦逊的举止、倾听意见、心胸宽阔、对人要敏锐、对形势要敏锐、进取、卓越的判断力、宽宏大量、灵活性和适应性、稳妥而及时的决策能力、激励人的能力、紧迫感14种品质。

领导理论专栏1 **刘邦自评取天下秘诀**

刘邦总结打败项羽取得天下时说："夫运筹帷幄之中，决胜千里之外，吾不如子房；镇国家，抚百姓，给馈饷，不绝粮道，吾不如萧何；连百万之众，战必胜，攻必取，吾不如韩信。三人皆人杰，吾能用之，此吾所以取天下者也。"领导的本质在于科学地用人，在于通过自己的魅力或影响力去领导下属完成组织目标，而不在于领导具体能干多少。

图片来源：http://baike.baidu.com/view/2652.htm? fr=aladdin.

刘邦的成功之道，也即领导艺术是非凡的。他能知人善任，调动部下的积极性，知道自己的下属都有什么才能，他们的才能是哪些方面的，有什么性格，有什么特征，有什么长处，有什么短处，放在什么位置上最合适。这是一个领导最大的才能，领导不是说要自己亲自去做什么事，事必躬亲的领导绝非好领导。作为一个领导，你只要掌握了一批人才，把他们放在适当的位置上，让他们最大限度地、充分地发挥自己的积极性和作用，你的事业就成功了。

一个有着自知之明的人，往往也会有知人之明，一个连自己都不了解的人，往往也很难了解别人。刘邦是一个有自知之明的人，因而他也很了解别人，而且他还有一个最大的优点，就是他能够不拘一格地使用人才，所以刘邦的队伍里面什么人都有。

在刘邦这个队伍里，张良是贵族，陈平是游士，萧何是县吏，樊哙是狗屠，灌婴是布贩，娄敬是车夫，彭越是强盗，周勃是吹鼓手，韩信是待业青年，可以说是什么人都有。然后刘邦把他们组合起来，各就其位，毫不在乎人家说他是一个杂牌军，是一个草头王，他要求的是所有的人才都能够最大限度地发挥作用。

刘邦的用人之术是典型的帝王之术，一方面他好像用人不疑，四万斤黄金交给你，不要报销；另一方面，他肚子里极度地猜忌，只不过他猜忌得不动声色，他手腕高明，这是一切所谓有为君主的通例，也非刘邦一人而已。总而言之，刘邦应该说是懂得领导艺术的，具备作为领导人的素质，正是由于他能够信任人才，使用人才，充分地调动他们的积极性，又暗中地加以防范和控制，从而把当时天下的人才，都集结在自己的周围，形成了一个优化组合，进而战胜项羽，走向胜利。

资料来源：作者根据多方资料整理而成。

三、对领导特质理论的评析

一般认为，有关领导特质的理论对领导及其有效性的解释是不完善的。这些理论受到了许多人的批评和质疑，因为各研究者所提出的领导特质包罗万象，说法不一，甚至互有矛盾，而且几乎每一种特质都有很多的例外，况且任何人都不可能具备所有这些特质。同时一些管理学家如美国的菲德勒以其试验研究结果表明，领导者并不一定都具有比被领导者高明的特殊品质，实际上他们与被领导者在个人品质上并没有显著的差异。此外，特质理论并不能使人明确，一个领导者究竟应在多大程度上具备某种特质。虽然领导特质理论不能从根本上解决领导的有效性问题，但是这方面的研究却一直没有间断过，因为在一些成功的领导者身上，我们确实看到了其鲜明的个性特征。

1. 领导特质理论的有效性

领导特质理论的研究对改善和提高领导的状况起到了一定的积极作用。可以借助领导特质理论的研究来认识领导者的内在情况，发现其优点，以此来选拔人才、使用人才和培训人才会更有借鉴性，更符合实际，更有针对性，效率更高。对此，领导特质理论有一定的权威性和广泛性。同时，通过对领导素质的研究，不仅可以揭示许多领导者成败的缘由，还可以给那些准备进入领导行列及在领导职位上不能得心应手的人们一些借鉴，让他们不断地完善自我，更好地领导组织运作，促进组织发展。一些学者研究发现，领导者有六项特质不同于非领导者，即进取心、领导愿望、正直与诚实、自信、智慧和工作相关知识，如表7-3所示。

表7-3　区分领导者和非领导者的六大特质

1. 进取心	领导者表现出高努力水平，拥有较高的成就渴望，他们进取心强，精力充沛，对自己所从事的活动坚持不懈，并有高度的主动精神
2. 领导愿望	领导者有强烈的愿望去影响和领导别人，他们表现为乐于承担责任
3. 正直与诚实	领导者通过真诚与无欺以及言行高度一致而与他们下属建立相互信赖的关系

4. 自信	下属觉得领导者从未缺乏过自信，领导者为了使下属相信他的目标和决策的正确性，必须表现出高度的自信
5. 智慧	领导者需要具备足够的智慧来收集、整理和解释大量信息，并能够确立目标，解决问题和做出正确的决策
6. 工作相关知识	有效的领导者对于公司、行业和技术事项拥有较高的知识水平，广博的知识能够使他们做出富有远见的决策，并能理解这种决策的意义

2. 领导特质理论的不足

领导特质理论主要是指有效的领导者要具有一定的品质与特征，才能把有效领导者和无效领导者区别开来。但总的来说，用领导者的特征来解释领导行为并不成功，这表现在三个方面：第一，并非所有领导都具备该理论指出的领导特征，而许多非领导也可能具备其中大部分或全部特征。第二，这些研究都是描述性的，该理论没有指明哪一项特征应该达到多大程度。第三，许多已经完成的研究对哪些特征是领导者应该具备的并无一致看法，各研究者所列的领导特性说法不一，内容包罗万象。

领导理论专栏2　　　　　　　**王义堂现象说明了什么？**

不到两年换一个，换了12任厂长也没摆脱亏损的一家国有企业，却在一个农民手里起死回生。1994年5月，当王义堂接手河南沁阳县水泥厂时，该厂亏损123万元，到年底，王义堂却使该厂盈利70万元。第二年实现利税525万元。第三年在原材料价格大幅度上涨的情况下，仍实现利税470万元。

在当时的条件下，水泥厂多年亏损，再任命谁为厂长呢？难！有人说："让王义堂试试吧。"王义堂？这提议让大家一愣，他是水泥厂所在地的农民，他怎么能当国有企业的厂长呢？可再一琢磨，就认为王义堂有本事，他和人合伙开办的公司，个个盈利。于是县里与王义堂签订了委托经营协议。王义堂交10万元抵押金，企业亏损，抵押金没收；企业盈利，退还抵押金本息，还可按30%的比例得到奖励。

谈起当时厂里的情况，王义堂至今记忆犹新：全厂413名职工，其中行政管理人员113人，厂长一正八副，各自为政；一个科室有五六个人，天天没事干；来三五个客人，是一两桌相陪，来一个客人，也是一两桌相陪；20个月吃掉30多万元。

上任后，王义堂把原来的九个正、副厂长全部免掉，但没有改变原来的规

章制度，只是不让原来的制度成为挂在墙上的空口号。他规定，职工犯错误只允许三次，第四次就开除。不过，他到底也没开除一个人，倒是有二三十个"光棍汉"主动调走了，因为实行计件工资后，这些人再也不能像以前那样光拿钱不干活了。于是，企业每小时水泥的产量从过去的五六吨提高到十多吨。

起初，有城里人身份的人对王义堂的严格不很满意，但王义堂早上五点钟就上班，一天在厂里待十几个小时，他的责任心使他最终让职工认可了。

资料来源：作者根据多方资料整理而成。

第三节　领导行为理论

由于在特质理论的研究中没有取得预期的成果，一些学者开始转而研究领导行为，通过调查研究找出领导行为与领导效果之间的关系，领导行为理论孕育而生。

一、领导四分图理论

1945 年，美国俄亥俄州州立大学工商企业研究所开展了对领导行为的广泛研究，该研究由斯多基尔和沙特尔两名教授共同主持。他们首先列举出了 1000 多种描述领导行为的因素，然后概括、筛选，最终提炼并归纳成两类：一类是任务型，另一类是关心型。

任务型领导者会为组织和成员制定明确的目标，建立规范的行为制度和沟通渠道，并通过严格的管理和监督，在规定的时间内完成任务。为了实现目标，他们会充分使用手中的权力，让人们明白他们的意愿并绝对服从。

关心型领导者非常关心下属的生活和工作感受，主动帮助下属解决个人问题。关心型领导会与员工经常沟通，了解下属对工作、生活等多方面的想法，倾听他们的建议、意见。此类领导有较强的亲和力，为人和善。

从这两个维度出发，研究者们设计了领导行为调查问卷，关于"任务型"和"关心型"各列举了 15 个问题，并发给企业的员工，由他们对领导者的行为进行描述。无论是"任务型"还是"关心型"的问题，每个调查者必须从总是、经常、偶尔、很少和从未在这 15 项中选择一个答案，以表达出下属对领导者的感受。表 7-4 列出了调查的部分问题。

表 7-4　领导行为调查问题

关心型	任务型
1. 领导者找时间倾听成员的意见吗？	1. 领导者是指定工作给员工吗？
2. 领导者愿意改变自己的意见吗？	2. 领导者要求组织成员遵守标准的法规吗？
3. 领导者是友善、可亲的吗？	3. 领导者让成员明白上级对他们的期望吗？

最终的研究结果表明，"任务型"和"关心型"并不是完全对立的，即领导者并不是注重任务就不关心员工，也不是关心员工就不注重任务，而是存在四种不同的组合，分别是：高任务与高关心，低任务与高关心，低任务与低关心，高任务与低关心（见图 7-1）。

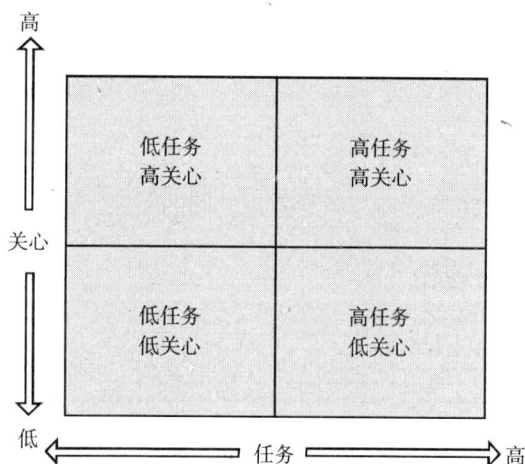

图 7-1　领导四分图理论

（1）高任务、高关心。此类领导行为最有效，既能如期实现工作目标，又能使下属倍感温暖。这类领导者会非常灵活地在任务和关心之间转换。他们既能按照既定的规章制度对下属进行严格的管理和约束，使下属在工作中始终保持规范、严谨和负责任的态度，又能使下属时刻感到领导者的关心和照顾。高任务、高关心的领导行为能使下属始终充满斗志，为了实现组织的目标而全力以赴。即便是在工作中受到了领导的批评，下属也不会对领导产生反感情绪，而是主动从自身寻找问题。

（2）低任务、高关心。该领导行为不利于组织的发展，通常无法按期实现既定的目标，并且下属对工作不够关心，在工作过程中往往表现出消极、延误、推卸责任等现象。但此领导行为会使上下级之间的关系比较融洽，组织内的沟通十分顺畅。在现实生活中，我国的一些国有企业领导通常属于低任务、高关心类型的风格。在残酷的市场竞争中，该类型的领导风格不宜成为企业的掌舵人；否则，一旦企业出现生存危机，内部的和谐与协调将毫无价值。

（3）高任务、低关心。高任务、低关心的领导行为对组织的发展有一定的促进作用，并且组织的目标清晰、制度规范、任务明确，每个人都各司其职，整个组织显得井然有序。但不利之处是组织缺乏人性化的管理，对员工个体关注过少，没有把员工当成人力资源来开发，而是仅将其作为整个组织机器的零件。在我国的部分民营企业中，虽然管理比较规范，但缺乏对员工的关爱，使员工在工作中没有安全感和亲切感。

（4）低任务、低关心。此类领导行为的效率最低，根本无法发挥领导应有的作用。这类领导既不能带领大家实现任何的任务目标，又没有形成和谐、融洽的人际关系。在此类组织中，下属们毫无工作的动力和热情，怨言四起，且相互拆台现象严重。

领导行为四分图的优点是简洁、易懂，对领导行为两维四象限的划分为后面的研究奠定了基础。其缺点是两维划分过于简单，无法准确描述和评价现实中复杂的领导行为；此外，每个维度只有高低之分，无法准确刻画处于中间状态的领导行为。事实上，无论在哪一维度，领导行为的程度都应该是连续的或有若干中间状态。克服领导行为四分图的这些缺点也成为其他研究者的目的和方向。

该项研究的研究者认为，以人为重和以工作为重，这两种领导方式不应是相互矛盾、相互排斥，而应是相互联系的。一个领导者只有把这两者相互结合起来，才能进行有效的领导。

二、管理方格理论

美国管理学者布莱克和莫顿提出在对生产关心的领导方式和对人关心的领导方式之间，可以有使两者在不同程度上互相结合的多种领导方式，就企业中的领导方式问题提出了管理方格法。方格法是设计有纵轴和横轴各九等分的方格图，纵轴和横轴分别表示领导者对人和对生产的关心程度。第1格表示关心程度最小，第9格表示关心程度最大，领导者关心人员与关心生产的程度可以由低1到高9，纵横交错便形成有81种领导风格的"9.9图"，分别表示"对生产的关心"和"对人的关心"这两个基本因素以不同比例结合的领导方式，如图7-2所示。

在评价管理人员的领导行为时，就按他们这两方面的行为寻找交叉点，这个交叉点就是其领导行为类型。纵轴上的积分越高，表示他越重视人的因素；横轴

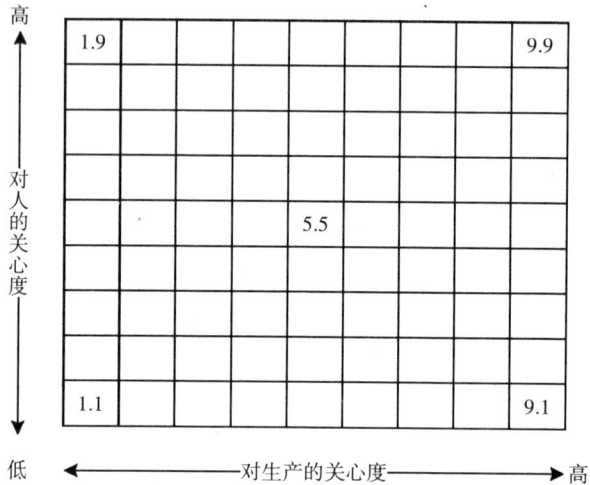

图 7-2　管理方格图

上的积分越高，就表示他越重视生产的因素。

（1.1）为贫乏型管理。采取这种领导方式的管理者希望以最低限度的努力来完成组织的目标，对职工和生产均不关心，这是一种不称职的管理。

（1.9）为俱乐部型管理。管理者只注重搞好人际关系，以创造一个舒适的、友好的组织气氛和工作环境，而不太注重工作效率，这是一种轻松的领导方式。

（9.1）为任务型管理。管理者全神贯注于任务的完成，很少关心下属的成长和士气。在安排工作时，尽力把人的干扰因素减小到最低限度，以求得高效率。这种管理只关心生产而不关心人。

（9.9）为团队型管理。管理者既重视人的因素，又十分关心生产，努力协调各项活动，使它们一体化，从而提高士气，促进生产。这是一种协调配合的管理方式。

（5.5）为中间型管理。管理者对人和生产都有适度的关心，保持完成任务和满足人们需要之间的平衡，既有正常的效率完成工作任务，又保持一定的士气。

从上述不同方式的分析中，它提供了一个衡量管理者所处领导型态的模式，使管理者较清楚地认识到自己的领导方式，并指出改进的方向。应当指出的是，布莱克和莫顿所主张的团队型领导方式只能说是一种理论上的理想模式，现实中要达到这样一种理想状态并不容易。但他们提出的对人的关心与对生产的关心应当结合的观点，在现实工作中具有重要的指导意义。作为一个领导者，既要发扬民主，又要善于集中；既要关心组织任务的完成和组织目标的实现，又要关心组织成员的正当利益。只有这样，才能使领导工作卓有成效。

三、利克特的四种领导方式

美国密歇根大学社会研究所的利克特以数百个组织机构为对象，经过多年研究，在1961年出版的《管理的新模式》一书中，提出了他的管理模式理论。他在研究过程中所形成的某些思想和方法对理解领导行为很重要。利克特把领导方式归纳为四种基本模式。

（1）专制权威式。采用这种方式的领导人员比较独断专权，将权力集于一身，非常专制，很少信任下属，偶尔兼用奖赏来激励人们，经常用控制惩罚的方式逼迫下属进行工作，采取自上而下的沟通方式；决策权也只限于最高层，不允许下属参与，很少听取下属的意见，对他们的情况也不关心，下属只有遵从命令来行事，要按照领导的控制来完成任务；领导者与下属之间很少有互动关系，彼此缺乏信任感。

（2）开明权威式。采用这种领导方式的领导者对下属有一定的信任和信心，其特点是：领导者仍然是专制的，但采取了家长制的恩赐式领导方式；权力控制在员工上层，但也授予中下层部分权力；领导人对下属有主仆之间的那种信赖关系，一般员工都不参与决策，但有时也能听取他们的某些意见；下属人员对组织目标几乎没有责任感，组织中极少有相互协作的关系；运用奖励和有形、无形的惩罚调动下属人员；有一定程度的自下而上的沟通。

（3）协商式。采取这种方式的领导者对下属抱有相当大的但又不是充分的信任和信心，他常设法采纳下属的想法和意见；采用奖赏，偶尔使用惩罚和一定程度的参与；采取上下双向沟通信息的方式；在最高层制定主要政策和总体决策的同时，允许低层部门做出具体问题的决策，并在某些情况下进行协商。

（4）群体参与式。采取这种方式的领导人员对下属在一切事务上都抱有充分的信心和信任，上下级在一种平等的气氛下进行工作。领导者总是让下属参与决策、提出想法和意见，并且积极地加以采纳；对于确定目标和评价实现目标所取得的进展方面，组织群体参与其事，在此基础上给予物质奖赏；更多地从事上下级之间与同事之间的沟通；激励是通过工作设计、员工参与来实现的。以上四种领导方式的对比如表7-5所示。

表 7-5　四种领导方式的对比

领导作风	专制权威式	开明权威式	协商式	群体参与式
下级对领导者的信心与信任	毫无信心与信任	有点信心与信任	有较大的信心与信任	有充分的信心与信任
下级感到与领导者在一起的自由度	根本没有自由	只有非常少的一点自由	有较大的自由	有充分的自由
在解决工作问题方面领导者征求和采纳建议的程度	很少采纳下属的意见和建议	有时采纳下属的意见和建议	一般能听取下属的各种意见和建议并积极采纳	经常听取下属意见和建议，总是积极采纳和运用这些意见和建议
奖惩措施	恐吓、威胁和偶然报酬	报酬和有形、无形的惩罚	报酬和偶然惩罚	优厚报酬，启发自觉

四、领导连续统一体理论

美国组织行为学家坦南鲍姆（R.Tannenbaum）和施密特（W.H.Schmidt）于1958年提出了领导连续统一体理论。他们认为，独裁（或专制）和民主只是领导方式中的两种极端情况。独裁是完全以领导工作为中心。独裁的领导者往往表现为专制、独揽大权，一切决策都是由自己单独做出，他们不相信下属，认为人都是生而懒惰的（这是对人性的 X 假设），不听取下属的意见，不关心他们的想法。民主的领导者则是完全以下属为中心，表现为充分授权。民主的领导者对下属非常信任，他们广泛收集下属的建议，给予下属发挥才能的空间，并实施集体决策。他们很少直接使用职位权力来控制下属的行为。在独裁和民主之间，还存在多种领导方式，并且它们在程度上是连续变化的，如图 7-3 所示。

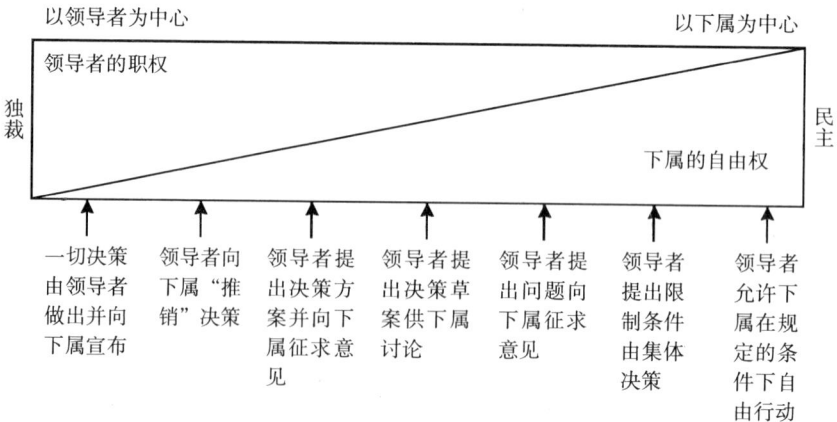

图 7-3　领导行为连续统一体示意图

图 7-3 是将领导权力的使用程度和下属的自由空间作为划分的依据。从左至右，领导者对权力的使用程度逐渐减弱，而下属的自由空间逐渐增强。坦南鲍姆和施密特通过研究发现，并不存在一种绝对正确或错误的领导方式。领导者究竟选择哪一种方式，取决于领导者和下属的能力、内外部环境等因素。领导连续统一体理论认为，除了独裁和民主两种领导方式外，领导者还可因人、因时、因地而选择其他多种方式。与领导行为四分图理论和管理方格理论相比，该理论所描述的领导方式呈现出连续分布的态势，与现实更接近。

领导行为的连续统一体理论描述了从主要以领导为中心到主要以下属为中心的一系列领导方式的转化过程，这些方式因领导者授予下属的权力大小的差异而不同。这一理论很好地说明了领导风格的多样性和领导方式所具有的因情况而异或随机制宜的性质。与管理方格图一样，领导者仍然可根据该理论找到改进领导方式的途径。但该理论同时也存在不足，独裁与民主的程度只是领导行为或方式的一种表现，而不代表所有的领导方式，该理论只能反映领导在权力使用方面的风格，具有一定的局限性。

五、勒温的三种领导作风理论

美国社会心理学家勒温（P.Lewin）是较早研究领导作风的学者。他根据领导者如何使用手中的权力而将领导的作风分为专制式、民主式和放任式三类。

（1）专制式。专制式领导者喜欢发号施令，有较强的控制欲望，会使用手中的权力让人们服从，并惯于采用惩罚等强制性措施。领导者独断专行、不考虑别人的意见，所有决策由领导者自己做出。领导者亲自拟订计划，安排谁来干、怎样干，下属没有参与计划、决策的机会。领导者与下属保持一定距离，不愿与下属打成一片，没有感情交流，靠行政命令、规章制度严格管理，且以惩罚为主。

（2）民主式。民主式领导者善于倾听下属的建议和意见，并鼓励下属积极参与决策。这类领导者一般会在决策初期就让下属参与进来，让他们全程参与，并与下属就相关的信息进行充分沟通。民主式的领导者具有如下特点：领导者不会单独决策，而是充分吸收下属的智慧，鼓励下属积极参与决策；分配工作时尽量照顾到每个组织成员的能力、兴趣和爱好，不强迫下属从事他们不乐意和无能为力的工作；对下属的工作安排不是很具体，个人有相当大的工作自由度和灵活性；主要使用非正式的权力（如个人影响权、专长权）而不是正式的权力（法定权等）来使下属服从；积极参与组织活动，与下属无任何的心理距离。

领导理论专栏3　　　　**马云：我不懂技术，但我尊重技术**

从1984年在大学创业，毕业后成为一个不懂技术，只会收发邮件的英语老师开始，到如今成就中国最大的电子商务帝国，50岁的马云，30年创业经历或许唯有"传奇"二字来形容。

2014年3月18日，在北京大学百年大讲堂里，马云进行了一场公开演讲。在演讲中，他谈及了阿里巴巴15年的创业历程、微信之争、打车软件大战、借壳上市传闻等。

如今业界流行着"马云不如李彦宏和马化腾懂技术，所以阿里巴巴的技术在中国互联网企业中最差"的说法。马云完全无法认同这种逻辑，相反，他认为正因为他不懂技术，阿里巴巴的技术才是最好的。

"因为我不懂技术，我们就没法吵架。如果我很懂，我们公司的技术人员就会很悲催，我会三天两头地告诉他们应该这样、应该那样。但也正因为我不懂，我才更尊重和热爱技术，对技术人员很敬仰。技术人员说云计算很重要，我就大胆地说就这么干。"

马云还表示，五年前，中国有好几家公司都在做云计算。腾讯和百度有太多技术人员，十分了解技术，知道做不下去，所以就放弃了。但正因为他自己不懂，不知道有这么难，但又认同云计算是未来的发展方向，这种技术能够解决社会问题，所以就一直坚持做了下去。虽然投入了大量的人力、物力、财力，但最终他成功了，做出了"双十一"这种需要云计算支持的服务。马云说："能创造社会价值、让无数人受益的技术才是好技术。因为我不懂技术，所以我乱想、乱讲，也不怕丢人。我觉得我们今天要思考的是，如何让技术富有生命力，让数据带有灵魂，这个数据要为社会的发展注入正能量。"

马云说，"我不懂技术，但我尊重技术。"正因为如此，阿里巴巴拥有多项互联网领域的核心技术，从电子商务专业搜索技术、人性化的电子商务社区、商业智能、分布性架构系统优化、全球数据中心到全球内容服务系统，涉及网络架构、互联网反欺诈技术等众多领域。

不懂技术，但尊重技术，马云正是依靠民主的管理风格让阿里巴巴充满竞争力。

资料来源：作者根据多方资料整理而成。

（3）放任式。放任式领导者几乎不使用手中的权力，而是给予下属充分的自由和高度的独立性，甚至到了"自由放任"的地步。这类领导者认为，下属的目标要依靠他们自己来制定和实施，并且自己寻找合适的方法实现目标，而领导者只是提供相关的信息和保持与外界的联系，发挥协调和辅助的作用以帮助下属完成任务。

以上三种领导作风各有优缺点。勒温根据其研究发现如下三点：

（1）专制式领导能带领下属完成既定的目标，但下属与领导者之间缺乏信任，没有责任感，士气低落。专制式领导完全将注意力放在了工作内容和权力的使用上，缺少对下属其他方面的关心。同时，他们咄咄逼人的气势使下属不得不在表面上服从，而内心却极易产生反感情绪。由于专制式领导对下属的任务明确、要求严格，所以在这类领导下的组织会在短期内完成任务，但却很难保证下次完成任务的质量和速度，下属可能会对这类领导者敬而远之，不利于组织的长远发展。

（2）民主式领导的工作效率最高。他们所领导的组织不仅能按时完成任务，而且组织成员之间关系融洽，工作积极性和创新性较高。民主式领导充分考虑了下属的利益和想法，让他们能有充分的空间和机会来规划自己的工作及参与组织的决策。民主式领导的下属具有很强的内在驱动力，主动跟随领导，勇于承担责任，并且成员之间相互信任，合作程度高。一旦组织的发展受阻，下属会团结一致，为领导者出谋划策，共渡难关。民主式领导容易对下属形成长期的影响力。但民主式领导并非在任何场合都最有效，在一些特殊、紧急的环境下，专制式领导可能更适合。如面对即将来临的自然灾害（如地震、台风等），对于那些不肯及时搬迁的居民而言，专制式领导更能争取宝贵的时间，使人们受益。

（3）放任式领导的效率最低，尽管组织成员之间沟通顺畅，人际关系比较融洽，却难以完成任务。此类领导没有有效使用自己手中的权力，没有让大家为了实现目标而共同奋斗。放任式的领导是对手中权力的浪费，应尽早离开领导者岗位。

在现实生活中，采用哪种领导方式要视具体情况而定。不存在绝对有效的领导方式，只是在特定的环境下某种领导方式更有利于组织目标的实现。勒温的三种领导作风理论为后来的相关研究奠定了基础。不难发现，后续很多领导理论的基本思想都与勒温的三种领导作风理论相似或相近。但是，勒温的理论也存在一定的局限。这一理论仅仅注重领导者本身的风格，没有充分考虑到领导者实际所处的情境因素，因为领导者的行为是否有效不仅仅取决于其自身的领导风格，还受到被领导者和周边环境因素的影响。

六、对领导行为理论的总体评价

（1）领导行为理论的有效性。领导行为理论与领导特质理论具有不同的实际意义，领导特质理论为组织中的正式领导岗位选拔正确人员提供了一个基础，领导行为理论则找到了领导者应具备的一些具体的与别人的不同之处。领导行为理论着重从领导者的作风和行为角度分析领导的有效行为，试图探求什么样的领导行为能导致领导成功。领导行为理论的提出为领导者的培训提供了广阔的天地，通过总结具体行为和经验进行有针对性的培训，可培养出大量的、有效的、卓越出色的领导者。

通过对领导行为理论的研究分析可以看出，注重团队精神的领导所带领组织的绩效会比较高，但这仍然有一些情况要具体问题具体分析，要根据当时的环境改变自己的领导方式。有时候具有指挥能力的专制领导处理一些问题及所做的决策更有效，如在军队中专制领导下的部队战斗力最强。著名的西点军校在训练学员时最强调"服从命令是士兵的天职"，因为紧急情况下，是没有时间也没有条件允许部下进行争论的。例如，消防队队长在紧急状态下，不可能花费长时间开会商量灭火的最佳方案，而采取专断的作风应该更有效。如果在组织中领导表现出高关怀或非常注重员工的行为，这样的领导往往会很受员工的欢迎，也很能带动部下高效率地完成任务；但组织如果遇到紧急、相对含糊不明的任务时，果断指挥员工完成任务的领导会更受欢迎、更有成效。

（2）领导行为理论的不足。虽然领导行为理论的研究者做出种种努力，但在确定领导行为类型与群体工作绩效之间的一致性关系上仅获得了有限的成功。它所欠缺的是情境变化时，领导风格未发生相应变化。领导的类型与绩效之间的关系显然依赖于情境因素。领导是一个动态过程，领导工作的效率取决于领导者、被领导者及环境的相互作用。可见，脱离了环境特性因素，去寻找一种"万能的"领导行为或作风，自然与特质理论一样，也无法得出科学的结论。

第四节　领导理论的新动态

尽管有关领导理论的发展已有相当历史，但是新的领导观念还是不断地提出。在本章的最后，我们提出几个值得注意的新领导观念，即领导替代理论、领导归因理论、魅力式领导、转型式领导、愿景式领导等。

一、领导替代理论

领导替代理论（Leadership Substitutes Theory）的出现主要是来说明有一些情境下，领导者是不需要的，因为领导替代因素（Leadership Substitutes）和领导中和因素（Leadership Neutralizer）的出现使得正式领导者的重要性降低。领导替代因素是一些使得领导变得不必要的因素，这些因素包括员工个人的因素、任务本身的因素和组织的因素。

员工个人的因素包括员工本身能力很强，或是员工要求自主，抑或员工的专业导向作为，这些都使领导无所施加。

任务本身也可能是领导替代因素，例如任务的例行性很高，并且很简单，此时也不需要领导者。反之，若任务很具有挑战性，则员工可以取得内在满足，可能也不需要领导者的社会性支援。

另外，组织上的一些因素也会替代领导者，包括正式化、群体凝聚力、僵固性以及僵硬的报酬制度。例如，当组织具有正式化与缺乏弹性的政策与实务做法时，领导便不需要。同样地，僵硬的报酬制度会使得领导者失去其给予报酬的权力，因此降低了这个角色的重要性。

而领导中和因素则是一些使得领导变得不可能的因素，例如管理层和员工所达成的某些协议会禁止管理层对员工提供奖励来追求高绩效。

二、领导归因理论

领导归因理论（Attribution Theory of Leadership）是由米契尔（Terence R. Mitchell）于 1979 年首先提出的。该理论指出，领导者对下属的判定会受到领导者对其下属行为归因的影响。但领导者对下属行为的归因可能有偏见，这将影响领导者对待下属的方式。同样，领导者对下属行为归因的公正和准确也将影响下属对领导者遵从、与领导者合作和执行领导者指示的意愿。领导者典型的归因偏见是把组织中的成功归因于自己，把组织失败归因于外部条件；把工作失败归因于下属本身，把工作成功归因于领导者自己。因此，克服领导者的归因偏见是有效领导的重要条件之一。领导归因理论的主要贡献在于提醒领导者要对下属的行为做出准确"诊断"，并"对症下药"，以达到有效治理的目的。

三、魅力式领导

个人魅力是建立在领导者的个人素质之上的，是一种无形的、难以用语言准确描述的权力，诸如品格、知识、才能、毅力和气质等，它通常与具有超凡魅力的或名声卓著的领导者相联系，又被称作领导者的感召权。

魅力式领导（Charismatic Leadership）的观点融合了归因理论与领导特质理论的观点。借助于归因理论的观点，魅力式领导理论认为追随者会将他们所看到的领导者的某些特定行为，归因于该领导者所具有的英雄特质或超凡的领导能力，这种能力则称为魅力（Charisma），而魅力是领导者的特质之一。因此，我们也可以说魅力式领导理论是领导特质理论的一种延伸。

关于魅力式领导的一个重点，当然是要先确认魅力式领导者的人格特质。曾提出路径—目标理论的豪斯在 1977 年首先提出一项魅力式领导理论。根据其理论，魅力式领导者具有三项特质：极端高度的自信、坚定的信仰与信念、影响他人的强烈意图。此外，他们往往会对部属表现出高度的期望与信心。

整体而言，研究显示魅力式的领导与组织绩效及部属满意度具有高度的相关性。不过，魅力式的领导也不是没有潜在的缺点。由于魅力式领导者具有过分强烈的自信，因此通常比较固执，往往不能接受他人的意见，而当他们面临一些较积极或具有独特见解的部属的挑战时，他们常会变得不安，并经常造成组织的激烈冲突或产生其他组织问题。所以，魅力式领导者可能适合带领组织渡过危机，但是一旦危机过后，魅力式领导者对组织而言可能会变成一个包袱。由于魅力所代表的是一种特别的权力，但这并不代表拥有魅力的领导者会用它来追求组织的合理目标，有时可能会利用这项权力来满足自己的私欲，在这种情况下，魅力式领导也牵扯了道德上的问题。

领导理论专栏 4   **宗庆后："布鞋"富商在路上**

即便到了今天，娃哈哈出厂的每一种饮料，宗庆后都要亲自尝过才能上市；即便到了今天，宗庆后依然很"传统"，不玩网购，不碰楼市；但是，传统并不意味着封闭，在开放的市场竞争中，穿着布鞋的宗庆后成为了中国富商。

1. "我可能是全世界喝过饮料最多的人"

他是全球排得上号的饮料大王，但很少有人知道，在成为饮料大王之前，宗庆后几乎尝遍了全世界的饮料，他的办公室里摆满了世界各地的空饮料瓶。

1987 年，宗庆后承包了校办企业经销部，两年后创建杭州娃哈哈营养食品厂，1998 年，娃哈哈成为中国最大的饮料企业。在中国楼市最红火的那些年，靠卖水挣钱的宗庆后，几次登上"富豪榜"榜首。

宗庆后决定做娃哈哈的第一款饮料时，国内口服液市场已经是一片混战。有一次他听说，体育课上有学生晕倒，觉得蹊跷：都是独生子女，虽然条件不算富裕，但还不至于饿肚子。再看看自己 6 岁的女儿，宗庆后发现是家长的宠爱造成偏食，孩子不爱吃饭，营养不良。

很快他想到了产品的定位：做一款促进儿童食欲的营养液。如果能让三亿儿童都喝上娃哈哈，这个市场也够大了。

最早的广告词是他定的：喝了娃哈哈，吃饭就是香。宗庆后知道别人嫌它土，但他觉得朗朗上口，好记。结果，产品一炮打响。生产线和大货车夜以继日地跑，把这个玻璃瓶装的口服液一箱箱南下北上送进市场。

2. 不像富翁的中国富商

人群中可能没人会看出宗庆后是个富商——老土的夹克衫、黑布鞋，出差用的拉杆箱已经磨得很旧。

虽然没有学过管理营销理论，但多走多看成为宗庆后的法宝。为了在全国各地跑市场，他一年有 200 天在路上。

不出差的时候，他的生活就是"两点一线"。清晨六点多拐入弄堂，钻进常去的早餐店，叫一份两块钱的大饼油条。吃完，走进立交桥下的小楼开始工作。直到深夜，顶楼的办公室还透出黄色的灯光。

直到今天，不少人忙着上市、贷款融资，而宗庆后津津乐道的是娃哈哈"不欠银行一分钱"。楼市他不碰，金融股市也不涉足，实实在在干他的实体经济。

市场变化太快了，只想明天，不想未来，这是宗庆后常常挂在嘴边的话。

3. 寻求新技术，他从来没断过

宗庆后喜欢看历史书，认为在中国做企业要讲人情味，他给员工提供宿舍，让子女免费入学。他信奉凝聚小家、发展大家，才能报效国家。近几年网购红火，宗庆后不止一次被人问，要不要去马云那里卖饮料？

宗庆后不上网卖娃哈哈，是从零售流通的角度分析，认为娃哈哈不适合放到网上卖——水太重，通路的成本缩小抵不上单独发件的物流成本。不过他认同，网购将是未来的一个发展趋势，因为年轻人已经离不开电脑和手机。

管企业，宗庆后喜欢亲力亲为是出了名的。集团现在有3万多名员工，他没有副手。但现在他也在调整经营之道，从员工里培养管理职业经理人，否则200多个子公司全靠一个人，24小时不睡觉也干不完。

在娃哈哈年度经销商大会上，宗庆后说，明年他要从事务中抽身出来，重新扎下去跑市场。他说，老老实实搞实业，用实体经济创造财富，是他所长，也是他所爱。

宗庆后在娃哈哈赢得的至高无上的权威，来自于其对企业的贡献，更重要的是其身上勤奋和永不止步的人格魅力。

资料来源：新华网。

四、转型式领导

转型式领导（Transformational Leadership）是相对于交易式领导（Transactional Leadership）的一种领导方式。这是一种敢于突破传统、坚持创新、善于鼓动的领导方式。交易式领导是指领导者借由厘清角色及任务要求，来引导或激励部属达到预先所设定的目标。大多数领导理论，如俄亥俄州州立大学的研究、菲德勒模式、路径—目标理论、领导者—参与模式，以及贺西与布兰查的情境领导模式，都是属于交易式领导理论。而转型式领导主要是借由激励来领导，通过诉求下属的理想与道德价值，来激发出部属超出平常的动机，引发他们用一种全新的方式来思考组织的问题。转型式领导者会将注意力放在对个别员工的关心及需要之上，他们帮助部属以新的观点来看旧问题，进而改变部属对事件结果的知觉。同时，他们也鼓励、唤醒及激励部属以更多额外的努力来达成团体的目标。

转型式领导与交易式领导究竟有何不同？转型式领导较强调组织的整体利益，而交易式领导则较强调部属个人的利益。另外，转型式领导较强调进行主要的变革，而交易式领导则较强调例行的变革。最后，转型式领导相对于交易式领导，会偏向鼓励部属达成较大的与较显著的成就。

转型式领导的主要方式包括提出一个能将所有成员凝聚在一起的愿景，然后他们必须将此愿景转换成对部属有意义并值得追求的目的或核心价值。在这整个领导的过程中，转型式领导者必须借助于他的外显行为来塑造一种形象，这种形象会使他们对部属与追随者具有吸引力，并获得他们的景仰。

研究发现，转型式领导者具有下列特征：转型式领导者会视自己为变革的代理人及思虑周详的风险承担者；对于人们的需要很敏感；具有一套核心的价值；具备高度弹性并努力学习；拥有优异的分析技巧；对其所提出的愿景具有高度信心。

由于组织未来所面临的环境将会越来越趋向多变性与动态性，因此转型式领导对于组织获得成功可能有更大的机会。到目前为止，研究显示转型式领导相较于交易式领导，与低流动率、高生产力及高的员工满意度都表现出较高的相关性。因此，未来应如何进一步了解转型式领导与组织绩效的关联，是一个极为重要的研究方向。

五、愿景式领导

愿景式领导（Visionary Leadership）是对组织或组织单位的未来提出一个真实、可信及吸引人的愿景，同时号召相关的技能、资源与人才来实现此愿景。愿景和一般的目标有何不同？愿景最主要的特性应该是具有振奋人心的力量，而这种振奋人心的力量主要来自于提出一种以价值为核心的、可实现的、具有高超想象与创意的，以及令人鼓舞的未来可能性。愿景的实现，往往带给组织一种与众不同的独特新境界。良好的愿景应该与时间和环境相符合，并能反映出组织的独特性。愿景虽然具有挑战性，但是组织成员只有相信它是可以达成的，才有意义。愿景式领导的领导者应该具备什么能力？

（1）解释的能力。他必须能将该愿景清楚地解释给追随者，同时能指出达成该愿景的必要行动。

（2）表达的能力。他必须能够借由他的行为来清楚地表达出愿景，并通过领导者的行为不断地传达并增强愿景的意涵。

（3）延伸的能力。领导者要能将该愿景延伸至不同的领导领域中。例如，领导者要让不同领域都能感受到愿景的意义。

愿景式领导是以愿景为核心来领导成员，愿景的适当性便决定了领导行为的成败。缺乏一个具有想象力且振奋人心的愿景，整个愿景式领导便缺乏着力点。

六、CPM 领导理论

日本大阪大学的社会心理学家三隅二不二，在有关领导行为理论研究的基础上提出了 PM 理论。PM 领导理论认为，领导者的行为方式分为两类：一类是以执行任务为主的领导方式（Performance-Directed），简称 P 型；另一类是以维持群体关系为主的领导方式（Maintenance-Directed），简称 M 型。采用 PM 分析法可以把领导者的领导行为分为四种类型，即 PM 型、P 型、M 型和 PM 型，其中 PM 型的领导效果最好。

凌文辁等人在对我国领导行为进行研究时发现，受中国传统文化氛围的影响，组织对领导的评价往往是从"德"和"才"两方面进行的。为了使 PM 领导理论更加适合中国的情况，他们假定中国人的领导行为除了 P 因素和 M 因素外，还存在领导者的品德因素，即 C 因素（Character and Morals）。P 因素和 M 因素反映领导的共性，而 C 因素则反映领导的个性，即文化特异性。基于这样的假设，他们编制了 CPM 领导问卷，并且通过实证研究验证了最初的假设。依据 CPM 领导理论和 CPM 领导问卷中的 C 分量表，笔者参与编制了党政领导干部品德问卷，并对处级领导干部群体进行了实证研究，探讨了当前我国党政领导干部的品德结构。

凌文辁等（1991）还在 CPM 领导模式的基础上，对中国人的内隐领导理论进行了研究，并开发了中国人内隐领导问卷。

内隐领导理论是人们内心关于领导者应该是什么样的问题的概念化。与基于行为论的外显领导理论不同，内隐领导理论立足于人格特质。内隐理论将领导内容分为四个维度，即个人品德（Personal Morality）、目标有效性（Goal Effectiveness）、人际能力（Interpersonal Competence）和多面性（Versatility）。这一模式与 CPM 领导理论有着类似的结构，前三个维度分别对应于 C、P、M 这三个因素，第四个维度多面性的内容也包含在 P 因素和 M 因素中。

CPM 理论的研究结果表明，在对领导行为的评价上，中国和西方的模式是不同的，CPM 理论模式更符合中国的文化背景。

七、以价值观为本的领导

随着研究者对文化认识的加深以及组织内部文化构建对组织发展的重要性的凸显，20 世纪 90 年代中期，美国宾夕法尼亚沃顿商学院的 House 教授及其同事基于以往的领导理论和多年的实证研究，提出了以价值观为本的领导理论（Value Based Leadership Theory）。以价值观为本的领导理论认为，领导者通过和下属共同承担一种强烈的、明确的组织愿景规划，向组织和工作注入自己的价值观，以唤醒下属对组织和组织愿景规划的强烈认同，从而激励组织所有成员发挥最大效能，提升组织成员的自我价值和完成组织目标。

以价值观为本的领导理论提出了一系列对形成组织共同价值观非常有效的领导特质和领导行为。在各种文化价值中所公认的核心领导特征有：健康的人格、自信心、影响力、领袖魅力等。相应地，以价值观为本的领导行为包括：能清晰地表达组织的愿景规划；向下属展示自己的良好素质和对愿景规划不懈地追求；向员工传递高层期望，并表达对员工实现目标具有高度信心；将富有创造性的人团结在领导者自己的周围为组织效力。组织成员在对领导者和组织所信奉的价值观做出强烈认同从而内化为自身价值观后，将会产生强烈而持久的激励效果。

基于以价值观为本的领导理论和前人的研究，Prilleltensky 系统地介绍了该理论的 VIP-CWL 相互作用模型。其中 V、I、P 分别指的是价值观（Values）、利益（Interests）、权力（Power）；C、W、L 分别代表的是利益相关者（Citizens）、员工（Workers）、领导者（Leaders）。在评价方面，Fernndez 和 Hogan 开发了动机、价值观和绩效量表（Motives，Values，Preferences Inventory；MV-PI），该量表包括 10 个项目，用于员工时可以了解他们是否同工作、团队或组织相匹配，用于领导者时可以测量领导者建设组织文化类型的倾向。对下属的激励方面，以价值观为本的领导理论衡量领导激励效果的指标是以下属的承诺、有效性、工作动机和满意程度（Subordinate Commitment，Effectiveness，Motivation，Satisfaction；CEMS）为尺度的。以价值观为本的领导理论在领导特质理论和领导行为理论的基础上，将二者有机地融合在一起，这既是领导理论研究的一种进步，也是未来领导理论研究发展的一个趋势。国内相关研究也发现，以价值观为本的领导理论非常符合中国的经济文化环境，在此理论指导下的领导行为对于增强下属的组织认同感、工作满意度以及激励下属为实现组织目标而工作的动机等方面是有效的。而且与传统应急式的物质奖励和经济报酬或者惩罚措施所激发的动机相比，以价值观为本所激发出的员工工作动机将会更强烈、更广泛、更持久。此外，以价值观为本的领导最大的优势是通过对组织核心价值观的构建，为组织建立一个长效的发展机制，使组织能够避免因领导者的更迭而出现大的兴衰变化。

但是，由于不同国家的社会文化和不同组织的内部文化的差异，以价值观为本的领导理论没有也不可能提出一个无条件适用于任何情境的理论模式，它只是提出了一个基于各种文化共性的指导原则。与此相应，各个国家的研究者应当根据各自的文化根基开展本土化的以价值观为本的领导理论研究。

八、未来领导理论的研究方向

未来领导理论的研究除了研究领导类型与组织绩效、员工满意度、组织公民行为等相关的影响效果变量的关系外，还需要在以下几个方面进行深入的研究：

（1）女性（Female）与领导的关系。自 20 世纪 70 年代以来，随着妇女解放运动的发展，越来越多的女性进入组织的领导层。那么探讨女性是否能够胜任领导职位、两性领导风格是否存在差异以及女性领导是否能够促进组织的高绩效和员工满意度的提高等方面的问题，就成了研究者未来努力的方向。这一研究对组织的管理实践具有重要的现实意义。例如，这类研究可以帮助组织在选拔和培养女性领导方面做出科学的决策。

（2）领导伦理（Leadership Ethics）。在当代组织中，无论是在领导者进行决策的过程中，还是在领导者与下属相互作用的过程中，都会越来越多地涉及道德问题。这些问题包括：领导者在制定组织目标时是否考虑了社会道德规范；领导者是否公正地对待每一个下属；领导者与下属在沟通过程中是否诚实；领导者有没有关注下属需要、有没有为下属服务的意识；领导者在带领组织实现目标的过程中是否承担了社会责任等。对这些问题的研究无疑同组织的绩效和声誉有着密切的关系。Craig 和 Gustafson 曾在此方面做了一些探索，并开发了领导正直度量表（Perceived Leader Integrity Scale，PLIS）。

（3）虚拟领导（Virtual Leadership）。虚拟领导又称在线领导（E-Leadership），是指领导者通过电脑技术，影响与自己处于不同地理位置的员工实现组织目标的过程。今天的领导者与下属越来越多地通过网络进行联系，那么就有必要提供一些在这种背景下使领导更为有效的指导原则。例如，不同的领导风格在虚拟领导中是否仍然存在差异，以及虚拟领导和传统领导对领导技能的要求是否有所不同等问题，还需要做进一步的研究。另外，在虚拟领导过程中因为缺失了表情、姿态等非语言成分，领导者应该如何通过书面表达和情绪图标等方式与下属进行准确的沟通，以实现组织的目标。

（4）领导的跨文化（Cross-Cultural）研究。各种领导理论为我们提供的原则是放之四海而皆准的吗？这显然是不可能的。大型跨国组织的增加，不同国家和地区社会文化的巨大差异，为有效领导风格的选择增加了很大的困难，也给领导理论的研究提供了机会和挑战。

【章末案例】　　　史玉柱：创业大亨的沉浮之路

　　史玉柱是中国最富戏剧性，同时也许是最具争议的企业家之一。在中国商界，史玉柱完成了一个极富传奇色彩的"过山车"式表演：从一个一穷二白的创业青年，到全国亿万富豪，再成为负债两亿多元的"全国最穷的人"，然后又成为身家数十亿元的企业家。无论创业还是失败，史玉柱都留下了一连串让人惊诧的数字。

1.创业

1989 年 7 月，史玉柱怀揣着独立开发的汉卡软件和"M-6401 桌面排版印刷系统"软盘，南下深圳。由于受到当时深圳大学一位在科贸公司兼职的老师的器重，史玉柱得以承包一个电脑部。当时，除了一张营业执照和 4000 元钱，史玉柱一无所有。为了买到当时深圳最便宜的电脑（8500 元），他以加价 1000 元为条件，向电脑商获得推迟付款半个月的"优惠"，从而赊账得到了平生第一台电脑。为了推广产品，他用同样的办法"赊"来广告：以电脑做抵押，在《计算机世界》上以先打广告后付款的方式，连续做了 3 期 1/4 版的广告。《计算机世界》给史玉柱的付款期限只有 15 天，可一直到广告见报后的第 12 天，史玉柱依然分文未进。就在关键时刻，第 13 天出现了转机：他一下子收到三张邮局汇款单，总金额 1.582 万元。先人一步的思维方式，让史玉柱迎来最初的成功。两个月后，他账上的金额竟达到了 10 万元之巨。史玉柱将 10 万元全部投入到下一轮广告宣传中，结果仅四个月后，就实现了 100 万元的销售收入，半年之后回款 400 万元。

1991 年 4 月，史玉柱带着汉卡软件和 100 多名员工来到珠海，注册成立珠海巨人新技术公司（巨人集团的前身）。为了迅速打开市场，建立起庞大的营销网络，史玉柱又做了一次大胆的"豪赌"——向全国各地的电脑销售商发出邀请，只要订购 10 元钱的巨人汉卡，史玉柱就为他们报销路费，让他们前来珠海参加巨人汉卡的全国订货会。史玉柱以几十万元的代价，吸引了全国 200 多家大大小小的软件经销商，这些经销商不但订了货，还组成了巨人汉卡的营销网络。有了这样一张庞大的销售网络，史玉柱的事业如虎添翼。1991 年，巨人汉卡的销量一跃成为全国同类产品之首，公司获纯利 1000 多万元。1993 年，巨人推出汉卡、中文笔记本计算机、中文手写计算机等，其中仅中文手写计算机和软件当年的销售额就达到 3.6 亿元，成为中国第二大民营高科技企业。

2. 跌倒

1995 年，巨人推出 12 种保健品，投放广告 1 亿元。实际回款额数千万元，投入产出严重倒挂。但史玉柱却在此时被《福布斯》列为内地富豪第八位。20 世纪 90 年代中期，当年"十大改革风云人物"之一的史玉柱决意在美丽的珠海盖一栋自己的大厦，可在他一次又一次与政界人物接触之后，这栋原本 18 层的大厦被拔高到 70 层。但是 1997 年，只建至地面三层的巨人大厦停工，巨人集团名存实亡。史玉柱负债 2.5 亿元，变成中国负债最多的人。

3. 再创业

1999 年，史玉柱注册建立上海健特生物科技有限公司。2000 年，巨人原班人马借"脑白金"东山再起。脑白金运用原巨人集团脑黄金的营销策略，以星火燎原之势迅速占领全国市场，稳居保健品市场榜首。

2001 年，史玉柱还清了 2.5 亿元的债务，当选"CCTV 中国经济年度人物"。

但是在 2001 年，史玉柱就彻底地把脑白金卖掉了。史玉柱取得了多少回报？粗略计算，通过此次无形资产转让，上海健特进账 1.46 亿元。

2004 年，史玉柱通过调研得出一个论断，在未来八年或更长的时间内，网络游戏的增长速度会保持在 30% 以上。当年 11 月，上海征途网络科技有限公司正式成立。2005 年 4 月 18 日，网络游戏《征途》起航。史玉柱如法炮制了保健品的推广方式，推广团队是行业内最大的，全国有 2000 多人，目标是铺遍 1800 个市、县、乡镇，当时这个队伍预计可达 2 万人。史玉柱定期将全国 5 万个网吧内所有的机器包下来，只允许玩《征途》游戏，这一大手笔使《征途》迅速打开了市场。

2007 年 11 月 1 日，史玉柱旗下的巨人网络集团有限公司成功登陆美国纽约证券交易所，总市值达到 42 亿美元，史玉柱的身价突破 500 亿元。

2009 年之后，史玉柱开始对银行产生兴趣，成为了一个投资人。他说，投资银行不会赔钱，自己未来甚至会脱离之前的网游和保健品两个行业。从 2011 年 3 月开始，持续到 2011 年 9 月，史玉柱共 46 次增持民生银行。

提起史玉柱，最容易让人联想到的是占满电视屏幕的"脑白金"，然后是饱受争议的网游《征途》和《巨人》以及高调增持民生银行。这位做 IT 发家、因房地产崩盘而破产、再借保健品东山再起的大亨，将转型式领导者的魅力演绎得淋漓尽致。

资料来源：作者根据多方资料整理而成。

【本章小结】

对领导有三种不同的理解：第一，从领导特质的角度去理解领导；第二，从人际关系、感情因素的角度去观察领导；第三，从组织所处的环境这一角度去观察领导。与以上对领导的三种理解相联系，西方的领导科学理论大致经历了特质论、行为论和权变论三个阶段。

领导特质理论是指研究领导者的个人特性对领导成败的影响。特质理论按其对领导品质和特性来源所做的不同解释，可分为传统特质理论（伟人论）和现代特质理论。对于领导者应当具有哪些特性，不同的研究者说法不一。

领导行为理论希望通过对领导者行为的研究找出领导者行为与领导效果之间的关系。领导行为理论有勒温的三种领导作风理论、领导行为连续统一体理论、领导行为四分图理论、管理方格理论以及利克特的四种领导方式理论。

领导权变理论认为，某种领导方式在实际工作中是否有效取决于具体的情景和场合，领导是一种动态的过程，其有效性将随着被领导者的特点及环境的变化而变化。有代表性的领导权变理论包括菲德勒模型、领导的生命周期理论、途径—目标理论和领导者—参与模型。

在组织领导方面的最新观点有领导归因理论、魅力领导理论、愿景型领导、交易型和变革型领导、领导的抵消器/替代品与放大器等。

【问题思考】

1. 什么是领导？领导理论经历了几个发展历程？

2. 什么是领导特质？如何运用领导特质理论？

3. 什么是领导行为？

4. 领导理论有哪些新动态？

5. 史玉柱的成功秘诀是什么？

第三篇

【应用篇】

第八章 沟通与人际关系

【学习要点】

☆领悟沟通对人际关系的影响，掌握沟通的最佳态度；

☆知晓沟通的基本原理，明白沟通的目的；

☆熟悉组织日常管理中要克服的沟通障碍；

☆清楚沟通中常见的两个问题：冲突与谈判；

☆正确地理解和看待人际关系；

☆掌握处理人际关系基本态度，把握和谐的要领，领悟诚恳的艺术。

【开章案例】 **中国石油天然气管道局 ERP 实施沟通管理**

图片来源：http://www.cnpc.com.cn/.

中国石油天然气管道局成立于 1973 年，隶属于中国石油天然气集团公司，是从事长输管道及其辅助设施、大中型储罐、电力、通信等工程勘察、设计、咨询、采办、施工及管理的，跨国经营的具有化工石油工程总承包特级资质的管道工程建设专业化公司。中国石油天然气管道局作为中国石油天然气集团公司工程建设 ERP 系统的推广单位，于 2009 年 6 月 17 日正式启动 ERP 推广实施工作。项目在实施的过程中根据管道局 ERP 建设涉及单位多、用户多、业务模块多的特点，重点加强了一系列沟通管理。

一、制订沟通计划

（1）建立联系人列表。在 ERP 项目的计划内，要求首先要确定与项目有关的所有干系人，例如，项目成员、各单位选派的作为 ERP 应用的重要用户以及有关顾问等。并且制作了联系人表格，表格信息包括姓名、所在部门、邮箱、联系方式、职位等，这些信息在 ERP 系统上及时发布并及时更新。

（2）编制项目文档规范化。首先编制项目文档模板，模板内容包括用户培训文档、会议记录、项目文档（需求、设计、编码、测试、开发）等，将其存放在局域网文件服务器对应目录下，同时设定相关文件维护人及信息读写权限。

（3）内部通信工具的应用。项目实施中应用该局邮箱、管道局 ERP 系统门户网站、ERP 运维平台等通信工具，这些都提高了沟通效率，降低了沟通成本。

二、多样化沟通原则

通过对项目干系人的分析，项目部将沟通对象重点划分为三类：高层领导（决策层）、最终用户、外部咨询顾问，如图 8-1 所示。

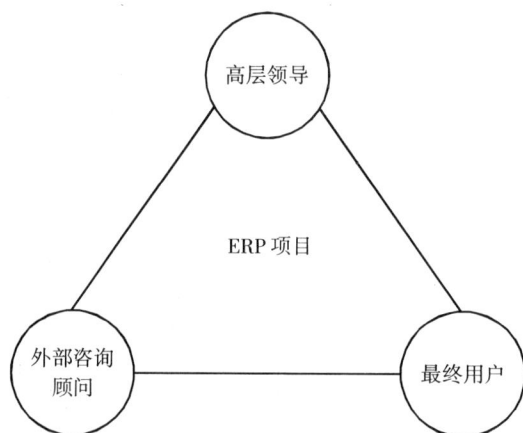

图 8-1　ERP 项目沟通对象

由于这三类沟通对象在项目中的影响和作用不同，所以分别采用了不同的沟通原则与他们进行沟通。

1. 与高层领导的沟通

高层领导是整个 ERP 项目的最终决策层，其决策直接关系到项目的顺利实施与成功，但领导并不直接参与项目建设，对项目的认识与了解不深入。因此，沟通过程采取定期汇报的方式，当项目的某个阶段将要进行时，提前向高层领导发出通知，明确告之该项目阶段将要进行的活动内容及其要达到的阶段目标、可能会遇到的困难和风险、是否需要他们的支持；当项目的某个阶段正在进行时，及时向他们汇报遇到了哪些困难和风险、需要做出哪些决策，使他们真正直接领导、直接控制、直接协调，以保证项目的顺利进行。这一沟通的目的在于了解战略意图、汇报项目情况、寻求决策支持。

2. 与最终用户的沟通

（1）用户培训阶段。此阶段最终用户人员众多、工作量巨大，且最终用户的培训内容基本限于操作部分。对此，沟通采取由各单位关键用户分模块培训本单位最终用户的方法，以最容易接受的方式向最终用户进行知识转移，保证培训效果。

（2）数据准备阶段。由于 ERP 项目建设是全局多单位、多部门协同完成的工作，需要销售、采购、项目管理、设备管理、财务等部门用户共同协作才能完成。项目部首先要得到高层领导的认同和支持，再由高层领导到各单位采用动员会议的交流方式，明确各部门和个人的任务范围和具体任务，要求各部门和个人必须在规定时间按照质量要求完成指定任务。这就有效解决了以下问题：最终用户往往认为项目建设不是自己的事，配合力度差，尤其在有些问题的业务性质不是很明确的情况下，针对部门用户相互扯皮、推诿的现象。

（3）系统并行阶段。在系统并行阶段，通常会遇到以下情况：最终用户由于缺乏使用系统的积极性，加上对 ERP 的认识不深，把 ERP 理想化，认为无所不能，期望值过高，在实际应用中感觉有许多不满意之处，从而产生怨言和抵触情绪。项目部为此要制定月底考核打分评比制度，每月对各单位在 ERP 系统中所做业务量、数据录入准确率、项目创建准确性、财务管理等多方面进行打分排名。定期组织月度会议，听取用户意见及建议，进行换位思考，并按照打分排行情况对相应的单位发放奖金以资奖励，这些措施可以有力地调动用户使用系统的积极性。

3. 与外部咨询顾问的沟通

在项目系统实现阶段前，由于各单位关键用户对 SAP（企业管理解决方案的软件名称）软件的实施方法、原理缺乏认识；而外部顾问对管道局的业务缺少了解，造成沟通不畅，换言之，双方不能用共同的语言进行交流，使得在这一阶段出现了一些沟通上的问题。

管道局 ERP 项目在科学的项目管理知识体系引导下，通过周密的沟通管理规划与实施，最终在 2010 年 11 月 1 日实现 ERP 系统单轨运行，管道局成为中国石油天然气集团公司工程建设板块首家实现 ERP 单轨运行的单位，有力地提升了企业的决策支持效率和管理水平，提高了企业的竞争力。这一沟通的目的在于：相互学习、知识融合、成果共享。

不可否认，信息技术的应用对于提高石油行业勘探开发、数据应用、经营管理水平具有革命意义。但这个工程却绝对是个"一把手"工程，目前谁是中石油信息化建设中的"一把手"还尚不明确，其ERP之路看起来也是前途漫漫，但是中国面临国际石油巨头全面迈进国门的日子却是一天天临近了。

资料来源：作者根据多方资料整理而成。

第一节　沟通与人际关系

一、沟通的定义

沟通是指信息与思想在两个和两个以上主体与客体之间传递和交流的过程。从管理学的角度来看，沟通就是为了达到一定目标，借助一定手段把可理解的信息、思想和情感在两个或两个以上的个人或群体中传递交换的过程，目的是通过相互间的理解与认同来使个人或群体间的认知以及行为相互适应，获得理解达成协议。

管理的过程，其实就是沟通的过程。计划、组织、领导、控制是管理的四项基本职能，它们的主线就是沟通，沟通也是企业管理中实现这些职能最为主要的方式方法和有效途径。美国著名未来学家奈斯比特曾说："未来竞争是管理的竞争，竞争的焦点在于每个社会组织内部成员之间及其与外部组织的有效沟通上。"如果领导者或管理者想领导一个组织朝着明确的目标前进，必须要有一个稳定有效、协调一致的合作队伍，沟通则是组织、团队不可或缺的润滑剂。权威管理学家经过调查分析认为，领导者的成功大部分（70%~90%）取决于沟通和良好的人际关系，智慧、专业、技术只是小部分。沟通的价值越来越被领导者认识和重视，成为领导科学和组织管理的要素。

二、沟通对人际关系的影响

良好的人际关系——和谐、友好、积极、亲密的人际关系使人精神愉快，心情舒畅，周身放松，可以促进我们的学习和工作。相反，不和谐、紧张、消极、敌对的人际关系使人产生不愉快的情绪，如愤怒、抑郁、孤立、忧伤等，不但会影响学业、工作，还会影响身心健康。社会心理学研究表明，良好的人际关系是一个人心理正常发展，个性保持健康，学习、工作富有成效和生活具有幸福感的重要条件之一。孟子云："天时不如地利，地利不如人和"，所以拥有好的人际关系，不仅会使我们过得愉快充实，而且会给我们带来美好的前途和成功的事业。反之，人际关系不良好，则会使人觉得事事不顺心、不如意，进而影响我们的事业甚至家庭。

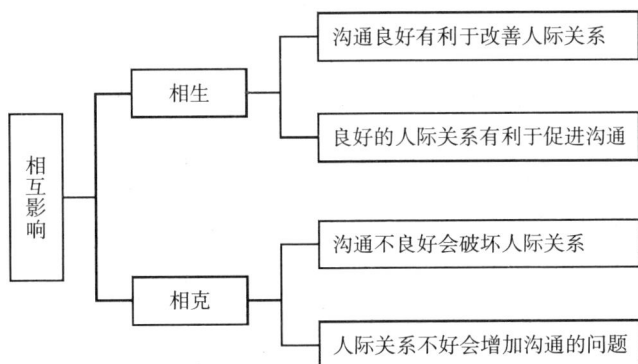

图 8-2　沟通与人际关系的相互影响

如图 8-2 所示，沟通和人际关系密不可分，彼此互相影响，既相生又相克。沟通良好，能够促进人际关系的和谐；人际关系良好，沟通就比较顺畅。反过来说，沟通不良，会致使人际关系变坏；人际关系不良，就会增加沟通的困难。

三、沟通的过程

任何沟通都是发送者将信息传递到接收者的过程，其中发送的信息可以是想法、观点、资料等，沟通分为五个环节：发送者明确发送信息、进行编码、传递信息、接收者进行信息解码、将反馈返送给发送者，如图 8-3 所示。在这个过程中，主要包含以下要素：

（1）发送者（信息源）。发送者指主动将其思想、观念、情报、意见、要求传递给另一方，以期对方产生某种反应的人。在一些情况下，发送信息是为了获得其他信息。为了实现沟通，发送者必须要把所要传递的信息转换为自己和对方都能理解的某种"信号"或"语言"，这就是图 8-3 中所说的"编码"。在一个组织中，如果组织成员之间没有共同语言，用于编码的工作量就大为增加，想要进行有效的沟通，除非借助"翻译"进行。发送者回答"谁正在发起行动（沟

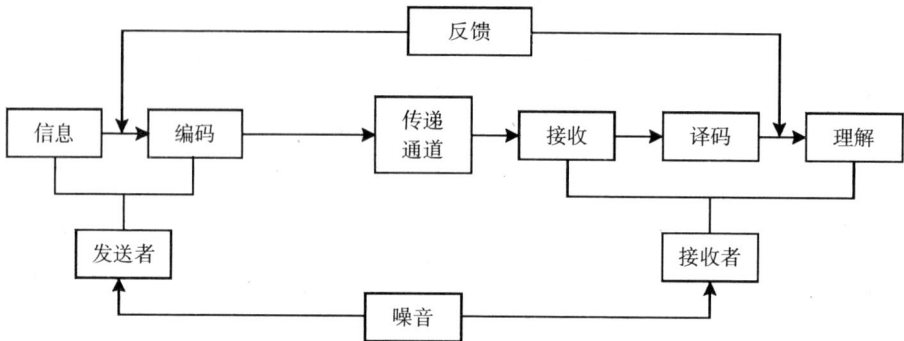

图 8-3　沟通过程模式

通)"、"信息从哪里发出的"、"为什么要信任他"等问题。

（2）信息传递渠道。信息传递渠道指传递信息所需的载体。编码后的信息必须要通过某种方式、工具、手段才能传达到接收者那里。信息传递渠道有很多，如谈话、信件、文件、会议、电话、电视、广播、互联网等。选择什么样的信息传递渠道，既要看信息的内容，也要看渠道的效率和成本。

（3）接收者（信宿）。接收者指沟通过程中处于相对被动地位的，接收某种意见、看法、要求、请求的一方。接收者收到传递渠道所传来的"信号"后，要运用相应的方法将其转换为自己的语言，这就是图8-3中所说的"译码"，然后加以理解。接收者回答"是什么促使他们接收和理解这些信息"，"他们对发送者的建议态度是积极的还是消极的，或者是不冷不热的"，"有一个还是几个关键的听众"等问题。

（4）噪音。噪音指沟通过程中那些干扰、妨碍、影响信息发送、传递、接收和理解的各种因素。它是影响接收、理解和准确解释信息的障碍。根据噪音的来源，可将它分成三种形式：外部噪音、内部噪音和语义噪音。外部噪音源于环境，它阻碍人们听到和理解信息。内部噪音发生在沟通主体身上，如注意力分散、存在某些信念和偏见等。语义噪音是由人们对词语情感上的拒绝反应引起的，如许多人不听带有贬义语言的讲话，因为这些词语是对他们的冒犯。

（5）反馈。指信息接收者收到信息后对发送者所做出的反应。这是发送者和接收者相互间的反应。沟通是为达到某种结果而进行的动态过程，一个信息引起一个反应，而这个反应又成为一个信息。反馈意味着沟通的每一个阶段都要寻求听众的支持，更重要的是给他们回应的机会。只有这样，你才会知道你的听众在想什么，才可能相应调整你发布的信息，使他们更加有可能感觉到参与了这个过程并对你的目标做出承诺。由于反馈能让沟通主体参与并了解信息是否按他们预计的方式发送和接收、信息是否得到分享，所以它对沟通效果的好坏至关重要。

四、沟通的五种态度

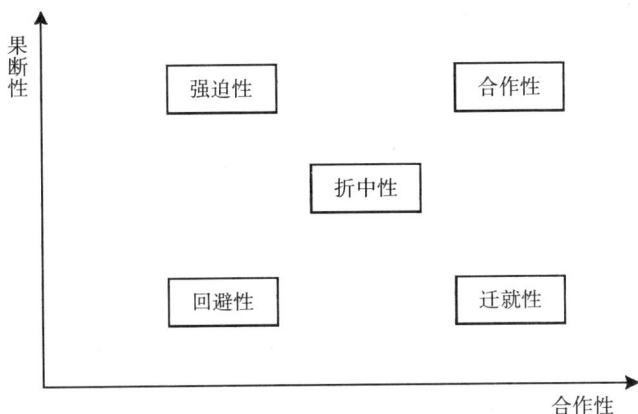

图 8-4 有效沟通的五种态度

（1）强迫性态度。强迫性态度果断性非常强，却缺乏合作的精神。在工作和生活中，确实有这样的情况，如父母对小孩子、上级对下级。在这种强迫的态度下，沟通实际上并不容易达成一致。

（2）回避性态度。在沟通中既不果断地下决定，也不主动去合作，这样一种态度叫回避。总是在回避，不愿意与人沟通，不愿意下决定，自然也就得不到一个良好的沟通结果。

（3）迁就性态度。具有迁就性态度的人虽然果断性非常弱，但是却非常能与人合作，对方说什么都会表示同意，通常下级对上级往往采取一种迁就性态度，当与下级沟通时，就要注意他的态度是否产生了问题，采取的是不是迁就性态度。如果是，那么沟通就失去了意义，就得不到一个正确的反馈。

（4）折中性态度。折中性态度有一些果断性，也有一些合作性。

（5）合作性态度。合作性态度是指在沟通过程中既有一定的果断性，勇于承担责任、做决定，同时又有合作性。

那么，哪种态度是沟通的最佳态度？哪种态度又能最大程度上实现有效沟通呢？我相信大家都很清楚，只有第五种才是最理想的沟通态度，只有合作，才能完全理解对方的意思；也只有合作，才能在差异中寻找到最佳的契合点，从而做出最好的选择，实现大家都满意的"共赢"。

第二节　管理沟通

沟通与人际关系专栏 1　　　　宝钢集团信息化项目的沟通管理

图片来源：www.baosteel.co.

宝钢集团有限公司是国有重要骨干企业，总部位于上海。经过 30 多年的发展，宝钢已成为中国现代化程度最高、最具竞争力的钢铁联合企业。2012年，宝钢连续第九年进入美国《财富》杂志评选的世界 500 强企业行列，并当选为"全球最受尊敬的公司"。标普、穆迪、惠誉三大评级机构给予宝钢全球钢铁企业中最高的信用评级。

30 多年来，宝钢从适应环境和自身发展需要出发，历经以生产为中心、以财务管理为中心、面向用户以提升竞争力为中心等发展阶段。每一次管理创新，都对宝钢的发展产生了重大影响；每一次管理创新，都离不开管理信息系统的支撑。在推进集团财务信息化项目过程中，形成了以下具体实践：

1. 沟通计划

将项目干系人分为项目领导小组、项目推进小组及项目工作小组。其中，项目领导小组由公司及系统开发方高层领导组成，负责项目的重大决策及协调解决项目关键问题；项目推进小组由公司信息化主管部门部长、总部各职能部门部长及子公司总经理组成，负责项目的资源提供、月度跟踪及推进协调；项目工作小组由项目管理组、财务业务专项组及技术专项组组成，负责项目的日常管理及专项推进，其中财务业务专项组包括总部财务人员及子公司财务人员。针对不同的项目干系人，明确信息需要的频度及信息获取的方式，如表 8-1 所示。

表 8-1　信息沟通表

谁需要信息	何时需要	如何获得
项目领导小组	月或定时	月度推进会议或专题推进会
项目推进小组	月或周	月度推进会议或周例会
项目工作小组	周或日	周例会

2. 信息发布

明确项目产生的各种信息，包括项目整体推进方案、项目管理计划（整体计划、月计划、周计划等）、项目进展信息（月报、周报、日报等）、项目推进会议纪要（公司级、项目级）及备忘录（日常讨论交流记录）、项目总结报告等。定义信息的发布方式及发布频率：信息发布方式包括公文、会议（现场或视频）、邮件、QQ 群等；信息发布频率包括月、周或日等。将信息及其发布方式与所需对象建立一一对应关系，如表 8-2 所示。

表 8-2　信息发布表

项目干系人角色	所需信息	发布方式
项目领导小组	项目整体推进方案、计划、总结报告等	公司公文、现场汇报等正式沟通方式
项目推进小组	项目整体计划、项目月度或周推进计划、公司级及项目级会议纪要等	现场或视频会议等正式沟通方式或口头汇报等非正式方式
项目工作小组	项目月度或周推进计划、公司级、项目级会议纪要及备忘录等	现场或视频会议等正式沟通方式，口头汇报、信息共享及 QQ 等非正式方式

3. 绩效报告

对于项目的绩效报告，包括项目的进展状况、项目的问题跟踪及项目取得的成果等，在项目推进过程中都以月度、周或日的方式进行收集并传递。即先由项目工作小组中的各专项组负责提供对应的绩效信息，然后交由项目管理组进行汇总，最终由项目管理组形成整体周报、月报或专题汇报 PPT 后通过会议、邮件或信息共享平台的方式传递至项目相关干系人，从而使项目按计划有序推进。

4. 管理收尾

在项目结束后，一方面由项目管理组对项目的所有文档进行收集和整理并共享在公司的信息平台，收集整理的文档包括项目立项报告，项目可行性研究报告，需求分析评审资料，项目推进过程中的月报、周报及专题汇报文档，项目推进会议纪要，问题跟踪记录，系统上线准备方案等；另一方面由项目经理撰写项目总结报告并上报公司高层，报告中应详细阐述项目的推进过程、取得的效果及下一步的推进设想等。

实践证明，宝钢股份现代化管理模式及其信息化系统解决方案是比较符合实际的，是比较成熟的，是有作为的。高新技术的迅猛发展正在引发世界经济结构的调整，世界范围的市场竞争将更加激烈。宝钢必须抓住一体化的机遇，善于总结经验、学习创新。

资料来源：作者根据多方资料整理而成。

一、管理沟通的分类

1. 按照通道不同，可以分为正式沟通和非正式沟通

（1）正式沟通。正式沟通（Formal Communication）一般指在组织系统内，依据组织明文规定的原则进行的信息沟通，具有严肃性、规范性。由于信息的发布者往往是代表组织本身，因此有一定的权威性。不足之处是信息采用层层传递的方式，速度较慢，并且有刻板性。

（2）非正式沟通。非正式沟通（Informal Communication）是正式途径以外的沟通，信息发布者一般不代表组织和上级，主要是通过个人之间的接触进行的，是由社会成员在感情和动机上的需要而形成的信息交流，其传播的范围能远远超越部门和层次之间的限制，具有随意性、非正规性，并带有较强的感情色彩。非正式沟通不必受到规定程序或形式的种种限制，比较灵活方便。非正式沟通能够发挥正面作用的基础是组织中良好的人际关系。在相当程度内，非正式沟通对于信息沟通是必要的，但也要注意其负面影响。非正式沟通往往是人们常说的"小道消息"的发源地，传递速度较快，既可以为人们提供一些有用的情报，又容易失真，造成流言蜚语的传播。

沟通与人际关系专栏2　　　　　　**一次战略方案制定引起的风波**

天讯公司是一家生产电子类产品的民营高科技企业，近几年，公司发展迅猛，然而，最近在公司出现了一些传闻。公司总经理邓强为了提高企业的竞争力，在以人为本、创新变革的战略思想指导下，制定了两个战略方案：一是引人换血计划，年底从企业外部引进一批高素质的专业人才和管理人才，给公司输入新鲜血液；二是内部人员洗牌计划，年底通过绩效考核调整现有人员配

置，内部选拔人才。邓强向秘书小杨谈了自己的想法，让他行文并打印。中午在公司附近的餐厅吃饭时，小杨碰到了副总经理张建波，小杨对他低声说道："最新消息，公司内部人员将有一次大的变动，老员工可能要下岗，我们要有所准备啊。"

这些话恰好又被财务处的会计小刘听到了。他又立即把这个消息告诉他的主管老王。老王听后，愤愤说道："我真不敢相信公司会做这样的事情，换新人，辞旧人。"这个消息传来传去，两天后又传回邓强的耳朵里。公司上上下下员工都处于十分紧张的状态，唯恐自己被裁，根本无心工作，有的甚至还写了匿名信和恐吓信对这样的裁员表示极大的不满。

邓强经过全面了解，终于弄清了事情的真相。为了澄清传闻，他通过各部门的负责人把两个方案的内容发布给全部职工。他把所有员工召集在一起来讨论这两个方案，员工们各抒己见，但一半以上的员工赞同第二个方案。最后邓强说："由于我的工作失误引起了大家的担心和恐慌，很抱歉，希望大家能原谅我。我制定这两个方案的目的就是想让大家来参与决策，来一起为公司的人才战略出谋划策，其实前几天大家所说的裁员之类的消息完全是无稽之谈。关于此次方案的具体内容，欢迎大家向我提问。"

通过民主决议，该公司最终采取了第二个方案。由此，公司的人员配置率得到了大幅度的提高，公司的运作效率和经营效益也因此大幅度的增长。

案例中邓强将自己的战略方案的想法告诉秘书小杨，下令行文并打印，这属于组织正式沟通中的下行沟通，常用于命令、指导、协调和评价下属，带有指令性、法定性、权威性和强迫性。

案例中多次出现了非正式沟通：秘书小杨在餐厅吃饭时私下把总经理的战略秘密告诉张建波；会计小刘把消息告诉主管老王；消息最终又被传回邓强的耳朵里。这都属于非正式沟通。非正式沟通传播的内容主要是职工普遍关心的相关信息，具有信息交流速度快、沟通效率高、信息传播覆盖面大以及符合员工需要的特点。但其传递的信息常常容易被夸大曲解，这也是造成案例中传闻与风波的最主要原因。

资料来源：作者根据多方资料整理而成。

2. 按传播媒体的形式划分，有书面沟通和口头沟通

书面沟通是以书面文字（还包括计算机、磁带、光盘等现代化媒体）的形式进行的沟通，信息可以长期得到保存。在组织中，一些重要文件，如合同、协

议、规章、制度、规划等都要运用书面沟通方式。这种方式在文字上要求准确、简练，避免在解释上出现二义性。

口头沟通是以口头交谈的形式进行的沟通，包括人与人之间面谈、电话、开讨论会以及发表演说等。口头沟通的特点是信息传递快，双向交流，信息能够立即得到反馈，是最常见的一种沟通形式。口头沟通也常常具有感情色彩，其在规范性方面不及书面沟通。

3. 按信息传播的方向划分，有上行沟通、下行沟通和横向沟通

上行沟通是指自下而上的沟通，即信息按照组织职权层次由下向上流动，如下级向上级汇报情况、反映问题等。这种沟通既可以是书面的，也可以是口头的。为了做出正确的决策，领导者应该采取措施，如开座谈会、设立意见箱和接待日制度等，鼓励下属尽可能多地进行上行沟通。

下行沟通是指自上而下的沟通，即在组织职权层次中，信息从高层次成员向低层次成员流动，如领导者以命令或文件的方式向下级发布指示，传达政策，安排和布置工作计划等。下行沟通是传统组织内最主要的一种沟通方式。

横向沟通主要是指同层次、不同业务部门之间以及同级人员之间的沟通。横向沟通符合过程管理学派创始人法约尔提出的"跳板原则"，它能协调组织横向之间的联系，在沟通体系中是不可缺少的一环，具有业务协调的作用。

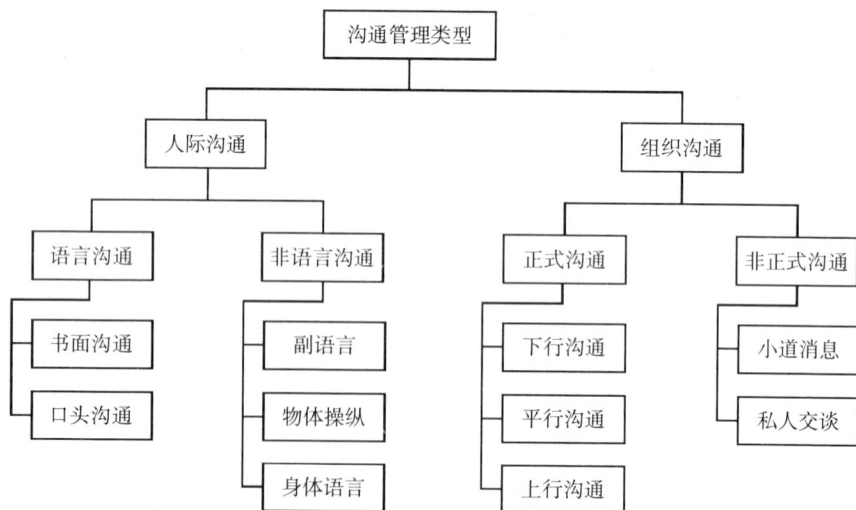

图 8-5　沟通管理类型

表 8-3　沟通方式的比较

沟通方式	信息丰富程度	情景复杂程度	反馈	非语言沟通使用
面对面	高	复杂	直接	丰富
电话	较高	较复杂	迅速	较少
电邮	适度	适度	较慢	少
书面报告	较低	较简单	缓慢	极少
固定格式报告	低	简单	非常缓慢	无

4. 按沟通网络的基本形式划分，有链式、轮式、Y 式、环式和全通道式

沟通网络是指各种沟通路径的结构形式，它直接影响到沟通的有效性。正式沟通可以有链式、轮式、Y 式、环式和全通道式五种网络形式（见图 8-6）。

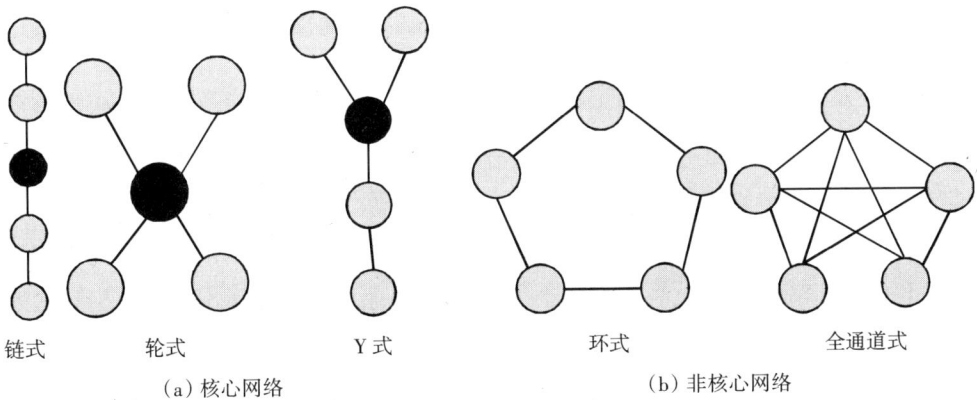

| 链式 | 轮式 | Y 式 | 环式 | 全通道式 |

（a）核心网络　　　　　　　　　　　　　　　　（b）非核心网络

图 8-6　五种沟通形态

五种沟通形态的效能如表 8-4 所示：

表 8-4　五种沟通形态的效能比较

评价标准＼沟通形态	环式	轮式	Y 式	链式	全通道式
集中性	低	高	较高	中	很低
速度	慢	快（简单任务）慢（复杂任务）	快	中	快
正确性	低	高（简单任务）低（复杂任务）	较高	高	适中
领导的预测程度	低	很高	高	中	很低
团队成员满足程度	高	低	较低	中	很低
示例	工作任务小组	主管对四个部属	领导任务繁重	命令链锁	非正式沟通（秘密消息）

链式沟通属于控制型结构，在组织系统中相当于纵向沟通网络。网络中每个人处在不同的层次中，上下信息传递速度慢且容易失真，信息传递者所接收的信息差异大。但由于结构严谨，链式沟通形式比较规范，在传统组织结构中应用较多。

轮式沟通又称主管中心控制型沟通，在该种沟通网络图中，只有一名成员是信息的汇集发布中心，相当于一个主管领导直接管理几个部门的权威控制系统。这种沟通形式集中程度高，信息传递快，主管者具有权威性。但由于沟通渠道少，组织成员满意程度低，士气往往受到较大的影响。

Y式沟通又称秘书中心控制型沟通，这种沟通网络相当于企业主管、秘书和下级人员之间的关系。秘书是信息收集和传递中心，对上接受主管的领导，这种网络形式能减轻企业主要领导者的负担，解决问题速度较快。但除主管人员以外，下级人员平均满意度与士气较低，容易影响工作效率。

环式沟通又称工作小组型沟通，在该网络图中，成员之间依次以平等的地位相互联络，不能明确谁是主管，组织集中化程度低。由于沟通渠道少，所以信息传递较慢。但成员之间的相互满意度和士气都较高。

全通道式沟通是一个完全开放式的沟通网络，沟通渠道多，成员之间地位平等，合作气氛浓厚，成员满意度和士气均高。全通道沟通与环式沟通的相同之处在于，网络中主管人员不明确，集中化程度低，一般不适用于正式组织中的信息传递。

除此以外，在非正式组织中，还存在着一种"葡萄藤"式的沟通形式，沟通随处延伸。据相关研究，一个组织中，"葡萄藤"是主要的非正式沟通媒介，如图 8-7 所示，"葡萄藤"缠绕整个组织，又向各个方向发展，组织内的成员归属于不同的非正式群体，通过"葡萄藤"而联系在一起。另有研究表明，当员工感

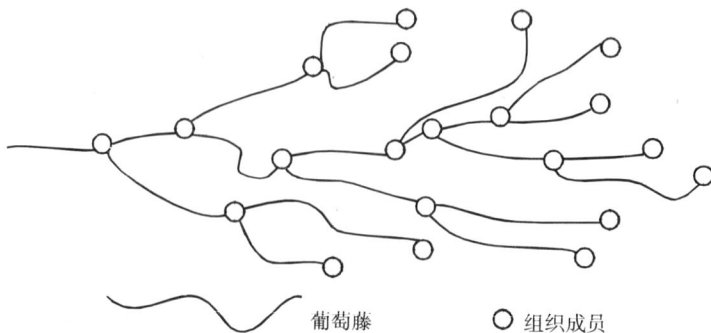

葡萄藤　　　○ 组织成员

图 8-7　非正式沟通网络——"葡萄藤"

觉受到威胁、不安全和面临压力时，或是感觉到来自管理层的沟通被限制的时候，员工就依赖于"葡萄藤"。

"葡萄藤"是非正式群体中或非正式群体间最普遍的沟通方式，是管理者无法回避的问题；经由"葡萄藤"传播信息，具有速度快、范围广的特点，但在实际的传播过程当中，也极有可能被别有用心的人所利用，成为谣言的聚集平台，或者不明情况的人道听途说的通道，从而降低组织内部信息传播的有效性，对企业的发展起到消极的影响。

沟通的类别还可以按照是否进行反馈分为单向沟通和双向沟通。其中，单向沟通与双向沟通的不同如表 8-5 所示。

表 8-5　单向沟通与双向沟通的比较

因　素	结　果
时间	双向沟通比单向沟通需要更多的时间
信息和理解的准确程度	在双向沟通中，接收者理解信息和发送信息意图的准确程度大大提高
接收者和发送者置信程度	在双向沟通中，接收者和发送者都比较相信自己对信息的理解
满意	在双向沟通中，接收者和发送者都比较满意
噪音	由于与问题无关的信息较容易进入沟通过程，双向沟通的噪音比单向沟通要大得多

二、沟通的目的

沟通在管理中举足轻重，正如未来学家奈斯比特所言："未来竞争将是管理的竞争，竞争的焦点在于每个社会组织内部成员之间及其与外部组织的有效沟通。沟通起到了说明事实、表达情感、建立关系以及进行企图等作用。"

组织内沟通的目的，从根本上说是在组织内通过成员间的相互沟通，有效判断自己现时的行为活动状况，从而进行行为协调，形成巨大合力，完成既定的目标。从这一根本目的上可看到，人际沟通实际上还起到以下效果：信息、激励、控制和情感表达。

1. 信息（Information）功能

沟通的一项重要功能就是交流信息。在组织内部，顾客需求信息、工艺技术信息、财务信息等都需要准确、有效地传达给相关部门和决策者，使决策者能够评估各种备选方案并确定最佳方案。而企业的决策也必须借助口头或书面、正式或非正式的沟通方式传达给确定的对象。此外，组织还需要通过信息沟通了解顾客、供应商、竞争对手及股东要求等其他外部环境信息。只有通过信息沟通，组织才能成为一个与外部环境相互作用的开放系统。

2. 激励（Motivation）功能

良好的组织沟通，尤其是顺畅的纵向沟通可以起到振奋员工士气、提高工作效率的功能。除了高额奖金、高福利等物质激励以外，管理者还应关注员工更高层次的需要，即让员工积极参与企业的创造性实践活动，满足其自我实现的需要。

良好的沟通可以满足员工的参与感。管理者应通过具体目标的设置、实现目标过程中的持续反馈及必要的正强化，来激发员工的工作积极性和创造性。

3. 控制（Control）功能

沟通可以通过多种方式来控制员工的行为。首先，组织可以通过职权层级和正式指引等来控制员工行为。例如，员工要首先与直接上级交流工作方面的不满，要按照职务说明书开展工作、要遵守公司的政策法规等，而通过沟通可以实现这种控制功能。

另外，非正式沟通也能控制员工的行为。例如，当组织中某个员工的工作绩效远高于其他员工时，周围人会通过非正式沟通控制该成员的行为。

4. 情感表达（Emotional Expression）功能

对于组织中的员工来说，工作群体是其主要的社交场所，员工常常会通过组织内的群体沟通来表达自己的失落感或满足感。因此，沟通提供了一种释放情感的情绪表达机制，满足了员工的社交需要。

以上的四种沟通功能没有主次之分。要保证组织运转良好，就需要在一定程度上激励员工、控制员工、提供情感表达的渠道并做出抉择。可以说，组织中的每一次沟通都实现了四种功能中的一种或几种。

表 8-6　沟通的功能

功能	作　用	应　用
信息 （Information）	提供信息沟通渠道、促成决策	提供组织内外部信息、支持决策系统
激励 （Motivation）	沟通可以激励员工，让他们知道做什么、怎么做、如何改善工作绩效	特定目标的形成、目标达成情况的反馈及正强化都可以激励员工的工作动机
控制 （Control）	组织通过职权层级和正式引导等来控制员工行为；非正式沟通也可以控制组织成员的行为	向上级及时报告工作问题、依照指导工作、遵循公司政策
情感表达 （Emotional Expression）	沟通是组织成员情感表达与满足需求的渠道	组织成员分享彼此的挫折感或满足感

三、沟通技术的创新与特殊沟通

1. 社会化媒体沟通

随着以用户参与为主的 Web 2.0 时代的到来，以及具有社交性沟通技术的不断出现，以 SNS、Wiki、微博等为代表的社会化媒体（Social Media）或社会化沟通技术（Social Communication Technology，SCT）已被越来越多的个体和组织采纳。诸如 Twitter、Facebook、人人网、新浪微博之类的社会化媒体已经成为颇受人们欢迎的一种交流和生活方式，供好友甚至是陌生人一起分享信息和交流互动。越来越多的公司也已推出具有聊天、分享、评论等功能的企业社交软件（Enterprise Social Software，ESS）或企业 2.0（Enterprise 2.0）。

社会化媒体的飞速发展，影响了个体之间的沟通方式，也给组织内部沟通带来了新的影响。社会化媒体沟通呈现出诸如开放式的信息沟通管理平台、沟通管理者隐居幕后、人人可以参与、社会网络形成、人人创造内容、内容病毒式传播等特点，但同时存在信息保密性差、沟通者识别难、定向沟通困难、群体事件频发、信噪比低、信息量泛滥等问题。

沟通与人际关系专栏 3　　国美电器发表公开信回应指责

2010 年 8 月 19 日，国美董事局发出近 5000 字的《致国美全体员工的公开信》，除回应黄光裕方面的多项指责外，还呼吁所有国美员工在事关公司命运的关键时刻团结起来，

图片来源：http://www.gome.com.cn.

"不传谣不信谣"。这也是国美董事局向全体员工发布的第二封公开信，一共就六个问题进行了回答和说明。公开信内容节选如下：

2010 年 8 月 18 日，黄光裕先生全资控股的国美电器大股东 Shinning Crown Holdings Inc.公司发布了一封国美大股东致国美全体员工的一封信，指责陈晓董事长以关店来粉饰业绩，牺牲了市场份额，被苏宁全面超越；利用大股东的信任一步步掌舵国美，却在此后落棋三步，即以苛刻协议引入贝恩；慷股东之慨，盲目给部分管理人员期权，变相收买人心，企图发行新股，联手国外资本，使这个来之不易的民族品牌沦为外资品牌等。公司本着自 2008 年底危机以来一贯秉承的如遇重大事件对全体员工在第一时间公开、透明的原则，在此向全体员工发出 2010 年 8 月 4 日大股东要求召开特别股东大会事件以来

的第二封《致国美全体员工的公开信》，以向全体员工温情说明相关情况。

（1）针对"关闭门店是粉饰业绩"一说，关闭亏损和转亏无望的门店，是当时应对因黄总个人行为导致的公司资金紧张而迫不得已的有效止血措施之一。

（2）就"联手贝恩，签订苛刻的融资协议"一说，公开信称，在投资者的选择中既解决资金困难问题，同时又保证大股东的权益成为当时谈判的焦点。公司管理层与贝恩、华平、KKR、黑石、TBG、凯雷等投资者逐一接触，只有贝恩接受了维持大股东股权基本不变的融资方案。

（3）就"慷股东之慨，不按业绩考核，盲目给部分管理人员发期权，变相收买人心"一说，公开信称，之所以采取这样的方案，是基于2008年公司并未完全走出危机的实际状况，同时竞争对手频繁地采取各种方式来动摇、吸引公司的各级高管，更基于相当一部分高管长期在公司服务以及在此次危机中的突出表现。

（4）就"董事会、管理层的职责到底该向谁负责"一说，公开信称，在情、理、法之间只有将法、理排在前，才能建立符合市场及公众价值判断标准的情，那才是真正的大爱长情。

（5）关于将"国美"变成"美国"的外资论，公开信称，实质上国美电器本身就是一家在海外上市的外资企业，其大股东就是在百慕大注册的Shinning Crown Holdings Inc.公司，"黄总连续五年减持套现100余亿元的对象也几乎都是海外投资者，2005年进入国美的华平就是其中之一。若说国美外资化，早在2004年上市初期就已成为现实了"。

（6）关于国美的未来，公开信最后称，"未来五年我们相信在现有管理团队和全体员工的共同努力下，以门店场地经营转变为商品经营、提升单店效益、优化网络为基础实现门店总数2000家，销售规模达1800亿元的目标，将激励着我们在市场竞争中继续保持竞争优势！"

针对上述资料，请思考如下问题：

1. 如何理解国美发布第二封公开信的作用？

2. 国美以公开信的形式发布信息，这种沟通形式的好处是什么？

资料来源：作者根据多方资料整理而成。

2. 冲突沟通

当个体或群体感觉受到其他个体或群体的不良影响时，冲突就会发生。冲突指的是一种交易双方的紧张状态，它是由现时或期待回应的不一致导致的，如不同的目标、模糊的期望、不同的看法或对立的观点。

表 8-7　冲突观念的变迁阶段

	观　点
20 世纪 30~40 年代的"传统观点"	冲突是非理性的、破坏的,必须进行阻止
20 世纪 40~70 年代的"人际关系观点"	不可能彻底杜绝冲突,而且某些冲突可能对企业会有一定的积极作用,要区别对待
20 世纪 70 年代以后的"相互作用观点"	企业要保持生命力和创造力必须保持一定程度的冲突,应鼓励冲突

关于冲突的过程,斯蒂芬·P.罗宾斯(Stephen P.Robbins)提出了五阶段冲突理论,即潜在对立、认知介入、冲突意向、冲突行为、冲突结果。图 8-8 描绘了这一过程。

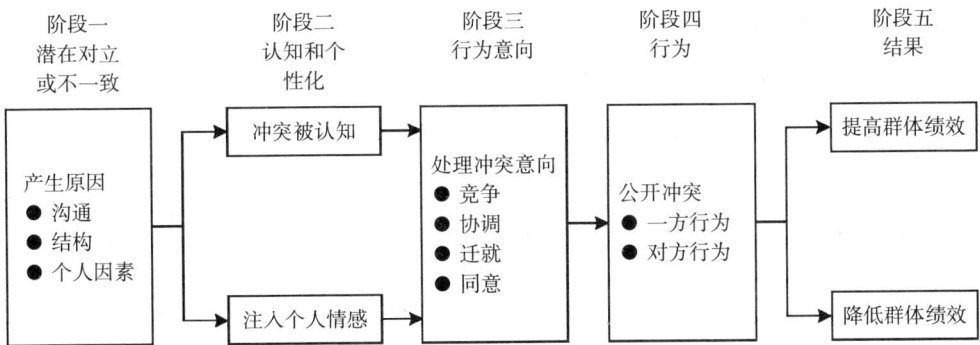

图 8-8　冲突的过程

冲突沟通策略包括建设性合作沟通策略、要求/躲避沟通策略、破坏沟通策略。

建设性合作沟通包括双方共同探讨问题,正面表达情绪,相互理解以及认为这个问题应该被解决。建设性沟通对于冲突的解决是积极的,与关系满意正向联系。

要求/躲避沟通是一种一方试图以批评、抱怨或建议变化的方式讨论,而另一方则试图以沉默或走开的方式结束、避免讨论的沟通。要求/躲避沟通预示了充满负面情绪的沟通,与较低的关系满意相联系。

破坏沟通包括双方都避免讨论冲突或者讨论后双方都希望从这种关系中退出。现有研究对破坏沟通对沟通双方关系的影响是有分歧的。

3. 商务谈判

沟通与人际关系专栏 4　　有效谈判完成联想集团收购 IBM 的 PC 业务

2004 年 12 月 8 日，中国 IT 业龙头企业联想集团有限公司并购了世界 IT 业巨头 IBM 的全球 PC 业务。这一消息震惊了世界，因为它标志着 IT 业的一个新时代的来临。收购完成之后，一家 PC 年销售量 1400 万台、年销售收入约 130 亿美元的全球第三大个人电脑企业——新联想正式诞生。至此，经过 21 年的发展，联想正式成为一家拥有 1.9 万多名员工、7 大全球研发中心、4 大 PC 生产基地，销售网络遍布 160 多个国家的国际化企业。

联想收购 IBM 的 PC 业务部门，可以说是一次真正意义上的"强强联合"。此次收购，既是联想博弈全球、决胜未来的关键，也是起步较晚、积淀较浅的中国企业快速切入世界市场的重要保障。但是，联想收购 IBM 全球 PC 业务的谈判可谓一波三折，最大的障碍莫过于价格问题。联想要在对方开价的基础上"糟砍一刀"，但实际上 IBM 是非常专业的，当然也希望自己的股东能得到最好的回报，其作价有充分根据，所以双方谈得非常艰苦。当 IBM 把价钱谈到 13 亿美元时，联想就站在 11 亿美元的基础面上不动。而 IBM 是两家同时谈，谁好就走向谁。在这种情景下，联想除了谈判条款的巨大压力外，还增加了一个竞争对手。IBM 声称，如果联想不把价格加到 13 亿美元，就马上去找另外一家。当时是星期五下午，双方在纽约的 Downdown 谈判，很快 IBM 所有的团队就全部撤回，并要求想立刻离开谈判大楼。

整个周末，联想方面处于非常困难的境地。因为交易成功不仅对联想而且对双方都十分有利，所以丢掉这个交易实在可惜，但联想又不愿意轻易地加价。最后联想谈判人员采取了非正式接触，谈判团队里四个核心人员和对方核心谈判的三个人在酒店做了一次秘密会晤。号称"秘密会晤"，就是说双方都不通知自己的高层。这次会晤双方都做了一个妥协：联想把价格加到 12 亿美元，IBM 也同意可以降到 12.5 亿美元。最后大家都同意把这 5000 万美元做"主席交易"，就是说这 5000 万美元的缺口留给主席，并最终在双方都做出可以接受的让步后圆满结束谈判。

针对上述资料，请思考如下问题：

1. 双方的矛盾焦点是什么？

2. 你认为应采取什么方法化解双方僵持不下的局面，还有其他达到谈判"双赢"的方案吗？

资料来源：作者根据多方资料整理而成。

现代商业社会，企业无时无刻不处在与其他企业构成的竞争与合作的环境之中，因此，谈判成了企业在经营管理中不可避免的活动。它是决定企业运作，以及企业与供应商、分销商关系的一个重要方面，同时是解决冲突的重要手段，是决定企业经营成败的重要一环。

谈判是双方或多方为实现某种目标就相关条件达成协议的过程。这种目标可能是为了实现某种商品或服务的交易，也可能是为实现某种战略合作等。谈判的对象几乎涉及所有人员，从最上层的管理者到基层人员。可以说，谈判在工作中无处不在。在组织内部，管理人员与员工谈薪水，与上级协调任务与资源，就预算进行讨价还价，协调与同事的差异并解决与下属的任务分派等；在不同的组织之间，通过谈判达成战略联盟、建立合作关系等。因此，谈判是一种对目标实现的调节手段，是冲突管理的重要内容，也是管理人员的工作内容之一。

（1）谈判的定义。谈判有广义与狭义之分。除正式场合下的谈判外，一切协商、交涉、磋商等，都可以看作是广义的谈判。狭义的谈判仅仅是指正式场合下的谈判。

（2）谈判的类型。谈判一般分为三个类型，即竞争型谈判、合作型谈判和"双赢"谈判。

①竞争型谈判。大部分谈判都属于竞争型谈判。现代社会竞争越来越激烈，企业之间的竞争、同类产品之间的竞争、人才之间的竞争都已经达到白热化程度，如果不竞争或者竞争能力不强，就会被淘汰。因此，在日常生活中，人们面临着越来越多的竞争型谈判。竞争型谈判的技巧旨在削弱对方评估谈判实力的信心。因此，谈判者对谈判对手的最初方案做出明显的反应是极为重要的，即不管谈判者对对方提出的方案如何满意，都必须明确表示反对这一方案，声明它完全不合适，使谈判对手相信他的方案是完全令人讨厌的，是不能被接受的。

②合作型谈判。尽管谈判中有各种各样的矛盾和冲突，但谈判双方还是存在合作与交流。谈判双方不是你死就是我活，但都是为着一个共同的目标——探讨相应的解决方案。如果对方的报价有利于当事人，当事人又希望与对方保持良好的业务关系或迅速结束谈判，做出合作型反应则是恰当的。

③"双赢"谈判。"双赢"谈判就是谈判要找到一种双方都赢的方案。"双赢"谈判是把谈判当作一个合作的过程，共同找到满足双方需要的方案，使费用更合理，风险性更小。

"双赢"谈判强调的是：通过谈判，不仅要找到最好的方法去满足双方的需要，而且要解决责任和任务的分配，如成本、风险和利润的分配。"双赢"谈判的结果是：你赢了，但我也没有输。从倡导和发展趋势的角度说，"双赢"谈判无疑是有巨大的发展空间的。

（3）有效谈判的实现。管理者要实现有效的谈判，应该做到：①理性分析谈判的事件。抛弃历史和情感上的纠葛，分析双方未来的得失。②充分了解谈判对手。要充分地了解谈判对手的兴奋点和抑制点在哪里。③抱着诚意谈判。态度不卑不亢，条件合情合理，提案易于接受，必要时可以主动做出让步，尽可能寻找"双赢"的解决方案。④坚定而灵活的态度。对自己目标的基本要求要坚持，对对方最初的意见不必太在意，那多半是一种试探，有极大的回旋余地，当谈判陷入僵局时，应采用暂停、冷处理后再谈，或争取第三方调停，尽可能避免谈判破裂。

四、克服管理沟通的障碍

1. 有效沟通的障碍来源

在沟通的过程中，由于存在着外界干扰以及其他种种原因，信息往往丢失或被曲解，使得信息的传递不能发挥正常的作用。因此，组织的沟通存在有效沟通的问题。所谓有效沟通，是指沟通的发起人通过接收者的反馈确定管理信息已经被理解和执行，即沟通已经收到预期效果，这样的沟通便是有效沟通。

一般情况下，有效沟通的障碍主要来自以下几个方面：发送者的障碍、接收者的障碍和信息传播通道的障碍。

（1）发送者的障碍。沟通过程中，信息发送者的情绪、倾向、个人感受、表达能力以及判断力等都会影响信息的完整传递。障碍主要表现在表达能力不佳、信息传送不全、信息传递不及时或不适时、知识经验的局限、对信息的过滤等方面。

（2）接收者的障碍。从信息接收者的角度看，影响信息沟通的因素主要有信息译码不准确、对信息的筛选、对信息的承受力、心理上的障碍、过早评价以及接收者的情绪等。

（3）信息传播通道的障碍。信息传播通道的问题也会影响到沟通的效果。信息传播通道的障碍主要有选择沟通媒介不当、媒介相互冲突、沟通渠道过长以及外部干扰等。

2. 实现有效沟通的主要途径

（1）改进沟通者的沟通态度与沟通技能。信息沟通不仅仅是信息符号的传递，它包含着更多的情感因素，所以在沟通过程中，沟通双方采取的态度对于沟通的效果有很大的影响。只有双方坦诚相待、相互信任时，才能消除彼此间的隔阂，从而求得对方的合作。另外，信息发送者和信息接收者都要努力增强自己的沟通技能，进而提高有效沟通水平。

（2）有效地管理组织沟通渠道。为实现有效的组织沟通，应结合正式沟通渠道和非正式沟通渠道的优缺点，通过对组织结构的调整，设计一个包含正式和非正式沟通渠道的信息传递网络，同时缩短信息传递的链条，以使组织的信息沟通更加迅速、及时并有效。组织沟通渠道的设置必须与组织的结构、管理模式相匹配、相适合，这样才能有利于组织整体目标的完成。

现代管理理论提出了一个新概念，即"高度的非正式沟通"。它指的是利用各种场合，通过各种方式，排除各种干扰，来保持经常不断的信息交流，从而在一个团体、一个企业形成一个巨大的、不拘形式的、开放的信息沟通系统。实践证明，高度的非正式沟通可以节省很多时间，避免正式场合的拘束感和谨慎感，使许多长年累月难以解决的问题在轻松的气氛下得到解决，减少团体内人际关系的摩擦。

（3）减少沟通环节。沟通环节过多，一方面，会影响沟通的及时性；另一方面，沟通环节越多，则可能的"噪声"干扰越多，从而越可能影响信息的准确传递。有研究表明，当信息连续通过五个人时，多达80%的信息在沟通过程中丢失。

（4）改革沟通的制度，创建良好的沟通氛围。应针对组织的特点和发展的需要，通过建立信息沟通检查制度、建立定期的例会制度、进行员工调查和反馈等手段，创造良好的沟通氛围，从而增强组织与员工的有效沟通。

（5）采用合适的沟通方法和技术。组织沟通的内容千差万别，针对不同的沟通需要，应该采取不同的沟通方式。从沟通的速度方面考虑，利用口头和非正式的沟通方法，比书面和正式的沟通速度快。从反馈性能来看，面对面地交谈，可以获得即时的反应，而书面沟通有时得不到反馈。另外，组织还应该尽可能地给员工提供良好的办公设施，如电脑、互联网等，充分发挥现代化的信息技术给沟通带来的种种便利。

第三节　人际关系

一、正确看待人际关系

1. 人际关系的含义

人际关系是指人们在组织交往过程中，由于相互认识、相互体验而形成的心理关系。它反映为组织活动中人们相互之间的情感距离、相互吸引与排斥的心理状态。可以从下面几点理解人际关系的含义：

（1）人际关系不等于参与其中的人数的总和，它的研究对象包括两个或两个以上参与者的交往认知、需要、动机、行为、态度、性格等的产生、发展、变化规律。

（2）人际关系理论不仅研究参与者本身与其现实的、潜在的交往对象，还研究交往双方的相互作用。

（3）人际关系研究还涉及相互作用的具体方式、方法的系统性、外部环境变化的影响和控制机制。

健康的人际关系能够消除人们的沟通障碍，使人们相互之间建立信任，调动员工的积极性，增强集体的凝聚力，消除企业内耗。因此，创建和谐的企业内部工作环境，对于企业的可持续发展来说具有不可代替的作用。

2. 人际交往的动因

在社会生活中，人们要求交往的愿望是一致的，但交往的动因却千差万别。按美国心理学家修兹的观点，不同的人寻求人际交往的愿望大致出于三种原因：

（1）满足容纳的需要。所谓满足容纳的需要，是指许多人都希望和别人来往、结交、建立并维持和谐的关系。基于这种动机，其特征表现为喜欢交往、沟通、包容、归属、参与、出席等，他们每时每刻都希望与人相处在一起，要求归属于某一组织。而与此相反的人，往往愿意孤立、退缩、疏远、排斥、对立等，他们宁愿处在组织之外，喜欢隐居独处。

（2）满足控制的需要。所谓满足控制的需要，是指希望通过运用权力、权威、威望来影响、控制他人，并建立和维持良好关系的愿望。控制需要是许多人所共有的，俗话说的"宁为鸡头，不为凤尾"即其具体表现。

（3）满足情感的需要。所谓满足情感的需要，是指希望在情感上与他人建立良好关系的愿望，希望能够互相关心、体贴，在友善与和谐之中寻求一种精神寄托。

根据上述三种交往动因所形成的特有的人际关系，修兹认为，它们将最终发展为三种人际关系倾向，即包容性人际关系、支配性人际关系和情感性人际关系。

3. 人际关系存在的基本状态

人际关系的具体状态是十分复杂的，在不同条件和各个阶段具有不同的表现。各状态归纳起来有四种：竞争、协作、障碍与冲突、封闭。

（1）竞争。竞争可以分为个体之间的竞争和组织之间的竞争。在个体竞争的条件下，多数人只关心自己的工作，难以相互支持。为了战胜对方，甚至采取嫉妒、贬低、敌视、暗中捣鬼等态度和做法，影响良好人际关系的建立。另外，个体之间过于频繁的竞争会削弱人际吸引力，影响人际关系的发展。

竞争有积极性和消极性两个方面的作用，领导者要善于组织与利用。从人际关系的角度看，一般来说，组织竞争要优于个体竞争。

（2）协作。协作是指组织或个体之间为实现共同目标而同心协力，相互促进的合作行为。协作是一种普遍的社会现象，它所表现出来的人与人之间的关系是一种常见的状态。协作中的人际关系包含复杂的内容，通常具有互补和互利的性质。协作和竞争这两种基本状态中都既有积极方面，又有消极方面，领导者必须倡导其积极方面，避免其消极方面，以建立良好的人际关系。

（3）障碍与冲突。障碍与冲突属于人际关系发展的不正常阶段，两者只是程度上的差异而已。

由于种种原因使交往双方的情绪基础发生了较大改变，从而造成双方交往中的障碍与困难。此间，相互之间的猜疑和冷漠往往多于信任、理解和热情，它使原有的交往方式和信息编码失效，而采取其他新的方法进行交往。这是一种过渡型的人际关系状态，它可能使人际关系进一步进化为冲突状态，也可能使人际关系通过问题的圆满解决而恢复和深化。

（4）封闭。人际交往停止，人际关系处于功能丧失或休眠状态，称为封闭状态的人际关系。封闭状态的人际关系虽然没有交往，但它是交往的结果，其中积淀着以前交往的态度、情感和认知。人际关系封闭状态的产生必然有其各种具体原因，可能是由交往的动机、目的、价值观、个性的差异造成的，也可能是由交际手段不当引起的，还有可能是由某种误会或迫于外部压力造成的，等等。研究这些原因，不仅有助于指导封闭状态人际关系的"解冻"，而且对于探讨调节和改善人际关系的一般规律具有重要意义。

4. 影响人际关系的因素

在同一个组织中，人与人之间的关系错综复杂，其间的亲密程度各不相同。有的能成为知己，情同手足；有的是表面和气，却貌合神离；有的是冷眼相待，势不两立。这些现象说明，人际关系的建立并非易事，它会受到多种主客观因素的影响。

（1）客观因素。

影响人际关系的客观因素主要表现在以下几个方面：

①距离的远近性。人与人之间在空间地理位置上越接近，就越容易形成彼此间的亲密关系。例如，同一车间、同一科室、居住邻近的人，彼此接触、了解的机会较多，就更容易建立亲密的人际关系。俗话说的"远亲不如近邻"，就反映了人际交往中空间距离的重要性。但是应当指出，这种空间距离因素仅仅是容易形成亲密关系的因素之一。

②态度的相似性。共同的理想、相同的信念以及对某种问题相似的态度，是产生思想共鸣、促进感情交流的重要条件。俗话说"物以类聚，人以群分"，只有志同道合，才能走到一起，成为亲密的朋友。

③交往的频繁性。一般而言，人们之间接触、交往的次数越多，越易形成共同的经验、共同的话题和共同的感受，从而建立起密切的人际关系。当然，若无诚意，只停留在一般应酬上，即使交往频繁，也是貌合神离。例如，与虽是近邻，经常见面，但每次只是打个招呼的人的关系，和与自己曾经一起从事过重要工作的人的关系相比，后者要比前者密切得多。

④重要的互补性。在组织活动中，往往存在着互补效应，即具有不同知识、能力、性格或气质的人所组成的组织，他们互相激励、配合默契。例如，有些性格内向的人能与性格外向的人友好相处；性格急躁者能与性格稳重者成为伙伴；独立性强与依赖性强的人能成为很好的搭档。这些都是由于彼此的优缺点相互弥补而导致的结果。

⑤仪表的吸引性。人的仪表，包括相貌、穿着、仪态、风度等，也是影响人际关系的因素。一个相貌端正、举止文雅、穿着整洁的人往往易给人以良好的印

象，而那种不修边幅、举止粗俗的人则会给人留下不好的印象。可以说，在相貌和体态方面具有魅力的人，更惹人喜欢。当然，也应该看到，因仪表因素建立起来的人际关系往往是短期的、表层的；而对于长期的、深层的人际关系来说，其他因素（如态度、观念的一致性等）则要比仪表因素重要得多。

在人际关系建立的过程中，除上述因素外，一个人的能力、特长、社会背景，甚至年龄、籍贯等也可能成为影响人际关系的因素。例如，有的人因为有某些特长令人羡慕而受到别人的尊重和喜爱；在异国他乡，仅是同一国籍、同一民族、同一种语言，就足以使人们之间产生好感，建立密切关系。

（2）主观因素。

影响人际关系的主观因素主要表现在以下几个方面：

①人际知觉的偏见。人际知觉实际上是推测与判断他人的心理状态、动机和意向的过程，它是构成人际交往的基础。但在实际中，由于受到主观条件的限制，很难全面、正确地看待别人，从而造成歪曲的人际知觉，即产生偏见。

②自我认知的偏见。所谓自我认知，是指人们对自己的认识和评价。一个人对自己的认识往往比对别人的认识更为复杂，因为自我认知除受认知因素影响外，还受其动机、需要、愿望等其他心理因素的影响。因此，对自己的认识和评价，往往很难做到各方面都恰如其分，常常容易过高或过低地估计自己，这样就必然会影响其与周围人的关系，从而产生矛盾。

总之，影响人际关系建立和发展的因素是复杂的，且它们之间互相交错、互相影响。研究和掌握这些因素，对建立和保持人们之间和谐、融洽的人际关系，增强组织的团结，发挥组织的潜能都具有积极的现实意义。

二、人际关系与成功

管理在大多数情况下是通过别人来完成工作的，因此人际关系与领导才能、沟通技巧一样，成为有效管理的前提条件。毫无疑问，人际关系是一门艺术，管理者应当为了自己和组织的成功而实践这一艺术。

人际关系对于我们成功的作用是多方面的。建立和塑造良好的人际关系，不仅有益于人们的生活、学习和工作，而且有助于改善组织气氛，促进组织完成任务、实现目标、创造效益。具体表现在以下几个方面：

（1）沟通信息。信息交流是人们获得知识和经验的重要途径。人际关系不仅有助于增进组织成员之间的信息交流，促进组织意识的形成，而且有利于提高组织的效能。

（2）完善自我。和谐使大家共享信息、交流经验，促进组织中的人际交往，而且不仅是工作上的交往，也是知识、技能、经验和情感的交往。由于各人的经历不同，其知识、技能以及应对各种工作的能力也千差万别。在同一个组织中，如果成员之间的相互关系融洽，就可能在工作中互相学习、取长补短，促进自身素质的完善和提高。

（3）增进感情。每个人都希望有几个能推心置腹、倾诉烦恼、交流情感的朋友。那么只有具备和谐的人际关系，在轻松愉快的组织交往中才能得到满足。

（4）提高效率。在一个组织中，如果人际关系良好，人与人之间感情融洽，心情舒畅，团结协作，那么组织成员的工作积极性和主动性必然很高，其工作效率也会随之提高；相反，如果人际关系紧张，成员之间互相猜疑，明争暗斗，四分五裂，那么其工作协调性必然很差，工作效率低下也就成为必然。

【章末案例】 **欧莱雅公司的沟通机制**

图片来源：http://www.lorealparis.com.cn.

法国欧莱雅集团是世界上最大的化妆品公司，创办于1907年。欧莱雅集团是世界美妆品行业中的领导者，经营范围遍及130多个国家和地区，在全球拥有283家分公司、42家工厂、100多个代理商，以及5万多名员工，是总部设于法国的跨国公司，也是《财富》评选的全球500强企业之一。

1. 欧莱雅的沟通总体策略

《国语·周语上》曰："防民之口，甚于防川。水壅而溃，伤人必多；民亦如之。是故为川者决之使导，为民者宣之使言。"堵塞民众的口比堵截河流还要危险，所以民众发言的渠道要畅通。

在弥漫着"诗人"想象力与"农民"实干精神气氛的欧莱雅公司，没有官僚主义者，没有工作中的扯皮现象。欧莱雅建立有健全的沟通体系，但更让欧莱雅引以为豪的则是欧莱雅的"会议制度"，欧莱雅中国人事总监戴青介绍说：

"欧莱雅不惜巨资成本,为公司各层员工提供开会交流的机会,这是欧莱雅的特色。"

一个典型的"欧莱雅会议"就像是欧莱雅"诗人"的"咏诗会",欧莱雅的"诗人"们在这里头脑激撞,撞击出智慧的火花,富有激情的思维在这里不受束缚,不分级别,成为欧莱雅思想创新、管理创新的大熔炉。

2. 欧莱雅的沟通类型

(1)与高层沟通。欧莱雅高层与员工的沟通起到了很好的激励作用。例如,创造欧莱雅神话的CEO欧文2003年初访问中国,与欧莱雅中国员工进行面对面的沟通,表扬他的爱将盖保罗,激励中国的欧莱雅人,为欧莱雅中国公司的"诗人"们带来了新的梦想与激情。欧莱雅中国公司的总裁盖保罗是一名很活跃的意大利人,他会利用各种机会在各种场合与员工沟通,每一次的新员工培训,他都要亲自参加,向新人介绍欧莱雅,激励他们在欧莱雅实现梦想。

(2)以员工为本的沟通。关怀、信任、扶持人才,尤其是年轻人才,是欧莱雅保持朝气与活力的制胜之道。其大大超出市场平均水平的优厚的薪资福利、灵活机动的晋升机制、全球内部员工股权认购、年终分红、利润共享的激励策略,吸引着全球各地的人才带着热情与智慧投入欧莱雅的怀抱。

欧莱雅建立了由薪资、福利、奖金、利润分享、股权、巴黎培训等众多激励方式组成的激励体系。欧莱雅十分重视激励机制,树立诱人梦想,带来好的"收成",当员工以"诗人"的梦想与"农民"的实干实现了一个又一个成就,欧莱雅的激励机制都会给予公平、及时的肯定,刺激员工取得更高的业绩,实现更大的梦想。欧莱雅希望员工把公司的钱当作自己的钱来经营,把欧莱雅的生意当作自己的生意来看管,让每一名欧莱雅人都成为公司的"主人翁"。

在巴黎欧莱雅总部,对刚生完孩子的女性员工,除了政府规定要给的四个半月的薪水外,欧莱雅公司还给这些职工多加一个月的薪水,并可以在两年之内的任何时候领取。欧莱雅的8000名经理中,2000名已有购股权。如此优厚的员工福利,使欧莱雅的人才流失率保持在很低的水平,每名欧莱雅员工平均在公司工作14年。欧莱雅负责人力资源关系的副总裁Francois Vachey说:"员工的忠诚度对公司来说非常重要。他们来了,加入了我们,然后留了下来。"

(3)"欧莱雅会议"。尽管电子商务、电话、传真改变了我们的商务生活,带来了全新的沟通模式,但在应用这些沟通渠道的同时,欧莱雅仍旧更加钟情于会议制度,把各种面对面的员工会议作为最佳沟通渠道。欧莱雅有着系统、健全的会议制度，但这并不是说欧莱雅崇尚"会山会海"，很显然，那是与"农民的实干精神"价值观背道而驰的。

欧莱雅认识到，各种员工会议方便与来自不同地区的欧莱雅员工坐在一起，面对面地开展交流与沟通。为此，欧莱雅不惜巨资，支付了庞大的差旅与会议费用。

"欧莱雅会议"的各种会议包括以下几种：

（1）公司管理委员会会议——每个月，公司上层管理委员会定期开会，会议的内容主要是关于公司的重大决策、重要问题的沟通与讨论。

（2）事业部层面管理委员会——每个季度，公司各事业部的部门经理在一起召开事业部管理委员会。在中国，欧莱雅有50多名负责各事业部的部门经理集中到上海的中国总部，通常在希尔顿酒店举行为期一天的会议，由每一个事业部的负责人介绍各自部门的重大活动、最新动态。

（3）不定期会议——公司各个部门的经理会不定期举行本职能部门的会议，召集公司分支机构的负责人参加，沟通公司最新动态，传达公司的决策等。例如，欧莱雅在北京、广州各地区的人事部会经常参加总部人事部举行的会议，总部在人事、市场、财务等众多领域与分支机构进行沟通，支持分公司在各地开展各种培训等活动。

（4）内部媒体。欧莱雅集团办有专门的杂志，发布集团业务发展的信息，介绍公司最新动态。欧莱雅中国办有 Contact 杂志，在欧莱雅中国员工范围内发行，起到了信息沟通的作用。内部媒体还包括欧莱雅的内部网站。例如，欧莱雅人事部建有专门的招聘网站（供内部交流，不对外），供全球招聘人员分享经验，互相交流，探讨好的招聘方法、管理方法等，各国分公司招聘工作上取得的经验会在这里进行交流。此外，还开设有专门的员工培训网站，面对欧莱雅全球的培训经理，在全球范围内沟通员工培训的信息，每年培训的内容也会发布在网上。这种专业性的沟通起到了相当重要的作用。巴黎与新加坡的培训中心还将每年的培训课程安排等信息专门制作成刊物或光碟，发送给欧莱雅全球公司。

（5）"内部公共关系"。欧莱雅在公共关系部设有"内部公共关系"的专门岗位，有专门人员来负责公司内部员工及欧莱雅中国与巴黎总部的沟通，这种模式在欧莱雅全球通行。内部公共关系沟通人员通过员工调研、满意度调查等来了解员工对公司、工作的满意度；组织公司内跨部门的员工沟通活动，每年公司有特别的预算支持各种员工活动的开展，有助于沟通信息，促进团队建设。

（6）自上而下的沟通。欧莱雅中国总裁盖保罗像欧莱雅全球高层领导一样，非常重视与员工保持及时的沟通。他经常给员工发 E-mail，告诉员工公司的发展情况以及他的想法。盖保罗更喜欢面对面的沟通，他一直保持着一个非常可贵的习惯，即公司每一次新员工的上岗培训他都会到场，与新员工面对面进行长时间的沟通。公司事业部的负责人也会积极参加新员工的培训，介绍事业部发展动态，并及时回答新员工提出的问题。

（7）自下而上的沟通。欧莱雅拥有开放、平等的沟通环境。员工认为不公平的事情，可以通过多条渠道反映问题。到人事部投诉是渠道之一，人事部会谨慎、认真地去调查与处理。员工还可以给总裁盖保罗写匿名信，反映问题。盖保罗会非常重视，有时会转给人事部，由人事部在保密的状态下认真调查。

3. 用沟通和宽容"引路"

在欧莱雅集团对人力资源部门的定位里，Recruitment（招聘）意味着 Integration（整合）。也就是说，把新员工招聘进来之后，同时就有责任帮助其融合到企业中去，从这个角度上看，招聘经理常被看作是新员工的"引路人"。这种特殊的安排，使得欧莱雅与同样处于快速发展中并面临大量招聘任务的企业不同，人才流失率一直维持在行业内相对较低的水平，平均值为 12%，其中管理培训生流失的比率更低。

"留住员工的工作，从招聘之初就开始了，例如，对文化适合度、素质适合度的看重。还有要注意在面试时真诚地分享公司的一些实际困难，这样新员工进入公司，就不会因为觉得反差很大，没有心理准备而选择离开。"戴青觉得，招聘有时候就像做营销，不能粉饰太平，而应该用诚意去沟通公司的优缺点，这样才能合作得愉快而长久。

招聘之后，需要做的还有更多。在欧莱雅，除了要求招聘经理定期和新员工保持沟通，人力资源部在试用期要做全面的 360 度反馈之外，对所有从校园招聘的管理培训生，公司还会指派相应的导师，配合各自的主管在一年培训轮岗期间为他们提供辅导。"为了让这些管理培训生更好地成长，欧莱雅近两年一直在加强培训内部的导师，今年在全国各地挑选了 40 多名优秀的经理，集中培训他们的辅导和沟通技巧。"戴青认为，欧莱雅在中国的现实情况是，每年有 300 多名新员工入职，虽然公司不可能在每一个人身上都花相同的精力，但付出的诚意是没有差别的。

"资深的经理要花时间把自己的知识经验传授给年轻人，并且非常宽容地对待他们。这是欧莱雅一直以来的传统。"盖保罗坦陈，不仅是对管理培训生，我们对新员工总是会给多一些的关注和保护。例如，欧莱雅要求经理们对新人的各种表现要更加敏感，帮助他们尽快完成过渡期，因为新员工承受的众人的期望值一般都比较高，又是在竞争压力非常大的环境里，有时候难免会犯一些错误，如果处理得好，也许就会变成一个新的学习机会，让他们得到更好的发展，否则就会造成人才流失。

2004年，欧莱雅中国的销售额达到30亿元人民币，比2003年增长了将近一倍，也是连续第三年销售增幅在60%以上。这意味着，与早期相比，不仅在不同层次的岗位上都需要更多数量的人员来配合，对人才素质的要求也在不断提高。因此，在盖保罗看来，眼下已经完成了"从无到有"、"从有到好"的欧莱雅中国公司，要做到"更好"，必须要继续到正确的地方，用正确的方法，"慧眼"识出那些正确的人，把他们纳入麾下。

4. 结论与启示

沟通对于企业的重要性不言而喻。可以说，沟通成本是企业最大的成本。没有沟通的效率，就没有企业运营的效率；没有沟通的质量，就没有企业运营的质量；没有良好的沟通，企业就没有凝聚力；没有良好的沟通，企业也没有战斗力。因此，提高每位员工的沟通能力，尤其是管理者的沟通能力，是提高企业管理水平的重要途径。欧莱雅通过各种途径和方式进行员工间的沟通，有会议沟通、与高层的沟通、自上而下的沟通以及自下而上的沟通，还通过内部媒体和内部公关关系来进行有效沟通，充分体现了民主、平等的工作氛围，用沟通和宽容吸引和留住了大量优秀人才，促使欧莱雅勇往直前、势不可当。

资料来源：作者根据多方资料整理而成。

【本章小结】

人际关系和沟通密不可分，彼此相互影响、相互作用。一般而言，沟通的态度分为三种，即侵略、退缩和积极。我们应该掌握沟通的积极态度。沟通是一个双向的、互动的反馈和理解过程。沟通具有信息、激励、控制和情感表达的功能。克服沟通障碍要从发送者、接收者和信息传播通道这三方面着手，对症下药。现实生活中，冲突是不可避免的，我们要正确对待冲突。商务谈判是企业在经营管理中不可避免的活动。正确地理解和看待人际关系，对于正确处理人际关系具有重要意义。

【问题思考】

1. 人际关系与沟通的相互关系是什么?

2. 在日常生活中,我们应该保持什么样的沟通态度?

3. 沟通的概念、原则和目的分别是什么?

4. 怎样才能克服沟通中的障碍?

5. 如何正确对待冲突?

6. 谈谈你对人际关系的看法,它与你的成功有何联系?

7. 阐述我们对于人际关系应持有的基本态度,谈谈自己对于和谐与诚恳的理解。

第九章　教练技术

【学习要点】

☆ 理解教练技术的定义和特点；

☆ 理解企业引入教练技术的作用；

☆ 知晓教练技术的运行过程和方法技巧；

☆ 了解情境领导模式的理论基础；

☆ 知晓员工培养思维模式、辅导艺术；

☆ 熟悉企业常见的辅导技术工具箱。

【开章案例】　四川金贝儿食品有限公司的企业教练实践计划

四川金贝儿食品有限责任公司成立于1992年，位于广元经济开发区王家营工业园区，占地30余亩，是一家集面包、蛋糕、休闲食品、端午粽子、中秋月饼的研发、生产、

图片来源：www.scjbe.com.

销售于一体的综合性现代化食品加工公司。公司总资产约4000万元。占地面积约2万平方米，建筑面积约1万平方米，营业面积约5000平方米。现有生产基地两个（广元、巴中各一个），员工600余人，现已开发出800余个品种，拥有直营门店62家，学校、超市等代理网点22家。为客户提供多样化的产品和个性化的服务是公司不断进取的方向，并以精湛的技术和优良的品质得到了广大消费者和行业的认可。

公司实行总经理负责制，下设副总经理、生产部、质检部、裱花部、西餐部、研发部、销售部、企划部、人力资源部、财务部、办公室、网管中心。各营业门店实行店长负责制，负责门店产品质量目标、销售目标的实现和现场管控。网管中心负责产品生产、出库、销售数据的有效性和真实性的统一监督管理。各岗位既分工明确又相互协作，组织体系健全严密、有序，经营活动的完

成依赖于组织体系的整体运作。

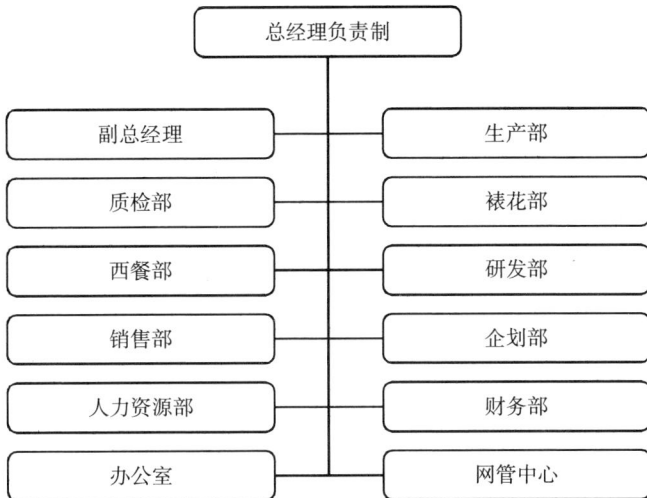

图 9-1 四川金贝儿食品有限责任公司组织结构

　　经过数十年的不断发展、改进和创新，公司已拥有目前国内同行业最前沿的生产环境、设备和技术。糕点、月饼、粽子三条生产线更是处于同行业领先水平，生产工艺布局科学合理。公司严格按照《食品安全法》等法律法规的要求，建立健全了公司质量管理的纲领性文件《质量手册》，并于 2005 年通过 ISO9001-2008 质量管理体系认证，为产品质量保障打下了牢固的基础。

　　2006 年 7 月，广元金贝儿食品连锁公司的中高层管理者参加了"企业教练实践计划"。"我是从一个做蛋糕的学徒走到今天的。刚开始创业时，每天晚上我和我老婆都要数今天卖了多少钱，你无法想象当我们第一次月销售额超过成本的时候，我们两口子有多高兴。"金贝儿的董事长毛刚在教练团队调研公司文化的时候用最朴实的语言告诉教练团队。就是凭着对质量和信誉的严谨态度，毛刚夫妇仅用几年时间就把一个蛋糕小店发展成为拥有 11 家高档糕点店和 1 个大型食品加工厂的广元行业领导企业。

　　同时，毛刚也告诉教练团队，这些年虽然发展很快，但是竞争也越来越激烈。很多实力强大的对手都盯着金贝儿，并一直在争抢金贝儿的市场份额，而毛刚也觉得越来越累。经过与其中高层管理者的一对一沟通和问卷调查，教练团队发现毛刚拥有很强个人能力的同时，忽略了对核心团队的打造。企业的决策和管理都是毛刚一个人说了算，管理层沦为了执行层。一方面，能力长期无

法锻炼；另一方面，心态上也越发不自信，怕犯错、怕冒险的畏难思想严重。

每年中秋期间，由于利润的丰厚使得月饼市场成为一个兵家必争之地，同时也是月饼销售企业实现全年销售和利润的关键战役。虽然 2004 年和 2005 年金贝儿的月饼销售稳定在 80 万元左右，并且都稳稳占据广元月饼市场第一的位置，但随着越来越多的企业，包括酒店和餐饮店发现这里有很高的利润，竞争也一年比一年激烈。2006 年，德阳的食品企业也参与进来。

随着"企业教练实践计划"的引入，毛刚向教练团队表达了期望通过"企业教练实践计划"让 2006 年的月饼销售再迈一个台阶的想法。教练团队通过沟通广泛收集了金贝儿往年的销售信息之后，不断地厘清金贝儿团队而不是毛刚的目标，并通过不断的提问去清理团队成员无效的内心对话。在团队头脑风暴会议上，教练用一对一对话的方式挑战团队打破固有的思维模式。在产品诉求、老客户的深入挖掘、交叉销售、联盟、直销等方面大大拓展了思路，并且把团队思想从往年对销售的恐惧转变为以"学习"的心态来看有什么限制和可能性。虽然教练团队不懂这个行业的专业知识，但通过教练团队不断的发问让他们发现了比原来更广阔的空间。

在激发其团队的斗志和信心之后，教练团队挑战学员自己策划和组织"中秋皓月冲刺 30 天"活动并召开了启动大会。在会上，毛刚和教练团队退到幕后支持。会议的场景和效果让公司老总感慨不已："怎么团队里还有这么多人才，平时怎么看不出来呢？"

通过整个团队把所有焦点集中的努力，在一个月的时间里团队成员不断提出新的想法和建议，其中很大一部分被采纳使用。由于不断的创新，到活动结束时，金贝儿总共实现销售额 200 万元，毛刚估计其中至少有 100 万元的销售都是各层次创新的想法、坚定的意志所创造的。一个有趣的插曲是，当团队冲刺到第 22 天时，就已经将销售业绩定格在 200 万元上了。原来，老总在启动大会后担心 200 万元的业绩比上两年提升太多，很难实现，所以在准备食品原料和包装盒时仅采购了满足 200 万元销售额的量。而随着目标进展非常顺利，再要求供应商发货已经晚了。最后 8 天的空闲期，还一度让团队有些情绪波动。

事实再一次雄辩地证明，虽然基于避免挤压和浪费的考虑，我们能够理解毛刚也不算很保守的想法，但恰恰也从一个侧面反映了企业主在平时对人力资本是有多大的浪费，企业主们确实小看了自己所拥有的这个有战斗力的团队。

2007 年的中秋，好消息又从金贝儿传来。在上年 200 万元的基础上再接再厉又提升 50%，站上了 300 万元销售额的平台。电话中毛总经理显然已难以掩饰其兴奋的心情了。

　　资料来源：作者根据多方资料整理而成。

　　教练的观点始于 20 世纪 70 年代中期，源于体育教练，但又有所发展。1975 年，一位美国前网球冠军、教练 Timothy Gallwey 写了一本名为《网球的内心游戏》(The Inner Game of Tennis) 的书。书中展示了一种独特而基本的方法，可以帮助人们在短时间内学会打网球。区别于当时大多数的教练通过不断剖析规则或提供建议的方式教授网球技术，Gallwey 的方法是以人们对自身学习和执行的先天能力的信念为基础的，在一次现场直播中，Gallwey 证实了这个不可思议的诺言：他在 20 分钟内让一个完全不会打网球的人学会打网球的基本技巧，并能熟练地打球。

　　这个电视节目引起了 AT&T 公司高层管理者的兴趣，他们请这个教练给公司的经理们讲课，令人诧异的是，那些经理们记下的笔记内容完全与网球无关，反而都是企业管理方面的内容。由于参加这种内心游戏的人大多数是商业人士，这些管理者们很快就从这运动场上的教练方式中看到了新的信息——教练技术。教练技术能够帮助管理者和领导人支持他们的属下更好地掌控他们的工作和事业，并能获得在当时传统的"命令—控制"管理文化中少有的效果。结果，由这种迁移开始，内心游戏教练的身影逐渐从美国传遍全球。

　　1995 年，Gallwey 的一个学生 John Whitmore 出版了一本关于教练的课本——《绩效教练》(Coaching for Performance)，由此将内心游戏传入欧洲。随着教练技术在企业管理领域的不断传播，许多美国公司开始聘请一些著名的体育教练，如棒球教练、篮球教练和足球教练等，来为他们的销售人员和管理者进行指导，甚至帮助企业将教练技术、管理和领导力三者进行融合。

第一节　教练技术

　　20 世纪 80 年代开始至今的短短 30 多年中，"企业教练"迅速发展，成为一个年轻而兴盛的行业。教练技术已形成一系列的技能技术，并被应用于全球的商业、政府与非营利组织。其最重要的应用价值在于帮助人们实现自身潜能的挖掘和自我问题的解决，并将这种辅导技术用于他人，从而形成不断完善的美好世界。教练技术作为一个新兴行业而崛起的原因众多，首先当然是因为效果好而赢得了巨大的市场需求。1997 年，欧洲人力资源权威杂志《公众人事管理》发表了关于参与企业教练技术培训后的报告，对只采用传统培训与采取传统培训连同"教练"做了比较，发现传统培训能增加 22.4% 的生产力，传统培训连同"教练"却能增加 88% 的生产力。2001 年的一项调查显示，"教练"可以产生 788% 的投资回报。CIPD 在 2004 年对英国企业教练现状的调查表明，96% 的受访者表示教练是提高组织学习的有效方式。由于企业教练直接为工商企业服务，并产生了惊人而客观的收益，因此企业教练的收入也相当可观。

一、教练技术的概念

教练，在朗文词典中为 Coaching，意思是"辅导"、"教导"，是对个体或集体提供建议或指导。教练技术进入管理界的时间很短，目前仍处于概念和理论的初创期，直到现在对于这一词的含义仍然没有统一规范的定义。Chip R. Bell（2004）认为教练是那个帮助他人学习知识的人，这些知识若没有教练的辅导，他们在别处也能学到，只不过会学得很慢，甚至什么都没学会；通过对人力资源经理的调查，Mike McDermott、Alec Levenson 和 Steve Arneson（2005）提出了一个最优操作定义：教练是关于塑造个体行为、意识、技能或知识的一对一的干预过程；Tom Barry（1992）提出教练是仅通过沟通实现的一种管理活动，通过鼓励个人和团队成长来产生绩效，从而创造出相应的企业环境、气氛和背景，这里沟通不仅指提供信息，更多是指授权或使得受教练者可以突破现在的绩效水平。

心理学作为教练技术理论基础的主要来源，心理学学界许多学者也提出了相关的定义。Zeus 和 Skiffington（2002）认为教练是一种改变和转化，它关注人们成长、改变不良行为和产生适应良好的成功行动的能力，尤其在改变过程中遇到障碍时，给予受教练者及时的支持；Witherspoon 和 White（1996）认为教练是一种为促进有效行为和学习敏捷性的行动—学习过程，这里学习"敏捷性"指通过反馈和体验来进行学习的能力水平。

虽然教练技术在欧美地区的一些发达国家已经得到大规模发展，形成了一个独特的研究领域，但是在中国，教练技术引入时间并不长。教练技术是从 20 世纪末才开始被国人所了解，关于教练技术的研究也从此时起步。曾令华（2013）认为教练技术是通过对话等一系列策略行为，洞察被指导者的心智模式，向内挖掘潜能，向外发现可能，使被领导者有效达到目标，从而有效地提升领导艺术。

方雅静和赵佳菲（2014）认为教练技术不是把什么东西教授给人们，而是帮助人们学习和成长，重点在于激发行动、引发学习、发挥潜能。刘宗强（2014）认为企业教练通过对员工团队开展全面性的培训，对员工心智、潜能、职业化、绩效等起到较好的牵引作用，促进员工和企业目标的"双赢"。张园（2013）认为企业教练技术是指企业管理者通过实施一系列具有强目标和策略性的系统工作程序和特定技巧，影响被教练者即员工的心智模式，从而优化其心态、激发其潜能，帮助企业和员工个人提升业绩、实现目标的一种全新的企业领导力技术。

综上所述，教练技术（Coaching Technologies）是一门通过完善心智模式（彼得·圣吉认为："心智模式是深植于我们心灵的各种图像、假设和故事，就好像一块玻璃微妙地扭曲了我们的视野一样，心智模式也决定了我们对世界的看法。"）来发挥潜能，提升效率的管理技术。教练（Coaching）是一个一对一进行的、有针对性的互动干预过程，通过积极关注和倾听等技巧帮助受教练者看到现有的问题、发现自己的潜能，以实时的反馈帮助受教练者实施意识、态度和行为的积极改变，最终缩小理想状态与现实状态的差距，实现绩效与自我发展水平提升的目标。

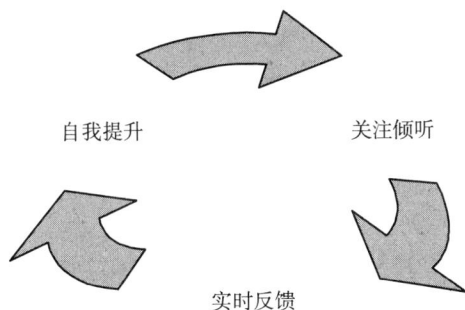

图 9-2　教练技术机理示意图

从教练的内容来看，教练技术不同于传统培训或传统教育注重在人的知识、技能方面的培养，而把关注点放在拓宽被教练者人格深层次的信念、态度、挖掘其个人价值观和愿景上；从教练的过程来看，教练活动是一个帮助被教练者不断建构自我的过程，被教练者在与教练的互动过程中不断了解自己、挖掘自己、发展自己，对自身的人格、认知、情感态度等进行不断的建构，并对自己的行动和学习负责。

教练技术有两大特点：一是"人本性"，教练技术和传统的管理技能不同，传统的管理者或领导者把焦点放在自身，更想让自己获得成果，而教练更关注他人，他引导被教练者去感受、去思考、去做决定、去承担责任，支持并协助被教练者拿到成果；二是"可操作性"，教练技术通过一个持续的流程，即支持被教练者设定目标、明确行动步骤、在行动过程中协助被教练者排除固有心态或信念对行为模式的影响，从而改善行为，推动被教练者取得卓越成果。教练技术因其"以人为本"的管理理念和"可操作性"的特点而在应用过程中取得了重大成效，受到世界 500 强大部分企业的推崇。从事或运用教练技术的人被称为教练（Coacher），现已逐渐发展成为一个职业，由于教练技术主要被运用于企业管理中，因此这些人也常被称为企业教练；企业教练运用教练技术施于被教练者的过程称为教练过程（Coaching）。

教练技术专栏 1　　　　　**第一个请私人教练的企业家**

何伯权这个名字大家都很熟悉，虽然他现在不再是乐百氏公司的领导人，但这并不能磨灭他创建和发展乐百氏的功勋以及他的卓越领导才能。但很多人不知道的是，他是中国第一

图片来源：www.robust.com.cn.

个聘请私人教练的企业家，他甚至曾公开提出要做"教练型企业家"的口号，显示出他对教练技术的高度推崇。1999 年，乐百氏公司花费 200 多万元对公司高层进行了培训，包括何伯权本人在内的管理层每个人均聘请了私人教练。

乐百氏集团有限公司是广东省中山市一家食品饮料生产企业，由何伯权于1989 年创办，原名为广东今日集团。1999 年 8 月，集团管理中心从中山迁到广州；1999 年 10 月，今日集团更名为乐百氏集团；2000 年 3 月，乐百氏加入法国达能集团，成为达能在中国的成员。乐百氏现有乳酸奶饮料、瓶装饮用水、功能性饮料等多个系列的优质产品，可满足不同年龄及层面的消费者需求。

在中国食品饮料行业一直竞争激烈，乐百氏能够在这种激烈的竞争中脱颖而出，与乐百氏的高层将教练技术引入企业内部密不可分。通过汇才公司专门设计的一系列体验式工作坊、专业教练服务等，乐百氏集团的中高层管理人员在完善自我的同时，更成为每一个团队中的专业教练，去影响及教练周围的同事，使团队向着公司既定的目标奋进。已完成的工作坊如"敏锐个人醒觉"、"实现集团理想"及"团队精神"和为期三个月的专业教练服务，反映良好，达到如期效果，基本上中高层管理人员达成了共识并以负全责的态度去处理工作。

乐百氏集团在两方面得到了教练技术的帮助：一方面是企业内部的领导阶层，另一方面是企业内部的员工。由于企业的领导和员工构筑了企业发展的框架，因此，这两方面得到提升，也就使企业得到了极大的提升。教练技术的引进，不仅改革了乐百氏集团内部的管理制度，使企业内部的领导更加注重以人为本，更善于与普通员工进行沟通，激发他们的潜力，提升他们的素质，而且培养出员工"永不自满、不断进取"的创业精神。除此之外，教练技术的引进，更为乐百氏集团指明了未来的发展方向以及所要达到的目标。可以说，乐百氏集团"创造中国食品饮料领域里最优秀的企业"这一目标的制定和实现，都与教练技术有着密切的关系。何伯权呼吁企业家们去认识教练技术的价值："教练员工是一项有价值的投资，因为教练能促进员工的成长和发展，为企业带来长远的效益。"

资料来源：作者根据多方资料整理而成。

二、教练技术的作用

传统企业管理思维中，提高管理人员和员工技能的首要方案就是培训。美国培训团体的研究结果表明，作为一个行业，培训在过去 20 年中有了迅猛的发展。这样快速的发展是因为很多人在寻找有能力帮助自己实现自我发展和自我提高的人。然而，一方面，研究表明，传统培训一天后学习内容的遗忘率为 67%，一周后遗忘率为 80%，两周后则为 97%（见图 9-3），这样低得惊人的培训效率使得大量的培训资源被浪费，这样的现象是现代组织所不愿看到的。但是人们也确实不能否认培训是组织和个人发展不可缺少的一部分，因此，对突破传统培训技术的需要就凸显出来了。另一方面，由于社会形态的剧烈变迁，以及竞争的日益加剧，家庭、社会、工作等各方面的问题影响着人们的心理状态和绩效表现。人们的需求以及组织对每个成员的要求千差万别，因此人们需要的是个性化、高效率的提升自我的帮助服务，这是传统培训、员工援助项目（EAPs）、心理治疗所无法独立解决的问题。目前，在西方企业盛行的教练技术项目是满足管理人员和员工自我发展个性化需要的有效方法。教练技术的实施有助于组织及其成员克服成长"瓶颈"，释放潜能，提高绩效，在竞争中更胜一筹，在生活中更幸福，在人际关系中更融洽。因此，教练技术已被誉为 20 世纪最有革命性和效能的管理理念，受到世界 500 强多数企业的广泛推崇。

这种教练技术在西方始终以类似咨询的方式发展，在中国，越来越多的企业

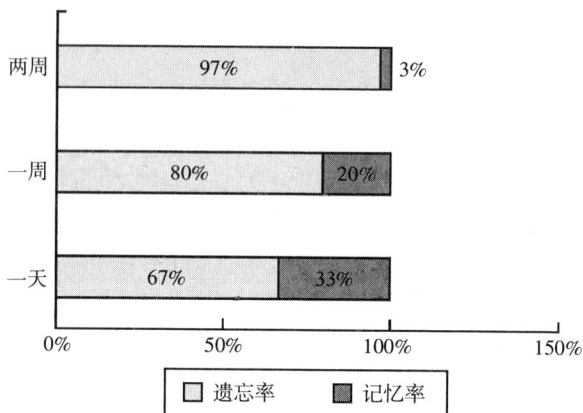

图 9-3 传统培训遗忘率情况

开始引进教练文化，学习教练技术。早些年，人们认为，教练可以帮助企业提升业绩并提高企业员工的表现。美国《公众人事管理》发表了一项报告，关于只用培训与采取培训连同"教练"之比较：培训能增加 22.4%的生产力；培训连同"教练"能增加 88%的生产力。而最近《哈佛商业评论》的调查结论告诉我们国外的趋势：10 年前，大多数公司聘请一位教练是为了解决公司遇到的难题，为了引领领导走出误区，偏重于纠错；而今请教练则为了提升自我领导力，提升被教练者自身的潜能，请教练是为了做得更好。

聘请教练不但可以激发企业的正能量，更能有效激发企业人的潜能。欧美教练行业的统计数据显示，从 2006 年到 2012 年，在聘请教练的人当中，聘请教练解决具体问题的比例从 38%下降到 24%，聘请教练提升自身领导力素质的比例从 44%逐年上升到 52%。另有数据显示，48%的人的目的是为了帮助自己提高潜质或协助过渡；26%的人的目的是为了"照镜子"，即被用作试探意见之人；而 12%的人的目的是为了防止企业偏离正常的运营轨道。请教练的成本大概每小时 500 美元（相当于在曼哈顿顶级心理医生的价位）。调查中还发现，私人聘请教练的需求渐渐呈现出来，虽然只有 3%的教练被请去解决私人问题，但是 76%的教练说曾经协助行政领导解决过私人问题。

由此可见，无论是有效开发企业人员自身的潜能、提升自身的领导力，还是有效开发企业组织的正能量，教练技术都已经成为企业管理的必修课。

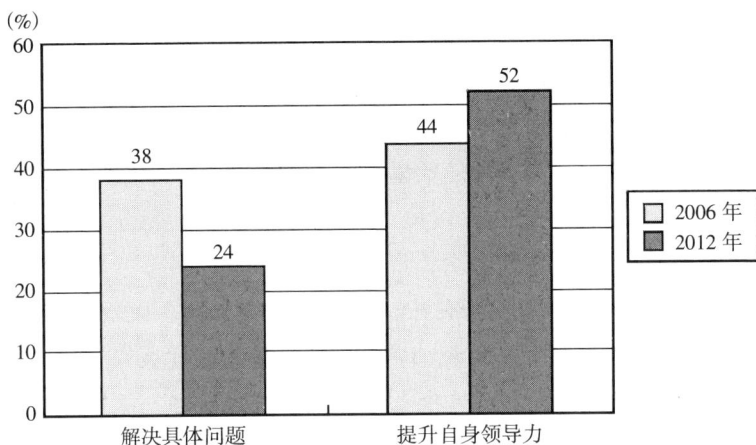

图 9-4　聘请教练目的的变化

教练技术专栏 2　　　　　　　**教练技术让康佳彩电腾飞**

康佳集团成立于 1980 年 5 月 21 日，前身是 "广东光明华侨电子工业公司"，是中国改革开放后诞生的第一家中外合资电子企业，初始投资 4300 万港元。1991 年，康佳集团改组为中外公众股份制公司。1992 年，康佳 A、B 股股票同时在深圳证券交易所上市。截至 2013 年，康佳集团总资产近 100 亿元、净资产近 40 亿元、总股本 12.04 亿股，华侨城集团为第一大股东。

康佳集团彩电事业部产品线管理办公室总经理李全飞，在康佳工作已整整 10 年。他管理的康佳集团彩电事业部产品线管理办是一个跨部门、跨团队合作的部门，需要不同背景、不同部门、不同学科的员工一起来完成产品的开发，需要非常和谐的合作氛围和团队精神。而在 2002 年前，公司的产品推出速度明显落后于市场需求，过去的产品开发数据显示，2002 年公司有 70% 左右的产品出现不同程度的延期，有的产品甚至延期半年或更长，销售部门对此 "怨声载道"。但这一切都在 2004 年开始逐步改观，尤其是 2005 年，80% 以上的产品按期甚至提前完成，其中 100% 的市场急需的产品全部提前完成，可以说这是一个非常了不起的成就。如今，公司几乎所有的产品开发都在按部就班的情况下良性运转，而这一切成绩的取得，全因公司从 2003 年底开始全面推行了项目管理，并引进了企业管理教练技术。

作为这一过程的见证人，李全飞亲身感受到了教练技术给一个团队带来的影响和变化，他说企业教练技术非常神奇，不但促进了整个团队建设，而且也大大提高了每个成员的专业水平和职业素养。过去有问题相互抱怨，有责任相互推诿，但是教练技术让大家懂得了体谅他人，懂得了从自身找原因，懂得了每个部门之间协作的重要性。教练技术是一种开放的、着力培养人积极心态的、让人学会与别人分享的管理技术，它体现的是整体实力。

伽利略说过："你无法教人任何东西，你只能帮助别人发现一些东西。"教练技术对李全飞个人产生的最大影响是"道"。他说任何事都有道，如业务之道、沟通之道、团队之道等，教练技术教会一个人懂得与别人分享经验，分享成功，将思想上升到又一个高度。让学习的人有所发现，通过加工处理并结合自己的经验，从而形成在现实中可以灵活运用的能力，这才是教练技术之道。

在过去几年教练技术的应用和摸索过程中，李全飞把自己的体会总结为三点：作为一名领导者，首先应该做好团队建设；其次带领团队完成任务；最后实现个人能力提升。

在过去的三年中，李全飞带领他的团队不仅非常高效地完成公司产品的开发任务，产品开发进度比以前提高了 30%~50%，而且整个团队的合作气氛日渐浓厚，更重要的是通过几年对产品的管理，形成了一套完整的适合康佳自身特点的新产品开发管理体系。也正因为如此，在过去三年，团队连续获得康佳集团优秀团队称号。

孔子说"己欲立而立人，己欲达而达人"，教练技术其实就是帮助别人成长。李全飞说，他现在最大的乐趣就是帮助并看到团队成员的成长。在近三年的时间里，部门已有五位同事获得了很好的晋升，有不少同事都说产品线管理办是集团的"黄埔军校"。说到这里，李全飞不由得发出爽朗的笑声。

资料来源：作者根据多方资料整理而成。

三、教练技术的过程

教练运行模式的设置主要包括时间和人员。一般教练干预活动是一个相对短期的过程。每周 1~2 次，每次 1~2 小时，持续 6~8 周，但有些执行教练项目可能持续一年或更长。其时间长短主要由训练目的、个体特定需要和涉及的问题范围而定。Myles Downey（1999）提出每 4 次教练活动后间隔 6 个月，再做一次评估，以便更好地进行后续的教练活动。

相关的人员设置一般涉及受教练者、教练和直线经理，有时也包括人力资源管理人员。教练的角色是一面镜子，让受教练者看到自身存在的问题、现状与愿景的差距、阻碍改变发生的旧模式等；直线经理是教练服务的第一反馈源，其内容包括受教练者接受教练辅导的需求提出、教练过程与效果的监督评价；人力资源管理人员的角色则是组织教练氛围的营造者、教练需求的开发与调查者、教练选择的匹配者和教练效果的跟踪评价者。企业引入教练技术的最终目的是让受教练者成为教练，辅助更多的员工成长，为企业培养源源不断的领导者。

教练技术专栏 3　　　　　　　**华润：锻造 CEO 的"60 班"、"70 班"**

五六个人围在一张桌子上，"队长"紧张地指挥着，其他人戴着眼罩，用一只手玩搭积木。因为看不见，队长的指挥和提示显得格外重要。突然，队长被召集开会去了，剩下的人乱作一团……

图片来源：www.crc.com.cn.

这是领导力项目 MGL（Making Great Leaders，塑造杰出领导人辅导与培训）中的"盖塔游戏"。玩这个游戏的是华润集团领导力培训"60 班"的学员。就像中央党校有"中青班"和"省部班"两个培养国家"栋梁"的重点学习班，2009 年，华润集团内部先后启动了培养 CEO 领导力的"60 班"和"70 班"。

华润（集团）有限公司是一家在中国香港注册和运营的多元化控股企业集团，2003 年由国务院国有资产监督管理委员会直接管理，被列为国有重点骨干企业。截至 2013 年末，公司总资产 10797 亿港元，净资产 3072 亿港元，实现营业额 5078 亿港元，经营利润 501 亿港元，利润总额 454 亿港元，股东应占利润 156 亿港元。集团核心业务包括消费品（含零售、啤酒、食品、饮料）、电力、地产、水泥、燃气、医药、金融等。华润的多元化业务具有良好的产业基础和市场竞争优势，其中零售、啤酒、电力、地产、燃气、医药已建立行业领先地位。

华润集团董事长宋林已经花费了几百个小时来推动和领导华润领导力发展的工作。在华润集团高级领导人才培训班（"60 班"）项目的设计和实施过程中，这位董事长每次都参加项目设计会议，面试外部教授和顾问，领导讨论授课主题和方式，并多次参与华润集团领导力测评中心的设计和实施会议，还亲自启动华润内部案例编写工作。同时，他还结合华润集团发展面临的挑战，为

"60 班"的学员们出题，进行深入的思想交锋和探讨。"60 班"第一模块的讲师、长江商学院的滕教授说："我还没有见过一位大型集团的董事长会花这么多时间讨论'竞争战略'一课如何结合企业的实际来开展。"

随后的 2011 年，当设计高级领导人才培养计划，也就是"70 班"的时候，华润特别重视内部教练和辅导计划。他们让已毕业的"60 班"学员担任"70 班"学员的教练。这些相对资深的领导，需要定期为"70 班"学员讲述自己在华润的成长经历，同时掌握被辅导对象的领导力测评结果，并编制和实施辅导计划。

这一机制一直在华润集团不断地发展和推广。2013 年 4 月 21 日，华润集团旗下的华润银行杰出经理人"70 班"领导力发展培训项目启动会在中山召开。集团蒋伟副总经理出席会议，集团人力资源部有关人员、华润银行相关负责人、华润银行"70 班"学员、华润银行各分行负责人等共约 80 人参加了会议。华润银行负责人在会上指出，华润是学习型的组织，一直重视对人才的培养，华润银行作为华润旗下的服务型企业，对人才的需求非常大，华润银行将秉承华润文化，重视对人才能力的培养，希望学员认真学习、勤于思考，提升自我，为提高华润银行整体竞争力做出更大的贡献。据悉，华润银行杰出经理人"70 班"培训项目将历时半年，是高层领导力发展的培训项目，内容包括超越自我模块、领导团队模块、协同共赢模块、战略视野模块等。

资料来源：作者根据多方资料整理而成。

CIPD 将教练的运行模式归结为五个阶段（见图 9-5）：①设置教练干预的最初目标。其必须满足 SMART 原则，即特定明确（Specific）、可以测量（Measurable）、能力所及（Achievable）、符合现实（Realistic）、明确的时间界限（Timebound）。同时，这个目标是受教练者和组织共同期望达到的愿景。②诊断性评估。是运用各种测量工具和手段对受教练者在教练干预之前的状态进行测量，由此明确实际状况与愿景的差距。③制订个性化的教练计划。即结合诊断性评估的结果和相关人员的共同愿景，协商制订教练计划，包括特定的行动方案和各种改进手段。④进行有规律的教练干预环节。根据教练计划和相关设置的设定，有规律地进行教练干预环节，这是教练运行过程的主体。⑤常规教练结束后，进行阶段性跟踪和辅导。

跟踪和辅导　　　　　　　　　　　设置干预目标

进行教练干预　　　　　　　　　　诊断性评估

制订教练计划

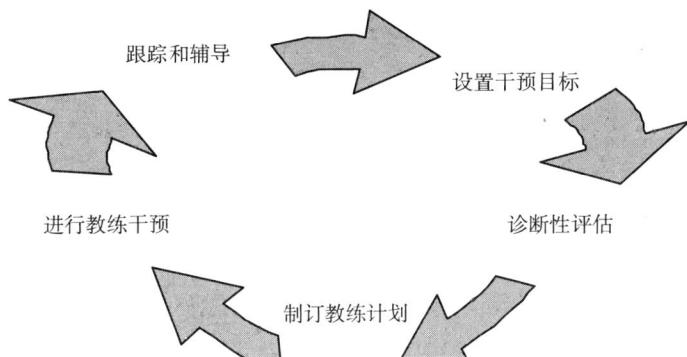

图 9-5　CIPD 的教练运行过程

　　综合相关文献，从建立教练关系开始，我们将教练的运行模式归结为五个阶段：建立教练关系；明确愿景；评估与制订行动计划；教练周期实施；结束教练后的再评估与跟踪。企业教练运行模式贯彻的原则，简而言之，就是帮助受教练者"看到"自身"盲点"，自己"说出"行动方案，挖掘自身潜力，使受教练者对自己负责并能"说到做到"。

四、教练技术的方法与技巧

　　Thorpe 和 Clifford（2003）给出了教练的工作描述，详细表述了教练的工作内容和所需技能。其职责包括：识别发展需要；向受教练者、直线经理和其他受益者解释教练过程；帮助制定学习目标和行动计划；根据行为观察，为受教练者提供反馈；对受教练者有关自身能力的观念提出挑战；帮助受教练者识别问题及解决问题的可能途径；通过鼓励受教练者对照目标进行评估来支持评估过程；帮助受教练者提高个人信念，以达成学习目标。由此，其所需的技能主要包括观察与识别、计划和时间管理、分析性解释、谈判、人际关系技巧、帮助等。这些技术可大致分为心理学技术和管理学技术两大类（见图 9-6）。

　　心理学技术主要是人际沟通技巧、反馈与改变技术和评估技巧。人际沟通技巧包括人际效应、倾听、共情、尊重、耐心、幽默、无条件的积极关注、鼓励与推动、语言技术，其目的在于建立良好的教练关系，澄清问题，推进沟通效率。反馈与改变技术包括理清情绪、不作判断的行为解释、认知行为技术、角色扮演、放松训练，其目的在于通过准确而及时的反馈以及行为技术的使用，引发受教练者的改变，提高绩效水平。评估技巧除了观察言语和非言语的信息外，还包括教练自我评估问卷、MBTI 凯尔西气质类型调查问卷、九型人格测试量表等各种量表测量技术，以此来确认受教练者在教练过程前、中、后各阶段的状况。

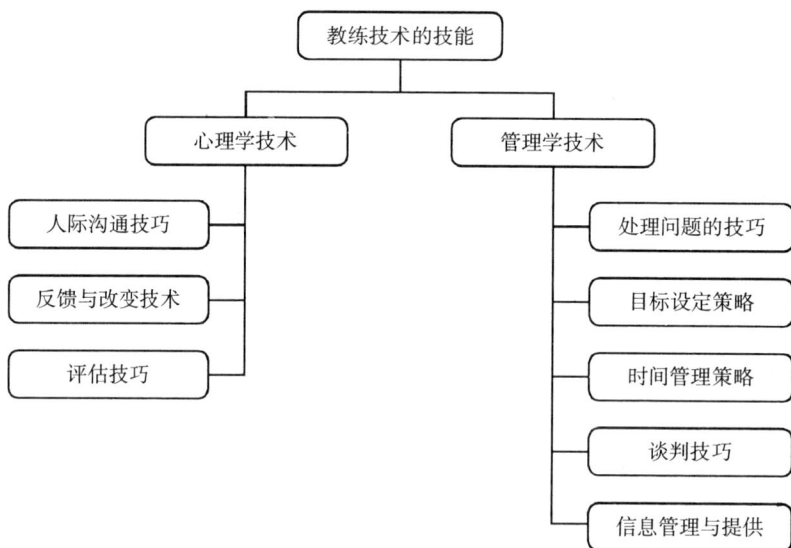

图 9-6　教练技术所需技能示意图

管理学技术主要是处理问题的技巧、目标设定策略、时间管理策略、谈判技巧、信息管理与提供。处理问题的技巧包括综合分析问题、问题处理、创造力、适应性和灵活性，虽然教练不是直接告知受教练者处理问题的途径，但是教练必须在头脑中拥有一张清晰的问题处理路径图。目标设定策略包括头脑风暴法、SMART 策略等管理学中常用的目标管理技术，目的是帮助受教练者制定明确可行的行动目标，逐步实现变化，达到设定的愿景。时间管理策略包括时间管理四方图（重要性—紧迫性），可以帮助受教练者在有限的教练过程中顺利实现变化，提高绩效，同时也有监督管理的作用。谈判技巧主要是指在教练过程中由于受教练者面临新旧观念和行为模式的冲突，教练需要用谈判的技术让受教练者主动接受改变。信息管理与提供是指由于教练所涉及的问题范围较广，因此需要教练拥有收集和管理相关信息的能力和技巧，同时也需要懂得适时适量地提供给受教练者相关的信息，以帮助其自我学习。

第二节　情境领导模式

领导是影响他人行为的一种过程，它是通过与部属一起努力去实现员工个人和团队的整体目标，对领导者来说，重要的不是你在场时员工做了什么，而是你不在时员工做了什么，世上没有最好的领导型态，只有一种最适当的领导型态。卡·布兰佳的调查表明，70%以上的领导者只使用一种领导方法，使用过三种领导方法的人数不足1%，大多数的领导者不知道如何因人而异，不知道如何诊断员工的不同发展阶段从而采取灵活的领导型态。

一、情境领导模式定义

情境领导是重要的教练辅导方法，它的目的在于使员工在工作中能够表现出较强的独立能力。我们可以把从指示、说服、商议到授权的整个过程视作辅导的一部分，训练和引导员工向独立承担责任的方向发展。

能力的转换在情境领导中扮演着重要的角色。这种模式可用于辅导员工，培养他们的独立精神。情境领导在教练辅导中的效果，一方面取决于管理人员下达命令和进行监督的次数（命令性行为）与管理人员提供支持和鼓励的次数（支持性行为）之间的关系，另一方面也取决于员工在执行某项任务时能力与投入程度之间的关系。

在实际工作中，管理人员对员工发布命令时，会同时表现出命令性行为（领导直接确定目标和优先级、组织工作以及在员工执行任务时进行监督）和支持性行为（管理人员倾听员工意见，与员工交流观点，支持、鼓励员工，以及员工在决策过程中进行参与）。此外，如果管理人员大量地使用命令性行为，那么他是能够获得成功的，但如果管理人员同时使用命令性行为和支持性行为，或者只提供支持，不直接发布命令，却能达到更好的效果。这就与员工的需求和发展相联系起来。

肯·布兰查德（Ken Blanchard）与保罗·荷西（Paul Hersey）二人首创"情境领导"的管理学说。1969年，他们出版了经典著作《组织行为的管理》（Management of Organizational Behavior），书中所介绍的"情境领导"立刻受到瞩目，而该书至今也已发行到第七版（Prentice Hall，1996年）。后来，由于发现"情境领导"有些关键性的理念无法完全切合实际，布兰查德便根据其他专家的研究和调查，并汇集数千位使用者的反馈资料，再创了情境领导Ⅱ。国际学术界和商界许多人非常推崇"情境领导"理论，有几十个国家在推进这一理论的传播和应用。

布兰查德定义一名成功的领导者应具备两个基本条件：第一是领导的有效性，其有效性应视行为的结果而判定，即领导者的行为是否有利于工作，其结果能否达到管理目标，亦即有无绩效；第二是对领导的满意度，即领导者的行为是否为部属所接受，能否使部属感到满意，融洽关系，起到激励的作用，亦即能否协调控制。

"情境领导"就是要使领导既是有效的，又是满意的。布兰查德从领导者的行为进行分析，用支持行为和命令行为归纳出四种领导情境，然后和部属不同的情境互动，构成"情境领导"理论的基本框架。根据不同的情境，采用不同的领导方式与之相适应。

二、员工的发展阶段与需求

情境领导的关键是对员工的发展阶段进行诊断，愿意并有能力依据情境来评估部属在每一发展阶段中的需要。卡·布兰佳认为，判断员工的发展阶段可以依据两个组合要素，即工作能力/技能（指对于某项目标和任务所具备的特定知识和能力以及可以转移的知识和能力）和工作意愿（工作的积极性和信心），员工处于什么样的发展阶段，主要看这两个要素的结合。依据上述两个因素，图9-7将部属的工作行为和态度划分为四个阶段。

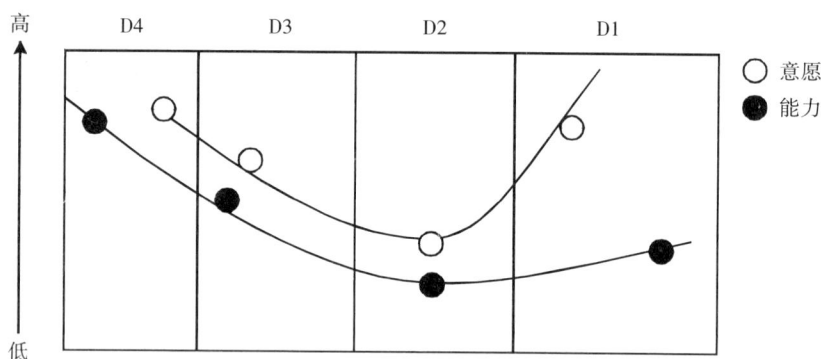

图9-7 员工个人能力及意愿发展的四个阶段

D1阶段的员工能力弱但工作意愿强；D2阶段的员工能力弱或能力平平但工作意愿低；D3阶段的员工能力中等或强，但工作意愿不定；D4阶段的员工能力强且工作意愿高。我们分别把他们称为热情高涨的初学者、憧憬幻灭的学习者、有能力但谨慎的执行者、独立自主的完成者。根据这两个组合要素，我们就可以对部署的发展阶段进行判断。

如果你的部属处于D1阶段，这时他需要你肯定其工作的热情和可转移的工作能力，需要你给他一个明确的目标，并给予"做好工作的标准"，他需要了解该项工作任务的有关情况、个人的表现和绩效怎样收集和反馈，他的工作范围、权限和责任，并希望经常得到工作结果的反馈，希望你可以和他一起做行动计划，明确他工作的优先顺序和时间计划。

如果你的部属处于 D2 阶段，他的需要是：明确的工作目标和清楚的远景、经常得到反馈、进步时得到赞扬、确信允许出错、有人解释为什么、有讨论员工顾虑的机会、有机会参与解决问题和制定政策、鼓励等。

处于 D3 阶段的员工需要领导是平易近人的良师或教练、有机会表达其顾虑、能够发挥其解决问题能力并得到支持和鼓励、希望客观地评价其能力以建立其自信心、高水准的能力和表现能得到认可和肯定、清除实现目标的障碍。

D4 阶段的员工工作能力已不是问题，工作的意愿也很高，他们是企业的骨干，这时他们最需要变化与挑战，需要良师或同事型的领导（而不是一位老板式的领导）、自主权、信赖、贡献得到认可和感谢。针对员工不同发展阶段的需求，领导者要灵活使用不同的领导型态。

教练技术专栏 4   情境领导 II 在大学本科班级建设中的创新运用

图片来源：www.hzaspt.edu.cn.

当代大学生的特点与当前大学班级建设普遍存在的问题之间的矛盾，要求班主任摒弃陈旧的管理模式，用"柔性"管理取代"刚性"管理，突出因人、因时、因势选择领导和管理方式的特点，实现学生个性发展与共性发展的统一。大学四年，大学生通常会经历热情高涨的初学者、迷茫的学习者、意愿不定的学习者和意气风发的准职业人的成长过程。按照情境领导 II 的论述，对于学生的不同发展阶段，班主任应该采用不同的领导型态。

第一，对于 D1 阶段的学生。刚进校的大学生面对的是全新的学习生活环境和人际环境。丰富多彩的校园文化活动让他们感觉新鲜、兴奋，但新的生活方式又让部分学生感觉不适应；拓展的学习内容和要求让他们抓不住重点，一时找不到合适的学习方法。这个阶段的学生可以被界定为处于 D1 阶段。这个阶段的学生需要班主任采用指令型的领导，明确告诉他们该做什么，如何做。例如，召开主题班会给学生讲解学校的规章制度和学籍管理规定等，让学生明白在大学期间哪些必须做，如何做，哪些能做，哪些不能做，帮助他们尽快转变角色，适应大学生活；组织相同专业优秀老生进行学习经验交流，让新生掌握本专业各科目学习的要领，减少学习的盲目感和挫败感；举办职业生涯规划的初级讲座，让学生明白确立阶段学习目标和长远目标以及发展综合素质的重要性。当然，班主任也要充分肯定新生的学习热情和积极性。

第二，对于 D2 阶段的学生。经过半年或者一年的学习，大学生已经失去了进校时的新鲜感，生活趋于平淡，专业学习也处于基础阶段，他们越来越觉得要学的东西太多，学习兴趣、学习内容、教学效果往往低于他们的预期，校园文化活动也逐渐失去吸引力，很多学生处于"理想真空地带"或者"理想间歇期"。这个阶段的学生可以被界定为处于 D2 阶段。这时班主任适合运用教练型的领导方式，多在学业上指导学生，并给予他们精神上的支持与鼓励。对学生进行专业知识的系统指导，有利于增强其学习的动力和信心，也有利于学生构建合理的知识结构。此阶段班级建设的重要任务之一是狠抓个体与集体愿景建设。班主任应该深入学生，一一进行交流，了解他们的问题和困惑，再提出确立个人愿景和班级共同愿景的任务。在学生制定个人发展目标的基础上，班级组织共同愿景大讨论，经过班主任的指导和审定，最终确立班级共同愿景，并制定实现共同愿景的措施与阶段任务，实现个人目标与班级愿景的有机统一和相互促进。愿景建设既振奋学生的精神，又提升了班级文化建设的境界。

第三，对于 D3 阶段的学生。到了大二下学期或大三，专业课程的学习全面展开，学生的重心更多地转移到专业知识和技能的学习上来，对校园文化活动的参与热情进一步降低。学生面临准备考研还是就业的选择，此时的他们表现出诸多的顾虑、疑问和不自信。这个阶段的学生可以被界定为处于 D3 阶段。班主任采用支持型的领导方式会让学生倍感亲切和信任。应根据自己掌握的每个学生的基本情况，与学生分别进行交流，倾听他们的想法，并给出自己的建议供学生参考。邀请硕士生导师和大四已经考研的同学为准备考研的同学开展咨询会，就报考学校和专业复习等进行指导和经验交流。针对毕业后选择直接就业的学生，则可举办班级"模拟招聘会"，邀请就业指导老师或企业的人力资源管理人员到班级进行模拟招聘，增加学生对工作应聘的感性认识和经验，让其清楚自身的优劣势和下一步努力的方向，尽早做好职业人的心理和能力素质准备。

第四，对于 D4 阶段的学生。进入大四以后，学生的主要任务是毕业实习、完成毕业论文（设计）和找工作。他们大多掌握了本专业要求的知识和技能，具备了继续深造或就业的能力，他们对未来充满信心。这个阶段的学生可以被界定为处于 D4 阶段。这时的班主任适合与他们建立朋友关系，在班级建设中采取授权型的领导型态，给予他们更多的自主权，让他们策划并组织毕业典礼、晚会、文明离校等活动，只是偶尔过问一下活动的进展情况等。当然，班主任还需引导学生树立良好的就业观念，使其进一步了解就业形势和就业政策，适时调整就业心态和就业目标。

资料来源：张蓉. 论情境领导 II 在大学班级建设中的创新应用 [J]. 传承，2014 (5).

三、领导行为和领导方式

"情境领导"理论认为，从管理行为的角度来分析，领导者的行为可分为两种基本行为（见图 9-8）：

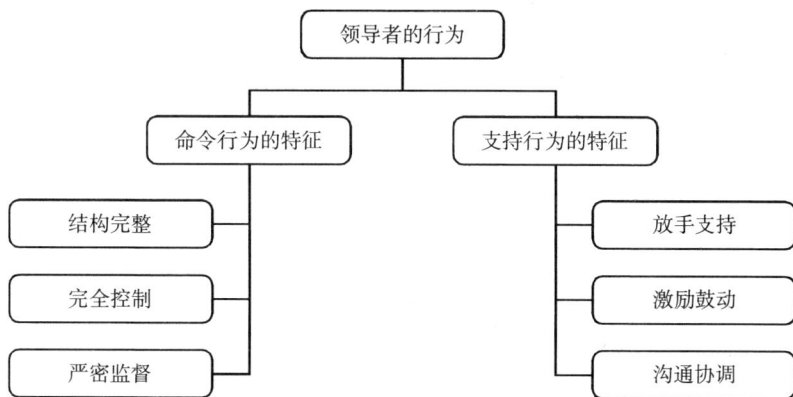

图 9-8　领导者行为的分类及其特征

（1）命令行为。所谓命令行为，就是领导者用命令的方式规范部属的行为，采取单向沟通来界定部属的工作角色，命令部属应该做什么，不应该做什么，如何做，采取什么方法完成任务，而且密切控制和监督部属在工作中的表现和行为。命令行为的特征有三个：一是结构完整，凡事交代得一清二楚；二是完全控制，部属工作的每一方面、每一步骤和方法均在领导者的组织指挥下进行；三是严密监督，对部属的一举一动严加督导，有错必纠，谨防问题的发生。

（2）支持行为。所谓支持行为，就是领导者用支持的态度来协同部属工作的行为，采取双向沟通来塑造部属的角色，对部属的工作提出任务、目标，支持和激励部属完成，参与部属的决策，同时关心部属，倾听他们的意见，促进彼此间的主动。支持行为的特征有三个：一是放手支持，授权部属独立采取对策去解决问题；二是激励鼓动，提出问题，启发部属积极思考问题的症结所在，提出自己解决问题的方法；三是沟通协调，关心部属，及时倾听他们的意见，就问题达成共识，取得相互支持。

命令行为和支持行为从不同的侧面反映了领导者在领导活动过程中待人处事的工作态度和工作方式。我们将这两种行为组合起来，即构成"情境领导"的基本架构，形成具有四种不同领导方式的"情境领导"模型。如图9-9所示。

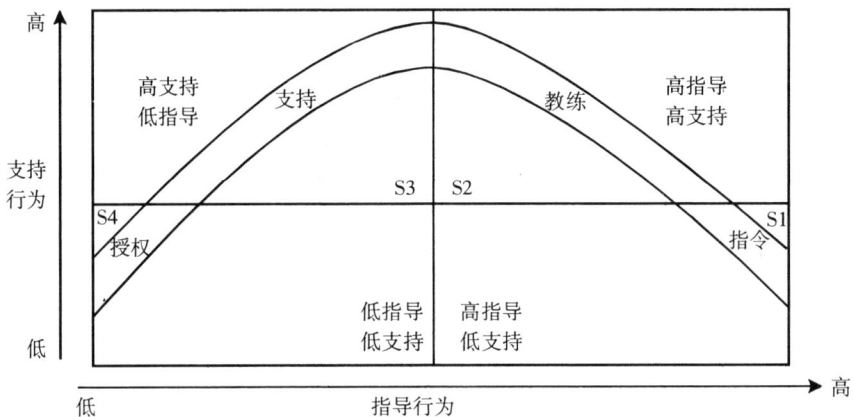

图9-9 情境领导模型的四种领导方式

由图9-9可以看出，指导行为和支持行为都由低向高有程度上的变化，两种行为程度上高低的组合，构成了四种不同的情境。

（1）指令式S1。第一种情境的领导是高指导、低支持的行为，乐于向部属发号施令，规定他们的工作及其做法，一句命令一个动作，而极少给予支持。

（2）教练式S2。第二种情境的领导是高指导、高支持的行为，即给部属发布许多命令，严格控制；但支持程度也很高，能倾听部属的意见，鼓励他们自觉行动，就好像教练一样。一个好教练的方法是"步骤是严谨的，而好的行为会给予赞扬和帮助"。

（3）支持式S3。第三种情境的领导是高支持、低指导的行为，即问题由领导者提出，决策由执行者负责。领导者提出问题，而由部属做决定，让部属了解做事的方法，若部属的决定有问题，领导者可采取另一种方式反映给部属，再做进一步的思考，制定出较佳的解决方案。

（4）授权式 S4。第四种情境的领导是低指导、低支持的行为，即领导者对部属高度信任和放权，采取"无为而治"的态度，对部属只给予命令，而未给予任何规定，也不提醒目标和方法，甚至不提出问题，放手让部属自顾自地去完成任务。

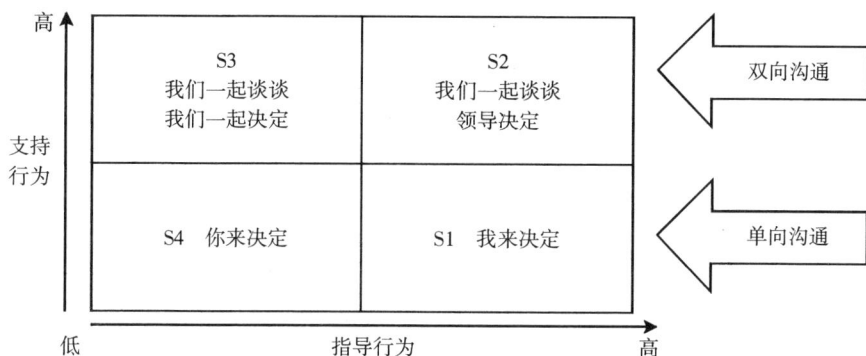

图 9–10　制定决策的型态

四、四种情境领导模式

四种领导方式，我们可称为"领导情境"；部属的四种不同发展阶段，可称为"部属情境"。将两种不同的情境结合起来，就会形成不同的"情境领导"的模式搭配与组合。

（1）处于 D1 阶段的员工，适合用指令型的领导型态（S1：高指导、低支持），即直接、明确地告诉下属要做什么，何时做以及如何做，密切关注下属的行为表现，界定领导者与下属之间的角色，一般表现为帮助下属进行工作的计划和组织、教导工作方法并进行督导，由领导者进行决策。

（2）教练型的领导型态（S2：高指导、高支持）适用于 D2 阶段的员工，D2 阶段的员工工作能力有所提高，同时也遇到了一些障碍，如工作比原来想象中的困难、没有人看到"我"的努力、没有人在困难时帮助"我"、越学越意识到要学的东西太多、工作枯燥、工作目标冲突且缺乏优先顺序等，所以尽管工作能力有所提高，但工作意愿还是比较低，此时领导者除了多给指导外，还要给予较高的支持行为，询问和倾听下属的困惑，多采取双向式的沟通进行交流，让下属参与决策的制定过程，鼓励并促成下属独立自主地解决问题，解释工作出现困难的

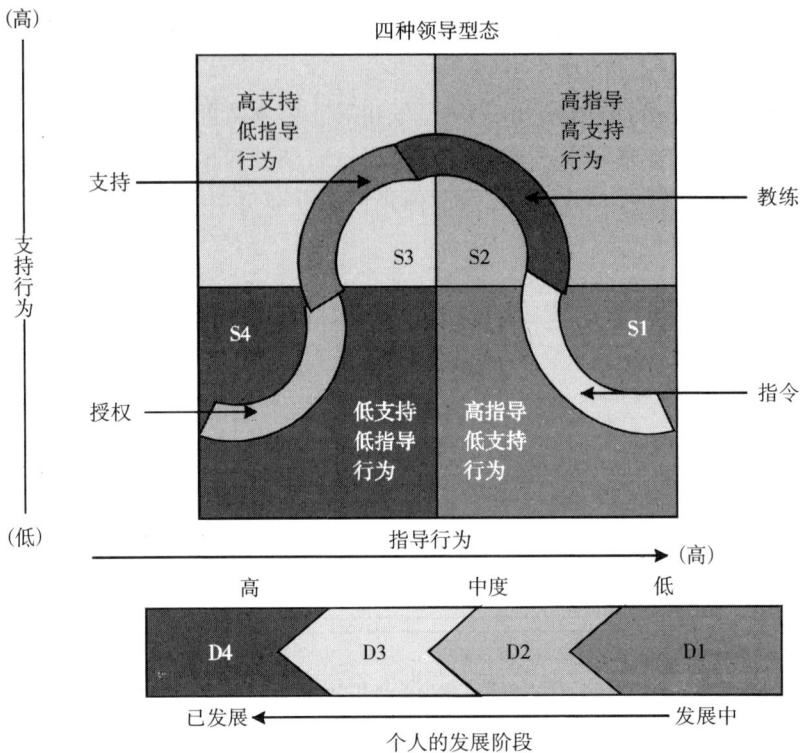

图 9-11 情景领导理论的完整模型

原因，但最后仍由领导者进行决策。

（3）D3 阶段的员工在工作上基本可以独当一面，他们希望按照自己的意愿进行工作并期待领导给予更多的支持，希望能够得到鼓励、倾听他们的见解和困难、解释工作的困惑并给予适当的指导，因此对 D3 阶段的员工适合采取支持型（S3：高支持、低指导）的领导型态，由领导者和下属一起进行决策。

（4）授权型（S4：低指导、低支持）的领导型态一般针对 D4 阶段的员工，领导者将权力下放，授权下属来决定整个工作的计划和组织，偶尔过问工作的进展情况和遇到的困难，由下属独立操作某项任务的整个过程。

每个员工处于哪种发展阶段是由不同的工作任务来界定的，就某一项工作任务而言，如果工作任务换了，就要重新诊断员工的发展阶段。对领导者而言，不管采取何种领导型态，都要明确所期望的结果并设定任务的目标，观察和监督任务的进展情况并给予反馈，同时要避免督导过度与督导不足两种极端，要与下属建立伙伴关系，并就实现个人与企业的目标所需要的领导型态与下属达成共识，约定双方认可的领导型态。如果你懂得并能够使用情境领导，那么你的员工将认为在你的部门中不会感到过分紧张，你很关心他们的成长与发展，你所领导的部门士气高涨，员工工作积极性大，从而有利于推动部门文化的建设。

教练技术专栏 5　　　　　　**张壮刚的困惑**

图片来源：www.washer.ea3w.com.

　　张壮刚在某大型连锁家电卖场工作，因为工作突出从基层职员提拔为白色家电的销售经理。他现在管理着 15 名促销员。

　　张壮刚认为自己对待下属还是非常照顾的，但他的手下工作效率并不高。一部分人有能力而且能够积极地完成工作，而另一部分人则显得对工作漠不关心、看不出努力的样子。

　　例如，厉晓秋已经工作四年，每次都能完成销售任务，是个靠得住的人，对于顾客的提问非常主动，工作效率高。张壮刚与厉晓秋处得很好，而且他相信厉晓秋能在没有监督的情况下完成工作。

　　秦志强的情况则完全相反。他来到工作岗位还不到一年，而且是大学本科刚刚毕业，在张壮刚看来，秦志强心气很高，好像根本看不起销售工作，认为自己只是在这里过渡一下。每天秦志强都是第一个下班的人，他大概只能完成标准工作量的 60%。虽然张壮刚经常找他谈话，明确地告诉他应该达到的工作程度和标准，但没有什么效果。

　　在一次教练技术培训课程结束后，张壮刚决定对每个人要更加友善和坦诚，尤其是对秦志强和其他表现差的人，他更要关心他们的生活、理解他们的感受。他希望秦志强（还有其他人）会逐渐成长并进入良好的工作状态。

但是一个月之后，当张壮刚坐在自己的办公室里，看到每个人的销售业绩表时，心情十分沮丧。他在自己领导风格方面所做的改变显然是不成功的，不仅秦志强的绩效没有提高，而且其他雇员（包括厉晓秋在内）的工作业绩与以前相比，都出现了下滑。距离"十一"黄金周的销售旺季越来越近，门店经理正不断地向他施加压力，要求他马上做好准备，今年至少要比去年增长20%。

张壮刚想知道：到底哪里出了问题呢？

开始时，张壮刚对"D2阶段（没意愿，没能力）"的秦志强采用了"S1指令式"的领导风格，"明确地告诉他应该达到的目标和标准"，"并建立有纪律的工作习惯，给他们带来许多的压力"。问题是秦志强并没有意愿去认真执行，也没有实际执行做好工作的能力。仅仅要求工作结果，而不去手把手地指导和鼓励，秦志强是不可能做好的。

张壮刚放弃了S1，而改用"S3参与式"来激励员工解决问题。虽然对秦志强提高工作意愿有所帮助，但是由于缺乏实际能力，"秦志强的绩效没有得到提高"。

对于D4阶段的厉晓秋，张壮刚在开始时采用了正确的"S4授权式"的领导风格，但是接受培训后，也同样改成了"S3参与式"风格。"参与式"的"友善、坦诚、关心"在厉晓秋看来，很可能被理解成"干预、插手、不放心"。所以，包括厉晓秋在内的其他员工的业绩与以前相比也都出现了下滑，就不难理解了。

另外，值得注意的一点是，"S3参与式"、"S4授权式"领导风格在处理时间紧急的情况，如案例中的"十一黄金周销售旺季"时，效果会较差。

资料来源：作者根据多方资料整理而成。

第三节　员工培养与教练式辅导

一、员工培养思维模式

与传统的管理方法不同的是，企业教练技术将关注点从过去对制度、流程、设备的关注转移到对员工的关注，更准确的阐述是企业教练技术认为，影响或限制组织绩效的关键因素是内部原因，即个体的心智模式。不论是制度执行、机器运转、流程梳理，都需要"人"去执行。如果人没有一个更为积极的心智模式，再完善的制度也都无法落实到位。员工是企业最大的资源，资源的作用在于盘活和开发，企业只有做到"物尽其用，人尽其才"，才能将这些资源转换为生产力。教练技术的核心原理是："你有什么样的信念就会有什么样的心态，从而有相应的行为和结果，信念和心态决定了我们人生的方向和状态，决定了人生的宽度和成果，只有打开信念，改变心态才能在变革的环境中积极主动，化不安为创造力"，教练通过改善人们的心智模式，打破原有的限制和观念，从而改变人们的心态，心态的变化决定了我们相应的行为改变，进而最终达成了结果的变化（见图 9-12）。教练技术就是这样从内到外地挖掘个体潜力，发挥人力资源价值，帮助被教练者达到更高的绩效，组织也因此而获得更好的绩效结果。

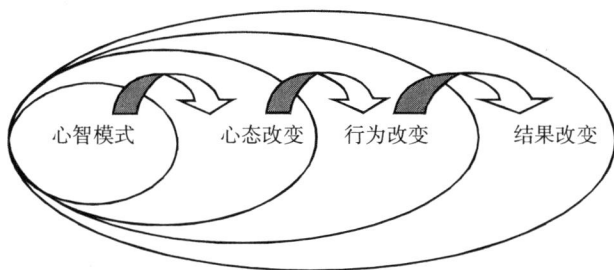

图 9-12 心智模式与结果改变模型

　　从教练技术核心原理的表述中可以看出，教练技术在实施过程中并没有直接去改变人们的行为，而是采取先通过改变个人的心智模式，进而激发个体主动性，达到改变行为和改变结果的目的。这里所述的"心智模式"即指价值观，它是由人们心里发出的对万事万物的价值取向和价值评价，是驱使一个人行为的内在动因。

　　由于一个人的心智模式是由人的社会经历、社会地位、生活条件等长期共同作用形成的，所以当个体一旦形成了自己的心智模式（价值观）后，就很难改变，或者说心智模式具有持续性和稳定性的特点。心智模式是一个人的哲学体系，是所有行为的依据和出发点，心智模式还有一个特点就是深深潜藏在人的内部，随时随地发挥作用，但又不容易被个体所意识到。所以当我们可以对一个人的心智模式通过由内而外的影响加以引导时，也就间接地完成了对其价值取向、价值判断—行为的影响和成果的取得。学习型组织创始人彼得·圣吉在《第五项修炼》中说："每个人都守着一扇自内开启的改变之门，除了你自己没有人能从外部打开。"这个能够自内开启的大门就是个人的心智模式，中国足球队原主教练米卢在激励和训练球队队员时提到的"Attitude is everything——态度决定一切"所表达的正是这个意思，如俗语所说的"心态决定行为，行为改变命运"。这些都说明教练施加影响的切入点不是从一个人做事后的结果入手，也不是从这个人做事的方式入手，而是从这个人的心态入手，从他的心态入手才是问题的核心，也只有把握了这个核心才能让管理和领导更加有效。

教练技术通过改变员工的心智模式，从而改变员工的心态、行为，最终导致企业所预期的结果出现。教练如镜子，它反映被教练者的真实现状和局限，引发被教练者看到更多的可能性，给被教练者一个重新选择的机会。被教练者通过教练这面镜子看到真实的自己，更易找到自己的内心宝藏或被忽略的资源，从而有效地整合运用。教练如指南针，通过专业教练技术的运用，协助当事人厘清目标、改善行动，再改善、再行动，最终达成目标。教练如催化剂，通过聆听、发问、分享、体验、交流、整合、应用、嘉许、支持、挑战等专业教练技术，帮助被教练者充分挖掘自身的潜能，实现从平凡到优秀、从优秀到卓越的提升。教练是支持者，在被教练者取得进步、获得成功时，教练会以此为荣，支持被教练者再接再厉，再创新高；在被教练者灰心丧气、遭受挫折时，教练会引发被教练者看到困境对于自己的正面价值和意义，并支持他挑战困难、知难而进。

中国经济和中国企业在经历了30多年的高速增长之后，普遍面临很多的共性问题：当投资、出口、内需都不给力时，增长方向在哪里？当成本缩减的招数即使已经无所不用其极，利润还是持续下降时，增长动力在哪里？当世界经济极度不确定、中国经济出现放缓迹象之际，中国企业靠什么竞争、凭什么能赢？当下，这些严峻的问题，正萦绕在中国企业领导人的心头，令他们难以入睡。显而易见的机会资源已经使用殆尽，还有什么新招可用？或者说，还有什么资源可以获取？

其实，还有一种资源，就在身边，唾手可得，却被大量浪费或低效率地使用。这种资源，就是人的智慧、经验、激情、积极性和创造性。全球管理顾问公司 Hay（合益）集团的研究发现，大约有60%的中国员工对于工作的承诺度低于全球平均水平，另外有15%左右的员工，尽管承诺度较高，但因为没有得到组织的必要支持，因此无法有效工作并且有很强的挫折感。这一发现令人震惊！特别可怕的是，中国的劳动力成本不断上涨，中高级管理人员的薪酬已经逼近某些发达国家的水平，而与之反差强烈的是，人力资源的浪费和流失惊人得严重。

可以想象，如果能够从这些对工作承诺度不高的员工中，争取到5%~10%的员工，大幅提升他们的承诺度和有效性，企业将会得到怎样的商业回报！但问题是 How（怎样做）？出现这一情况，有员工自身的原因，但一个重大的原因是领导和管理这些员工的人，他们创造了怎样的组织氛围？他们是怎样管理和领导的？他们是怎样调动员工的积极性和创造性的？Hay（合益）集团在中国关于领导人行为的研究发现，约有 60% 的各级管理和领导者打压或挫伤了员工的积极性。

中国的企业和企业领导人必须要充分意识到问题的战略性和严重性，立刻展现出他们的远见，加强对教练技术和领导人才培养的重视和承诺，并及时采取灵活有效的实践。

二、辅导艺术

（1）教练的四种能力。人本教练模式提出了教练的四种能力：聆听、发问、区分、回应。聆听：聆听被教练者说话背后的本心、事实、真相、感受、情绪。聆听的态度是忘我的，抛开自己的判断和看法。发问：教练通过发问发掘被教练者的心态，收集资料，让对方找出自己的方法去解决问题。发问的态度是中立的、有方向的和建设性的。区分：厘清事实与演绎，避免含混，帮助对方看到自己的心态、固有信念和处事模式。回应：回应是一种强有力的工具，让被教练者清楚"镜子"里的自我，看到自己的方向和偏差，从而加速改善自己。回应的方向是直接明确的、负责任的和及时的。

（2）约哈利窗。约哈利窗是一个研究人际互动关系的理想模型，1995 年由加州大学西部研究中心 Joseph Luft 和 Harry Ingram 两人提出。约哈利窗显示的世界是由四个部分构成的，如图 9–13 所示。

	自己知道的事情	自己不知道的事情
他人知道的事情	公开	盲点
他人不知道的事情	隐私	潜能

图 9–13　约哈利窗

教练技术反映真相，帮助对方迁善心态，看到更真实的自己，将图中的竖线向右移动，减少信念中的盲点，这是反馈过程；教练技术引导对方厘清目标，做行动计划，不断检视行为与目标的距离，最终把心中的目标变为现实的成果，将图中的横线向下移动，让潜能浮出水面，成为个人能力和表现，这是披露过程（见图9-14）。聆听、发问、区分、回应这四种教练能力是教练的反馈和披露工具。借助它们，教练帮助被教练者有效地变动其约哈利窗。

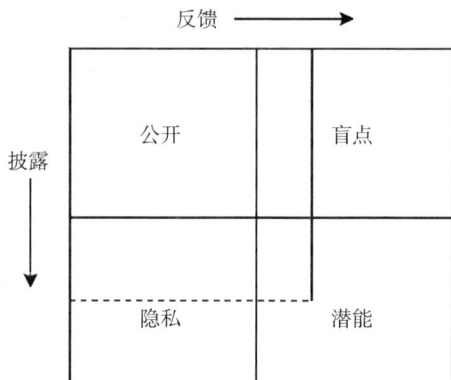

图9-14 变动后的约哈利窗

三、辅导技术工具箱

（1）九型人格。若教练能迅速洞察客户的行事作风和性格类型，便可在教练过程中事半功倍。"九型人格"近年来在国际上被广泛应用于教练和其他管理学，是一套了解人性行为模式和处事动机的学问。九型人格这个工具，用来了解他人的行为表现或性格走向，以及与不同性格人士沟通的方式，学习和掌握迅速与人建立联系的能力。

第一型：改革者。特质是理性，有原则，有条理，严谨；追求完美，高标准，高水平，完美主义者；负责任，有纪律，有秩序，有系统。

第二型：帮助者。特质是主动，乐观，慷慨大方；关心，乐于助人，对别人的需要和感觉敏锐，善于照顾别人；支持、鼓励性，有人情味，热心投入，亦会过分依赖别人，占有欲强。

第三型：促动者。特质是精力充沛，有干劲，充满自信；有野心，竞争性，爱挑战，易于适应；追求成功与重视胜负，不太注重感觉与情绪，重视形象。

第四型：艺术家。特质是从情绪出发，在意自己的情绪，不容易表达自己的感受；想象力丰富，有创意，触觉敏锐。

第五型：思想家。特质是冷静，智能，分析力强，理智；观察力强，对于事物有深刻见解，能发掘新事物；对知识、信息热爱，爱研究专题项目；有洞察力，喜欢探讨及研究事物，有革新精神，有原创性意见。

第六型：忠诚者。特质是忠诚，尽责，专注，循规蹈矩；喜欢提出质疑，亦容易焦虑不安，信赖他人，互相合作。

第七型：多面手。特质是开心，学以致用，充满欢乐；多才多艺，对事物有敏锐的洞察力，有创造力；喜欢新鲜事物，爱行动，好动，主意多；较专注自己娱乐，满足自己，对别人的需求不够敏感。

第八型：指导者。特质是自信，有主见，支配性；关心正义与公平，爱打抱不平，拔刀相助。

第九型：和事佬。特质是平易近人，乐观随和，和谐；善解人意，对人的洞察力高；较被动，不爱冲突。

（2）真我价值。"真我价值"是一套协助我们从内心深处认识自己、正面善用自己的工具。所谓核心价值，就是一种驱使我们在做某些事情时，能获取极大满足感的动力所在。这种动力所在或核心价值因人而异，令人无比享受、乐此不疲。在教练的过程中利用这种强有力的工具，能激发出对方的正面动力，从而教练他人运用这股动力，创造最佳表现。

（3）360度回应。很多企业人员未能有效地发挥他们的管理才能，可能是由于他们没有察觉到自己的盲点，因而对个人或企业的发展造成障碍。因此，企业人员要了解自己的优缺点而做出改善，且来自上司、同事和下属的诚实回应是十分重要的。"360度回应"是公认的最有效收集各方回应的工具，因为这种工具能协助管理人员认识自己的管理风格和行事方式等范畴。作为教练，应懂得应用这种工具。例如，利用回应报告的资料，便能辅助管理人自发地检视自我并进行相应的调整，从而更有系统和方向地加以改善。

（4）文化差异。这里所说的文化，泛指个人或团体的集体信念和行为模式。即无论个人或团体都可以因为地域、社会地位、家庭背景、学历等范畴上的不同而产生不同层次的文化差异。教练拥有洞察文化差异的能力，能更好洞察被教练者的信念和行为模式，支持对方创造更佳的成绩。

（5）情绪智商。情绪智商（EQ）是20世纪90年代影响最大的概念之一。它突破了传统智商（IQ）概念的局限，对个人成功加上了新的解释。《情绪智商》一书的作者指出，人的行为与情绪有莫大关系，个人控制情绪的能力足以影响人的一生，影响力甚至高于其智商。懂得适当地运用、掌管情绪，可以有助于建立良好的人际关系，积极面对逆境。而与智商最重要的不同是：情商受先天的影响颇小，可以通过后天培养提高情绪掌管力。禅宗的静坐法门讲究内心安定，对身外事物不偏执，这正是培养管理情绪能力的最佳工具。以情商概念为基础，辅以修禅法门，结合东西方的智慧，可以说是提高情商的最有效的方法。

（6）教练身心语。这个工具主要是把握身体、情绪、语言与教练技巧的关系。身、心、语代表身体、情绪和语言，三者是互动和牵制的关系。当人的情绪波动时，身体亦有相应的反应。因此，若教练掌握身心语这一工具，可增强洞察力，有效洞悉被教练者的情绪和身体状况，并同时从他的言语中了解与区分他的心态与所求，从而给予即时的、一针见血的回应。敏锐的洞察力不但能有效地提升教练技巧，当教练能够观察入微时，可以更有效和快捷地与被教练者建立起信任和开放的关系。

（7）专业教练形象。美国的简内特·艾尔西教授所提供的调查报告指出，魅力的形成，55%是靠人的视觉观感，38%是靠声线，剩下的7%才和说话的内容有关。可见外在观感对建立教练魅力的重要性。作为一名出色的专业教练，不仅需要内在素质的锻炼和提升，而且需要为自己建立一个专业的教练形象。所谓"有诸于内，形诸于外"，我们的思想、欲望，以及生活素质、习惯和状态，都会通过外在形象透露出来。

四、教练式辅导

（1）厘清目标。目标一定是被教练者的目标，而不是教练想要达到的目标。目标一定是被教练者真正想要的目标，只有目标是自己决定的目标时，人们才会全力以赴。

（2）反映真相。教练反映的真相是被教练者自己认为的和别人认为的之间的差距，是被教练者说的和做的之间的差距，是被教练者存在的盲点和误区。

（3）心态迁善。迁善是迁善信念和心态，信念影响态度，态度影响行为，行为影响成果。教练从改变信念入手，帮助对方从另外的角度看问题，在信念上有所迁善，使心态因此而发生改变，行为也就有所不同。迁善包括扩展信念和保持积极心态。

（4）行动计划。教练要帮助被教练者做到知行合一。从厘清目标、反映真相、心态迁善到行动计划，教练技术完成了一个过程，然后重新开始新一轮的过程。事实上，在具体进行中，这些步骤会依据人们的实际情况而灵活运用。[①]

---

① 黄荣华. 人本教练模式 ［M］. 西安：西安出版社，2011.

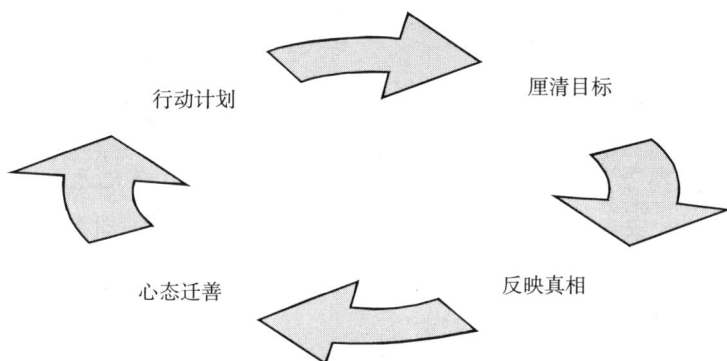

图 9-15 教练技术的四个步骤

根据科布尔学习周期理论，真正的学习过程是一种经历，我们要做的就是反思这种经历，感觉这种经历（一般通过创造某种理论），并且最后将所得出的结论，通过制订出下一次在同样的情景之中该怎么办的计划，应用到我们的学习中去。科布尔学习周期包括四个层次，即思考层次、理解层次、创新层次、完成任务层次。如果错过了某一个层次，学习过程就被抑制了。结合科尔布的学习周期理论，萨拉·索普提出了教练模型：在思考层次上，通过认知活动，澄清教练活动的目标和要求，回顾并重新制订绩效改善计划。在理解层次上，商定具体的人力资源开发计划，并回顾已完成的教练活动的得失。在创新层次上，制订详细的教练计划，并完成教练工作。在完成任务层次上，开展并完成教练任务，重新审视教练目标。

本书认为，无论是四步教练步骤还是教练模型，都旨在总结和提炼一套方法，保障教练过程的完成和教练目标的实现。但实际上，教练对象和教练内容的不确定性决定了教练技术过程并没有一个统一清晰的步骤和程序，尤其是教练技术在企业具体运用中更是如此。因此，教练技术并不拘泥于具体的形式或者过程，其核心是帮助企业员工掌握教练技术，实现自我教练，并通过自我教练过程，达到目标。

教练技术专栏 6　　　　　　　　**招行："好企业是挖不垮的"**

招商银行（以下简称"招行"）于 1987 年在中国改革开放的最前沿——深圳经济特区成立，是中国境内第一家完全由企业法人

图片来源：www.cmbchina.com.

持股的股份制商业银行，也是国家从体制外推动银行业改革的第一家试点银行。成立27年来，招行伴随着中国经济的快速增长，在广大客户和社会各界的支持下，从当初只有1亿元资本金、1家营业网点、30余名员工的小银行，发展成为了资本净额超过2900亿元、资产总额超过4.4万亿元、全国设有超过800家网点、员工超过5万人的全国性股份制商业银行，并跻身全球前100家大银行之列。截至2013年末，集团实现净利润517.43亿元，同比增长14.3%。

在领导力培养上，招行近几年推行的人才战略是"培养自己的干部、引进专家型人才"。从早年开创国内信用卡业务开始，招行一直是中国零售银行业务的领跑者，在国内同业里并无满意的现成人才可以直接任用；而到了现阶段，各家银行都已经开始在零售业务上发力，从招行挖去了不少精良的管理人才，如中信银行以行长陈小宪为代表的"招行系"三人组、平安银行副行长陈伟、浦发银行副行长姜明生就是其中的典型。

中层管理者中被挖走的更多。"深发展和平安都是对着我们挖。我们的一个副总经理过去就能做总监，职位升两级，薪酬提高一倍。所以想想也可以理解。"招行人力资源部总监王万青说，"用马行长的话说，你好人家才挖你；好的企业是挖不垮的；我们也算为中国的金融业发展和改革做贡献了。"马蔚华曾半开玩笑地说，如果中国的大多数银行都有招行人在那里做行长，我们也就成了"教父"了。这颇有些苦中作乐的意味。

支撑这种"挖不垮"哲学的是招行强大的领导力培养战略，该战略加强对CEO级人才的内生式培养和储备。在这方面，招行有一个强大的目标："131人才工程"；理想的人才库配置是：100名后备管理骨干、300名业务专家、1000名客户经理和产品经理。2009年初，在金融危机压力下，招行仍保持了较高的培训预算，对各级管理层的培训强度和密度并未改变，只在一些细节上稍作调整——例如，把40多位高管赴剑桥大学培训的商务舱改成了经济舱。

这种CEO培养计划贯穿了招行的各个层级：每年两期的一把手管理研讨班针对分行行长与总行部室总经理；与清华合作设置的高级领导力研讨培训班针对分行副行长与总行部室副总经理，侧重于培养储备领导力；针对基层支行行长、高级经理，与复旦大学、中国人民大学及中国香港、新加坡的高校有长短不一的培训合作。

总行的经理级干部享有名为"金狮计划"的加速培养计划，用管理者素质测评、导师辅导、高层对话等方法，力求把副手们打造成为随时可接班的准管理者。在分行层面，参考"金狮计划"模式推出了针对分行经理人员的"金鹰计划"，正在济南与长沙分行做试点。

当然，理想状态是金狮和金鹰们长久地留在招行。马蔚华本人每年春节给离职员工们的叙旧拜年信已成惯例，在他的力推下，分支行的行长们也开始在各自的培训课程里学习情感留人的方式方法。在招行的"倦鸟/眷鸟归巢"计划里，每位临走的离职员工都会被告知，如果愿意回头并有合适的岗位，招行的大门永远敞开。

资料来源：作者根据多方资料整理而成。

【章末案例】　　赢在心态——华帝燃具企业教练实践计划案例

华帝股份有限公司（股票代码：002035）成立于2001年11月28日，其前身中山华帝有限公司成立于1992年4月。股份公司主要从事生产和销售燃气用具、厨房用具、家用电器及企业自有资产投资、进出口经营业务。目前，华帝产品已形成以灶具（燃气灶、沼气灶）、热水器（电热水器、燃气热水器和太阳能热水器）、抽油烟机、消毒柜、橱柜等系列产品为主的500多个品种，燃气灶具成为中国灶具领导品牌，燃气热水器、抽油烟机分别进入全国行业三强。2006年4月28日，华帝股份获批成为北京2008年奥运会燃气具独家供应商；2008年3月，华帝股份成为北京奥运会祥云火炬制造商。公司的目标是继续以"持续稳健、专业化、高品质、高技术、高档次"为发展模式，致力于做全国厨卫领导品牌，成为全球有影响力的厨卫制造和服务商，成为世界上最具竞争力的、被公众及投资者认为是卓越的、具有文化特色的专业企业。

2003年4~6月，华帝燃具实施了企业教练实践计划，其间举办了教练力量、创新思维、团队教练等工作坊。同时，主办方成立了由四位专业教练组成的教练小组。就这样，拉开了将教练文化植入华帝的序幕。

这段时间，正是"非典"横行、人心惶惶的时期，许多企业业绩一跌再跌，但华帝在教练技术的帮助下，销售量却一路呈直线上涨趋势。2003年4月的销售额比上年同期增长23.20%；5月的销售额比上年同期增长50.20%；

最为可喜的是6月在提前两天结束销售工作的情况下，比预期目标超出300多万元，比上年同期增长46.60%。特别是6月27日，单日销售670万元，是自华帝创办以来单日销售的最高纪录。

华帝赢了，赢得很漂亮。不仅业绩显著增长，企业团队也得以成长。教练技术针对的是企业中的人，是人的心态。所以华帝的赢，归根结底是赢在心态上。

1. 自上而下，奠定基础

谈到华帝企业教练实践计划的成功必须要提到一个人，这就是华帝的总经理黄启均。黄启均曾参加过教练技术方面的很多训练，如人本教练技术系列、九型人格、市场心理学等。黄启均在学习人本教练技术系列时，成功地中标一个1000多万元的项目，所以他对这个学习很认可。他自己学习了人本教练技术系列模式后，他邀请主办者为华帝做了一次团队建设的训练。训练后他感到整个团队变得有凝聚力了，所以他想继续跟主办者合作，在企业推行企业教练实践计划，把这种好的局面延续下去。但当时感觉只是他一个人很想做，身边的团队有一些人持怀疑态度。

企业教练实践计划的做法是以企业目标为导向，通过专业教练定期（如每周一次）的教练服务，教练管理层的心态，从而有效地达成目标。同时，由于涉及人的心态和信念，所以这个过程实际上也是企业文化变革、文化再造的过程。然而，再造企业文化，尤其是再造华帝燃具这样一个人员过千、年产值数亿、连续七年为中国燃具行业销量冠军的企业的文化，谈何容易！

作为一家发展了十几年的全国知名企业，华帝原有的企业文化极其根深蒂固。部门之间、员工之间各自为政，"井水不犯河水"。很多人认为只有有问题的、销量不好的企业才需要教练。而华帝已经是第一名了，只需要照过去的经验运营下去就可以了，需要什么教练呢？

面对这种状况，眼光长远的黄启均很坚持自己的选择，主办方也继续跟进和支持。作为推行企业教练实践计划的步骤和策略之一，华帝派出一批高层管理人员参加主办方的HCP（人力资本计划）、九型人格和市场心理学的学习，学习的效果不错。这样一步步的，关于教练文化的正面对话逐步在华帝建立起来，为实施企业教练实践计划奠定了基础。在启动企业教练实践计划的时候，教练组是专业、严格和高要求的。总教练吴泳仪说："我们会留意他们写回来的目标宣言，不清晰我们就不去。他们重新做了目标宣言，我们满意了才继续。在启动面谈时感觉有人不到位，我们就叫停。然后我们跟黄启均做总结。我们很坦诚地告诉他我们看到的一些人的状态，要求他去跟这些人做沟通。他自己要先拿到这些人愿意学习的承诺，我们的计划才可以开始。还有，要在企业里推广教练技术一定要领导自身有成长，他要认同教练技术能帮他提升本人的管理，这样才可以将教练文化推进到企业里。我觉得这些都令他们看到我们的高要求。"

2. 转变心态，打开可能

教练小组第一次和华帝管理层举行工作坊的时候，发现他们的坐姿显得很懒散，眼神里流露着迷惑和疑问。后来他们谈及当时的想法：我做管理都已经这么多年了，这套东西又能为我带来多大改变？这个企业搞了十多年还不是一直就这个样子？

由于种种固有的观念和对教练技术的认识不足，小组会常常变成了工作会议。不是进行教练对话，而是汇报工作。当时有一部分人就开始不耐烦了，说："本来会就多得要死，现在又搞个这样的会。"

"刚开始的时候，我们发现他们很容易把教练小组会变成平时的工作会议，去谈很多具体的事情。所以我们会帮他们确定会议方向，不去谈那么多具体的工作，而把重点放到人上面。因为教练的核心是人，尤其是人的心态。让他们明白，一个人做事情的心态、信念怎么样，将会决定他工作的成果怎么样。"教练们回顾说。

小组会从很大程度上改变了以往的工作会议模式。

当时，有一个生产超薄型热水器的项目他们始终无法完成，他们在技术方面花了大量的精力去处理。在小组会上，当教练把这个案例展开来分析，区分什么是技术问题，什么是心态问题的时候，负责该项目的总工程师心里一直处于抵触状态。他总是认为，这就是技术问题，讲心态有什么用？因而拒绝去看更多的可能性。教练跟他说："如果一个调适性问题你老是用技术性方法去处理的话，结果会浪费很多精力和时间。"

接下来，在小组会学员互相教练的过程中，那位总工看到某个成员经过教练，发现了新的可能性，并很快拿出方案的时候，他开始感觉这个小组会跟公司以前的营销会议的确是不同的。

其他的华帝管理人员也对这一套教练技术渐渐产生了兴趣，他们发现教练的聆听很好、洞察力很强而且要求很高。他们开始尝试着去区分工作会议和教练会议，越来越多地把刚刚学习到的教练技术融入到日常管理中，从而丰富了原有的管理模式。工作的态度不一样的时候，解决问题的方法也就多了。一位参加实践计划的部门经理说："我最初认为这只是一个普通的学习，没想到它对我们的生活影响这么大。这个学习确实不简单。"

3. 创新思维，逆境制胜

2003 年的"非典"时期是很多企业不堪回首的噩梦：疫情对企业造成了极大冲击。"非典"考验了企业的生存能力。面对困境，专业教练们站高一线，没有受悲观情绪影响，始终保持着正面、积极的心态。他们的这种心态也激发了华帝人的正面心态。老总黄启均配合教练，自己也积极地面对困境。老总积极的态度加上教练正面的推动，两股力量融合在一起，推动整个团队从"不可能"中找到"可能"，创造了奇迹。

最初并不是很顺利，当教练小组说要向外挖掘可能性时，很多管理人员都异口同声地说："现在'非典'时期哪里还有什么可能性？很多商场都关门了。"

于是教练启发他们：当你认为环境是负面的时候，你是在给自己找借口。因为这个负面的环境，让你感到很害怕，你在这个环境中显得很弱小，所以你就觉得自己不用承担相关的责任。但如果你用负责任的心态来看待这个问题，你还会这样想吗？你思考的焦点会放在哪里？在这样的环境下，还可以做什么？

并不是所有的企业在"非典"时期都受环境的负面影响。关键是看你怎么看这个问题，你在逆境中被困死和求生，都是你自己的选择。当你们选择求生的时候，你要考虑怎么做。最危险的时候就是最有机会的时候。当其他企业慢下来的时候，就是华帝异军突起的时候。教练举例说，现在很多纤维厂因市场的变化开始做口罩了，它们原来是没有这个产品的。

教练小组的话深深启发了华帝管理层，他们立刻动员起来去审视自己企业产品的结构，结果看到了"消毒柜"这一个产品的潜在市场。以前消毒柜只是华帝厨具系列里的一个配套产品，排在末尾。但当华帝看到了可能性后，便把消毒柜作为"非典"时期的主打产品，结果取得了很好的经济收益和社会效益。

思维打开后，华帝人创新了更多的做法。例如，顾客买华帝的产品会获赠洗手液。当时洗手液紧俏，这种促销手段拉动了消费力度。另外，当时很多人不去商场，通过分析，大家认识到，人们不去商场并不表示他们没有这个消费欲望，只是表示了人们恐惧，想通过不去商场购物而降低接触病菌的风险，实际上他们在家里还是需要购物的。于是华帝就提供送货上门服务。

这些创新思维的做法令华帝在"非典"时期灵活地把握了机会，出奇制胜，在市场一片惨淡中，不退反进，取得了逆境中的理想业绩。教练们总结说："首先是心态上赢了，然后才挖掘出很多新的可能性。"

4. 团队互动，协作共赢

华帝有自己的管理模式，也曾请了一些顾问公司帮它做战略、营销顾问，但是团队不团结，有很多内在的干扰。高层各有各的想法和意见，所以使战略推行起来困难重重。在企业的管理公式 $P=p-i$（企业的表现＝企业的潜能－干扰）中，作为教练，绝对相信每一个企业都是很棒的，他们的成果 P 不一样，只是因为干扰 i 不一样而已。教练的工作就是要去掉他们的干扰。如果部门之间不配合，互相埋怨，就会增加 i 部分的比值，降低绩效。教练技术通过心态的调整使团队团结起来，达成一致目标，取得共识，从而使得这些战略得以迅速推行。

每个人都会为自己做最好的选择。参加企业教练实践计划的华帝管理层本身学历很高，很有管理经验。一旦打开了原有的信念，看到实实在在的成果，他们的整个面貌就发生了改变。

随着一个星期一次的小组会的推动，在教练小组的教练下，华帝过去存在的推诿责任的现象得到了很大改善，逐渐形成了坦诚相待、直接沟通的风气，各部门之间的凝聚力明显增强。以前每个部门定的目标跟整个公司的目标没有多大关联，各人只管做各自部门的事情。现在他们知道，自己部门所做的一切跟整个公司的整体发展都是有关联的。

教练刘国梁分享了一个案例：教练计划进行到一个阶段后，有一天他向华帝财务的同事问当天的销售额，但对方正在开会。于是他便把电话打给了另外一个平时不会接触、注意到这些数据的行政部。出乎意料的是，对方很快就回答出来了。于是刘国梁就好奇地问："你怎么会知道的呢？"原来华帝在内部建立了相关的电网，与各部门相关的信息会第一时间发布上去。这样每个部门都能及时知道进度，大大激发了大家赢的欲望。而这种人人都对目标负责任和赢的心态，正是成功企业所必需的。

教练黄俊华分享说：前期我是直接在小组里面做教练，教练他们所有的人，跟进他们的目标。后来我从小组里选两个人出来做教练，我在后面去支持他们，去指导他们教练其他人。我发现这样的好处是让他们更加互动。他们一方面去教练其他人取得成果，同时也提升了自己的教练技术，这样的互动中他们的学习成效是最大的。有人就说，因为看到别人身上的变化令他学习到很多。

由于这些成员都是华帝中重要位置的管理者，他们的互动直接加强了各部门的沟通，并影响了整个企业的氛围。

华帝总经理黄启均在接受香港有线电视新闻第一台财经新闻版"动力中国"栏目采访时说，我们整体的团队精神加强了很多，人与人之间的隔膜逐渐消除，同事的对立在消除，而且做事更有条理、更有计划。从最初企业里"各人自扫门前雪"到后来的相互支持，彼此团结，共创成果，教练技术在华帝创造了一个奇迹：不仅业绩不断提升，企业管理层的心态也得以改善，企业中最重要的因素——人，获得了本质的进步。

华帝企业教练实践计划的成功，体现了教练技术对于企业的价值。实践计划结束后，华帝决定进一步导入教练技术，在企业中深化教练文化。

从2004年起，教练技术课程主办者计划为华帝培养内部教练，并通过这几名内部教练去教练其他高层管理人员。再让高层20个人教练其直接下属的60个中层，最后推行到华帝整个企业的千余人中。可以预见，这个命名为"精英领导，开拓未来"的新计划，将把教练文化的种子一层层播下去，让更多的华帝人赢得他们的事业和生活，赢得更精彩的未来！

资料来源：作者根据多方资料整理而成。

【本章小结】

教练技术是一项通过改善被教练者心智模式来发挥其潜能和提升效率的管理技术。教练的效果在追求变化和成长的、正直且健康的人身上会得到明显的体现。对于期待提升业绩、融洽人际关系、追逐职场梦想、期待开发领导力以及想要重新设定人生目标的人，教练无疑会成为强大的推动力。本章首先介绍了教练技术的定义和作用，阐述了教练技术运行的过程和阶段以及作为企业教练必须具备的各项技能和技巧；其次介绍了情境领导模型，情境领导是重要的教练辅导方法，内容包括员工发展阶段与需求、两种领导行为、四种领导方式以及综合"领导情境"和"部属情境"的四种情境领导模式；最后阐述了员工培养的思维模式是通过改变心智模式达到心态改变、行为改变的结果，并介绍了教练的四种能力、九型人格、约哈利窗等教练技术工具以及人本教练模式教练的四大步骤。

【问题思考】

1. 从四川金贝儿食品有限公司的企业教练实践计划看，教练技术的引进能够给企业带来哪些变化？

　　2. 什么是教练技术？教练技术和传统培训有何区别？

　　3. 企业引入教练技术需要经历哪些过程？你认为企业如何达到培训的最佳效果？

　　4. 成为一名合格的企业教练需要哪些技能？你认为自己是否能够具有这些技能？

　　5. 情境领导的关键是对员工的发展阶段进行诊断，那么如何准确做到对每一位员工的准确诊断？

　　6. 如何改变员工的心智模式？

　　7. 如何减少员工信念中的盲点，提升潜能？

　　8. 如何完成人本教练模式的四个步骤？

第十章　激励与团队管理

【学习要点】

☆ 了解经典的激励理论；

☆ 了解激励员工的方法；

☆ 掌握团队管理的概念；

☆ 了解团队的类型；

☆ 掌握怎样创建高绩效团队。

【开章案例】　　　　　　**海底捞的员工激励**

图片来源：www.haidilao.com.

一、公司简介

四川海底捞餐饮股份有限公司是一家以经营川味火锅为主、融各地火锅特色于一体的大型跨省直营餐饮民营企业。截至 2013 年，公司在全国 21 个城市拥有 91 家直营餐厅，并在新加坡、美国拥有海外直营店，员工近 2 万人，营业额过亿元，纯利润过千万元。多年来历经市场和顾客的检验，公司成功地打造出信誉度高、融会巴蜀餐饮文化的优质火锅品牌。在管理上，张勇董事长一直注重满足员工的需要，为员工创建公平公正的工作环境，从制度的层面上给员工提供更大的晋升可能。"海底捞"非常出色地运用了激励理论，极大地鼓舞了员工的积极性，为企业带来了巨大的经济效益。

二、激励理论的运用

1. 需要层次理论的运用

（1）对于生理的需要，"海底捞"有很独特的饮食安排，员工上午下午上班之后直接吃饭，一天吃四顿饭，周六、周日的加班还有相应的加餐，这些安排充分体现了以员工为本的理念，满足了员工的生理需要。

（2）安全需要，"海底捞"为员工提供宿舍，配备空调、电脑，距离上班地点很近，有专门人员负责宿舍的打扫，让员工拥有一个舒适温馨的生活环境。

（3）归属和爱的需要，主要体现在员工在最初的培训中就逐步从一个个小的群体融入到大群体；要求对待同事也要像对待顾客一样礼貌；经人介绍的服务员占很大比重；对员工家庭的关爱；等等。

（4）尊重的需要，主要体现在董事长张勇的充分授权，使"海底捞"从管理层到普通员工都拥有比其他餐饮店员工更多的权力。

（5）自我实现的需要，员工在"海底捞"有更多学习的机会，例如，入职培训和在"海底捞大学"里接受教育；同时在"海底捞"有更多的晋升可能，只要在一个岗位上连续一段时间都表现很优秀，就可以实习更高一级的职务，实习合格即可拥有该职位。

2. 公平理论的运用

在"海底捞"的晋升渠道中有一个很重要的特点就是人人都需要从基层做起，研究生没有特权，大学生也没有特权。人人都是平等的，晋升通道对于每一个人来说都是公平的。所有员工都站在同一起跑线上，只要肯努力，就有晋升的机会。

3. 强化理论的运用

只要是"海底捞"的大堂经理、店长以上干部或者是优秀员工，其父母每个月都可以获得公司给的补贴；店长以上的员工，每年可报销孩子在北京读书的1.2万元以内的学费；还要提的一点就是"海底捞"不同于其他很多公司给优秀员工奖金，而是给他们分红，让员工感觉受到了特殊的优厚待遇。

三、激励的效果

"海底捞"巧妙地运用了以上这些激励理论，对公司的经营产生了很大的影响。

（1）当员工的五个层次尤其是高层次的需要被满足的时候，员工的工作积极性就被很大程度地调动起来，并且这种力量很稳定、很持久，也就是说员工会在很长时间里一直保持积极向上的工作热情，努力为顾客提供更好的服务，回报公司。

（2）当员工认为自己处在一个极其公平的环境中时，他们会认为自己所做出的任何努力都是值得的，都是会有回报的。这样，晋升变得简单，简单到只取决于自己的努力，外部没有阻碍的力量。在这种情况下，他们必然会选择靠自己的双手来改变命运，努力地去工作、服务顾客，为自己的未来奋斗。

（3）当大堂经理、店长和优秀员工等受到公司奖励的时候，在相对底层的员工中就会形成很好的氛围，他们会认为工作做得好，得到晋升做到大堂经理、店长等，就可以享受更多的福利待遇；做到优秀员工也会有相应的奖励。这些正强化无时无刻不在激励着所有员工更加努力工作，提高自己的服务水平，为企业创造价值。

资料来源：张宇昊等.从激励理论的角度谈"海底捞"迅速发展的原因［J］.商场现代化，2014(5).

第一节　激励理论

"激励"一词本来是心理学概念，是激发人的行为动机的心理过程。有效的激励必然符合人的心理和行为活动的客观规律。美国管理学家贝雷尔森（Berelson）和斯坦尼尔（Steiner）指出："一切内心要争取的条件、希望、愿望、动力等都构成了对人的激励，它是人类活动的一种内心状态。"因此，激发人动机的心理过程可以表示为：需要引起动机，动机支配行为，行为又指向一定的目标。需要、动机、行为、目标这四者之间的关系如图 10-1 所示。

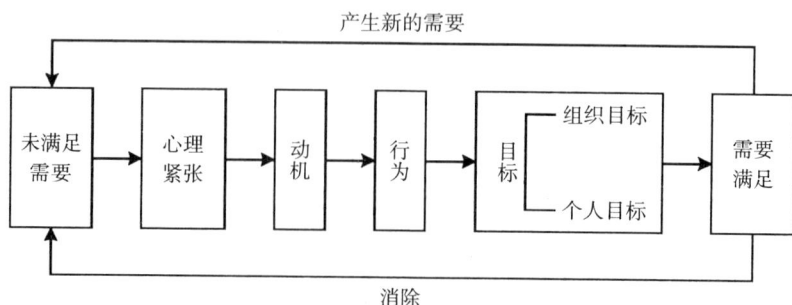

图 10-1　激励过程

从激励的整个过程来看，激励主要由以下几个要素构成：

（1）需求。需求是激励的基础起点，人的需求是人的积极性和创造性的源泉和实质，而动机则是需求的表现形式。

（2）动机。动机是激励的核心要素，激励是否起作用，关键就是动机的激发。

（3）行为。行为是激励的最终目的，是人在激励状态下，为动机驱使所采取的实现目标的一系列动作表现。

（4）外部刺激。这是激励的基本条件。外部刺激主要是指管理者为实现组织目标所采取的种种管理手段及相应形成的管理环境。

需要产生动机，动机支配人的行为。需求、动机、行为与外部刺激这些要素相互组合与作用，构成了对人的激励。因而从领导职能的角度看，激励就是在分析人们需要的基础上，将组织目标与个人需要相联系，通过一定的手段在使员工的需要不断得到满足的同时，激发其工作的积极性，为组织目标的实现自发、主动地贡献自己的力量。

激励的形成要把握三个要点：①被激励的人存在需求；②被激励的人由于存在某种需求而产生从事某种活动的愿望和动机；③被激励的动机有强弱程度的不同。动机的强弱可以通过被激励人的行为和工作绩效来证实，积极性不是一时的冲动，而是一种长期的动力。

激励作为一种重要的领导方法和管理手段，与管理者凭借权威进行领导相比，最明显的特征有两个，一是内在驱动性，二是自觉性。由于激励是起源于人的需求，因需求而产生动机及行为，是被管理者追求个人需求满足的过程，因而，这种实现组织目标的过程，不带有任何强制性，而完全是靠被管理者内在动机驱使的、自觉自愿的过程。

综上所述，领导的本质就是通过影响他人的能力，激发人们为组织做贡献的工作热情，去实现管理者为组织制定的目标。在管理的领导职能中，领导理论描述的是领导者自身如何通过其适当的领导方式指挥组织成员为实现目标而努力的过程。但是，这并不一定能保证组织成员的工作积极性，也不能确保其努力方向和组织目标相一致。因此，如何调动成员的工作积极性，并且始终不渝地、执着地追求与组织目标相协调的个人目标，就成为领导职能中非常重要的内容。

一、激励内容理论

1. 马斯洛的需要层次论

1943 年，美国心理学家亚伯拉罕·马斯洛（Abraham Harold Maslow）在《人类动机论》一文中提出了需要层次理论，并在 1954 年所著的《动机与个性》一书中做了进一步的阐述。马斯洛的需要层次理论把人的需要分成生理、安全、社交、尊重和自我实现五个层次，依次由较低层次到较高层次，如图 10-2 所示。

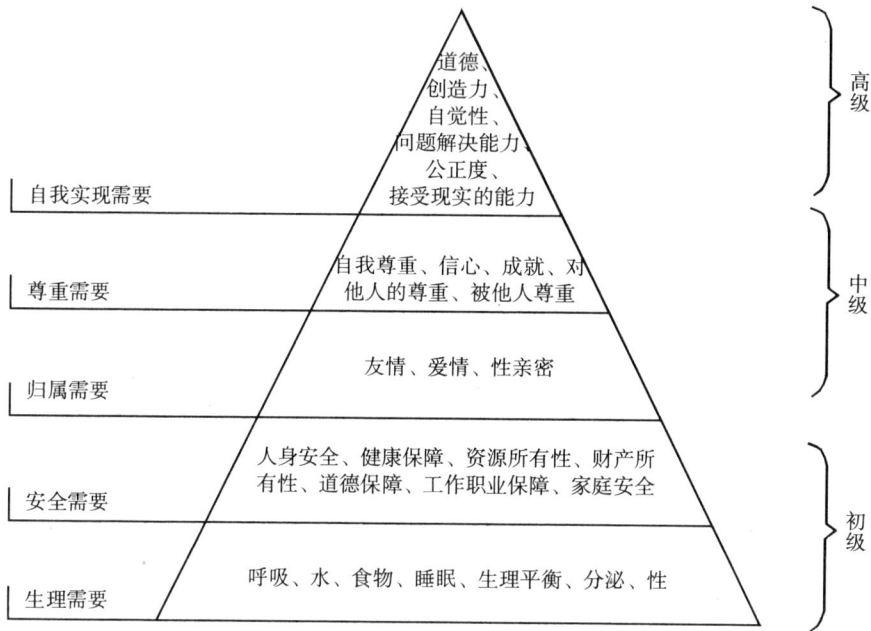

图 10-2　马斯洛需求层次理论

（1）生理需要。生理需要是人类最基本的物质需要，即衣食住行等生存方面的基本需要。在组织环境中，这些需要表现为对足够的热量、空气和基本工资的需要，以维持人的生存。

（2）安全需要。安全需要是指对人身安全、就业保障、工作和生活的环境安全、经济保障等的需要。

（3）归属需要。社交需要是指人希望获得友谊、爱情及归属的需要，希望得到别人的关心和爱护，成为社会的一员，在其所处的群体中占有一个位置。

（4）尊重需要。尊重需要是指人们需要树立良好的自我形象，并赢得他人的注意、认同和尊重。一是内在的尊重要求，如自尊、自主等；二是外在的尊重要求，如社会地位、社会认可、受他人尊敬等。

（5）自我实现需要。自我实现需要是指促使自己的潜在能力得以实现的愿望，即希望成为自己所期望的人。马斯洛认为这是最高层次的需要。它具体是指一个人需要从事自己最适合的工作，发挥最大的潜力，成就自己所希望实现的目标等。

马斯洛需要层次理论的基本观点如下：

（1）人的需要是有层次性的。从生理的需要到自我实现的需要是逐级上升的。其中，生理需要和安全需要属于较低层次的需要，而归属需要、尊重需要以及自我实现需要则属于较高层次的需要。

（2）人在不同的时期、发展阶段，其需要结构不同，但总有一种需要发挥主导作用。管理者必须注意当前对员工起主要作用的需要，以便有效地加以激励。

（3）五种需要的等级顺序并不是固定不变的，存在着等级倒置现象。一种情况是，有些人的愿望可能永远保持着僵化或低下状态。也就是说，有些人可能只谋求低层次的需要而不再追求高层次的需要。另一种情况是，有些人可能牺牲低层次的需要，谋求实现高层次的需要。那些具有崇高理想和人生价值观的人，即使低层次的需要尚未得到满足，仍会追求高层次的需要。一般来说，人的各种需要的出现往往取决于职业、年龄、性格、受教育程度、经历、社会背景等因素。

（4）各种需要相对满足的程度不同。实际上，绝大多数人的需要只有部分得到满足，同时也有部分得不到满足，而且随着需要层次的升高，满足的难度相对增大，满足的程度逐渐减小。

马斯洛的需要层次理论揭示了人类心理发展的一种普遍特性，但也存在着一些不足之处，例如，满足的含义不够明确；一种需要得到满足后，很难预料哪种需要会成为下一个必须满足的需要；等等。虽然如此，该理论仍不失为一种重要的激励理论，对管理工作具有重要的指导作用。

不同层次需要的存在并非孤立的，而是具有同时性，并且人在不同的心理发展水平上，其需要的动机结构和主要的需要动机也是不同的。如图 10-3 所示。[①]

如果我们以心理发展水平作为横坐标，以需要的相对强度作为纵坐标，曲线1、2、3、4、5 分别代表生理需要、安全需要、归属需要、尊重需要和自我实现需要，A、B、C 三点分别代表不同的心理发展水平。我们可以从这三个不同的点上了解人的动机结构。在 A 点位置，处于该时期的个人生理需要占主要动机，其次是安全需要，其他三种更高层次的需要动机在这里处于弱势或还没有出现。在B 点位置，可以看出归属需要对该心理发展时期的个人行为动机影响最大，其次是安全需要，再次是生理需要和尊重需要，自我实现需要处于弱势。这个时期低层次需要动机出现回落，高层次需要逐渐增强，人的行为动机较为复杂。在 C 点位置，可以看出处于该时期的个人，其行为主要由尊重需要所决定，其次，归属

---

① 安福杰. 基于需要层次理论的教育游戏激励机制研究［J］. 中国电化教育，2013（3）.

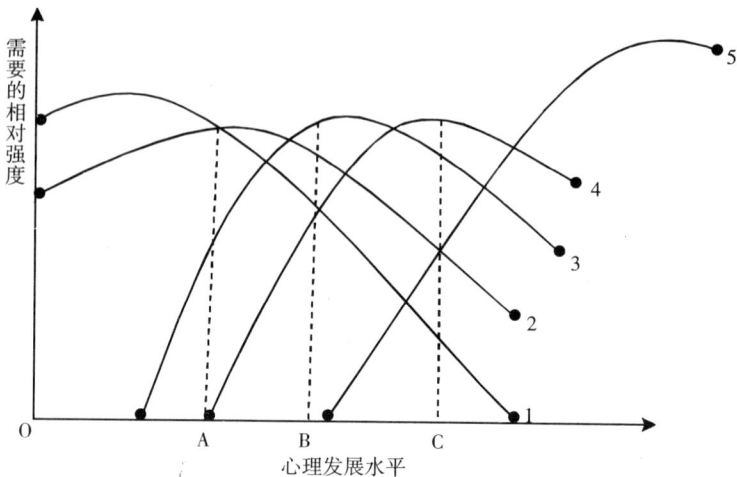

图 10-3　各层次需要的发展变化

需要也具有相当的影响力，自我实现需要居第三位，而安全需要和生理需要处于弱势，对个人行为不会构成太大的推动力。另外，学习者不像一张白纸一样进入游戏情境，而是以他们自己的需要、价值取向、认知结构、情感结构以及已有的经历等去感受、去建构，人的需要会因时、因地、因不同情境因素的影响而改变，因此人的需要模式并不是固定不变的。

2. 道格拉斯·麦克雷格的"X-Y 理论"

管理总是部分地建立在管理者个人所做的一些基本假设之上，管理者有关人的性质和人的行为的假设对于决定管理人的工作方式来讲是极为重要的，各种管理人员以人的性质的假设为依据，可用不同的方式来组织、控制和激励人们。其中最有影响的是道格拉斯·麦克雷格的"X-Y 理论"。

"X 理论"与"Y 理论"是关于人性与管理控制的两种截然不同的假设，其比较如表 10-1 所示。道格拉斯·麦克雷格是美国著名的行为科学家，在 1957 年

表 10-1　"X 理论"与"Y 理论"的比较

员工态度的假设	"X 理论"	"Y 理论"
机构目标	漠不关心	如果能带来奖赏，将为之工作
责任	尽可能逃避/愿意有人指导	能得到奖励就承担责任
工作	不喜欢任何形式的工作，尽可能逃避	如果工作能带来回报，工作自然是必要的
报酬	要钱和安全/钱多就多干	需要满足的形式是多种多样的
与员工打交道的合适手段	强迫、压力和惩罚的威胁，详细分工的任务和严格的控制，金钱和物质奖励	建立一个能使员工认识到承认、挑战、满意和成就的气氛

11月号的美国《管理评论》杂志上发表了《企业的人性方面》一文，提出了有名的"X-Y理论"，该文1960年以书的形式出版。麦克雷格把传统管理中关于人的本性假设的观点叫作"X理论"。

3. 阿尔德弗的"ERG理论"

阿尔德弗通过大量的调查研究，于20世纪70年代初提出了一种需要理论，也是对马斯洛理论的一种修正。他把人的需要归结为生存（Existence）、相互关系（Relatedness）和成长（Growth），简称为"ERG理论"。

（1）生存的需要是人类对物质富足的需要。相对于马斯洛需求层次理论中的生理需要和安全需要。

（2）相互关系的需要是指人际关系（社会交往）方面的需要，包括安全感、归属感、友情、受人尊重等方面的需要。

（3）发展的需要是指发展自己，使自己在事业、能力上有所成就和提高的需要。阿尔德弗的"ERG理论"和马斯洛的需求层次理论相比，既有相似之处，又有不同之处。其相似之处如表10-2所示。

表10-2　"ERG理论"和需要层次理论的比较

需要层次理论	"ERG理论"
生理需要	生存需要
安全（对物的）需要	
安全（对人的）需要	
归属需要	相互关系需要
尊重（受之于他人的）需要	
尊重（自己确认的）需要	发展需要
自我实现需要	

同时，阿尔德弗还提出了如下观点：

（1）人的各种需要一般来说是由低向高逐步发展的，而且低层次需要的满足程度越高，对高层次需要就越渴望，这是一种"满足—前进"的逻辑。但同时还存在着"受挫—倒退"现象，即当较高层次的需要受到挫折时，需要的重点就可能退到较低的层次。而且，各种需要也可能同时出现。

（2）人的所有需要并不是生来就有的，有些需要是通过后天的学习、培养之后才产生的，尤其是较高层次的需要。

由此可见，阿尔德弗对人的需要的研究并没有超出马斯洛的需要层次理论的范畴，只是马斯洛的理论揭示的是带有普遍意义的一般规律，而阿尔德弗的观点更侧重于带有特殊性的个体差异，二者对实际工作都具有一定的指导意义。

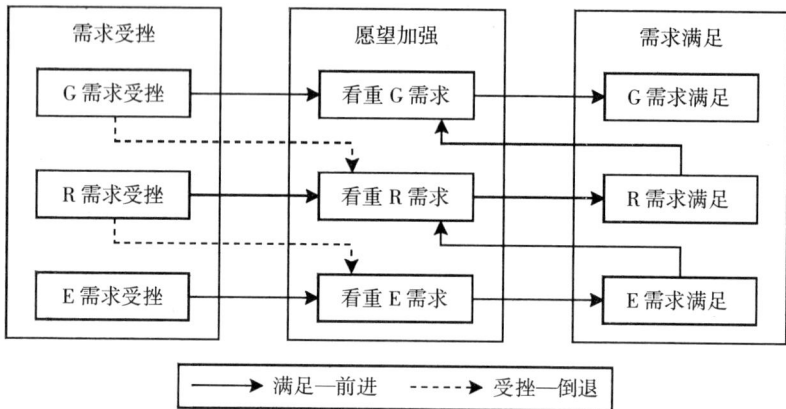

图 10-4 "ERG 理论"构成示意图

4. 赫茨伯格的双因素理论

弗雷德里克·赫茨伯格（Frederick Herzberg）的双因素理论为理解工作中的激励情况提供了另一种分析模式。他采用"关键事件法"对 200 多名工程师和会计师进行了调查研究，当问到什么使他们"积极"时，人们趋向于将其归结为工作自身的性质；当问到什么使他们"消极"时，人们趋向于将其归结为工作环境。这个研究使赫茨伯格获得了双因素理论的基本思想。

赫茨伯格通过调查发现，使员工感到不满的往往是公司政策与管理方式、上级监督、工资、人际关系和工作条件五种因素，是属于工作环境和工作条件方面的因素。这类因素不具备或强度太低，容易导致员工不满意，但即使充分具备、强度很高也很难使员工感到满意，因此赫茨伯格将这类因素称为"保健因素"，又称作"维持因素"，因为这些因素类似卫生保健对身体健康所起的作用：卫生保健不能直接提高健康状况，但有预防效果。同样，保健因素不能直接起到激励员工的作用，但能预防员工的不满情绪。

另外，使员工对工作感到满意的往往是成就、赞赏、工作本身、责任和进步五种因素，是属于工作本身和工作内容方面的因素。保健因素是指那些能预防员工产生不满和消极情绪的因素。这些因素往往与工作环境或外部因素有关，如公共政策与行政管理、监督方式、与主管领导的关系、与同事的关系、与下属的关系、工作的物质条件、薪金、地位以及工作安全保障、个人或家庭出身等。

进一步的分析表明，保健因素之所以能导致人们的不满意，是因为人们具有避免不满意的需要；激励因素之所以能导致人们的满意，是因为人们具有成长和自我实现的需要。但这两类性质不同的因素是彼此独立的。

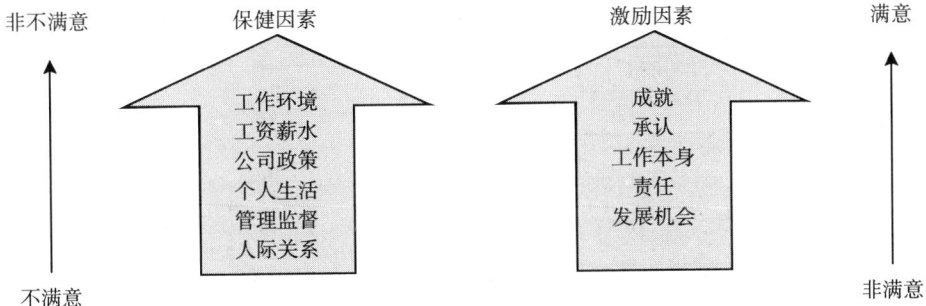

图 10-5　赫茨伯格的双因素理论

与此相关，赫茨伯格认为，满意的对立面不是不满意，而是没有满意；不满意的对立面也不是满意，而是没有不满意。保健因素是否具备、强度如何，对应着员工"没有不满意"和"不满意"。因为保健因素本身的特性决定了它无法给人以成长的感觉，因此它不能使员工对工作产生积极的满意感。激励因素是否具备、强度如何，对应着员工"满意"和"没有满意"，因为人的心理成长取决于成就，而取得成就就要工作，激励因素代表了工作因素，所以它是成长所必需的，它提供的心理激励促使每个人努力去满足自我实现的需要。双因素理论在实际工作中得到了广泛的应用。其主要的形式就是工作丰富化，其中心思想就是通过增加工作中的激励因素来充分发挥员工的积极性和创造性。

赫茨伯格的双因素理论与马斯洛的需要层次理论有密切的联系，其保健因素相当于生理、安全、社会交往等低层次需要，激励因素相当于尊重、自我实现等高层次需要。

双因素理论也有一些不足之处，最主要的是赫茨伯格所调查的对象的代表性不够。在美国，工程师和会计师的工资、安全、工作条件等方面都比较好，因此这些因素对他们自然不会起到激励作用，但这并不能代表一般员工的情况。实际上，对于激励因素和保健因素，人们的反应是不一样的，对一个人起激励作用的因素，对另一个人可能起保健作用；反之亦然。因此，在实际工作中要根据各人的不同情况，具体分析。

马斯洛的需要层次理论　　　　　　赫茨伯格的双因素理论

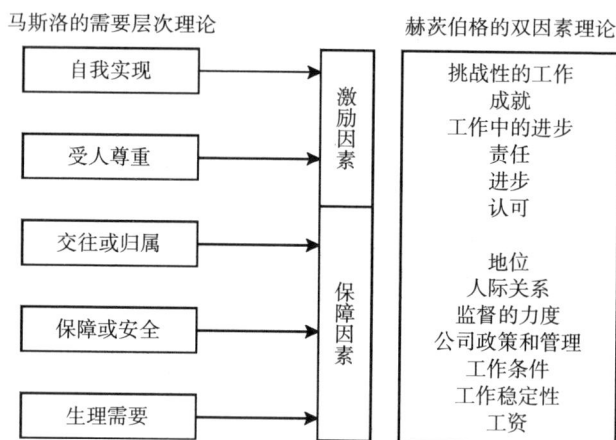

图 10-6　马斯洛的需要层次理论和赫茨伯格的双因素理论比较

激励与团队管理专栏 1　　双因素理论在恩施州供电企业员工管理中的应用

恩施州供电公司，深入贯彻"人才是第一资源"的理念，认真履行员工的发展责任，维护员工合法权益，确保员工安全健康，大力加强员工培训，深化

图片来源：http://zhaopin.sgcc.com.cn.

员工民主管理，优化干部队伍培养、使用、选拔机制，以员工的全面发展支撑公司的可持续发展。

对员工履行员工发展责任。主要体现在：尊重和维护国际人权与劳工标准，杜绝雇用童工、强迫劳动、用工歧视和职业歧视；贯彻我国《劳动合同法》及相关社会保险法律，规范劳动关系管理，依法为员工建立各项社会保险；加强职工卫生健康管理；依照国家《安全生产法》等法律法规，为员工提供岗位所需的安全保护措施；依据我国《工会法》等法律，保障员工充分行使民主权利；支持联合国《全球契约》十项原则；建立职工代表大会制度，推进员工民主管理；坚持"公开、公正、公平"的招聘原则，加强员工职业生涯规划管理。

维护员工合法权益，确保员工安全健康。主要体现在：积极发挥员工申诉、投诉和举报机制的作用，按照程序对反映的情况进行调查、审核并做出处理；改善工作条件，提高职业健康安全管理水平，向员工宣传健康理念，提倡健康行为方式；实施"平安工程"和"反违章"活动，健全员工安全自我管理和约束机制，确保员工人身安全；关爱离退休人员，建设老年活动中心（站、室)等，使离退休人员老有所养、老有所学、老有所乐、老有所为。

以上是双因素理论中保健因素充分发挥作用的积极实践。

推进企业文化建设，深化员工民主管理。体现在：①建设以"四统一"（即统一的核心价值观、统一的发展目标、统一的品牌战略、统一的管理标准）为基础的优秀企业文化，强化"一个国家电网"观念，树立"我是国家电网人"意识，激励员工弘扬"努力超越、追求卓越"的企业精神，实现员工与公司的共同发展。②推行从集团公司到基层企业班组的多级民主管理制度，充分发挥各级职代会的作用。建立职工代表巡查制度，充分发挥职工代表民主管理和民主监督的作用。建立总经理联络员制，鼓励员工建言献策。

全面优化员工培训，健全员工成长机制。体现在：①完善培训机制，建立多元化的培训体系，针对不同的岗位制定相应的培训规划。优化整合培训教育资源，加强培训师资队伍建设。②认真实施"1551"人才培养工程，加强四支人才队伍建设，分别规划各类员工的职业发展通道。③加大干部交流培养力度，建立人才帮扶长效工作机制。

以上是双因素理论中激励因素充分发挥作用的良好实践。

双因素理论对恩施州供电企业员工管理的启示：现代管理理论强调"以人为本"，用人性化的管理来激发员工的士气，充分发挥其主观能动性，为企业创造更多的价值。因此，恩施州供电企业在员工管理中积极引入"双因素理论"，将对员工管理具有指导作用，它能充分调动全员的工作积极性和主观能动性。下一步，公司管理者一方面应最大限度地发挥保健因素对员工的安抚和保障作用，消除员工不满情绪；另一方面应积极发挥激励因素对员工的激励作用，帮助员工提高工作绩效和生产效率，使员工管理更科学、合理、高效。

资料来源：作者根据多方资料整理而成。

5. 麦克利兰的成就需要理论

自 20 世纪 50 年代以来，美国哈佛大学心理学家戴维·麦克利兰（David Maclelland）对成就需要这一因素做了大量的调查研究，提出了"成就需要激励理论"。他经过 20 多年的研究得出结论，认为人类的许多需要都不是生理性的，而是社会性的，而且人的社会性需求不是先天的，而是后天的，来自于环境、经历和培养教育等。很难从单个人的角度归纳出共同的、与生俱来的心理需要。时代不同、社会不同、文化背景不同，人的需求当然就不同，所谓"自我实现"的标准也不同。马斯洛的理论过分强调个人的自我意识、内省和内在价值，忽视了来自社会的影响，有失偏颇。麦克利兰归纳出三大类社会性需要，即对权力的需要、对（社会）交往的需要和对成就的需要。

（1）权力需求。麦克利兰和其他一些研究者发现，具有强烈权力需求的人往往非常重视运用影响力和控制力。这种人对领导地位有着强烈的渴求，他们通常都很健谈，甚至喜欢辩论，性格坚强，敢于发表意见，头脑冷静并且勇于提出自己的需求，喜欢影响和控制他人。

（2）归属需求。拥有强烈归属需求的人通常会从别人的关爱中找到乐趣，而且他们会尽量避免由于某一社会群体排斥所带来的痛苦。作为单独的个体，他们希望建立亲密的人际关系，避免冲突、互相帮助。一旦看到别人有困难，他们会马上挺身而出，伸出援助之手，十分乐于交朋友。

（3）成就需求。有成就需要的人对工作的胜任和成功有强烈的要求，同时也非常担心失败。他们乐于接受挑战，往往为自己树立有一定难度但又不是高不可攀的目标。他们对风险采取现实主义的态度，不怕承担个人责任，对他们正在进行的工作情况，希望得到明确而又迅速的反馈。他们一般喜欢表现自己。

麦克利兰的研究表明，对主管人员来说，成就需要比较强烈。因此，这一理论常常应用于对主管人员的激励。他还认为，成就需要可以通过培养来提高。他指出，一个组织的成败，与其所具有高成就需要的人数有关。

二、激励过程理论

1. 期望理论

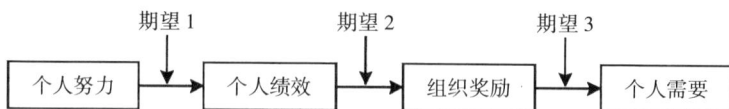

图 10-7 弗鲁姆的期望理论[①]

美国心理学家弗鲁姆于 1964 年首先提出了比较完备的期望理论（Expectancy Theory）。弗鲁姆认为，一种激励因素（或目标），其激励作用的大小，受到个人对从组织中取得报酬（或诱因）的价值判断以及对取得该报酬可能性的预期双重因素的影响，前者称为效价，后者称为期望值（期望概率），可用下式表示：

[①] 梁阜，贾瑞乾，李鑫. 薪酬体系设计的新理念——基于综合运用激励理论的视角 [J]. 东岳论丛，2013（4）.

激励力（M）＝效价（V）×期望值（E）

其中，激励力指一个人受激励的程度，即愿意为达到目标而努力的程度。效价指一个人对行动的结果能满足其需要的程度的估计。期望值指个人对行动会导致某一预期结果的概率的估计。

莱曼·W.波特和爱德华·E.劳勒在弗鲁姆的基础上，增加了两条反馈思路，补充了四种影响因素，从而导出一种更加完备的波特—劳勒模型（见图10-8）。

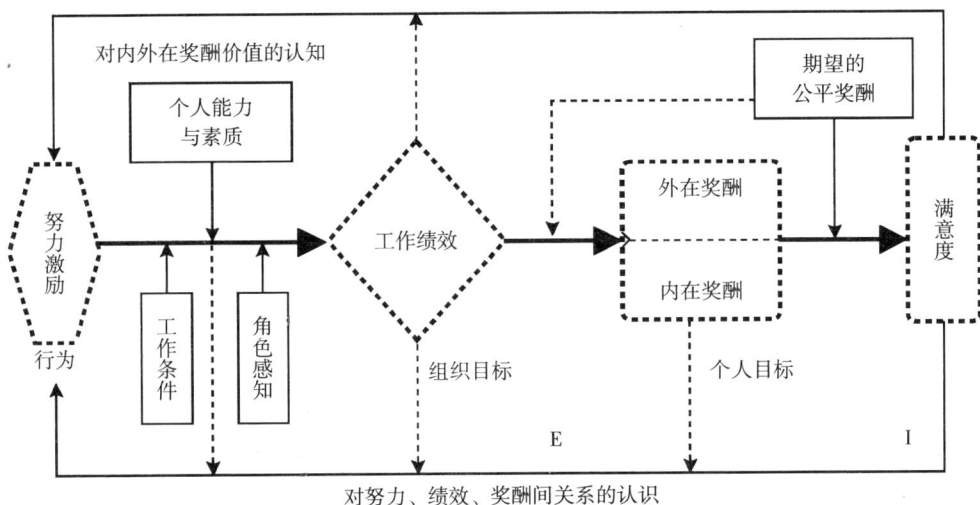

图 10-8　波特—劳勒模型

模型显示，工作绩效是一个多维变量，它除了受个人努力程度影响之外，还受以下四个因素影响：①个人能力与素质；②外在的工作条件和环境；③个人对组织期望意图的感悟和理解；④对奖励公平的感知。

该模型说明，个人努力程度的大小，取决于个人对内在、外在奖励价值特别是内在奖励价值的主观评价，以及对努力—绩效关系（即期望值E）和绩效—薪酬关系（I）的感知情况。

2. 公平理论

美国心理学家亚当斯根据社会心理学中的认知失调理论提出了激励过程中的公平理论。该理论的基础在于，员工不是在真空中工作的，他们总是在进行比较，比较的结果对他们在工作中的努力程度具有影响。公平理论认为，人们对公平的感觉取决于他们对自己的投入和产出的评价。投入指努力、学习、特殊技能等贡献；产出包括认可、晋升和工资等报酬。

也就是说，每个人都会自觉不自觉地把自己所获的报酬与投入的比率，同他人的收支比率或本人过去的收支比率相比较，如下所示：

$$(O/I)_A \leftarrow \rightarrow (O/I)_B$$

其中，O（Outcome）代表报酬，如工资、奖金、提升、赏识、受人尊敬等，包括物质方面和精神方面的所得；I（Input）代表投入，如工作的数量和质量、技术水平、努力程度、能力、精力、时间等；A 代表当事人；B 代表参照对象。参照对象通常是自己的同事、同行、邻居、亲朋好友（一般是与自己状况相当的人）等，也可能是自己的过去。与他人的比较称为社会比较或横向比较，结果分三种情况：

（1）如果 $(O/I)_A = (O/I)_B$，当事人会觉得报酬是公平的，他可能会因此而保持工作的积极性和努力程度。

（2）如果 $(O/I)_A < (O/I)_B$，这时当事人就会感到不公平，此时他可能会要求增加报酬，或自动地减少投入以便达到心理上的平衡。

（3）如果 $(O/I)_A > (O/I)_B$，说明当事人得到了过高的报酬或投入较少。在这种情况下，一般来讲当事人不会要求减少报酬，而有可能会自觉地增加投入量。

与自己的过去比较称为历史比较或纵向比较，也分三种情况：

（1）如果 $(O/I)_A = (O/I)_B$，当事人就会认为基本公平，积极性和努力程度可能会保持不变。

（2）如果 $(O/I)_A < (O/I)_B$，当事人会感到不公平，其工作积极性会下降（减少投入），除非给他增加报酬。

（3）如果 $(O/I)_A > (O/I)_B$，当事人不会觉得所获报酬过高，他可能会进一步提高自己的能力、经验或工作积极性，以减少失衡感。

一般情况下，人们使用横向（社会）比较较多。

尽管公平理论的基本观点是普遍存在的，但在实际运用中很难把握。因为个人的主观判断对此有很大的影响，人们总是倾向于过高估计自己的投入，过低估计自己所得的报酬；对别人的投入和所得报酬的估计则与此相反。因此，管理者在运用该理论时应当更多地注意实际工作绩效与报酬之间的合理性，同时应帮助当事人正确认识自己与别人的投入和报酬。许多组织为了避免职工产生不公平感，往往采取各种手段，在企业中造成一种公平合理的气氛，使职工产生一种主观上的公平感。或采用秘密的单独发奖的办法，使职工相互不了解彼此的收支比率，以免职工互相比较而产生不公平感。

三、激励的强化理论

哈佛大学著名心理学家斯金纳（Skinner）研究并提出了强化理论，又称行为修正理论。该理论回避了满足型激励理论与过程型激励理论中所提到的员工需要与思维过程等问题，而只研究行为与其结果之间的关系。

强化理论认为，当人们因采取某种行为而受到奖励时，他们就倾向于重复这种行为；当某种行为没有受到奖励或者是受到惩罚时，则其重复的可能性就会非常小。通常有四种强化方式，即正强化、负强化、惩罚和废止。

（1）正强化。这是指奖励那些符合组织目标的行为，以便使这些行为得以进一步加强，重复出现，从而有利于组织目标的实现。正强化的内容可以多种多样，包括物质奖励和精神奖励，如增加薪金、提升职位、对其工作成果的承认和赞赏等。正强化工作要注意的是工作方法。正强化的科学方法是，应使其强化的方式保持间断性，强化的时间和数量也不固定。

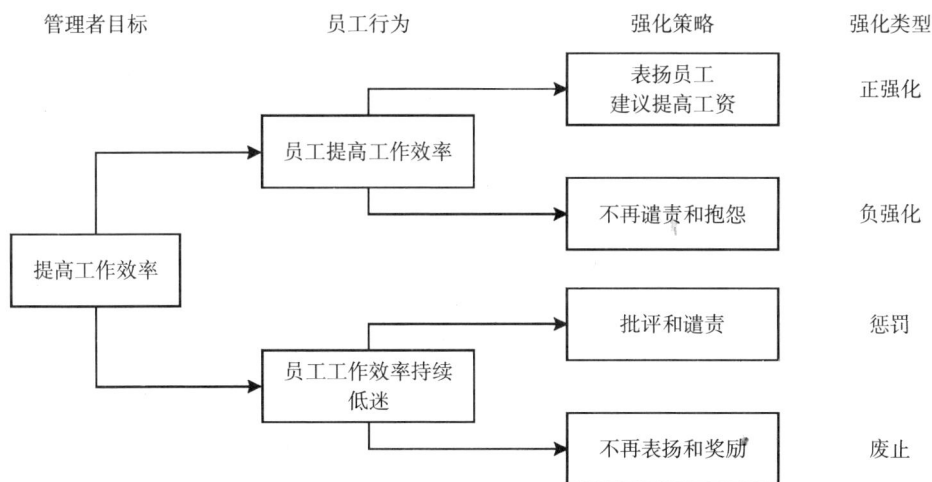

图 10-9　通过强化改变行为

（2）负强化。就是惩罚那些不符合组织目标的行为，以便使这些行为减弱，甚至消失，从而保证组织目标的实现。这种强化方式能从反面促使人们重复符合要求的行为，达到与正强化同样的目的。负强化的方法包括物质惩罚和精神处罚。不进行强化或者忽视，也是负强化可用的方法。与正强化不同的是，负强化要维持其连续性，即对每一次不符合组织目标的行为都应及时予以处罚，从而消除人们的侥幸心理，减少直至完全消除这种行为重复出现的可能性。

（3）惩罚。是指用某种令人不快的结果，来减弱某种行为。例如，某个员工工作不认真，经常出差错，或影响他人工作，领导就可以用批评、纪律处分、罚款等措施，制止该行为的再次发生。但是，惩罚也会有副作用，如会激起员工的愤怒、敌意等。

（4）废止（也称消退或衰减）。是指通过中止对当事人行为的反馈来制止某种不合期望的行为重复出现的一种行为修正方式，即如果管理人员对其下属的某种行为不表示任何鼓励，则当事人就可能会终止该种行为。

在管理工作中运用强化理论时，应遵循以下原则：要明确强化的目的或目标，明确预期的行为方向，使被强化者的行为符合组织的要求。要选准强化物。每个人的需要不同，因而对同一种强化物的反应也各不相同。这就要求具体分析强化对象的情况，针对他们的不同需要，采用不同的强化措施。可以说，选准强化物是使组织目标同个人目标统一起来，以实现强化预期要求的中心环节。

这一章我们阐述了许多激励理论。事实上许多理论是相互补充、相互融合的。首先应清楚地认识到机会可能促进也可能妨碍个人的努力，个人努力还受到另外一个因素的影响，这种影响来自于一个人的目标。与目标设置理论一致，这个目标—努力环提醒我们：目标引导行为。期望理论预言：如果一个员工认为努力—绩效、绩效—奖励、奖励—个人目标的实现之间有密切的联系，那么他的努

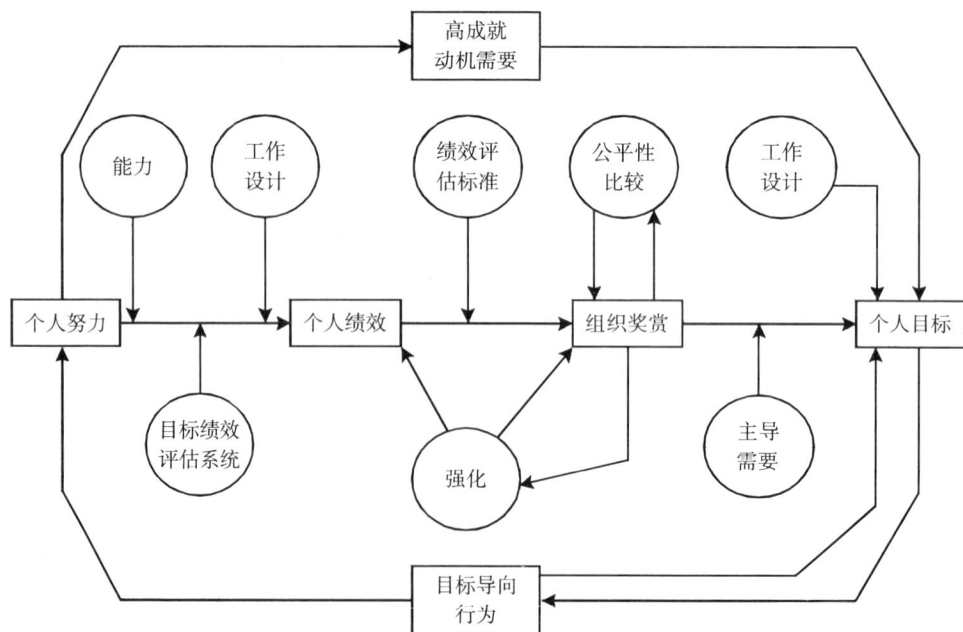

图 10-10 当代激励理论整合

力程度就会提高，且每一种关系也受到一定因素的影响。

在努力程度一定的情况下，为了取得高绩效，个人必须具有工作所需要的能力，而且衡量个人绩效的绩效评估系统必须被认为是公平的和客观的。如果一个人认为受到奖励是由于绩效（而不是资历、个人爱好或其他标准），那么，绩效—奖励的关系就会更加密切。如果认知评价理论在实际工作中是完全有效的，我们可以预言，以绩效为基础的奖励会降低一个人的内部激励水平。期望理论中最后一个关系是奖励—目标的关系。"ERG 理论"在这一点上可以发挥作用。激励水平的高低取决于一个人由于高绩效所得到的奖励能够在多大程度上满足与他的个人目标一致的主导需要。

第二节　激励员工的方法与策略

激励与团队管理专栏 2　　　　富士康集团的激励模式

　　富士康科技集团是中国台湾鸿海精密集团在大陆投资兴办的高新科技企业，于 1988 年在深圳地区投资建厂，总裁为郭台铭。富士康在中国大陆从珠三角到长三角

图片来源：http://www.foxconn.com.cn.

到环渤海、从西南到中南到东北建立了 30 余个科技工业园区，在亚洲、美洲、欧洲等地拥有 200 余家子公司和派驻机构，现拥有 120 余万员工及全球顶尖客户群。富士康集团形成了富有自身特色的发展模式、经营模式，并在此基础上形成了极具特色的薪酬激励模式。

　　1. 注重对公司高层的激励

　　富士康集团在加快本地化、科技化的进程中，非常注重内在薪酬对高层次人才的激励作用，鼓励他们积极参与公司管理决策，担负更大的责任，并通过较为完善的培训体系给员工提供更多的成长与发展机会。

　　2. 建立动态平衡的职位薪酬体系

　　富士康集团对原有的职位薪酬体系进行了调整，建立了动态平衡的职位薪酬体系。既保证薪酬体系的灵活性，又保持薪酬管理的相对稳定性，避免由于

个别岗位的薪酬水平变化而引起其他岗位员工的攀比心理，引起不必要的波动。建立动态平衡的职位薪酬体系关键在于"职位群"的引入。集团在原有职位薪酬体系基础上，引入职位群的概念，也就是利用原有的职位分析，明确有哪几种类型的职位以及任职所需的资格要求，按照职位性质的相似性划分职位群（共划分为管理、研发、营销、生产技术、专门职能、事务、特殊七个职位群），并在每个职位群内利用因素计点法对职位进行评分，最后按分数的高低划分出若干层级，由此搭建好职位群平台。这不仅增强了薪酬体系的灵活性、外部市场竞争力和内部的稳定性、公平性，也有效地帮助企业减少了工作量，节省了时间和管理成本。

3. 实行弹性福利计划，激励员工

富士康集团设计了与业绩挂钩的弹性福利计划。公司的弹性福利计划由"核心福利"和"自助福利"两部分组成，是一种"核心加选择型"的福利计划。核心福利是指每个员工都可以享有的基本福利（主要是法定福利，具有政府强制性，如工伤保险、养老保险、医疗保险等，统一按政府规定办理），其福利项目的种类、金额的变动与国家及地方的福利法规有关，员工不能自由选择；自助福利是自愿性的非固定性福利，是对法定福利的补充，各种员工服务以及企业补充养老金、团体人身保险与附加医疗保险之类的福利项目全部放在自助福利中，可由员工随意选择。自助福利项目都附有价格，员工可以在福利额度的范围内根据自己的需要自主选择。

富士康集团在薪酬激励方面的成功经验表明，薪酬体系设计既是一门科学也是一门艺术，既要考虑直接薪酬，也要考虑间接薪酬；既要考虑货币薪酬，也要考虑非货币薪酬；既要满足员工对货币薪酬的需要，又要考虑员工对成就感、自我实现、个人成长和发展等内在薪酬的需要，从而将各种薪酬元素纳入全面薪酬体系进行设计和管理，形成一揽子的薪酬方案，充分体现薪酬的整体价值，实现最佳的激励效果。

资料来源：作者根据多方资料整理而成。

一、股权激励

股权激励是公司治理中最重要的机制之一。股权激励是指企业经营者和职工通过持有企业股权的形式来分享企业剩余索取权的一种激励行为。股权激励使激励对象和股东的利益趋于一致，从而解决了委托人和代理人之间的利益冲突问题。现代企业理论和实践证明，股权激励能够使经营者注重企业的长远发展，激发经营者的创新意识，同时帮助企业以较低的成本留聘经营者。

股权激励最早发源于美国。股权激励形式可以归纳为三种类型：现股激励、期股激励、期权激励，其含义和特征如下：

（1）现股激励是指通过公司奖励或参照股权当前市场价值向管理层出售的方式，使管理层即时直接获得股票。同时规定管理层在一定时期内必须持有股票，不得抛售。

（2）期股激励是指公司和管理层约定在将来某一时期内以一定价格购买一定数量的股票，购股价格一般参照股票的当前价格确定。同时对管理层在购股后再出售股票的期限做出规定。

（3）期权激励是指公司给予管理层在将来某一时期内以一定价格购买一定数量股票的权利，管理层到期可以行使或放弃这个权利。按照行使期权的有效期限的不同可以分为欧式期权、美式期权和修正的美式期权。欧式期权只能在期权到期日执行；美式期权则可以在期权到期日或到期日之前的任何一个营业日执行；修正的美式期权也称为百慕大期权或大西洋期权，可以在期权到期日之前的一系列规定日期执行。

比较三种不同的激励方式，管理层的收益和风险并不一致。①现股和期股激励都是管理层预先购买了股票或签订了股票购买协议。管理层一旦接受这种激励方式，就必须购买股票，当股票贬值时，管理层需要承担相应的损失。因此，管理层持有现股或履行期股购买协议时，实际上是承担了风险的。在期权激励中，当股权贬值时，管理层可以放弃期权，从而避免承担股权贬值的风险，但要损失一定的期权保证金。②现股激励中，由于股权已经发生了转移，因此持有股票的管理层一般都具有股权相应的表决权。在期股和期权激励中，在股权尚未发生转移时，管理层一般不具有股权对应的表决权。③现股激励中，不管是奖励还是购买，管理层实际上都在即期投入了资金。而在期股和期权激励中，管理层在远期支付购买股票的资金，但购买价格参照即期价格确定，同时从即期起就享受股权的增值收益权。因此，实际上相当于经理人获得了购股资金的贴息优惠。

在股权激励的计划过程中，包括三个关键环节，即授予（Grant）、行权（Exercise）、出售（Sale），一般包含期权受益人、有效期间、购买额度、期权的实施等几个基本要素。在股票期权计划中的受益人一般为公司高管及具有特殊作用的科研人员。有效期一般为 3~10 年，购买额度是指期权受益人根据契约可以购买股份的数额。根据企业规模的大小不同，期权数量也有所不同，一般为股本的 1%~10%，股票期权构成要素如表 10-3 所示。

表 10-3　股票期权的构成要素

构成要素	特　点
授予时机	年度业绩考核、新受聘
执行价格	多数为授予时的市场价格
年限	一般为 10 年
执行时间	授予日 2~4 年之后
股利收益	一般不享有股利收益
执行条件	一般以股价作为唯一评价指标，也有部分企业采用盈利增长率等指标
执行方式	分为现金行权、无现金行权、无现金行权并立即出售等

（1）股权激励的授予。通过对获授人、授予时机、行权价格、行权时间的恰当安排，可以最大限度地实现不同类型公司对不同层次员工长期或短期的激励，从而达到不同的目的。目前，股权激励的受益人已经从发展初期的以高级管理人员为主逐步扩大到公司的所有员工。一般会在受聘、升职、年度业绩评定后授予激励对象以股票期权，通常受聘、升职时最为常见。行权价的确定上有法定的股权激励的行权价和非法定的股权激励的行权价两种方法，如表 10-4 所示。

表 10-4　法定股票期权与非法定股票期权的比较

激励类型	产生时间	执行价格	税收政策		行权期	持有期
			行权日	出售日		
激励性股票期权	1981 年	不低于公允市价	不征税	资本利得税	不超过 10 年	不少于 1 年
非法定股票期权	1976 年	一般等于公允市价	所得税	资本利得税	3~20 年	不少于 1 年

通常来说，股权激励在授予之后，必须在一定年限后才能行权，而不是在授予后就立即执行，所以存在授予期的安排问题。从公司实践来看，有的规定在授予日后若干年中每年匀速行权；也有的规定行权比例逐年递增，以加速度的方式行权。授予时间由公司薪酬委员会决定，公司薪酬委员会还有权缩短激励对象的授予期，特殊情况下还可以在当日把所有不可行权的股权激励变为可以行权的股权激励。

（2）股票期权的执行。按照是否采用现金来行权，股票期权的行权方法主要有现金行权、无现金行权、无现金行权并立即出售三种。现金行权是指激励对象通过指定的证券商以支付现金的方式，按照事先约定的行权价格购买公司股票。

无现金行权是指激励对象不是以现金或支票的方式支付，而是通过期票、本票、股票互换等方式来支付行权所需税费，按照事先约定的行权价格购入公司股票。无现金行权并立即出售是指激励对象对部分和全部可行权的股权激励行权，行权的同时立刻出售，行权价与市场价的差价就是激励对象获得的利润，这期间激励对象无须支出现金。

当然，股权激励不是包治百病的灵药，它有其与生俱来的局限性。股权激励属于市场激励手段，而市场激励力量的发挥，必须依凭于如下基础条件：①市场化选拔及评价机制；②在产权明晰的前提下，企业产品市场自由竞争，而非行政性垄断；③健全有效的资本市场，股价能有效反映企业的价值变化。对于不具备市场化条件的国有企业及行政化组织内部，股权激励将无法有效发挥作用，需要运用非市场化的激励手段，如行政激励手段来进行激励。

激励与团队管理专栏3　　　　**万科公司的股权激励计划**

万科公司采用的限制性股权激励计划是借鉴美国企业界广泛使用的一种长期激励手段。所谓"限制"是指公司高级管理人员获得奖励性股票之后，不能立即将股票拿走或卖出，经营者想要出售这部分股票，必须达到公司事先设定的条件。这种前提条件可能是一种时间限制，也可能是一种绩效上的要求。

图片来源:http://www.vanke.com.

一、股权激励计划

1. 第一次股权激励计划（1993年）

早在1993年万科发行B股的时候，第一次股权激励计划项目就已经开始实施，计划从1993年到2001年，以三年为单位分成三个阶段，以约定的价格全员持股，三年后交钱拿股票可以上市交易。计划在当时得到了主管部门的批准，但却在第一期发完之后，由于政策生变，被证监会命令叫停。至此，万科公司的第一次股权激励计划不了了之。

2. 第二次股权激励计划（2006~2008年）

2006年1月，中国证监会颁布了《上市公司股权激励管理办法》，使得万科公司再次推出中长期激励制度的时机终于成熟。根据中国当前的制度环境和万科的现实情况，万科最终决定采用国际上日益成为主流的限制性股票激励计划。

计划由三个独立年度计划构成，即 2006~2008 年，每年一个计划，每个计划期限通常为两年，最长不超过三年。按照计划，在满足净资产收益率高于 12% 的前提下，以净利润增长率 15% 为最低要求，每年从净利润的增长部分中提取激励基金，并委托信托公司买入万科 A 股，如果满足相关条件，经过第一年储备期、第二年等待期后，第三年可交到激励对象手上。激励对象拿到这些股票后，每年最多可以卖出 25%。

但是第二次股权激励计划还是以"二次终止"来宣告结束。自 2006 年股权激励计划开始实施以来，万科 2006 年度的激励计划得以在 2008 年 9 月完成实施，而 2007 年度和 2008 年度的激励计划均夭折。2008 年度因为业绩欠佳不达标，激励被迫终止；2007 年度尽管业绩表现很"努力"，但由于股价不"争气"，该年度的激励计划在"搁置"两年后还是无奈中止。

3. 第三次股权激励计划（2010 年）

2006 年轰轰烈烈推出股权激励计划以失败告终后，万科董事会于 2010 年 10 月 24 日再次启动新一轮的股权激励计划。近年来，国家两次密集出台房地产调控政策，此次计划能否顺利进行，取决于万科的管理团队能否竭力应对。

二、股权激励的效果

1. 合理选择激励对象

通过对之前两次股权激励计划的比较不难发现，第一次股权激励计划的对象为万科全体工作人员，而第二次则进行了较大的缩减，将激励对象定为企业的高管与业务骨干等。

成就需要理论告诉我们，个体在工作情境中有三种重要的需要：成就需要、权力需要以及归属需要。具有强烈成就需要的人渴望将事情做得更为完美，他们所追求的不是成功带来的物质奖励，而是在争取成功过程中的乐趣和成功后的成就感。全员持股会降低这种成就感的实现，从这个角度来说，万科公司的第二次股权激励计划相较于第一次有很大的进步。

2. 基于绩效的股权激励计划

激励的最终结果一般分为两种类型：外在报酬和内在报酬。万科的股权激励计划实行的初衷很好地考虑了这两种类型的报酬。对于外在报酬，显而易见，万科两次股权激励计划的激励对象只需要完成公司制定的绩效目标，就可以获得一定的股权奖励。这种方式不仅奖励了绩效卓著的员工，而且在一定程度上使得经营者与股东的目标趋于一致，有利于公司的长期发展。对于内在报酬，万科的第二次股权激励计划相对于第一次有了很大的进步，由于制定了较为明确的绩效目标，可以使得激励对象从行为中获得积极的情绪体验，例如，得知一项新任务的兴奋感、完成一项工作的成就感等，这种积极的情绪体验能够促进员工完成绩效目标，实现个人与企业的"双赢"。

公司经营过程中，管理者为了提高公司经营的绩效而实施一定的激励手段是十分必要的，激励方式的选择需要考虑到许多因素，目标绩效的确定、奖励方式的选择、激励对象的选取等都会影响到激励的最终效果。只有在经营过程中，结合企业自身特点，合理制定目标绩效，在充分考虑企业整体发展的同时不忽略员工的个性因素，根据企业所处的市场环境及时应变，才有可能完成一次真正成功的激励。

资料来源：作者根据多方资料整理而成。

二、目标激励

目标设置理论最初是由美国马里兰大学管理学兼心理学教授洛克（E.A. Locke）提出的一种激励理论，他认为外来的刺激（如奖励）都是通过目标来影响动机的，目标能引导活动指向与目标有关的行为，使人们根据难度的大小来调整努力的程度，并影响行为的持久性。目标能把人的需要转变为动机，目标本身就具有激励作用。目标激励是根据人们期望获得的成就或结果，通过设置科学的目标，把人力资本所有者的需要与企业目标紧密结合起来，用以引导思想行为，激发工作热情的一种常用激励方法。

目标激励理论的主要观点包括：

（1）当目标设置为具体的，如有明确的结束状态，要比泛泛的目标如"尽力而为"产生更好的效果。目标的难度水平越高，个体的表现就会越好。当然，目标不是难度越高越好，应有一个合适的值，超过这个值就会导致相反的结果。目标的具体化本身就具有内在的推动力。

（2）目标设置理论中具有一些权变因素：反馈、目标承诺、自我效能和民族文化。反馈有助于帮助个体了解自己的所做与所想之间的差异。目标设置理论的前提条件是对目标的承诺，假定个体既不会降低目标也不会放弃目标。当目标是公开的、个体是内控类型、目标是自我设定的而不是分派而来的时候，这种承诺就有可能发生。自我效能感是个体能否完成任务的信念，在困难的情景任务中，低自我效能者更可能放弃信念或者降低自己的努力水平，而高自我效能者会更加努力地迎接挑战。目标设置会根据民族文化观念的差异而产生不同的效果。

目前，目标激励方法已被广泛采用，但并不具有普遍的有效性，在许多企业运用的效果也并不理想。据专家统计，采用目标激励的组织中，只有20%~40%是真正成功的。目标激励的有效性主要取决于以下几个因素：①

（1）目标的合理性。首先，合理的目标通常既有可行性，又有挑战性。由于每个人在知识、经验、能力、水平等方面的差异，会使其对目标的价值产生不同的看法。过高的目标令人丧失信心，唾手可得的目标起不到激励作用。所以，合理的目标应是一种让人"跳一跳才能摘到"的目标，具有激励性的目标应是"（现有）能力＋A"（A指有待发挥的潜在能力）。其次，合理的目标应适合组织成员的需要。目标的激励作用来自于一旦获得即可满足需要的功能特征，需要是目标设置的内在根据，适合需要是目标具有激励功能的前提。美国心理学家的实验表明，目标是否符合需要直接关系到激励的有效性。

（2）人们的参与程度。调查表明，让员工积极参加目标的制定工作是目标激励获得成功的先决条件之一。目标的激励作用，首先在于职工通过制定目标、承诺目标，让其感到自己为达到组织总目标而"身负责任"，这种责任感会激发员工的积极性。同时，责任意识是目标激励有效性的一个极其重要的基础。广泛参与可以诱发职工对绩效和组织目标的承诺，使组织目标内在化，充分发挥组织成员的积极性和创造性。而缺少参与意识，就不可能建立起真正的目标激励。

（3）组织环境和工作特性。研究发现，目标激励的效果依赖于一种稳定的外部环境和固定的工作业务。一套固定不变的目标系统会破坏多变环境中组织成员实现总目标的灵活性。

（4）管理者的管理作风。目标激励的精髓在于让组织成员，在目标制定和实施过程中有充分的发言权。如果管理者是个专断的、集权的、没有民主思想和群众观念的人，那么就会使目标激励纯粹形式化。

（5）分权程度。美国亨尼威尔（Honeywell）公司的总裁说，要工作得好，需要分权；要使分权运转得好，需要目标激励。高度集权否定组织下属成员的积极性和创造性，因此在专制组织内不会使目标激励法产生任何实际效果。根据"目标＝权力"的原则，上级应基于对下级的信任，尽量下放权力。凡承担目标的人，都应该有实现目标所必须的权力。

（6）员工的素质和能力。首先，目标激励需要双向交流的气氛，这对上级和

---

① 徐青英. 对企业目标激励有效性的权变分析［J］. 南京师专学报，2000（1）.

下属的素质都有特殊要求。其次，目标激励要求职工实行自主管理或自我控制，上级只是根据例外原则对重大问题进行干预，这就要求目标实施者能够经常对照自己的目标检查实施活动，并能依靠自己的分析判断决定行动方案。因此，员工的自我管理或自我控制能力是实现目标激励的前提条件之一。

激励与团队管理专栏4　　　　　　　**蒙牛集团的目标激励体系**

蒙牛集团是位于我国内蒙古自治区的乳制品生产企业，是中国大陆生产牛奶、酸奶和乳制品的领头企业之一。它于 1999 年成立，至 2005 年时已成为中国奶制品行业营业额第二

图片来源：http://www.mengniu.com.cn.

的公司，其中液体奶和冰激凌的产量都居全国第一。控股公司的中国蒙牛乳业有限公司是一家在香港交易所上市的工业公司。蒙牛的主要业务是制造液体奶、冰激凌和其他乳制品。

何为激励员工的源泉呢？众多的管理学者认为，只有不断启发某个人对目标的追求，才能启发其奋发向上的动力。当员工为达到某个目标而工作时，方向感就强，对责、权、利就有着清醒的认识，因而一旦引发需求，他们就会产生实现目标的强烈动力。蒙牛在实行目标激励法的过程中，对各个经营实体实行层层的目标管理。蒙牛从经营战略出发，将企业的总体目标层层分解，确定各个层级的目标任务，同时将目标的实现情况与绩效等挂钩。

一、切合实际地制定公司的目标激励制度

一个人对目标的抱负水平是指个体对自己的工作做到何种标准的一种心理预期。这是个人从量的标准上考虑目标的高低，抱负水平决定了人的行为要达到的程度。早在 2003 年初，牛根生就将蒙牛的目标定位在国际企业，要当乳业的世界冠军。这个目标看似"狂妄"，高不可攀，却是牛根生和他的团队在经历了四年的精心布局后做出的大胆预测。因为蒙牛的员工亲眼见证了他们的统帅在没有资金、没有奶源的情况下，先建市场，后建工厂；见证了蒙牛的销售人员在伊利都无法大面积发展的珠江三角洲地区打入自己的品牌；更见证了蒙牛通过自己的努力将自己的牛奶销到中国香港、新加坡、马来西亚等地。所以说，蒙牛这个看似"狂妄"的目标后面，是全体蒙牛员工的信念。要当乳业的世界冠军，更让蒙牛的所有员工看到了企业的美好前景，而要想实现这个目标，只有上下一心，这在无形中最大限度地增强了员工的干劲。

事实上，目标激励的一个重要任务就是调节人的行为，把行为引向一定的方向。因为目标本身是行为的一种诱因，具有诱发、导向和激励行为的功能。因此，适当地设置目标，能够激发人的动机，调动人的积极性。

二、增强目标的可参与性

让员工参与目标的制定，能够让其认清工作的性质和难易程度，在思想上有充分的准备。因为员工所选择的往往是他们认为重要的、感兴趣的，和上级指派任务相比，员工更喜欢接受挑战、承担责任。让员工参与目标的制定，无形中使得员工感觉到自己对组织的重要性以及组织对自己的信任，进而更充分地激发员工的积极性。2003 年 11 月，蒙牛的 15 位高管在北京开会讨论蒙牛 2004 年的销售目标。会后，蒙牛定下 2004 年的销售目标是 90 亿元。要知道，当时蒙牛 2003 年的销售额预计为 45 亿元，一年时间要翻一番，难度可想而知，况且乳业是一个严重资源依赖的行业。牛根生同与会的 15 位高管分析了实现 90 亿元销售任务的各种"瓶颈"，并一一制定了解决方案，这个看似不可能完成的任务，如果按照预定方案，目标是可以实现的。通过共同参与目标的制定，蒙牛的管理层达成了共识，满怀信心地开始向目标奋进，并最终超额完成了目标销售任务。

三、充分注重奖励因素

目标激励发挥作用的一个前提是目标的达成情况必须与人们的报酬及晋升紧密联系起来。蒙牛目标体系的达成状况与参与人员的绩效是直接挂钩的。在确定了蒙牛的总体目标以后，各个事业部的负责人都要与企业签订"责任状"，其中清晰地界定了当事人的目标要求以及与目标达成状况直接相关的绩效考核办法。

一个目标确立后，在实现的过程中总会遇到各种各样的困难。或许，许多人遇到困难就修改目标，因为改动目标最简单。殊不知，目标一动，牵一发而动全身，整个系统都被打乱了。但是一旦目标坚决，"导弹—目标"的自动伺服机制就使手段自然跟上，一切人力、物力、财力，包括人的思维和情感，都向这一目标"自动伺服"。因此，蒙牛的做法是，不修改目标，只修改手段。事实证明，蒙牛的目标激励机制是符合其实际发展情况的，并对蒙牛集团的健康长久发展起到了一定的作用。

资料来源：作者根据多方资料整理而成。

第三节　团队管理

30 年前，当 W.L.Gore、沃尔沃、通用食品等公司把团队引入生产过程时，曾成为轰动一时的新闻热点。而如今，企业组织中的团队正在改变着传统的企业组织的运作模式。团队管理被企业 CEO 看成是"未来的推动力"。

激励与团队管理专栏 5　　　日照港（集团）有限公司铁路运输公司
"4F1C"班组团队管理模式

日照港（集团）有限公司铁路运输公司（以下简称铁运公司）是日照港（集团）有限公司的职能分公司。公司始建于 1983 年 4 月，承担进出港货物和车辆的交接、转运、计量等业务，并承担杂货、大宇水泥、中纺粮油等七条专用线的运输工作。

图片来源：http://www.rzpcl.com/.

为推动班组建设的规范化、精细化，促进班组管理水平的提升，公司创立了独具特色的"4F1C"管理模式。所谓"4F1C"管理模式，即以管理的计划、组织、领导、控制四大职能（Function）为支撑，以样板班组创建为中心（Center），包含战略制定、战术选择、目标设置、组织机构、文化建设、人力资源、领导机制、学习机制、激励机制、控制标准、考核措施、监控系统 12 大体系 38 项措施的三层次系统团队管理模式。

"4F1C"团队管理模式实施三年来，公司在班组管理方面取得了丰硕成果。公司班组先后有 23 项成果，有 50 多个班组荣获集团公司级以上荣誉。例如，机务段传动班荣获"全国学习型先进班组"和"集团公司精细管理型样板班组"，传动班所在车间赢得全国"工人先锋岗"，等等。

公司先后荣获"全国模范职工小家"、"全国工人先锋号"、"山东省青年创新创效示范基地"、"日照市五一劳动奖章"等荣誉称号，并连续多年被评为集团公司先进单位。2008 年，在集团公司组织的班组管理样板评选中，铁路公司被评为唯一的公司级样板单位，公司员工正逐步实践三年规划的奋斗目标，有力推动了公司和港口的发展。

铁运公司所创立的"4F1C"班组管理模式具有重要的理论价值和实践意义，为其他企业推动传统工作群体向现代工作团队的转变提供了一个有益的操作思路。此外，铁运公司"4F1C"班组团队管理模式的成功实施给企业人力资源管理工作提供了一个重要启示：既然任何管理工作均可以归结为计划、组织、领导和控制，那么"4F1C"模式应当具有超出团队管理的溢出价值。例如，是否可以考虑建立诸如学习型组织创建的"4F1C"模式？企业文化建设的"4F1C"模式？等等。

当然，正如权变管理理论所指出，管理理论、管理方法没有放之四海而皆准的标准。按照目前公认的团队划分标准，基层团队主要有问题解决型、自我管理型、多功能型和虚拟型四种类型。从铁运公司基层班组的运作特征看，基本上属于自我管理型团队。与其他三种团队类型相比，自我管理型团队有更强的稳定性，成员之间的联系也更加紧密。因此，"4F1C"管理模式应用于其他三种类型的团队管理未必合适。

对现代企业而言，并非仅有知识型工作才适合于团队工作方式，面对客户多变和多样化的需求，生产型企业同样需要更富弹性和应变能力的团队方式来应对日益缩短的产品生命周期。实践中，高绩效团队的打造是一个复杂的系统工程，绝非仅仅依靠改善某一两个变量就可以实现，而强调和完善团队从组建到成熟的整个过程对高绩效团队的塑造显得更为重要。日照港（集团）有限公司铁路运输公司基层班组管理的"4F1C"模式为传统生产型企业打造高绩效基层团队提供了一个值得借鉴的模式和参考。

资料来源：作者根据多方资料整理而成。

一、团队概述

"团队角色理论之父"梅雷迪思·贝尔宾认为团队是指有限的一些人为了共同的目标而在一起工作，每个人分担不同的角色，有独特的贡献。乔恩·R.卡曾巴赫认为团队就是由少数有互补技能，愿意为了共同的目的、业绩目标和方法而相互承担责任的人们组成的群体。

一般来说，团队是由员工和管理层组成的一个共同体，以合理利用每一个成员的知识和技能协同工作，解决问题，达到共同的目标。能够发挥效用的团队和一般的工作群体是有区别的，团队具有一定的特征（见图10-11）：

图 10-11　团队具有的一般特征

（1）互补的技能。一般的工作群体在工作技能的配置上带有随机性，也就是说它不是根据目标的需要进行合理的配置而产生的。技能的过剩或缺乏都会导致整体工作效率的下降。而作为一个真正的团队必须具有互补的，而且是能够完成团队任务所需要的技能组合。这些技能通常有三类：技术性或智能性的专业技能、解决问题的技能和决策的技能及人际关系的技能。

（2）共同认可且明确的目标。共同目标为团队成员指引方向，提供动力，这个目标是一种愿景。团队通常会花大量的时间和精力来讨论、修改、完善一个在团队层面和个人层面都被大家认可的目标。随后，将这个目标转变为具体的、可衡量的、切实可行的计划。一个共同的、有意义的目的能确定团队的基调以及方向，而具体的业绩目标则是这个目标的构成部分。

（3）认同的工作方法。明确的分工使全体成员行动一致，按照规定的程序和方法，把个人的技能与团队的智慧和力量紧密结合起来，一切工作围绕目标和业绩形成一个核心，不容许分散力量和干扰目标的行为出现。

（4）相互承担责任。明确的分工以及统一的目标让团队全体成员都成为利益相关者，同时又是责任的承担者。正是这种成员间休戚相关的关系，让团队更能够集众人之力去高效、准确地达到目标。

（5）适当的规模。团队的人员根据任务的需要应保持一个合理的规模，按照经验，一般控制在 2~15 人。团队成员太多会造成沟通上的麻烦，降低工作效率，而且也容易造成人员闲置，不能最大限度发挥团队每一位成员的力量。因此对于团队来说，一个与目标相对应的人数配置是高效完成任务的重要因素。

虽然团队也是群体，看上去这两个概念似乎相似，而且有些人经常把团队与群体混为一谈，实际上团队和群体之间有着根本性的区别。

群体是两个以上相互交往、相互依赖的个体为了达到特别的目的而结合在一起的组织。与普通的群体不同的是，团队可以通过其他成员的共同努力产生积极协同作用，从而团队成员努力的结果使团队的绩效水平远大于个体成员绩效水平的总和，从图 10-12 可以看到群体和团队之间存在着多方面的区别。

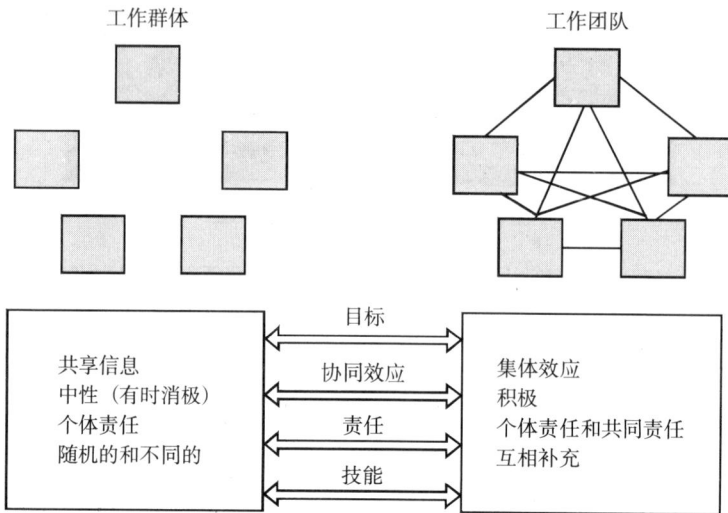

图 10-12　工作群体与工作团队的比较

二、团队的类型

Stephen P.Robbins 根据团队存在的目的及拥有的自主权大小，将团队分为四种类型：问题解决型团队（Problem-Solving Team）、自我管理型团队（Self-Managed Team）、多功能型团队（Cross-Function Team）和虚拟型团队（Virtual Team），这也是今天各类组织中最为常见的类型。

1. 问题解决型团队

问题解决型团队中的成员往往就如何改进工作程序、方法等问题交流不同的看法，并就如何提高产品质量、生产效率和改进工作环境等问题提供建议。

在问题解决型团队中，团队的主要责任是通过调查研究、集思广益厘清组织中存在的问题，拟定策略或执行计划。问题解决型团队在调动员工参与决策过程的积极性方面略显不足。

2. 自我管理型团队

自我管理型团队即在组织中由成员自己来为工作负责、制定决策、控制绩效、改变工作方式、适应环境变化的团

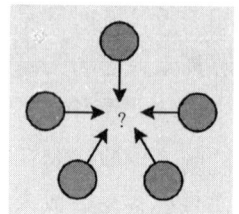

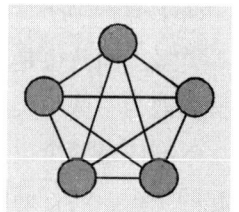

队。自我管理型团队负责完成工作，并进行自我管理。具体而言，包括进行工作计划与日程安排、给成员分配工作、监督工作进度、共同参与决策、针对问题采取行动等。

3. 多功能型团队

多功能型团队是由来自同一等级、不同工作领域的员工组成，他们来到一起之后，促使组织内员工之间交换信息，从而激发出新的观点，解决面临的问题，协调完成复杂的项目。

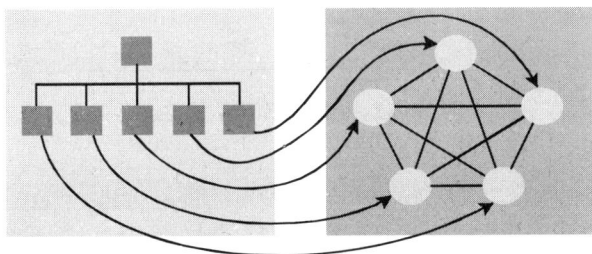

例如，腾讯公司为了开发腾讯手机管家，组织了一个大型任务攻坚队。攻坚队成员来自公司的各个部门。任务攻坚队其实就是一个临时性的多功能团队。

4. 虚拟型团队

随着现在通信技术的进步和迅猛发展，虚拟型团队应运而生。虚拟型团队结合来自不同地区的人员，通过电子邮件或是通信会议等设备来共同完成任务。

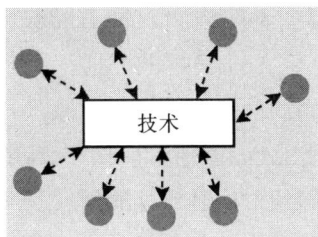

除了与其他类型团队一样要具备团队的目标和成员因素外，虚拟型团队更注重技术系统的应用。在虚拟型团队运行中，三大类技术经常被用到，即桌面视听会议系统、合作软件系统和网络系统。虚拟型团队并不是空谈或可望而不可即的，现实中许多著名的企业已经成功地实践了它的作用。

三、创建高绩效团队

团队形式并不能自动地提高生产率，它也可能会让管理者失望。幸运的是，近来一些研究揭示了与高效团队有关的主要特征。

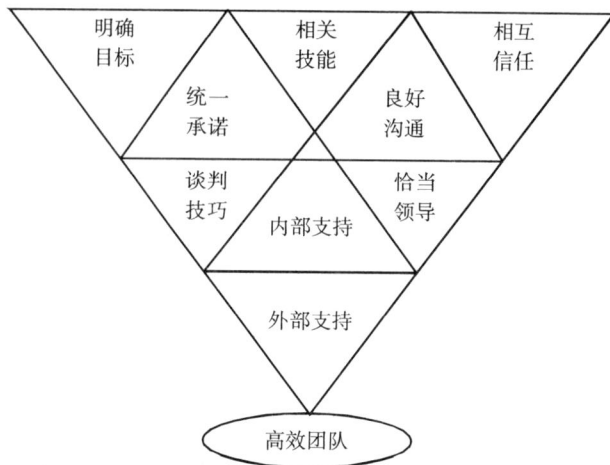

图 10-13　高效工作团队的特点

资料来源：罗宾斯. 管理学 ［M］. 北京：中国人民大学出版社，2004.

根据斯蒂芬·P.罗宾斯在《管理学》中提出的评判标准，高绩效团队具有以下特征：

（1）清晰的目标。高绩效团队对于目标有清楚的了解，而且这种目标的重要性还激励着团队成员把个人目标升华到团队目标中去，成员愿意为团队目标做出承诺，清楚地知道怎样共同工作，完成任务。

（2）相关的技能。高绩效团队的成员具备实现理想目标所必需的技术和能力，而且相互之间有能够良好合作的个性品质，从而能够出色地完成任务。

（3）良好的沟通。团队成员通过畅通的渠道交换信息，管理层与团队成员之间的信息反馈也很健康。

（4）一致的承诺。高绩效团队的成员对团队表现出高度的忠诚和承诺，对他们的群体具有认同感，为了能使团队获得成功，他们愿意去做任何事情。我们把这种忠诚和奉献称为一致的承诺。

（5）恰当的领导。高绩效团队的领导往往担任的是教练和后盾的角色，他们对团队提供指导和支持，能够让团队跟随自己共同度过最艰难的时期，向成员阐明变革的可能性，鼓舞团队成员的自信心，帮助他们更充分地了解自己的潜力。

（6）相互的信任。成员间相互信任是高绩效团队的显著特征，也就是说，每个成员对其他人的行为和能力都深信不疑。

（7）内部支持和外部支持。从内部条件来看，团队应拥有一个合理的基础结构。这包括：适当的培训，一套易于理解的用以评估员工总体绩效的测量系统，以及一个起支持作用的人力资源系统。从外部条件来看，管理层应给团队提供完成工作所必需的各种资源。

团队不成功的原因之一在于不同角色的人员搭配不当，导致某些角色过多或某些角色过少。为塑造高绩效的团队，团队的发起者、组织者或团队领袖应认识到上述各种角色对于团队绩效的作用和重要性，在团队的发起或团队的发展过程中，按照团队的需求，不断地完善上述各种角色。通过这些角色的相互补充、相互制约和相互协助，使团队真正具有自我约束、自我调节和自我改善的能力，确保团队在正确的轨道上运行和发展。

创建高绩效团队一般有以下步骤：

（1）确定团队规模。确定团队规模有两个问题需要解决：一是团队的人数；二是人员的构成。斯蒂芬·P.罗宾斯认为，假如成员多于12人，就很难顺利开展工作。根据实际经验，团队最适当的人数是4人。团队决策与执行效率的高低，在一定程度上取决于成员之间的熟悉程度，相互熟悉的人员组成的团队与陌生人组成的团队相比，工作会更有效率。组建一个团队，领导人要考虑人员的两个特征：一是容易识别和操作的年龄、专业、性别等较明显的特征；二是成员性格、气质的相容互补、合理搭配等方面往往容易忽视的特征。

（2）提高团队成员的技能。高绩效团队的成员必须经过培训，成为有一定工作经验的成员，而且要具备技术技能、人际技能以及较强的分析问题、解决问题、沟通信息、解决冲突的能力等。

（3）培养团队精神。从微观而言，在团队中既要防止个人英雄主义的产生，也要创造个人传奇团队不可或缺的精神氛围。队员们只有共同支持、协作、努力，才能更好地完成团队目标。

（4）改进领导方式。团队领导方式应适用于团队内在发展过程与外在环境变化的情况。团队的发展一般经历形成期、震荡期、规范期、表现期四个阶段，管理者要根据团队所处的不同发展阶段和实际情况，改进领导方式，使方式适应于团队实际，这样才能建设好团队。

（5）实施团队薪酬。成功的团队取决于人力资源战略管理，应设计出一套保持团队发展势头、加固团队精神的薪酬制度。如今，薪酬制度在企业管理创新中的作用越来越大，是推动企业实现战略管理创新的一个强有力的工具。

四、团队冲突管理

1. 团队冲突内涵

美国管理学教授斯蒂芬·P.罗宾斯指出，团队是一种为了实现某一目标而由相互协作的个体所组成的正式群体。与普通群体相比，团队成员技能互补，而且更强调集体绩效。但不可否认的是，由于团队成员的背景和观点不尽相同，在目标、利益、认识等方面存在的不一致依然会导致团队冲突的出现。

团队冲突是指在完成共同工作的过程中，团队成员在人际关系或工作任务等方面，产生意见分歧、争论或对抗等互动行为过程。

团队组织的效率优势在于将拥有不同资源的成员聚集在组织内部，促使合作关系的形成，从而提升团队业绩。但团队冲突则可能带来消极、破坏性的影响。由于团队中的冲突不可避免，因而管理者必须对冲突现象进行全面、科学的认知和分析，学会通过管理沟通，化解团队冲突，使每个成员能合理分担组织的责任与义务，分享收益，促使其追求共同目标，这样才能真正发挥团队组织的效率优势。

2. 团队冲突的原因

（1）个性冲突。组织成员在成长过程中受遗传和环境因素的交互影响，具有不同的教育程度、阅历和修养，进而塑造出不同的性格、价值观、心理特征和行为方式。个体差异性可能导致合作和沟通的困难，导致冲突的发生。

（2）资源竞争。组织所具有的资源包括人力资源、关系资源、信息资源、金融资源、形象资源和物质资源等。各类资源都是有限的，当组织提供的资源不足以同时满足全体成员的需要时，会在成员间引起资源竞争，从而引发冲突。

（3）团队角色差异。团队成员因在组织中占据的位置不同，而被赋予了不同的身份角色和行为期望。在一些情况下服从一种角色的要求，就很难满足另一种角色的要求，由此产生角色冲突。而且在不同岗位工作的成员往往会围绕自己的工作职责和任务来考虑问题，极有可能与他人的角色发生冲突。

（4）组织结构差异。组织中由于分工形成各层次、各部门以及各岗位在垂直方向和水平方向的分化，如果职责和权力界定不清，各个部分就难以形成协调、合作的工作关系，从而因职能割裂、职能错位等产生冲突。在组织规模越大、越复杂的情况下，组织的整合效应就越难以发挥。

（5）信息沟通不畅。在信息传递渠道受阻，或信息传递不及时的情况下，团队成员由于信息不对称和利益不一致，会在工作目标、资源分配、权责匹配、绩效评估等重要问题上产生冲突。

3. 团队冲突的管理模型

美国的行为科学家托马斯（K.Thomas）与克尔曼（Kerman）共同提出了一种冲突处理的二维模式。即以沟通者的潜在意向为基础，当冲突发生后，有两种可选择的策略：一是关心自己；二是关心他人。以追求个人利益的武断程度为纵坐标，以与他人合作的程度为横坐标，提出回避、竞争、迁就、合作、妥协五种冲突管理策略。

（1）回避策略：既不合作又不武断的策略。当冲突事项并不重要时，或当冲突双方情绪较为激动需要恢复平静时，可采用回避策略。

（2）竞争策略：又称为强制策略，是一种高度武断且不合作的策略。当冲突事项重大或紧急，必须进行迅速处理时，可采用强制策略，先牺牲某一方的利益，待问题解决后，再对其进行安抚工作。

（3）迁就策略：高度合作而武断程度较低的策略。该策略有利于维持组织成员间的和谐关系。

（4）合作策略：高度的合作精神和武断程度的策略。通过谈判等方式，使双方达成共识，形成信任，采取合作、"双赢"的态度寻找满意的解决方案。

（5）妥协策略：合作和武断程度均处于中间状态的策略。当冲突双方势均力敌，对复杂问题争执不下时，双方均做一定让步，实现妥协，达成权宜的解决方法。

【章末案例】　　　　　**小米科技创业团队的成功特质**

一、背景介绍

这些年制造手机的团队中，硕果累累的要数雷军带领的小米。对于小米团队，雷军总是踌躇满志地说，小米团队是小米成功的核心原因。

图片来源：http://www.mi.com/.

小米核心团队中，有一个硬件工程师背景，两个设计师背景，五个软件工程师背景，都有很好的技术功底、产品设计经验和带队伍能力，全部扑在产品一线，平均年龄42岁，有经验有精力，正是打拼的大好时期。介绍一番后，雷军说，拥有这样的团队，我相信小米产品会越来越威武！

小米科技，全称北京小米科技有限责任公司，是一家专注于高端智能手机自主研发的移动互联网公司。2010年10月，小米手机启动研发，2011年8月16日研发完成，正式发布小米手机，自此开创了手机销售的"狂潮"。小米手机历次几十万部的开放购买和预订都在很短的时间内完成。小米科技在如此短的时间内，在企业人员规模、产品销量、融资规模等方面获得了惊人的成长速度，而这一切离不开创办该公司的优秀创业团队。小米科技公司的创业团队由雷军带头组建，共有七名成员，分别是董事长兼 CEO 雷军，总裁林斌，副总裁黎万强、周光平、黄江吉、刘德以及洪峰。这支创业团队的成员由来自谷歌、微软、金山等公司的顶尖管理人员和技术人员组成，被誉为"超豪华"的创业团队，对小米科技的创业过程起到了巨大的推动作用。

二、团队能力维度

雷军透露，当初自己决定组建超强的团队，前半年花了至少 80%的时间找人，幸运地找到了八个牛人合伙，全部是技术背景，平均年龄 42 岁，经验极其丰富。三个本地加五个海归，来自金山、谷歌、摩托罗拉、微软等，土洋结合，充满创业热情。

（1）创业团队领导的丰富经验和领导才华。雷军是小米科技公司的灵魂人物，他在创办小米科技公司前就已取得出色的成就，并通过广泛的社会关系网物色和组建了小米科技公司的创业团队。

（2）能力互补的超豪华创业团队。在小米核心创业团队中，成员们都是专业领域内的顶尖人才，专业实力十分突出，多位团队成员都曾在世界顶级的高科技企业中担任要职；成员在专业能力和技术上也形成了优势互补的格局，有负责开发手机系统的、开发手机软件的、设计手机以及做手机硬件的，分工十分清晰明确。同时，小米创业团队成员具有不同的专业背景，使得这个团队具有多元化的因素及更加广泛的认知来源，包括价值观、经验和技能等，在实质性的工作任务中，多元化的创新性及合理的冲突水平，大大提高了小米公司的战略决策质量。

（3）团队成员广泛的社会关系。小米创业团队成员凭借过往出色的工作经历，在其专业领域内积累了广泛的社会关系，这些社会关系能使得他们比普通创业者更容易识别和开发潜在的商业机会，能更快速顺畅地向外界传达企业信息而减少双方的信息不对称，能让外部资源所有者对新创企业做出正确评估，降低外部机构的信息识别成本和获取成本，从而更容易获得外部企业和机构的支持，为小米科技公司有效调动资源和高速发展提供良好基础。

三、团队文化维度

（1）明确的共同愿景。在小米科技公司创业之初，所有创业成员们就已经明确了小米科技公司的发展目标是要成为一家世界 500 强的公司，并明确"使手机取代电脑，做顶级智能手机"的公司愿景。这个共同的愿景促使专业背景差异较大的团队成员凝聚在一起，共同奋进，充分调动着团队成员的主观能动性，并时刻激发团队成员的创业激情。

（2）良好的工作氛围。小米崇尚创新、快速的互联网文化，拒绝冗长的会议和流程，喜欢在轻松的伙伴式工作氛围中发挥自己的创意，从而形成了小米科技轻松的伙伴氛围。在这种氛围下，团队成员彼此共享信息，不断产生新的知识，形成了一种良性循环。

（3）信任是关键。创业中最重要的因素是信任，信任的关键词贯穿着投资方、供应商、创业团队三个重要的环节。与中国大多数创业公司不同，小米科技完美的团队阵容让投资商在不清楚创业细节时，就选择了资本注入。在强大的资本背景支持下，小米科技推出了以真实身份、智能匹配好友、交流方式多样化为特色的新型网络沟通工具"米聊"，并很快推出小米手机，成为中国 IT 和手机两大行业的关注焦点。

创业路上并非一帆风顺，刘德描述了自己在与供应商合作的过程中，因为与苹果有90%的供应商重合，所以在合作初期还是需要很好的合作诚意。刘德总结了当初被问到最多的几句话："你们做过手机吗？你们成功地做过手机吗？你们做手机失败过吗？你们都没有，我们如何信任你？"不过，这种过程其实并没有持续太久时间。用刘德的原话就是："开始找无数人吃闭门羹，到少数人同意合作，到最后很多人主动来找我们合作"，现在小米科技已经开始步入供应链稳定的合作期。

身为创业团队的领头人，雷军一是人品超好，二是全才。中国有其中一点的老板很多，但是两点都能做到是非常难得的。同时，在管理团队时，信任的重要性十分明显。小米有两个管理秘籍：一是目标明确，分配机制透明；二是强烈的时间观念和敬业精神。

四、团队制度维度

（1）宽松、扁平化的组织结构。小米科技在组织架构上将"强专业弱管理"的理念制度化，建立了宽松、扁平化的组织结构。

中国企业在过去很长一段时间里产品稀缺，粗放经营。做很多，却很累。一周工作七天，一天恨不得工作12个小时，但结果还是干不好，因而就认为雇用的员工不够好，得搞培训、搞运动、洗脑。但从来没有考虑把事情做少。互联网时代讲求单点切入，逐点放大。扁平化是基于小米相信优秀的人本身就有很强的驱动力和自我管理的能力。设定管理的方式是不信任的方式，员工都有想做最好的产品的冲动，公司有这样的产品信仰，管理就变得简单了。

当然，这一切都源于一个前提——成长速度。速度是最好的管理。少做事，管理扁平化，才能把事情做到极致，才能快速。小米的组织架构没有层级，基本上是三级：七个核心创始人—部门领导—员工。而且不会让团队太大，稍微大一点就拆分成小团队。从小米的办公布局就能看出这种组织结构：一层产品、一层营销、一层硬件、一层电商，每层由一名创始人坐镇，能一竿子插到底地执行。大家互不干涉，都希望能够在各自分管的领域努力，一起把这个事情做好。

除七个创始人有职位外，其他人都没有职位，都是工程师，晋升的唯一奖励就是涨薪。不需要你考虑太多杂事和杂念，没有什么团队利益，一心在事情上。这样的管理制度减少了层级之间互相汇报浪费的时间。小米现在 2500 多人，除每周一的一小时公司级例会之外很少开会，也没什么季度总结会、半年总结会。成立三年多，七个合伙人只开过三次集体大会。2012 年"815 电商大战"，从策划、设计、开发、供应链仅用了不到 24 小时准备，上线后微博转发量近 10 万次，销售量近 20 万台。

（2）促进营销、研发等部门开展跨部门合作。小米科技公司创业团队成员之间经常进行密切沟通，相关的营销人员、产品研发经理等甚至经常被整合到一个团队，以小组形式促进跨部门沟通合作，从而对市场做出最快的反应。

（3）合理的激励制度。小米公司实行透明化的分配机制，形成物质激励与精神激励双管齐下的激励原则。在物质激励方面，在金山公司工作时雷军就以"宝马"汽车激励网游团队而受到广泛关注，在小米公司中，雷军更是为创业团队成员和普通员工提供了优于同行的薪酬和福利；在精神激励方面，金山曾经的"互联网精神"、"做到极致"、"用户口碑"和小米时下的"为发烧而生"等口号，无不彰显雷军在精神和愿景激励方面的丰富经验。

（4）透明的利益分享机制。小米公司有一个理念，就是要和员工一起分享利益，并尽可能多地分享利益。小米公司刚成立的时候，就推行了全员持股、全员投资的计划。小米最初的 56 个员工，自掏腰包总共投资了 1100 万美元——均摊下来每人投资约 20 万美元。

对此，小米给了足够的回报：一是工资为主流；二是在期权上有很大的上升空间，而且每年公司还有一些内部回购；三是团队做事确实有时候压力很大，但他会觉得有很强的满足感，有很多用户会极力追捧他。

资料来源：徐万里，林文荣，陈艳萍.高科技企业创业团队的成功特质——基于小米科技创业团队的案例分析 [J].科技和产业，2013（6）.

【本章小结】

本章主要介绍了激励的相关内容，其中包括三个大的方面：著名的激励理论、不同的激励方式以及由激励引申而来的团队管理。在激励理论中，主要有马斯洛的需要层次理论、麦克雷格的双因素理论、ERG理论、需要成就理论以及双因素理论；主要的激励方法有股权激励、目标激励、充分注重奖励激励等；读者应认识到不同的激励理论有各自的科学性和弊端，不同的激励方法要配合相应的场合使用。在本章的学习过程中，读者应在掌握基本理论的基础上，学会辨别和使用不同的激励方法，以期在以后的学习、工作以及生活中得到更好的运用，以产生事半功倍的效果。

【问题思考】

1. 调查显示，我国企业职工目前仍把生理需要放在第一位，那么应如何对国有企业职工进行激励？

2. 长期以来，中国理论界一直认为建立在需求基础上的激励理论只适合欧美国家，你认为这些理论同样适用于中国企业吗？

3. 简述激励的过程。

4. 简述弗鲁姆的激励期望理论模型及其管理学意义。

5. 简述强化理论中主要的强化方式。

6. 比较需要层次理论和赫茨伯格的双因素理论，为什么后者的理论比较受欢迎？

7. 比较强化理论中各种强化方式的内容和强化方式的安排。

8. 评述双因素理论与需要层次理论的异同以及两者之间的内在联系。

9. 团队的构成要素有哪些？

10. 高效团队的特征是什么？

11. 如何解决团队管理中的冲突问题？

第十一章 执行能力

【学习要点】

☆ 理解执行力的定义、分类及与管理者的关系；

☆ 熟悉效率管理的过程和提升效率的做法；

☆ 知晓快速反应的不同构成要素及其培育方法；

☆ 了解时间的有效管理；

☆ 知晓管理者随机应变、个人随机应变及企业应变能力的提升途径；

☆ 熟悉企业常见的提升执行力的做法。

【开章案例】 小洋人的企业战略与执行

2014 年，小洋人集团以"建立新坐标，实现发展梦"为指导思想，按照集团战略发展规划，准确定位连锁店发展方向，推进市场可传承、可转让经营模式，大力发展梧桐树工程，以实现共

图片来源：www.xiaoyangren.com.cn.

同的"发展梦"。小洋人集团经历了 19 年的发展历程，企业发展的关键是"创新，发展，再创新"。在 2013 年，小洋人集团的工作有了全新的尝试和发展。2014 年，小洋人集团继续发扬"百折不挠，勇攀高峰"的小洋人精神，运用创新的经营理念，寻找持续发展的新亮点。中国的奶制品市场向来是战火弥漫之地，伊利、蒙牛、光明等乳业巨头垄断了中国的大部分市场，中小企业已经很难在这个市场里有立足之地。可是，一个区域性的品牌"小洋人"却能在这种环境下取得如此傲人的成绩，如此如火如荼、如日中天地发展着，这是什么原因呢？

小洋人乳业集团有限公司成立于 1994 年，"小洋人"和"妙恋"两个系列是它旗下的品牌。"小洋人"以儿童为消费对象，"妙恋"主要是面向青少年消费群体。小洋人生命蛋奶等系列产品填补了北方农村市场缺少儿童乳品的空

白，使得农村儿童也享有和城市孩子相同的乳品营养。针对青少年消费群体的"妙恋"等系列饮品也改变了饮料市场单一的格局。这一品牌引领了中国 PET 瓶装饮料的饮品时尚，2008 年推出的妙恋大果粒饮品更是引起了中国瓶装饮料界的新竞争。

2005 年，国家工商管理总局评选"小洋人"的商标为"中国驰名商标"。2006 年，"小洋人"被美国《福布斯》选为 2006 年度"中国最具有潜力 100 家企业"，排名居于第 38 位。2007 年，"小洋人"入选我国最具有价值商标 500 强，同时被商务部评定为中国最具市场竞争力品牌。通过权威机构评估，"小洋人"商标品牌价值达 36.3 亿元。2011 年，"妙恋"也再次获得"中国驰名商标"，商标价值突破 41 亿元。

从一个新果乳饮品的开创，到果乳饮品开发，再到引导果乳饮品发展，"小洋人"短短几年经历了三个角色的转换。每一次成功转变，都让"小洋人"有一个新的发展，使"小洋人"品牌慢慢地走向成熟。作为新的行业领导者，"小洋人"坚信品牌决定影响力。"小洋人"的品牌建设不断地向前发展，它更加理性的操作方式、营销策略，一定能缔造出中国乳饮品行业新的百年品牌。"小洋人"之所以能如此成功，可以归结为其采取的三点战略：

（1）精准的市场定位。在一穷二白只有几万元的时候，没有外资的注入，"小洋人"能在短短十几年的时间里取得这样的成绩不得不说是一个奇迹。"小洋人"成立之初给自己的定位就是：生产物美价廉的儿童型乳制饮品，让农村的孩子也能像城里人一样拥有营养丰富的乳品，所以取名"小洋人"。"小洋人"第一例产品生命蛋奶一经问世，立刻受到广大农村消费者的追捧，从而实现了企业的原始积累，而且成功地避开了与当时在城市市场中处于垄断地位的乐百氏和娃哈哈等品牌的正面交锋。"农村包围城市"的发展战略在"小洋人"身上得到了体现。

（2）东躲西藏，避开正面交锋。就在蒙牛、伊利、光明等乳业巨头控制市场，区域性乳类品牌在传统的液态奶制品市场争夺厮杀之时，"小洋人"很巧妙地避开了硝烟，开展起游击战，率先研制生产了 PET 瓶装果乳饮料，名字叫作"鲜果乳"。相比当时主流的保鲜袋装乳制品，该产品具有方便携带、口感良好、营养丰富等特点，产品一经面世便得到消费者的认同。

（3）集中力量，以弱御强。"小洋人"的成功吸引了众多奶业巨头进入乳饮料市场，特别是当娃哈哈的"营养快线"进入市场的时候，"小洋人"确实面临着非常大的压力。这时"小洋人"的领导者再次发挥了其战略思想的优势。"小洋人"集中优势力量，全力打造了"妙恋"系列产品，李小璐、张娜拉等当红明星被先后聘请作为"妙恋"产品的形象代言人，时尚、青春、靓丽、纯情的产品形象得以打造，帮助"小洋人"很快地实现了从农村过渡到城市的地域跨越。

可见，企业战略就如同战场打战，核心的问题是，"你要怎样才能取胜，你的每一步如何走，对于你的战略，对手可能采取什么应对策略"。你只有考虑得比对手更深，才有可能走得更长远。现实中，一些企业的外部条件大抵相同，战略大致相当，但是结果却大不相同：有的企业胜利了，有的企业却被市场无情地淘汰，到底是什么原因呢？

资料来源：作者根据多方资料整理而成。

一个企业的发展需要管理，同时更需要有力的执行，两者缺一不可。美国《财富》杂志曾做过一项这样的统计，企业设定了很多的管理目标，而其中被有效执行的仅有不到10%，而在失败的战略中超过70%是因为执行环节的问题。然而，在几乎同样的战略方向下，更多的公司是因为执行力而拉开了距离。因此，执行力在公司的发展中起到了至关重要的作用，它不仅可以执行战略，而且可以在执行过程中明确、优化战略方向，实现战略规划和战略执行两者之间的良性双向互动，让战略更明晰、更准确，从而让企业的发展得到有力的保障。执行力是企业贯彻落实领导决策、及时有效地解决问题的能力，是企业管理决策在实施过

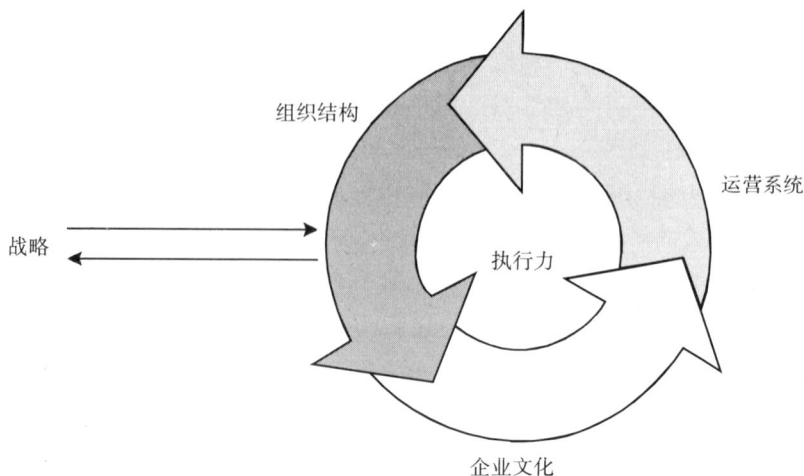

图11-1　执行力与组织、文化和运营的关系

程中原则性和灵活性相互结合的重要体现，是企业生存和发展的关键。正如我国台湾著名学者汤明哲指出的，一家企业的成功，30%靠战略，40%靠执行力，其余的 30%靠运气。

第一节　执行力在管理中的应用

管理这个概念在发展过程中几乎被神化了，从而失去了管理的本质，导致管理陷入一片混乱状态。管理是一个复杂的过程，而复杂的过程要得到有效控制就更要依赖强有力的执行，这是管理的本质。若不去考虑管理的本质特征，管理也就变成了天方夜谭。不论是当今的精细化管理、细节决定成败的管理，还是其他先进的管理模式的导入，都离不开管理者将管理思想与管理策略运用到实际管理中去，这就是管理者应具备的执行力。执行是目标与结果之间"缺失的一环"，是组织不能实现预定目标的关键，是领导层希望达到的目标与实现目标的实际能力之间的差距；它不是简单的战术，而是一套通过提出问题、分析问题、采取行动的方式来实现目标的系统流程；它是战略的重要组成部分。

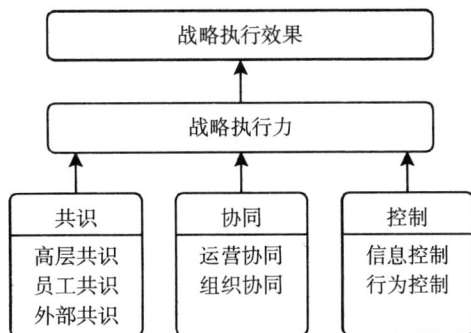

图 11-2　战略执行力框架

一、执行力的定义

"执行"在管理领域对应的英文是"execute"，其意义主要有两种：一种是与"规划"相对应，指的是规划的实施，前提是规划已经制定出来；另一种指的是完成具有一定难度的事情或展开变革，它不以已有的规划为前提。在实业界与学术界，对"执行"的理解大抵相同，只是侧重点和角度有所不同。韦尔奇认为执行力是"一种专门的、独特的技能，它意味着一个人要知道怎样把决定付诸行动，并继续向前推进，最终完成目标，其中还要经历阻力、混乱，或者意外的干扰"。余世维（2005）对执行力的定义是"保质保量地完成自己的工作和任务的能力"。以上关于执行力的定义明显是针对个体的。执行的对象是具有目标指向和结果导向的具体活动。"执行力是指执行的能力，而能力则是对资源的有效整合。"比尔·盖茨认为，微软在发展过程中所面临的挑战就是执行力；戴尔认为，执行力是在每一环节都力求完美，切实执行；郭士纳认为，一个成功的企业和管理者应该具备三个基本特征，即明确的业务核心、卓越的执行力及优秀的领导能力；联想集团的创始人柳传志认为，执行力就是任用会执行战略的人。执行力就是指贯彻落实企业领导决策、及时有效地解决出现的问题的能力，是一个企业的管理决策在实施过程中原则性和灵活性相结合的有效体现。李凌燕（2012）认为，执行力是把企业的战略、规划转换为效益、成果的关键，是企业核心竞争力和综合能力的重要体现。杨慧子（2013）认为，执行力是一套系统化的流程，是通过运用各种资源实现组织目标，获得高绩效的动态过程。郭月波（2014）认为，组织战略是组织执行力的基础，人适其职是建立良好执行力的关键，而良好的人力资源激励制度是建立良好执行力的核心。

执行力可以理解为：有效地分配利用资源，保质保量达到目标的能力。这一定义包含了两层基本含义：其一，结果导向，它重视的是实实在在的结果；其二，识别和合理配置资源，以有效发挥资源的作用。任何执行力都以组织团体作为依托，离开组织，执行力就失去了它的基础。个人的执行力是在组织活动中得到实现的，是一个组织执行力的重要组成部分。但是，组织执行力又不是个人执行力的简单累加，它是一种统合的能力。

综合上述，执行力是指有效地分配利用资源、保质保量完成任务的能力，是贯彻各种战略、完成预先设定的目标的操作力，是将企业战略转化为效益、成果。执行力包含了完成任务的意愿与能力。对个人而言，执行力就是办事能力；对集团而言，执行力就是团队的战斗力；对企业来说，执行力就是经营管理能力。执行力就是在既定的战略前提条件下，组织对内外资源进行综合协调，制定一套可行性的战略方案，并通过有效的执行，最终实现组织目标、达成组织战略。执行力可分为个人执行力与团队执行力。

个人执行力：将上级的想法转化成实际行动，然后让行动变成结果，从而按要求完成任务的能力，也就是个人获取结果的能力。中高层管理者的个人执行力主要表现为工作指标的实现能力、组织管控能力、战略决策能力。

团队执行力：团队把战略持续转化成结果以及结果的精确度、满意度以及它的速度。它是一项系统工程，主要就是团队的竞争力和凝聚力。

个人执行力取决于工作方式、工作思路、方法、执行力的管理风格以及工作人员的性格特质；团队执行力是将战略转化为实施结果的一种能力。许多成功的企业家也对此做出过自己的定义。柳传志的团队执行力就是"用合适的人，干合适的事"，通用前总裁韦尔奇先生认为，团队执行力是"企业奖惩制度的严格实施"。综上，团队执行力可以理解为"当上级下达指令或要求后，迅速做出反应，将其贯彻或者执行下去的能力"。

二、管理者与执行力

（1）管理者执行力的重要性。管理者扮演的角色就是教练的身份，他们来指导下属工作，以完成工作目标。假如管理者执行不到位，管理的思想和指导方法将不能最大程度地运用于实际的管理，其后果就会使下属无法认真落实管理层制定的执行目标和工作战略。这就印证了 80/20 原则：工作中出现了问题，但是企业的目标方案是正确的，只是在执行时出现了问题，那么 80% 的工作未达成率都要归咎于管理者的执行力。由此可见，管理者执行力对企业是非常重要的。

（2）管理者要参与到执行力管理当中。很多专家认为企业的执行能力与管理者的执行能力是不同的概念。企业执行能力是组织能力、制度性能力，而管理者的执行能力是指个人能力。这里说的企业执行能力是在管理者普遍执行到位的情况下，由员工组成的组织或部门具备的执行能力。实际上，这种观点相当片面。管理者参与到执行过程中并非为了削弱他人的权力，而是使员工更积极地融入其中。管理者一般从细节入手，继而不断提出新问题，将企业存在的问题公之于众，最终号召大家共同解决问题。对于管理者而言，只有真正参与到企业运营当中，才能具备把握全局的视角，最终做出正确的取舍决策。

（3）科学的程序是执行的保障。管理者如何依靠执行力获取竞争优势以摆脱执行怪圈？答案就是完善科学的决策和执行程序。以下几个环节是执行的重要保障：

①目标清晰，可量化，简言之就是可度量、可检查。目标本身不能模糊不清，并且管理者应建立一种"执行文化"。在这个过程中，管理者应注重自身的示范作用。管理者的行为将决定其他人的行为，所以管理者的行为在建立执行文化的过程中是不可或缺的一部分。此外，要让员工自觉将工作执行得更好，关键

在于将企业的奖励制度和执行力联系起来。

执行能力专栏1   **江铃的成功之道**——目标细致执行好

江铃汽车股份有限公司是中国商用车行业最大的企业之一，连续九年位列中国上市公司百强。2013年，公司销售收入超过200

图片来源：www.jmc.com.cn.

亿元，整车销量突破23万辆。2014年，江铃正寻求更宽广的发展视野，力争成为中国乃至亚太地区重要的商用车生产基地。

江铃汽车于20世纪80年代中期在中国通过率先引进国际上最新的卡车制造技术制造五十铃汽车，成为当时中国主要的轻型卡车制造商，目前已达到10万辆/年，具有一流水平的冲压、焊装、涂装、组装及制造能力。节能、实用、环保的江铃系列，已经包括"凯运"、"顺达"及JMC轻卡，"宝典"皮卡，"宝威"多功能越野车，"运霸"面包车四大系列。江铃的自主品牌"宝典"皮卡、"凯运"及JMC轻卡系列的销售收入连续居于中高档汽车市场的主导地位。江铃企业还将具有高性价比优势的汽车打入国际市场，海外的销售网已经发展到中东、中美洲的许多国家，成为中国轻型柴油商用车最大的出口商，同时江铃汽车也被商务部和发改委认定为"国家整车出口基地"，江铃品牌成为商务部重点支持的商务用车出口品牌之一。

作为江西较早对海外招商引资的企业，江铃以开放的理念和先进的发展战略，积极学习世界前沿的制造技术、管理理念，其有效的股权制衡机制、高效透明的运作方法和高水准的经营管理理念，使公司形成了一套规范的管理运行体制，从而以科学的制度保证了公司管理和决策的有效性。江铃建立了一套完整的ERP信息化支持系统，高效运作的物流体系拉动了生产；建立了JPS江铃精益生产系统，整体水平得到不断提升；建立了质量管理信息网络系统，推广NOVA-C、FCPA评审方式，运用6西格玛工具不断提升产品质量。2000年，江铃被中国机械工业管理协会评定为"管理进步示范型企业"；2003年，江铃荣获全国机械行业"现代化管理企业"的荣誉称号；2005年，江铃更成为国内率先通过1999职业健康安全管理体系、OHSAS18001：2004环境管理体系、ISO/TS16949：EN ISO14001、2002质量管理体系等一体化管理审核的汽车企业。

公司注重人才的培养，为员工提供优越的发展空间，鼓励员工形成终身学习的理念。江铃还根据工作需要，定期组织内外部培训（如JPS精益生产、8D、UG、质量和环境体系、同步物流、沟通技巧、培训师TTT、英语等技术和管理培训）活动，同时还不定期地选送优秀的技术、管理骨干员工出国培训，或者到国内知名的高校进行系统培训和学习（如推荐攻读在职研究生的学历教育），企业员工可以向领导申请考取在职研究生，在校学习，学费由公司予以报销。

U8管理软件与企业科学管理的有效结合，能够帮助企业实现管理增值。U8在江铃有限公司的成功应用，消除了企业信息孤岛，帮助江铃真正实现了财务业务一体化；科学的采购流程保证了库存成本最小化；应用项目管理的方式，加强了成本费用的控制，加速了企业的资金运营，保证了资金的安全性；实现了产品成本核算和科学管理。

资料来源：作者根据多方资料整理而成。

②时间表要明确。事情决定之后，一定要知道什么时候开始做。更重要的是，管理者一定要知道什么时候结束。很多工作我们都只知道什么时候开始，但不知道什么时候结束，没有结束任务的时间，任务就永远完不成。

③要有顺序，很多事情要分轻重缓急。解决重要的事情需要用80%的时间，处理琐事的时间占20%。这和余士维先生对成功的职业经理人的要求是大抵相同的，即事情分为：A.非常重要；B.很重要；C.不重要；D.非常不重要。

④要有明确简明的指令。管理者最重要的能力之一是指令要明确。如果指令有歧义，自己还想当然地认为下属理解，这样的后果是严重的。领导者要确定下属是否已经真正理解指令。下属也要确认管理者的意思是否为自己所理解的意思，得到确认后再去执行，从而可以避免很多偏差。执行力下放的过程中，细节的落实与跟踪也应受到注重。

⑤管理者要时刻注重培养自身的各种能力，如计划能力、领悟能力、指挥能力、判断能力、授权能力、组织协调能力、创新能力等。下属也应该做出回应，例如："第一目标是否清楚？目标是否可行？完成目标的授权够不够？资金是不是充足？"这不仅要看资源是否具备，还要看能力，这其中包含了现实能力与潜

在能力。

⑥不是制定一个制度就可以了，还要时时跟进。然后还要靠下属自我约束。过程是必要的，要督促、指导、预测、判断有可能发生的事情。管理者还有一个重要的工作就是跟进与过程控制。

⑦反馈机制要深入执行当中，从而形成管理工作闭环。应强调正负强化，这样执行会在企业各部门以及层级中形成一个高效运行的系统。各环节之间是相互联系、相互作用的，在错误的地方反馈的信息要能很快找到，哪个领域出现了什么样的问题，是执行力没到位，还是管理者管理出现了问题，要一清二楚。

三、影响执行力的关键要素

战略或目标确定后，执行力就成为焦点，执行力是执行成败的关键。要知道执行力的好坏，就得看下面几个问题的回答情况：执行速度快不快？执行效率高不高？是否在既定的时间内执行？执行时碰到各种变化是否会有应变措施？若回答都是肯定的，那就说明拥有良好的执行力。简单来说，执行力的关键要素在于：快速反应、效率管理、时间管理以及随机应变，本章接下来将对其进行逐一介绍。

第二节　快速反应

当今企业在发展的过程中，传统的重视规模、质量、成本的路线已经逐渐转移为时间策略。时间的竞争是指在企业能真正做到产品质量有保证且相对稳定的前提下，快速察觉市场动向并对顾客受众的需求做出敏锐反应的竞争。显而易见，这并不是很容易就能够做好的，这对企业产生了更深层面的要求，即要求企业能不断提升其快速反应能力，这是提升其竞争执行力的主要途径。

一、快速反应的构成要素

快速反应（Quick Response，QR）最早是 Kurt Salmon 协会——美国的一家管理咨询公司在对美国纺织服装业长期竞争力的调查报告中提出的。就报告内容显示，快速反应是 20 世纪 80 年代末美国纺织服装行业为提高其竞争力而采取的一种战略手段，并且最终取得了明显的效果。快速反应源于纺织服装行业，后来被逐渐应用到制造业、银行业及其他行业中。我国很多学者对快速反应进行了研究，例如，钱俏俏（2011）在研究法院快速反应机制构建时认为，快速反应机制是指法院对于案件执行的一种高效及时、全天候的运行机制，一般针对在执行过程中发生的紧急情况和突发事件在短时间内做出果断应对，及时处理；还包括当案件执行条件具备时能够迅速高效地执行。白秀艳（2011）研究的是在电子商务环境下企业如何实现其物流的快速反应。白建磊、刘敏（2013）指出目前对顾客投诉的企业反应机制的研究相对较弱，在此基础之上，从四个方面构建了企业对顾客投诉的快速反应机制，并对该反应机制的流程管理进行了标准化处理。刘晓敏、邓为明（2014）认为，快速反应模式是一种全新的运作模式，它要求服装企业从供应链整体运作策略到操作流程各个层面都做出调整。快速反应模式包含三个核心变革策略：弹性供应、拉式补货和品牌公司承担库存。

综上所述，本书认为快速反应的基本含义是：为快速响应客户需求，制造商、供应商以及分销商密切合作，运用信息共享来共同预测未来的市场需求，并且密切监视其变化，从而获得新的机会。

企业快速反应能力是企业在市场竞争激烈的环境中清晰明确地洞察市场相关信息，发觉市场动向，明辨消费需求后，第一时间拿出具有相应市场竞争力并且能有效满足市场需求的应对产品。这对企业来说是比较困难的，要求企业同时具备对市场环境的分析能力、创新能力，前沿的产品制造能力及强大有劲的销售能力，只有具备这些能力并能够协调运用，才可以最大限度地为企业争取时间，及时迅速地应对市场。

（1）快速有效的决策能力。企业在经营发展的过程中，决策能力是其核心能力，是企业成长方向、运作以及发展速度的依赖之源，企业有快速有效的决策能力表明其拥有对市场绝对的主导性地位，它能帮助企业明确方向，让企业能够及时做出最合适的决定，并对市场多变的环境做出最恰当的反应。这要求企业决策要做到既快速又高效，这两个看起来有冲突的条件其实也并不矛盾。企业只有在充分了解市场的基础上全面合理地分析其自身的优劣势，充分认识自身的优缺点后，才能明确什么样的决策是最有利于自身发展的。在这种前提下，企业的反应才可以做到迅速异常，所做的决策也才更加具有说服力。

（2）优秀的产品研发能力。在企业判断出大致的方向并逐渐明确当前的市场需求后，需要有一支敢于挑战、追求创新的团队充分发挥它们独特的创造力，设计出优质优异的新产品。社会发展如此快速，企业只有持续不断地推陈出新，研究出既能够不与市场相冲突并满足市场，又能够满足消费者真正需求的新产品，才能跟上社会发展的步伐，才能在激烈的市场竞争这样的大环境中坚守并使自己占据一定的地位。研发能力是企业劳动者智慧的结晶，他们为企业产品构建了充满光明的蓝图，而生产出的成品则是企业快速反应能力生动的体现。

（3）好的产品制造能力。产品是企业最充分的代言，也是为企业创立口碑从而产生利润的根本。但只有通过产品的制造能力，将这些创意精良的设计付诸实际才能产生真正的意义。一个好的产品不管是在创意设计上、研究开发上，还是在最终推向市场上，都要经历若干个环节。其中特别是生产环节，只有快速将产品生产出来，才是在当下这样激烈的竞争中取胜的关键。

（4）产品的快速销售能力。销售是获取利润的最直接途径。如何使产品能在最短的时间内被消费者认识了解，这就需要依靠企业的快速反应能力并通过营销策略等手段将产品快速迅猛地推向市场。在如今瞬息万变的市场环境中，企业最恐惧的是销售过程中出现滞销，此时需要企业整合所有的营销手段，调动全部的市场环境，主动采取高强度的促销攻势，这样才能使得滞销局势得以缓解。

（5）良好的供应链合作关系。良好的供应链合作关系的基础是快速反应的供应链市场环境。速度是企业在市场竞争中取胜的关键，企业通过建立合作关系，与供应商共同预测、研发，同时对客户的个性化需求和市场需求更快速地做出反应，如此生产出的产品才能应时应需，迅速占领市场，更好地提升企业在 B2C平台上的竞争力。

执行能力专栏2　　　　**迅速行动：走出中国的恒大冰泉**

　　2014 年 5 月 20 日，恒大冰泉在北京人民大会堂与英国、法国、德国、俄罗斯、意大利、荷兰、西班牙、匈牙利、土耳其、波兰、斯洛伐克、白俄罗斯、瑞典等欧洲 13 个主要国家的 43 位经销商代表签订协议。这也是中国矿泉水第一次出口全球。

图片来源：www.online.sh.cn.

　　2014 年 5 月 27 日，恒大冰泉与来自美国、加拿大、巴西、澳大利亚、新西兰、日本、韩国、新加坡、印度、马来西亚、泰国、乌兹别克斯坦、塔吉克斯坦、叙利亚、斯里兰卡等美洲、大洋洲、亚洲 15 个主要国家的 41 位经销商代表签订分销协议。至此，恒大冰泉出口全球 28 国，"一处水源供全球"的战略得到完美布局。

从面市至今，短短半年的时间，恒大冰泉竟可以有如此战绩，那么我们看看恒大冰泉是如何横空出世的。

2013 年 11 月 9 日的亚冠决赛，恒大足球队悄然穿上了印有"恒大冰泉"字样的新球服。在中央五台和广东卫视的比赛转播间隙，时长 5 秒钟的恒大冰泉广告频繁播放。而在赛后恒大集团的庆功表演上，"恒大冰泉"广告牌成为舞台的背景，出现在最醒目的位置。

在赚足观众的眼球之后，11 月 10 日，恒大集团这才召开发布会宣布恒大冰泉面市，一瓶 350 毫升的恒大冰泉售价 3.8 元。在"恒大足球"夺得亚冠杯冠军之际，"恒大冰泉"横空出世。时机选择得不可谓不精心，效果制造得不可谓不轰动。时隔两个月时间，恒大地产在其清远的恒大旅游城召开了 2014 年 3000 人的经销商订货会。

恒大冰泉悬念爆炸式的营销手法，无疑将成为近年新商品发布的一个经典案例，但喧哗背后鲜为人知的是，恒大冰泉从立项到面市，只经过了短短不到三个月时间，可谓突击面市。恒大冰泉的面市，确实是赶着亚冠夺冠这一契机。据了解，亚冠夺冠当晚的庆祝晚会只准备了不到一个月的时间，而 11 月 10 日的恒大冰泉面市发布会，恒大内部的公关宣传人员直到 10 月 8 日才知道有这个计划。

恒大旗下的冰泉水业务借助亚冠几乎一夜成名，在随后的两个月时间，恒大以疯狂的广告攻势，在恒大布局楼盘城市的当地都市报、各大网站以及各级电视台进行了狂轰滥炸的宣传攻势，一时间恒大冰泉水遍地开花，使其他快消行业产品推广难以匹敌。

恒大地产集团董事局主席许家印称，恒大冰泉的水资源有保证，产品的质量有保证，而且在水的检测手段上是非常超前的，用世界级的标准，用更加严格的标准，"我们站在很高的高度来做这件事情，资源好，品质好，资源有保障，鼓励我们在恒大冰泉的投入方面不惜一切代价。我们对恒大冰泉极其充满信心，我要求恒大矿泉水集团今年销售要过百亿元，明年销售要增加 100 亿元，三年要达到 300 亿元"。

恒大冰泉要在最短时间内在全国铺货 200 万家。预计每天以 8000 家的速度增长。此外，在一份 2014 年与经销商的战略协议上，恒大向其承诺，未来三年后将达到 300 亿~500 亿元的销售额，五年后矿泉水年产量将达到千万吨，并且利润额将超过恒大的地产业务，成为其未来支柱产业。

资料来源：作者根据多方资料整理而成。

二、企业快速反应能力的培育方法

随着市场经济的发展以及信息时代的到来，企业竞争不断加剧，企业提高自身快速反应能力将成为竞争过程中取胜的重要途径。

（1）做出合理的市场预期。对市场进行合理的预期能使企业具有更快速高效的决策能力。所谓知己，企业应先深入了解自身的情况，客观衡量自身的优劣势，定下一个更为长远的目标，使企业站在一定高度对发展的方向和发展的步伐有一个更合理严密的规划。企业还应该时时洞察市场的动态，通过全方位的信息渠道，又快又多地收集信息资料和数据，加快企业决策。所谓知彼，需要了解竞争对手的动态，对方无论成功或失败都是企业发展前进很好的参照。企业在做决策前可以综合参考这些因素。

（2）提高产品研发创新能力。企业的快速反应能力，在产品研发过程中体现为：一方面，需要研发团队极大地压缩产品开发的时间；另一方面，产品的研发需要借助各部门获取的信息。在产品研发的过程中，并不需要研发团队完全否定原先的产品，去开发完全不同以往的新产品，这样成本高、耗时长，而且也未必能够收到好的效果。在研发过程中，团队应该从细节方面、用户体验方面着手，不断完善已经有的产品。销售人员是直接面对客户群体的人，他们会更清楚地知道客户真正需要、看重的东西，这是一个很好的资源，他们宝贵的意见对于研发团队的指导意义非凡。

（3）提升产品生产能力。产品的研发能力为产品描绘了蓝图，接下来依赖生产部门将研发团队的纸上创意转化成成品。企业的快速反应能力和产品生产能力是休戚相关的，研发团队优秀的构想、优良的创意，需要生产团队快速而有效地对其做出行动，第一时间让想法付诸实践。但是生产过程中还要求研发团队和生产团队密切配合，避免出现只求数量而忽视质量的问题。所以研发设计人员应进入生产现场与生产人员交流沟通，传达创意理念，也应该对技术问题进行共同的探讨，寻求解决的方案，让好的创新设计能够完美地呈现出来，在保质保量的前提下高效地生产，这才是企业快速反应能力的真正体现。

| 执行能力专栏3 | 美菱集团快速反应系统整改的指导思想 |

2014年7月，备受瞩目的"中国最有价值品牌500强"、第五届中国行业标志性品牌揭晓。凭借突出的品牌价值和强大的品牌影响力，美菱荣登"中国最有价值品牌500强"榜单。这标志着美菱在品牌建设方面得到了业界的高度认可，也为行业内品牌建设树立了楷模。

合肥美菱集团有限公司（以下简称美菱集团）是以生产经营家用冰箱为主的专业多元化经营的集团公司，在"扩大外向度、发展多元化"战略的指引下，公司勇于开拓、敢于创新，及时抓住发展机会，使公司得到了长远持久的发展，日益壮大，成为拥有一定市场地位的安徽省家用电器行业的领头企业，在全国的知名度也很高。

近年来，美菱集团根据市场动态的变化不断调整自身战略，各项经济指标都得到大幅度的提高。提升美菱集团市场竞争力，需要根据市场的需求及时、快速、准确地做出反应，为市场客户提供其所需要的产品和服务，这就需要美菱集团优化企业的供应链，以市场为导向，以快速反应为核心，以销售为龙头，变革旧的管理理念、优化业务流程、调整组织结构，以客户满意为宗旨，谋求企业及其供应链战略合作伙伴间的"双赢"，相互协作、相互信任，通过减少企业运作各个方面的提前期以及高速设计、制造并改进质量、降低产品成本、减少库存和运作成本，来快速响应市场需求的变化。美菱的具体变革思想如下：

（1）市场和客户需求的变化是快速反应的来源，所以企业必须紧密关注市场的变化，以市场动态为导向，将销售作为重点，侧重整体，提高企业整个供应链的反应速度。

（2）时间是最有潜质的竞争手段，竞争对手在提前期存在的差异是最大的，所以要以时间竞争为核心。

（3）供应链连接的最末端是外部客户——最终客户/消费者，而这种客户—供应商关系也存在于供应链内部的每位企业成员之间。故企业除了提高企业外部客户的满意度外，还要相应地提高企业内部客户的满意度，因为实现外部客户满意的基础是内部客户满意。

（4）严格把控整个生产中质量的一致性，而不只是注重最终产品的检测。因为若质量出现问题，就会增加返工维修的比率，从而做不到快速反应。

（5）优化业务流程，一是精简业务流程，二是提高每个业务流程的处理速度。

资料来源：作者根据多方资料整理而成。

（4）提高企业的快速销售能力。在当今信息时代的大环境下，销售模式逐渐趋向于多元化。如何让销售更好地为企业的快速反应服务，需要充分利用各类有效资源，采用低投入、大收益的销售模式。企业应该采用"一对一"面向顾客的直接营销体系，不断完善电子商务系统，实现用户与企业之间的双向互动沟通和交流，对顾客提出的需求做出直接快速的反应，实现便捷的网上营销。这种零接触的销售模式，可以方便展开和客户更好的互动。企业也可以直截了当地获得用户的当场体验，快速准确地了解产品的不足之处和无法满足客户需求的地方，这样对于企业而言不管是在服务上、产品设计上还是质量上都是极其宝贵的建议。企业自身的快速反应能力是保证企业稳中发展的关键。它让产品从纸上概念到最终成为用户手中的实物并为企业带来经济利润。要做好这一步，企业必须严格要求自己的每一个环节，每一步都做到快速反应，如此才能促使企业不断努力更新，不断探求新高度，不断良性循环发展。

（5）建立供应链合作伙伴关系。企业可以根据自身的独特情况选择严密的合作方法，下面是具体的供应链合作伙伴的具体选择步骤：第一步是进行合作伙伴关系的需求分析；第二步是寻找选择供应链合作伙伴所要考虑的主要因素；第三步是根据所要考虑的因素选择合适的合作伙伴再进行评判分析；第四步是确立供应链合作伙伴的关系。

第三节　效率管理

效率是企业竞争执行力的基础，也是影响企业员工管理是否能够执行到位的关键因素，同时也越来越受到大多数企业的重视，在竞争日益激烈的市场环境下，如何能够持续维持高效的管理模式已越来越成为检验企业竞争力的标准。为了深入解决企业在新环境中、在传统的以产量为中心的管理模式下产生的问题，必须针对生产的流程进行重整，从本质上深刻反思生产流程，重新彻底设计生产流程，以便在如今衡量绩效的关键效率上取得巨大的改变。

效率管理是一种研究如何改进组织效率的方法，它通过分析组织及组织的流程，对组织的效率进行规定、评估和分析，提高组织的效率，从而有效地实现组织的目的。效率管理作为一种高效的管理方法，它突出强调要以一切可执行的效率标准来统一人们的思想，指挥人们的行动，以效率作为管理活动的宗旨，将其放在工作的中心和突出位置，效率管理的精髓便是这种思想。组织效率是组织研究的核心问题。只有不断提高组织效率，才能提高组织的管理水平，推进组织的持续不断发展。

一、效率管理的特点

（1）以组织为中心的全面管理。效率管理的出发点是效率问题，其核心是要提高效率。在效率管理中，必须牢牢地把握效率管理的核心问题，以提高效率作为管理的目的。但效率存在于组织和管理活动的过程中，太过泛泛地谈效率问题对管理是没有多大裨益的，必须根据具体情况做具体分析。实现组织效率的提高需要对组织进行全面管理，不能单单只考虑某一个方面。也就是说，要求组织时时、人人、处处都要进行效率管理。

（2）效率管理的目的是追求效率。管理作为一种特殊的社会活动，总是在一定的目的指导下进行的。效率管理是一种趋向目的的管理，而它的目的是追求效率。效率管理恰恰是通过追求效率的提高来实现其管理的，实行效率管理让企业各项活动的目的非常简单明了，即提高效率，设法在最短的时间内完成最多的工作，用最小的投入收获最大的收益。

（3）动态解决管理问题。效率管理同时也是过程管理，即管理者需时时监控管理的过程，管理者通过研究组织的流程，重视研究在组织过程中组织、指挥、监督、调节的管理，甚至包括组织人员进行的基本操作或动作，以及每个人员所使用的工具。一旦发现管理过程中任一环节出现偏差，管理者都要及时发现偏差并迅速报告上级，以便上级能及时采取措施加以纠正，这样，在管理的过程中就能动态地及时解决管理问题。

二、效率管理的过程

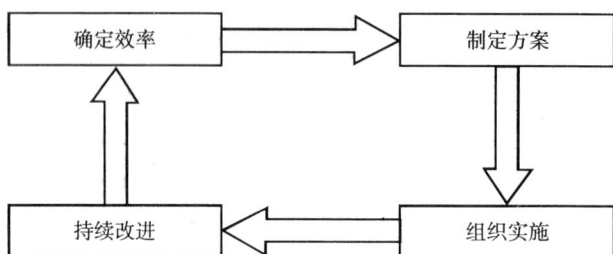

图 11-3　效率管理的过程

（1）研究组织状况并进行效率对比。在一般的管理活动中，评价其效率时，都有一定的衡量标准。只有以统一的标准为衡量依据，才可以进行有效的管理。因此，效率标准是评价管理活动和管理工作的重要依据，应以效率标准衡量对比来判定组织的效率状况。通常的效率标准需要根据组织所在的行业，以及具体的活动特点来制定，在具体的效率对比过程中，衡量标准最好是定量的，尽管有些时候很多标准不容易定量，如员工态度、人群关系、思想道德水平等，但是仍应该提出一些定性的标准规范。

（2）提出计划和解决方案。分析当前的管理状况即衡量目前的状况。只有衡量目前的组织管理状况，才可以据此提出具体的计划及其相对应的解决方案。计划的提出需要明确的行动方案，以及预测在行动过程中可能遇到的问题、潜在的风险等，并据此制定相应的解决方案。

（3）组织方案实施。在实施组织的方案之前，一般要对备选的方案进行评价和对比，然后进行选择，最后选出执行方案。执行方案确定之后，为了保证实施过程中的有效控制，应该对方案在实施过程中可能会存在的风险进行评估，并预测可能会出现的问题，然后对之采取相应的控制和管理，并制定出有效的控制方法，这样一旦出现不良后果，就可以及时进行有效的控制。

（4）检查方案实施情况并提出改进意见。实施过程是烦琐的，因此不可能将过程中的所有因素都充分考虑，而且过程中很多因素也是不能预测到的，这就可能会导致方案实施后存在一些问题。由于存在的问题是隐藏在事物背后的因素，因此需要对暴露出来的问题进行分析，研究问题产生的具体原因，发掘背后的因素。如果是决策的失误，那就要把决策阶段的工作做好，这样可以防患于未然，保证决策的准确性。如果是执行阶段的失误，就要进行分析解决，避免重复发生，从而提高组织的效率。

三、提高效率的做法

效率管理的核心是提高效率。实际上，在现代管理科学中，效率的问题已经越来越引起人们的关注，因为几乎所有成功的企业都具有效率上的优势，同时效率的高低也是在激烈的市场竞争中事关企业成败的最具决定性的因素之一。

（1）提高人的效率。人是组织系统中最主要的因素，管理归根结底是对人和人的行为的管理。这是因为，只要把人的因素管好，其他因素也就管好了。人是生产力和整个管理中最能动、最积极、最活跃的因素，一个组织活力的源泉在于脑力和体力劳动者的积极性、能动性和创造性。因此，管理首要的任务就是对人的管理，通过对人的组织、指导和调节，充分调动人的主动性、积极性和创造性，做到人尽其才。

提高人的效率需要明确每个人的责任，要通过建立健全的工作制度和完善的法规来保证。管理者必须让自己建立的组织机构中的每个岗位都有非常明确的责任，并能通过制度和法规把组织人员的行为纳入一个有利于实现组织目标的工作秩序中，这样才能使整个组织有机而协调地运转起来。

执行能力专栏 4　　　　华为：重视对人的管理，不断提高人的效率

一直以来，华为非常重视对人的管理以提高人的效率，华为把人看作唯一可以依靠的资本，并要培养像狼一样的人才，强调人才资本的增值

图片来源：www.huawei.com.

一定要大于财务资本的增值，认为认真负责和管理有效的员工是其最大的财富。正是这些独特的理念和具体的人才管理制度，才使华为保持了强有力的竞争优势。在华为公司七大核心价值观中，第二条写道："认真负责和管理有效的员工是华为最大的财富，尊重知识、尊重个性、集体奋斗和不迁就有功的员工，是我们的事业可持续成长的内在要求。"华为在提高人的效率方面是这样做的：

第一，制定岗位责任制。明确员工岗位职责，做到职责明确，一项任务只能有一个责任人，切忌多人对一项任务负责，那将使大家都不承担责任。

第二，操作流程清楚。每项任务操作流程要清楚，使每个人都了解如何操作，保证操作流程顺畅。

第三，编写工作日志。每个员工都要编写自己的工作日志，严格按照计划执行，保证团队进度。

第四，领导监督检查。领导要定期监督检查员工是否按时准确操作，保证按时完成目标，并严格追究责任。

第五，领导变成员工的良师益友。领导在带领团队时要时刻注意员工的想法和态度，保证团队保持积极向上、团结作战的态度。切忌贬低员工，刺伤员工自尊。毕竟每个员工都是有贡献的，只不过是贡献大小的区别。

第六，对中高级主管，华为实行职务轮换政策。没有基层工作经验的人，不能担任科以上干部；没有周边工作经验的人，不能担任部门主管。

第七，华为奉行"效率优先，兼顾公平"的人力资源原则。在公司内部，华为鼓励每位员工在真诚合作与责任承诺的基础上展开竞争，并为员工的发展提供公平的机会与条件，建立平等合理的人才激励机制。

第八，华为制定了一套对员工的评价体系，包括绩效、职位、心态、品质和潜力五个方面。由部门主管经理每季度对员工进行考核，积累一年后，公司给员工建立关键数据库，用以评价员工一年的工作。

一个成功的公司治理机制，应当解决两个问题：一是人才选择；二是长期激励。由于华为成功地解决了这两个问题，所以华为的企业核心竞争力像狼一样凶猛，这一点对其他企业的改革发展有着重大的启示作用。

资料来源：作者根据多方资料整理而成。

（2）提高物的效率。物是管理系统中的基本要素，是与人相对应的客观存在，是管理活动中必需的物质条件和物质成分的总称。物不仅仅指管理中的物质生产资料，而且指在管理系统中除人之外的那些作为管理对象的一切物质成分。我们也把财看作物，即看作物的价值表现。

现代管理要求任何一个组织都不能继续通过高消耗来获得组织发展的机会，而应把降低管理成本和生产成本作为挖掘组织发展潜力的基本途径，从而使组织更适应在严酷环境中的生存和发展。所以，管理好、使用好资金、物资设备和物质设施，是提高管理效益、降低管理成本的重要途径。科学地管理和合理地使用物资资源也将最大限度地提高效益。

第四节　时间管理

时间是一种很特别的资源，不管你如何对它进行调度，它都不会额外增加。个人管理时间的方式决定着管理者的成就和效率的高低。彼得·德鲁克曾说，要说卓有成效的管理者与其他管理者有哪些方面的不同的话，其最大的差别就在于他们对自己时间的管理方式不同。王莹（2012）指出，时间有两种意义：一是纯粹的、真正的时间，即客观物质过程的持续性；二是非真正的时间，即通过将某种外来物与被测物的物质运动过程做比较来测定它的变化速度，像这种客观的运动过程便获得一种时间标度，亦称时标。湛文情、袁传攀（2011）认为，时间管理并不是要把所有事情做完，而是更有效地运用时间。时间管理的目的是如何克服时间浪费，更好地把握时间，以便有效地完成既定目标。除了要决定该做些什么事情之外，另一个很重要的目的也是决定什么事情不应该做。邵兴和、张建峰（2011）认为时间管理的定义是："时间管理就是为提高时间的利用率和有效性而对时间进行合理计划和控制、有效安排及运用的管理过程。"

对于管理者来说，时间是他们最稀缺最宝贵的资源，因此，时间管理是保证高效执行力的重要因素。但是对于很多的管理者来说，他们都陷于对时间管理的苦恼之中，造成许多不必要的时间浪费，如临时召开会议，每每遇到这种情况，大家就得停下原来手中的工作而没有准备地参加会议，而造成的结果就是，每个人在会议上的发言得不到预期的成效；或者是管理者在办公室里工作时，不是电话不断就是下属不停地来汇报工作，打乱正常的工作进度，使得工作不能按时完成；有时候是因为做事情没有轻重缓急之分，没有安排好优先顺序，紧迫的工作没有抓紧时间完成，反而是处理了一些不紧不慢的小事。除此之外，没有明确的工作目标也是造成时间浪费的重要原因之一，管理者不明确眼前最需要达到的目标是什么，而总是忙于一些琐碎的事，这样时间就不知不觉地流失了，此类的管理者看起来很忙，但实际上对公司的目标执行完成却没有发挥其应有的贡献。时间管理的意义是如何面对时间的流动而进行自我管理，所持的态度是将过去作为现在改进的参考，把未来作为现在努力的方向，好好把握现在，运用正确的方法做正确的事。

一、做好时间管理计划

时间是一种独特且稀有的资源，它既不能被存储，更不能被更换，我们总是得以每分钟 60 秒的速度去消耗它。此外，时间也还是世界上最无情无义的东西，但对我们每个人来说它又是公平的。我们可以决定自己的时间如何来消耗，对时间进行有序安排和管理，而其中的途径就是计划。制订科学合理的时间管理计划是实现目标的重要保障。制订科学的时间管理计划，不仅能提高办事的效率，出色地完成任务，还能更早地实现预定的目标。

时间管理计划可适用于各个领域和群体，每一个工作人员都必须对自己的工作和领导的安排等进行规划，从而保证各项事务得以顺利开展。制订科学的时间管理计划的本质就是将未来带到现在，这样就能通过现在的行为而对未来的结果产生一定的影响。但是在实际的工作当中，大多数人的时间安排并不科学，甚至有些人是在不得已的情况下才认真进行计划，也许是感觉工作实在太多，或者是感觉工作太混乱，才会想到计划。虽然这种偶然地为满足某种特殊目的而进行的计划也是很有价值的，但这是在不得已的情况下才进行的，并不能够使计划发挥出其中的真正价值。当然，计划也只是"图样"，行动才是"施工"，只有两者的有机结合才能保证"时间管理大厦"的最终落成。计划一旦确定下来，我们就要严格按照计划实施，除非中间有大的变更，否则不能间断。这样自己才能成为时间的主人，事业的高塔才有稳固的根基。

执行能力专栏 5　　　　　　　**秘书的混乱时间管理**

小张是一家规模不大的私人企业的秘书，每天她要给老板草拟、打印、装订文件，公司开会时她要准备会议室和会议资料，老板还经常派她去上级机关送文件，去别的公司送样品，跟着老板去谈业务等。有时准备打电话给客户，却不知将电话号码记在了哪里；想翻阅一份旧文件，找遍档案柜也一无所获；与客户正在通电话，准备记下对方的要求，找了很久才找到纸笔……随着客户越来越多，工作也越来越烦琐。每天她都感觉事情多而杂，白天工作做不完，晚上还得带回家做，有时甚至要熬夜通宵才能把事情做完。结果第二天上班又不能集中精力，以致恶性循环，疲于应付。

图片来源：www.chinamishu.net.

在时间概念十分重要的当今社会里，工作效率越高，相应也就更容易获得成功。一般来说，高效率管理时间的白领人士都有这样一个共性：他们的办公桌总是井井有条，方便他们在第一时间搜寻到自己所需的物品。

可以看出，小张的时间管理很混乱。人的精力是有限的，大脑皮质的兴奋过程和抑制过程是交替进行的，如果一味工作，不注意休息，工作效果就不会好。小张要做好秘书本分，不仅需要提高工作效率，还应该注意合理安排休息，注意充分睡眠。其实，健康的休息不仅对精神有所调剂，而且还能让人从休息中获得启发，从而对工作有所促进。此外，睡眠也十分重要。从生理学的角度讲，睡眠负责调解人的中枢神经，对大脑皮质功能具有重要的保护作用，它能避免大脑皮质经受过度的刺激，使精神和体力得到恢复，从而能以最佳状态投入工作。

时间管理实质上是人的自我管理，也是一种动态管理。工作促使我们必须讲究章法，将资料、档案、电子邮件等格式化地进行归类整理，省却在关键时候带来的麻烦。一些公司开始强调"下班前5分钟"这个特殊时间段，如武昌一家商贸公司的墙壁上就有一条提示语："下班前5分钟，整理好你的办公桌，清清爽爽回家。"该公司副总经理李烽说，办公桌、包括电脑都很容易成为堆积过量资料的地方，每天只用下班前5分钟的时间进行简单整理，往往能取得事半功倍的效果，至少能为第二天的工作做好准备。

所以，坚持平衡原则，留有一定余地，注意生活的整体平衡，考虑多方面的因素，是求得时间管理最佳效益的重要环节。"文武之道，一张一弛"，唯有注意劳逸结合和精力的调节，才能提高工作效率，争取更多可用的时间。

资料来源：作者根据多方资料整理而成。

二、管理者有效的时间管理

（1）分清轻重缓急及优先顺序。分清轻重缓急及优先顺序要做的第一步就是记录一周的工作生活，包括那些正在处理的任务，以及你是如何对它们进行选择的。ABC法可以说是任务排序法的鼻祖，它不仅常常被时间管理专家所称道，还被许多热衷于对生活进行规划的人们所采用。简而言之，所有的任务都可以按A、B、C进行划分：

A级任务是最重要且紧急的任务，约占总任务和工作总量的15%，这是你必须集中精力和时间完成的任务。对于所要达到的目标而言，其真正的价值达到

65%，A 级任务的关键就是要马上去做，立即行动。这种任务通常是十分重要的，它对达到目标有着重大的价值，是不可委派他人去做的。

B 级任务是次要任务，约占总任务和工作总量的 20%，其完成任务的价值也是 20%。B 级任务虽说没有 A 级任务那么重要和紧迫，但它们也是不能被忽视的，这样的工作可以自己做，也可以委派给工作能力比较强的下属去做。

C 级任务是指那些不太重要或是不重要不紧急的任务，约占总任务和工作总量的 65%，可完成这些任务的价值只有 15%。这种任务必须委派出去，这样可以有效地减少管理者的工作量，以便其有更多的时间来完成 A、B 级的任务。

（2）充分授权。授权也是时间管理的有效途径之一。管理者也许会想，授权给别人也许会花费更多的时间和精力；也担心下属在工作上是否会出错，甚至担心他们会功高盖主。一个优秀管理者的顶尖技能不在于其他，而是在于培训员工的能力。要做到合理授权，并使得授权发挥其所应有的作用，就要遵守以下几个原则：一是选择合适的授权人选。对某人进行某项工作的专门性培训，做到胸有成竹。如果可能的话，尽可能地全部授权，而不仅仅只是那些你自己不愿意去做的部分。如果对于下属来说这么做有些困难，那么就先从部分授权着手进行。二是明确任务，确定你想要达到的预期结果，并提供适当的示例和指导。三是明确提出工作开始和结束的时间，中途可以安排时间见面就进度和当中存在的一些问题进行讨论，以便得到及时的反馈。四是确定被授权者能够理解并且支持将要接手的任务或项目，并给予他们完成这项任务的权力。

（3）更有效地管理会议。在商业组织中，会议是最大的时间浪费者之一，但它们同时又是传达信息的重要工具。但这样就产生了与会议有关的一个问题：除非你准备得非常谨慎小心，否则，会议很有可能会拖延很长的时间，而且偏离主题，让人们躁动不安。下面就以上问题提出几点建议：首先，应当事先预定好相关计划并做好充分的准备。最好在会议召开前的一个星期就把议事日程和附随的文件拟出来并发放下去，这样与会者就会有时间了解并熟悉这些议题的相关内容，从而减少很多不必要的时间浪费并使会议更有效地开展。其次，让与会者了解会议的目的和目标。这一要点虽然简单但在一些商业会议上却常常被忽视。要知道如果每个与会者都知道其预期的结果，那么会议也会有更高的效用。最后，鼓励与会者之间进行有效的沟通与交流，积极提出建设性的观点。如果与会者都能把小组的任务视作他们自己的一部分责任，那么会议的讨论不仅会更集中，更节约时间，而且不容易发生冲突与误解。

（4）抵制干扰。工作干扰是合理安排时间的一个主要障碍。工作干扰并不是侵占了你的工作时间，而是将其原有的工作秩序给打乱了，这样你就得停下手中的工作，先去处理某件事情，而等处理完了之后又重新做原来的工作。要做到抵制打扰，你需要采取一种比较坚决的态度，这样才能发挥其真正的效用。

第五节　随机应变

我们都知道，在执行计划的过程中环境会不断地变化，我们要使团队实现目标，就必须要有随机应变的能力。所谓随机应变，就是在按照目标实行的过程中遇到问题可以灵活多变地处理，不一定要固守章程。以下就按管理者、个人和企业的随机应变分别进行讲述。

一、管理者的随机应变能力

管理者要提高自己的应变能力，即组织行为学中的权变理论，要根据现实的情况改变管理者的策略。应变能力是一种综合能力，它与其他方面的能力既有联系又有区别，可以说是管理者各种能力的集中表现。但是要怎样提高自己的应变能力呢？

（1）很好的洞察能力。通俗地讲，洞察能力就是透过现象看本质；而用弗洛伊德的话来讲，洞察能力就是应变能力，洞察力就是变无意识为有意识。就这层意义而言，洞察力就是"开天眼"，就是学会用心理学的原理和视角来归纳和总结人的行为表现。最简单的就是做到察言、观色。其实洞察力更多的是掺杂了分析和判断的能力，可以说洞察力是一种综合能力。管理者想要谋求发展，必须具有极强的发现新兴事物和现有事物发展方向的个人能力，否则只能跟在别人之后，企业也很难有大的发展。

（2）快速的反应能力。应变能力即管理者在遇到突发事件的时候，在思维过程中当机立断和解决问题的能力。简单来说，就是企业在遇到紧急情况时，被动接受可能会给企业带来负面的影响，但又没有时间进行仔细的推敲，这时候就需要快速的反应能力，果断地进行决策。所以，反应能力讲的是适时和时机，因为问题的解决要靠多方面的影响。

（3）准确的判断能力。分析判断能力是指人对事物进行剖析、分辨、单独进行观察和研究的能力。判断能力较强的人，往往技能有专攻，在自己擅长的领域里有着独到的成就和见解，并进入常人所难以达到的境界。同时，分析判断能力的高低还是一个人智力水平的体现。分析能力是先天的，但在很大程度上取决于后天的训练。准确的判断能力是实施应变能力的基础。

（4）科学的思维能力。科学的思维能力是管理者应变能力的核心。科学思维，即形成并运用于科学认识活动、对感性认识材料进行加工处理的方式与途径的理论体系；是真理在认识的统一过程中，对各种科学的思维方法的有机整合，是人类实践活动的产物。管理者在科学认识活动中，进行科学思维必须遵守三个基本原则，即在逻辑上要求严密的逻辑性，达到归纳和演绎的统一；在方法上要求辩证地分析和综合两种思维方法；在体系上，实现逻辑与历史的一致，达到理论与实践的具体的历史的统一。只有做到这三个方面，管理者才能提高自己的思维能力，从而提高自己的应变能力。

（5）果断的决断能力。决断能力是指能明辨是非，迅速而合理地做出决定。具有决断能力的管理者能合理地考虑工作的目的及达到目的的方法，懂得决定的重要性，并清醒地预知可能的结果。管理者的决断能力具体表现在：对事物反应灵敏，判断准确而坚定，当行则行，当止则止，办事公道，赏罚分明。

（6）乘势决策能力。管理者要有巧妙地用"势"的能力，必须要顺应时代发展的要求，符合时代发展的需要，并根据客观存在的规律，做出正确的决策。决策者只有充分认识时代，认清时局，分辨时势，把握时机，明确自己的位置和目标、面临的机遇和挑战、影响自己的有利条件与不利因素、现实困难与潜在威胁、主要问题与深层矛盾，进而因势利导，趋利避害，努力创造有利条件，才能把握机遇，取得成功。因此，要把握历史发展的主旋律，提高乘势决策能力，从而提高管理者处理突发事件的能力。

（7）超常的镇定能力。管理者在遇到突发事件时，要具有超强的镇定能力。在突发情况下人们可能会发生心理和身体的不适应，导致紧张和不理智，如果管理者在精神上先乱了阵脚，那么一切思考、判断、指挥、决策都会大受干扰，甚至无法进行。这时管理者就应该有超常的镇定能力，要有过硬的心理素质，从容不迫地处理突发情况。

二、个人的随机应变能力

应变能力是当代人应当具有的基本能力之一。在当今社会中，我们每个人每天都要面对比过去成倍增长的信息，如何迅速地分析这些信息，是人们把握时代脉搏、跟上时代潮流的关键，这就需要我们具有良好的应变能力。另外，随着社会竞争的加剧，人们所面临的变化和压力与日俱增，每个人都可能面临择业、下岗等方面的困扰。努力提高自己的应变能力，对保持健康的心理状态是很有帮助的。我们可以通过下面这些方法来提高个人的应变能力。

（1）参加各种有挑战性的实践活动。我们在实践中能够不断获得提高应变能力的方法，并且不断提高我们的应变能力，我们在实践中处理挑战性的问题和困难的过程，就是我们不断提高应变能力的过程。

（2）与形形色色的人交往以增强自身的社交应变能力。扩大自己的交往范围，与不同的人交往有两方面的好处：一是我们可以从不同的人身上学到不同的应变能力；二是我们与不同的人打交道，必须要应对各种不同的人，这样就可以提高我们的应变能力。这其实就是一个实践的过程，只有学会应对各种各样的人，我们才能应对各种各样的复杂环境，才能更深层地应对各种社会问题。

（3）提高自我心理素质，提高自身修养。在面对困难和突发事件时，我们要有良好的心理素质，保持平静的心态，只有提高自身的修养，才能更加从容不迫地处理各种问题。

（4）改变自身的不足之处。我们要改变自身不好的习惯和惰性。主要包括以下几个方面：你打算做一件事情，但就是迟迟不行动，与此同时，有更吸引你的事，使你顾"此"失"彼"；有时埋怨自己拖延时间，但总为拖延找借口；你也觉察到拖延时间的害处，可仍在拖延已经决定要做的事；有时勉强干一件事，干了一部分，还需要再努力才能完成时，你却放弃努力。要是有这些不好习惯的存在，优柔寡断、执行力不够就会使你的应变能力下降。所以我们要改掉这些不好的习惯，不半途而废，要有不达目的不罢休的精神，这样应变能力才会增强。

（5）加强学习，不断提升业务素质水平和能力。几乎所有企业领导人都应该会认同，优秀人才必备的条件之一，就是拥有不断学习的能力。尤其是大环境不停变动，现有知识很快就不足以应对明日的工作挑战，所以，不断重新学习绝对是必要的。此外，快速学习，并立即运用在工作上也很重要，具备这样能力的人，最容易受到企业的青睐。

执行能力专栏 6　　　　　　**报社记者的应变策略**

　　在记者的工作中，最有意义同时也是最富挑战性的就数获取新闻线索和相关信息了。以往的新闻传播教育虽然也提供了不少发现新闻线索的方法，但在知识经济迅猛发展的今天，仅靠这些传统方式已经远不能适应社会发展的要求，要找到好的新闻线索，还必须具备较强的获取和处理信息的能力。因此，记者有必要掌握一些情报学和信息学等方面的知识。

图片来源：www.gapp.gov.cn.

有这样一位报社记者，他的采访报道能力很强。有一次，报社准备推出一个系列报道，他接受了一个采访任务，要对一位将军进行采访，可是，无论他用什么方式，都无法联系到那位将军。时间已经很紧迫了，如果对将军的采访不能完成，那么整个报道都要废弃了。就在走投无路的时候，他突然得知，那个将军将在下午出席一个会议，而这次会议是允许记者进场的。

抱着一线希望，他来到了会场，一进门他就发现他原来的想法太简单了：会场上都是对号入座，而将军坐在中间不好靠近，根本没机会和他说话。

面对这种局面，记者还是没有死心，他保持住平静的心态。他知道不能再拖延时间了，他对自己说可能一会儿就会有转机，现在就处于还需要再努力一点就能完成的时间，不能在这时放弃努力。于是他细心地观察了好一会儿，终于发现一些端倪，他发现将军正在不停地喝水，这时他突然灵机一动：既然将军喝水这么多，过不了多久肯定要上厕所，我到厕所等他不就有机会了？果然，他在厕所的门口把将军"逮"到了，仅仅用了几分钟就完成了采访，此次行动以成功收场，记者最后顺利完成了采访任务。

应变能力是"应对突然变化的情况的能力"。应变能力包括反应能力、判断能力、决断能力、行动能力。反应能力平时很常见；判断能力是应变能力中最为关键的一项，因为判断准确与否，关系到事情的全局；决断能力是应变能力中不可缺少的一项，犹豫不决是行动中的大忌，与其相反的则是当机立断；行动能力是应变能力中最重要的一环，因为再多的创意、判断、决断，最后还是要落实在行动中。

报社记者在这次采访中冷静思考、随机应变，充分把握机会，快速反应，判断准确，果断决策，行动迅速，最后以其良好的应变能力取得了最终的胜利。一个真正有智慧的人，不会因为问题的出现而停滞不前，而是会不断要求自己，随机应变，想尽办法，不达目的不罢休！

资料来源：作者根据多方资料整理而成。

三、企业的随机应变能力

随着产品同质化程度的加剧，企业之间的竞争也日益激烈，而这种竞争很多时候体现在企业的应变能力上，要求组织运作能够高效、快捷，面对风云变幻的市场环境能快速做出反应。现代组织是在一个变化多端的复杂环境下运作，而管理则在这样一个内外环境条件下运作。

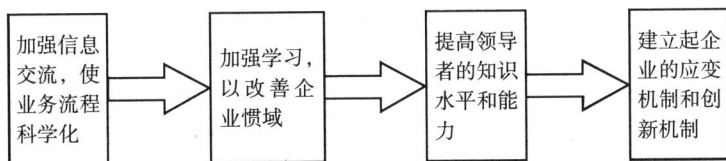

加强信息交流，使业务流程科学化 → 加强学习，以改善企业惯域 → 提高领导者的知识水平和能力 → 建立起企业的应变机制和创新机制

图 11-4　提高企业应变能力的途径

（1）企业必须加强与外部环境的信息交流，符合主旋律，遵循客观规律，使其业务流程科学化。外界信息会给企业带来新知识、新方法、新需求，这些都为企业的发展和提高企业的应变能力提供了方法和思路。企业要打造成为能够适应外部环境的快速变化、应变能力强的组织，就需要不断优化其业务流程。这就促使企业的管理理念和经营思路要不断改善，让组织结构转变成为流程管理的控制，并采用科学合理的方法，设计更新改造企业的业务流程，尽量把企业的内耗消除掉，让企业各个部门及各个工作环节都能够有效地为企业总体目标服务，整体上提升企业的应变执行力。

（2）利用组织学习，改善企业惯域，增加企业惯域"突变式"变化的可能性。学习是一个不停歇的过程，不管是对人而言还是对组织而言都是必不可少的。组织学习理论认为，"组织学习是组织不断努力改变或重新设计自己以适应不断变化的环境的过程，是组织创新的过程"。组织为了实现发展目标、提高核心竞争力而围绕信息和知识技能所采取的各种行动，是组织不断努力改变或重新设计自身以适应持续变化的环境的过程。

（3）通过提高领导者的知识水平来提高企业的应变能力。在市场多变的经济环境下，集体决策机制被很多的现代企业所采纳。因此，企业领导者是否具有良好的应变能力，就能够反映该企业是否对外部环境变化具有随机应变的能力。对于一个企业而言，有一个应变能力强的领导者是至关重要的，企业发展的关键就在于这个企业领导者的能力，也就是说企业应变能力的提高关键在于领导者的知识水平。

（4）要建立起企业的应变机制和创新机制。要建立起一个企业与环境之间持续反馈互动的企业制度。企业处在一个动态的环境变化系统中，企业需要找准与自身相关的各种信息，这样才有可能在多变的环境中辨别出企业现存的机会、优势、威胁以及劣势，并据此制定合适对路的战略，构建起强大的随机应变能力。例如，有些企业建立了顾客调研制度、通过各种途径与顾客的双向沟通制度等，就是企业应变机制构建的内容载体，是较好的办法。创新可以说是企业适应内外部环境改变、提升企业应变能力的重要手段之一。很多人都习惯规避风险，这样会比较稳妥，企业中也比较缺乏主动创新的员工。企业要提高应变能力，非常需要建立起相关的创新机制，如企业内部的竞争机制及对员工的激励机制等。

当企业经营出现突然或意外情况时，要能做到以下四点：

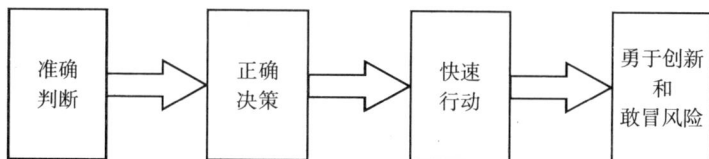

图 11-5　企业随机应变的一般流程

（1）准确判断。当遇到突发情况时，我们必须依据现有知识和以往经验，依据我们获取的信息对变化情况做出判断。

（2）正确决策。做出了判断之后，我们要做的就是做出决策，到底这次突发情况给我们带来的是机遇还是挑战，到底我们应该积极应对还是随遇而安，到底我们应该放弃机遇还是抓住机遇？这些问题需要我们做出正确的决策，才能使企业有更好的发展。

（3）快速行动。做出决策之后我们就应该快速行动。在现代企业竞争激烈的时代，如果不快速行动，就会坐失良机。只有快速行动，才能更好地应对突发状况。

（4）勇于创新和敢冒风险。管理者要能够敢于冒险，因为对于突发事件而言，我们对它的了解还不够，又容不得进行反复研究，多方收集资料后再做反应，所以这样做出的决策要冒很大风险。可是我们要不敢迈出这一步，就会坐失良机，所以企业管理人员要敢于冒险。

【章末案例】　　　　　　　**万科地产高效执行的采购管理**

在市场经济发展的今天，采购管理越来越引起房地产企业的重视，逐渐成为了有效提高企业竞争力的关键因素。采购管理是房地产开发整个过程中的重要环节，对房地产质量、项目成本和项目工期目标有着直接的影响。

图片来源：www.vanke.com.

房地产企业采购与其他行业的采购相比，具有下面的特点：采购是"零库存"的；采购的关联方非常多，交易极其复杂；采购种类很多，采购方式也是多样的；项目的独一无二性决定了战略采购实施的困境；房地产市场开发的区域性，导致了房地产业及建材业采购的相互制约；管理相对粗放，专业化的程度也比较低。

万科地产作为中国地产业的领头企业，其采购管理也是成功的典范，主要特色如下：采用了多层次的采购模式；建立了统一的采购战略；搭建了电子商务采购平台，使企业内部和外部的信息沟通得到加强；确立了"战略供应商"的概念。

一、万科采购的发展状况

万科在发展初期的时候，采用的是分散的采购模式，其议价力不高。1992年，万科开始确定其主要业务的发展方向为城市中高档居民住宅成片开发。进入1999年，万科成功调整转型后，进行了快速的扩张。采购的额度也同时随着这种扩张而加大，不断上升的成本严重影响了企业利润的增加，采购管理至此成了万科地产重点进行改革的部分。

2000年，万科建立了中城联盟，此事件是万科开始运用电子商务平台进行统一采购的标志。万科与几大房地产企业率先组建了中城联盟，主要目的就是降低大规模的招标成本，提升招标过程采购管理的执行效率。1999年12月，"中国城市房地产开发商协作网络"正式成立于北京。中城房网主要承担四个方面的功能：信息资源共享、协同学习培训、集体规模采购以及共同融资。2000年5月，联动电子商务有限公司成立，万科统一采购的电子商务平台www.ahousing.com也随之产生。万科集团有明确的规定，强调每个分公司的采购都要在互联网上完成，利用互联网的特性，大幅度地提高采购的效率。另外，招标的相关文件也都是在互联网上生成的，全部的交易资料都汇聚到了网上，有效提高了交易的清晰度和透明度，而且资料保存完整，利于管理，避免了历史资料由于人员或机构变动而可能丢失的风险。

2001年，万科《材料设备采购规定》问世，这一规定变成了万科采购管理中的标志性事件。此规定清楚界定了万科"统一采购"的总体性原则，万科采购模式从此便分成四级，如图11-6所示。

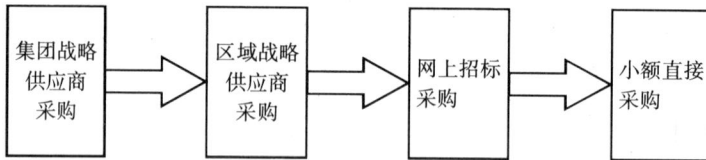

集团战略供应商采购 → 区域战略供应商采购 → 网上招标采购 → 小额直接采购

图11-6　万科四级采购模式

（1）集团战略供应商采购。《材料设备采购规定》出台之后，"战略供应商"一词开始在万科蔓延。依据不同范围以及不同的合作级别，战略供应商划分为集团战略供应商和区域战略供应商，集团战略的采购协调不同区域采购之间的合理配置。万科与百安居（建材巨头）在2006年签订了战略采购的合作意向，构建了战略联盟，至此北京万科的建筑装修等材料全部直接采购于百安居，而这样的战略合作使得万科能够从供应商的手上购买到比过去的价格低得多的材料。

（2）区域战略供应商采购。万科目前的业务涵盖了包括长三角、珠三角、环渤海等在内的三大经济圈和中西部地区，总共53个大中型城市，所有的分公司都是直线受命于万科总集团，同时为了各个分公司能够有其自身的灵活性，万科集团支持各地分公司在自己的区域内建立战略合作供应商。因为区域采购可以最大限度地降低运输成本，同时由于房地产项目本身的区域性及独一无二性，保持项目的相对独立可以提高经营效率。

（3）网上招标采购。万科经过多年的发展和积累，网上招标已经成为其重要的采购方式，非常关键。用招标方式来进行采购，其关键之处就是高效完成交易，以一个合理并使人满意的较低价格来购买其所需的高质量产品，并能够享受到最好的售后服务。互联网以及电子商务仅是一种载体、一种工具，使用它可以对企业的流程改造有很大帮助。

（4）小额直接采购。由于项目的施工现场仅存在零星需求，万科最后选择进行小额直接采购。针对小额采购的相关范围，万科明确地规定其最高金额为10万元。至于施工服务的采购项目主管的初选要在三家施工队伍以上，如果做不到应该说明理由。工程部再对初选的队伍进行审定、取舍和补充。

二、万科的采购职能战略

（1）三线架构的集中采购与分散采购共存。2006年，由于进入全面的高速扩张时期，万科集团也正在秘密进行一系列相关的"热身"动作。万科出台了全新的整体管理结构，在调整前是从集团总部到市级分公司的直接二级架构，调整后变为从战略总部到专业区域再到执行一线的全新的三线架构。

从它的组织结构我们可以清晰地看到，万科将采购职能分为了三种，分别为项目现场采购、区域"小万科"的独自采购以及最高的集团采购。这种全新的组织结构，由于万科总体的采购控制权被保留，所以更有利于公司的大型大额采购和集中采购，因此公司的整体成本实现了优化管理。同时，万科分放权力给各个分公司，维持了各分公司的采购灵活性，激励了各分公司在各个区域发展供应商，更重要的是使所有项目得以顺利有序进行。另外，万科集团的这种分放权力的措施更加有利于公司的项目管理部门对小额产品和易消耗品的采购，缩减了大量的决策过程和时间，节省了许多行政成本。

（2）运用质量管理来规范采购流程。2003年开始，万科推出"磐石行动"，目的是全面提升其产品质量水平。起初，万科集团的领导层是为了加强对工程质量管理以及维护万科产品的专业统一品牌才推出此行动，但随着房地产业的不断发展，万科的"磐石行动"带动了各个房地产企业对工程质量的关注，并开始展开对零缺陷的追求，因此达到了精简业务流程、提高产品标准、保证项目品牌的目的。由于"磐石行动"的全面推动，万科集团建立起了一整套的高效管理流程，并使其与工程监理、工程承建商、材料供应商以及设计单位等直接相关对象确定了合理规范的合作制度。万科编制了高质量的验收标准，采用国际通用的满意度标准作为公司各个项目楼盘质量的衡量标准，万科集团与其合作的供应商建立了良好的战略合作伙伴关系，并且建立了一项严格的双向评估机制，加强了对采购流程的监督。

（3）专业、透明、有效采购，严格控制采购成本。房地产建设成本中包括采购成本，严格控制采购成本是房地产企业经营的一大重要战略，所以其成本高低直接影响企业获利的多少。因此，万科虽然给其分公司采购管理的权力，但对其采购的控制权还是掌握在集团手里。万科认为，要获得大的议价力就要有大的采购规模。因此，万科集团利用其自身优势去改造公司的采购模式，采用全新的采购方案，大大提高了交易的透明度，扩大了其合作的供应商的选择范围，在保证双方利益的同时减少了采购成本，也保证了项目产品质量，还相应地提高了其工作的效率和水平。

所以，万科一是尽力完善采购制度，想出最适用的采购办法及推出合理有效的各种制度，使采购过程透明化和专业化；二是进行网上招标，争取通过对电子商务的改造来节省一些谈判成本，减少甚至杜绝暗箱操作，使得集团的采购效率得以有效提高；三是通过财务监督牢牢控制各个地方的财务权，使其采购成本在合理有效的财务监控范围内。

三、万科采购供应商管理

供应商是为其提供原材料、设备或者其他资源的实体单位。而供应商管理就是对供应商进行选择、开发及控制等的一种综合性管理。供应商管理的目的是企业与供应商建立良好的合作关系，保证企业所需各类物资的不断供应。

供应商的选择几乎对所有的房地产企业来说都是采购管理中的重中之重。万科选择供应商时主要考虑以下因素：

（1）保证合适的产品质量。在房地产行业中，一个企业所采购物资的质量不仅影响该企业项目的开展和经济效益，还可能会导致严重的事故，影响消费者的生活还有健康。如何保证产品的质量自然而然也就成为了企业在选择供应商时首先考虑的因素。

（2）房地产企业所生产的项目直接受成本采购价格高低的影响，而这也影响了房地产企业的经济效益。万科特别注重采购的价格和项目总成本的重要联系，深知最合适的价格不是最低的价格，所以企业采购部门在寻求最高的性价比时必须根据项目和供应商的情况，合理地选择最优的供应商。

（3）如何保证交货的及时性。交货的质量、供应商的交货期也是重要的影响因素，同时也是房地产企业的项目顺利进行的重要保障。所以万科会综合供应商的以上各种条件，由此选出最合理的供应商。

（4）如何提供优良的整体服务。提供好的产品对企业来说固然是十分重要的，但是配套的服务水平也不容忽视。所以万科在选择供应商时会综合考虑其内部生产的各环节能否配合万科项目采购部的各项工作，以此来顺利推进项目。

万科主要从三个方面来考量供应商的认证评审：一是供应商的基本条件评审；二是供应商所提交资料的评审；三是供应商现场状况的评审。

供应商的基本条件包括四个方面，分别是信誉状况、生产供应能力、产品品牌及质量保证。信誉状况主要是供应商在以往的业务中无不良行为以及欺诈行为等记录，对此的验证先由供应商自身做出书面承诺，然后的核实对照由万科采购部来进行；产品品牌是指供应商在其领域上的市场地位是否符合万科需求的产品品牌；而质量保证是供应商提供的产品质量是否通过质量检查，并且出具相关的检测报告。

供应商提交的资料有：企业的管理体系、现今的运转状况、业务的销售状况及工程业绩的情况，而万科对供应商所给予的资料分两个方面进行评审。是否通过 ISO9000、ISO14000 其中任何一个认证是对管理体系进行评审的关键；销售评审主要针对供应商销售市场占有情况及销售体系建立情况，而这主要是供应商所销售产品在市场上的占有份额和影响力。

供应商的现场状况体现了供应商合作愿意度、管理的科学合理程度、是否能提供高质量的产品、能否提供良好的生产线以及环保的状况。万科根据与不同供应商的洽谈沟通情况，如接待态度及沟通的积极性来判断其合作的意愿程度；还根据对现场的各种检验，如通过对原材料的进场情况、产品的检验情况还有员工的工作状态等来判断管理的科学性；以及根据它运行流程的清晰度、职责分配等指标来判断其质量管理的现今状况；同时还根据其生产数量和设备的先进程度来判断其生产线的状况；而判断该企业的环保状况可以依据工作环境、安全措施实施情况及废料处理情况。

万科优秀的供应商管理不但体现在制度选择上，而且还有一大特色是对评审合格的供应商进行定期评估。而对于正在合作以及需要支付款项的供应商，完成支付的先决条件是万科的项目经理在付款申请提交前完成对其的评估。

万科不仅对供应商进行定期的评估，而且对供应商的动态进行评估，万科的动态评估机制由过程评估和后评估两部分组成。关于过程评估，主要考察的是供应商提供产品的质量、供货情况及其全过程的配合情况。万科的后评估主要考察的是供应商的配合度和后续服务，如保修和投诉处理等。

资料来源：作者根据多方资料整理而成。

【本章小结】

从古至今，人之所以有成败与强弱之别，不在于理想规划，不在于个人天赋，关键就在于成功者善于将理想付诸行动，拥有更强的执行力。企业也是一样，在当今这个信息技术高速发展的时代，企业的优势竞争力已不仅仅依赖于战略。只有做得比别人更好、落实得更彻底、执行得更有成效，企业才会卓尔不凡，拥有傲人的竞争力。本章先是介绍了执行力的内涵和分类，阐述了管理者与执行力的关系以及提升执行力的相关做法，从而引出执行力的四大影响要素：快速反应、效率管理、时间管理和随机应变。然后介绍了快速反应的内涵、企业快速反应能力的构成要素以及企业快速反应能力的培育；介绍了效率管理的特点、过程以及提高效率管理的做法，即提高人的效率和提高物的效率；介绍了时间管理的重要性，时间管理计划的制订，管理者有效的时间管理；介绍了管理者随机应变能力的构成要素，提高个人随机应变能力的做法，企业随机应变能力的提升路径和一般流程。

【问题思考】

1. 从"小洋人"的发展之路看执行力应该注意哪些要素？

2. 什么是执行力？执行力的分类有哪些？与管理者的关系是怎样的？

3. 高效执行力的四大关键是什么？你认为企业如何做到强有力的执行？

4. 企业如何建立快速反应体系以及如何培育企业的快速反应能力？

5. 效率管理的步骤是什么？企业如何提高管理效率？

6. 如何做好时间管理计划？管理者怎样管理自己的时间？

7. 管理者、员工以及企业如何做到随机应变？

第十二章　管理创新

【学习要点】

☆ 理解管理创新的定义与作用；

☆ 了解管理创新的内容及特点；

☆ 知晓管理创新的各种策略；

☆ 掌握商业模式创新的种类；

☆ 了解物联网、云计算与大数据。

【开章案例】　　　　　华为手机：自主创新之路

　　2013年《财富》杂志世界500强企业中，华为排行全球第315位，与2012年相比上升38位。这不得不说是华为全体成员为之努力的结果。目前，华为在全世界家喻户晓，其产品和解决方案已经应用于170多个国家和地区，服务全球运营商50强中的45家及全球1/3的人口。

华为全称为华为技术有限公司，总部位于中国广东省深圳市龙岗区坂田华为基地，成立并注册于1987年，主营手机业务，当然也涉及交换机、软件等行业，是我国的保护商标，全球最大的电信网络解决方案提供商之一，承担着全球著名电信基站设备供应业务，也是全球最大的通信设备、智能手机供应商之一。

图片来源：www.huawei.com.

一、华为的发展历史

1987年的华为技术有限公司，仅仅是一家生产用户交换机（PBX）的香港公司的销售代理。华为从创立开始，就选择了一条最为艰辛的道路：自主研发和创新。1989年，华为自主开发PBX，随后推出C&C08数字程控交换机，同期销售额达15亿元人民币。在20世纪末期，华为推出了无线GSM解决方案，并将市场拓展到中国主要城市；与国际上的一流研发公司合作，成立了联合研发实验室。2003 年 6 月，华为通过了 CMM4 级认证。

2007 年，华为合同销售额达 160 亿美元，其中海外销售额 115 亿美元，且在当年中国国内电子行业盈利和纳税排名中名列第一。2008 年，华为合同销售额达 233 亿美元，又在当年中国国内电子行业盈利和纳税排名中名列第一。同年，华为公司成为世界专利"申请数量"（非核准）年度最多的公司，结束了飞利浦垄断长达十年之久的"霸主"地位。2009 年，华为合同销售额达 300 亿美元，国内首次突破 100 亿美元，达到 215 亿美元。华为发布的 2011 年上半年业绩显示，上半年销售收入达 983 亿元人民币，同比增长 11%；营业利润达 124 亿元人民币。

2013 年，华为构筑的全球化均衡布局使公司在运营商网络、企业业务和消费者领域均获得了稳定健康的发展，全年实现销售收入 2390.25 亿元，同比增长 8.5%。

二、快速发展的华为

现在的华为已经在德国、瑞典、美国、印度、俄罗斯、日本、加拿大、土耳其、中国等地设立了 16 个研究所，进行产品与解决方案研究开发的人员约 70000 名（占公司总人数的 45%）。华为在 ICT 领域的关键技术、架构、标准等方向持续投入，致力于提供更宽、更智能、更高能效的零等待管道，为用户创造更好的体验。华为还在未来 5G 通信、网络架构、计算和存储上持续创新，取得了重要的创新成果，同时和来自工业界、学术界、研究机构的伙伴紧密合作，引领未来网络从研究到创新实施。另外，华为与领先运营商成立了 28 个联合创新中心，把领先技术转化为客户的竞争优势和商业成功。

截至 2013 年 12 月 31 日，华为累计申请中国专利 44168 件，累计申请外国专利 18791 件，累计申请国际 PCT 专利 14555 件，共计获得专利授权 36511 件，并加入全球 170 多个行业标准组织和开源组织。

华为将主流国际标准与产业紧密结合，与全球主流运营商密切合作，为做大 ICT 产业做出了贡献。例如，华为推动 WRC-15 为 IMT 新增至少 500MHz 全球频段，发布 5G 技术 Vision 白皮书；在 SAE/PCC 领域推动网络能力开放、Service Chaining 等重要议题；领跑 NFV 标准，推动 ICT 融合标准生态环境；促进 Carrier SDN 产业孵化；推动更易互联互通、适当增强的 IP/Internet 领域安全原则；引领 Flex-OTN 标准，是 100GE/400GE 以太网标准的主要贡献者；在 IEEE 802.11 启动和引领下一代 WiFi 标准的研究。

三、华为的启示

一是坚持自主创新品牌不动摇。华为从创立之初，就将创新视为企业生存发展的必备条件和唯一竞争优势。在企业刚刚成立并代理香港生产的用户交换机（PBX）时，华为就积极探索并进行自主研发。功夫不负有心人，两年之后，华为自主研发的交换机销售额高达 15 亿元人民币。

二是在国内采用新的销售渠道。与绝大多数企业销售电子商品和物品不同，华为的销售渠道不是采用从大城市出发，以高端消费引领销售的渠道。而是采用毛泽东式的农村包围城市的销售方式。华为从生产产品开始，便在农村布点，把产品主要销售给农村，以获得一定的销售量和知名度。在此基础上，把产品由农村转向城市。可谓销售渠道独特，具有创新之处。

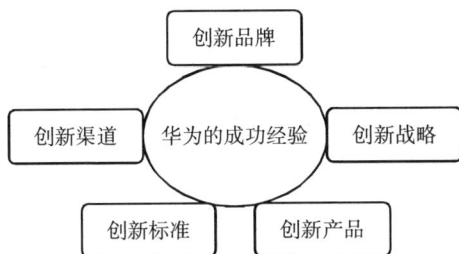

图 12-1　华为的管理创新经验

三是以全新的战略眼光积极拓展海外市场。华为在印度班加罗尔设立研发中心，成为中国移动全国 CAMEL Phase Ⅱ 智能网的主要供应商，该网络是当时世界上最大和最先进的智能网络；在瑞典首都斯德哥尔摩设立研发中心，合同销售额超过 26.5 亿美元；在美国硅谷和达拉斯设立研发中心；等等。

四是加入国际电信联盟（ITU）并取得新的国际标准。华为通过了 UL 的 TL9000 质量管理系统认证；为中国移动部署了世界上第一个移动模式 WLAN；与 3Com 合作成立合资公司，专注于企业数据网络解决方案的研究；在世界各地部署了 1 亿个 C&C08 端口，创造了行业纪录；通过了 DNV（DET NORSKE VERITAS）的 ISO14001 认证。

五是以全球化的眼光进一步加强自主创新。作为欧盟 5G 项目主要推动者、英国 5G 创新中心（5GIC）的发起者，华为发布 5G 白皮书，积极构建 5G 全球生态圈，并与全球 20 多所大学开展紧密的联合研究；华为发布了全球首个以业务和用户体验为中心的敏捷网络架构及全球首款敏捷交换机 S12700，以满足云计算、BYOD、SDN、物联网、多业务以及大数据等新应用的需求；华为

Ascend P6实现了品牌利润"双赢"，智能手机业务获得历史性突破，进入全球TOP3，华为手机品牌知名度全球同比增长110%。

资料来源：作者根据多方资料整理而成。

第一节　管理创新的定义与作用

在国外，创新可分为"计划"和"非计划"两个派别。"计划"学派的代表人物是 Dosi、Joe Tidd 等人，该学派认为，企业开发新产品过程的技术和手段并不是随机的，是在界限清晰的框架里形成并有序发生的；"非计划"学派的代表人物是著名的管理学家 James Brain Quinn、Alan G.Robinson、Sam Stern、Felix Janszen 等人，该学派认为创新的条件是不受约束的。

在国内，提起创新，很多人会想到"创造"和"发明"。其实，创新不仅仅是创造和发明。创新在词典中的解释是，以现有的思维模式提出有别于常规或常人思路的见解，利用现有的知识和物质，在特定的环境中，本着理想化需要或为满足社会需求，改进或创造新的事物、方法、元素、路径、环境，并能获得一定有益效果的行为。创造是把以前没有的事物产生出来或者制造出来，是有意识地对世界进行探索性的劳动。发明是运用自然规律，为解决技术领域的问题而提出的创造性方案、措施和结果。因此，从创新、创造和发明的定义来看，三者之间既有联系，又有区别，具体如图 12-2 所示。

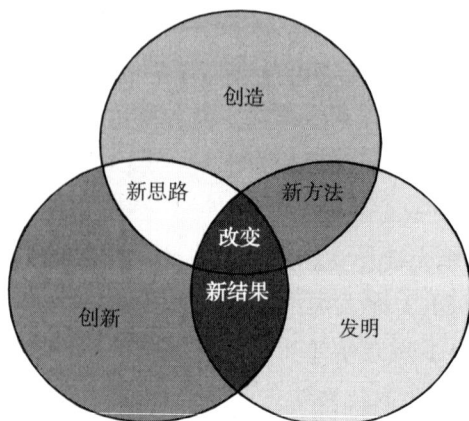

图 12-2　创新、创造、发明三者的关系

一、管理创新的定义

谈到管理创新，就不得不提到著名的经济学家约瑟夫·熊彼特。他于 1912 年首次提出了"创新"这一概念。约瑟夫·熊彼特认为，"创新"（Innovation）是将原始生产要素重新排列组合为新的生产方式，以求提高效率、降低成本的一个经济过程。

这一定义把创新与发明进行了区分，创新与发明有着本质的区别。在约瑟夫·熊彼特看来，创新是把生产要素进行重新的排列组合。在原材料不变的情况下，可以是排列顺序的改变或者是排列方法的改变。而发明则不同，发明需要有不同的东西或样式。

自从约瑟夫·熊彼特提出了管理创新的概念之后，管理学家们对这一概念的理解和阐释也纷纷提出了自己的观点。

如周三多教授认为，创新可以分为技术创新和组织创新。技术创新包括要素创新、产品创新和要素的组合方法的创新；组织创新包括企业的制度创新、企业层级结构的创新和企业的文化创新。

芮明杰教授认为，管理创新的概念必与管理的概念有关。若管理的概念是对组织的资源进行有效整合以达到组织既定目标与责任的动态创造性活动的话，那么管理创新的概念则是用新的更有效的方式来整合组织资源，以便更有效地达成组织的目标与责任。

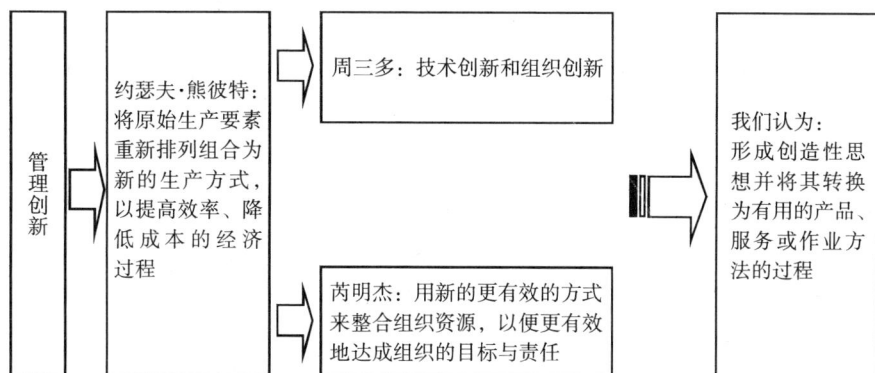

图 12-3　管理创新的发展

一般而言，管理创新是指组织形成创造性思想并将其转换为有用的产品、服务或作业方法的过程。也就是说，管理创新是指企业把新的管理要素（如新的管理方法、新的管理手段、新的管理模式等）或要素组合引入企业管理系统，以更有效地实现组织目标的创新活动。

管理创新专栏 1　　　　　　　　**春兰的创新型矩阵管理**

图片来源：www.chunlan.com.

2014 年 3 月，以创新生态领跑的春兰空调在江苏泰州宾馆盛大开幕，主题为"创新五十载、智领每一代"的春兰系列新品展现了这位老牌空调巨头在互联网、智能化时代的消费趋势和发展潜力。这也是春兰（集团）的又一管理创新策略。

众所周知，春兰（集团）公司是集制造、科研、投资、贸易于一体的多元化、高科技、国际化大型现代公司，拥有海内外数十家独立子公司，是中国最大的企业集团之一。

近几年来，春兰全面整合和优化创新资源，进一步加快全球经营的步伐，并充分履行社会责任，建设低碳、循环经济，构筑友好、和谐企业，取得了一个又一个的突出成就。而这得益于春兰的创新型矩阵管理。

春兰的创新型矩阵管理有一个"16 字方针"，主要内容是"横向立法、纵向运行、资源共享、合成作战"。前 8 个字重点解决集团和产业公司集权与分权的矛盾，力求放而不乱，提高运行效率。所谓"横向立法"，是指针对原来管理有所失控的问题，将集团的法律、人力、投资、财务、信息等部门划为横向部门，负责制定运行的规则，并依据规则对纵向运行部门实施监管；所谓"纵向运行"，是指保留"扁平化"管理模式，按产业公司运行的特点，以产业为纵向。这样一来，横向部门"立法"并监管，纵向部门依然大权在握，能充分发挥主观能动性和积极性，不过是在"法"定的圈子里依"法"运行。

"16 字方针"中的后 8 个字，重点解决原来资源不能共享的问题。把横向职能部门划分为 A 系列和 B 系列，制定运行规则，"立法"的是横向中的 A 系列；B 系列则负责实现对春兰内部资源的共享，为产业公司提供专家支持和优质服务。

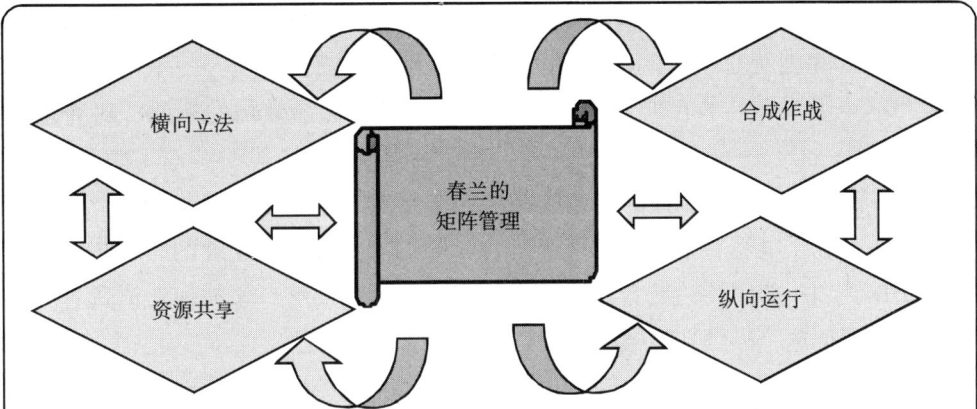

图 12-4　春兰管理创新的秘籍

在春兰（集团）的矩阵管理下，公司获得了诸多成就。例如，荣获了"江苏产品万里行金奖"、春兰空调入选"农村市场最具竞争力产品"、春兰空调荣膺全国五大畅销品牌、春兰家用分体式空调连续第三次被授予"中国名牌产品"称号、春兰"混合动力城市客车节能减排关键技术"荣获"2009年度国家科技进步二等奖"、春兰"动力镍氢电源系统"入选首批"国家自主创新产品"名单等荣誉。

资料来源：作者根据多方资料整理而成。

二、管理创新的作用

管理创新的作用是对管理创新定义的进一步阐释和丰富，是管理创新内容和形式的结果。不论是哪种形式的管理创新，都会对企业产生至关重要的作用。具体概括如图 12-5 所示：

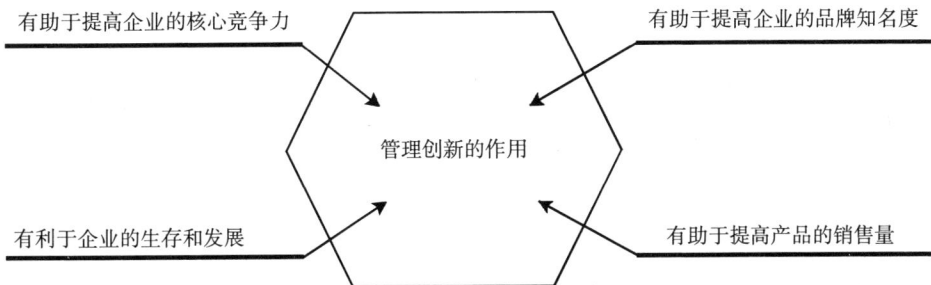

图 12-5　管理创新的作用

（1）管理创新有助于提高企业的核心竞争力。在国际竞争趋势日益炽热化的今天，管理创新对企业的核心竞争力有着无可比拟的作用。一个企业是否在本国乃至全世界拥有自己独特的东西，特别是别人无法效仿的东西，对企业至关重要。

（2）管理创新有助于提高企业的品牌知名度。越来越多的企业生产着越来越多的产品，加上电视、报纸、网络等广告媒介的狂轰滥炸，企业的品牌知名度竞争越来越激烈。如何让消费者在较短时间内记住这一品牌，又如何让消费者在长时间内不忘记这一品牌？答案唯有管理创新。

（3）管理创新有助于企业的生存和发展。李响曾经说过，管理创新可以救活一个企业。同一功能的产品，同一类型的企业，有些经营得风风火火，而有些却萎靡不振，这与管理有着密不可分的关系。因此，在管理方式方法上的创新，可以影响到企业的生存和发展。

（4）管理创新有助于提高产品的销售量。目前，我国的家电产品大多存在着供大于求的现象。据不完全统计，从现在开始，我国的家电行业停止生产，可供全国人民使用到 2020 年。针对家电产品过剩的现象，我国在 2008 年 12 月启动家电下乡政策。该政策也是针对金融危机所造成的消费性电子产品外销需求急速衰退的反措施。我国对非城镇户口居民购买彩电、冰箱、手机、洗衣机等电子产品，按产品售价的 13% 给予补贴，提高了电子产品的销售量。

第二节　学者关于管理创新的主要观点

管理创新的内容与管理创新的概念有着密不可分的关系。管理创新的内容是管理创新概念的进一步延伸和发展，是在管理创新概念基础上的进一步细化和阐释。本节将对我国管理学界的著名专家、学者关于管理创新的内容和特点的观点进行罗列。

一、周三多的观点

周三多教授认为，管理创新的内容包括目标创新、技术创新、制度创新、组织机构和结构的创新、环境创新。

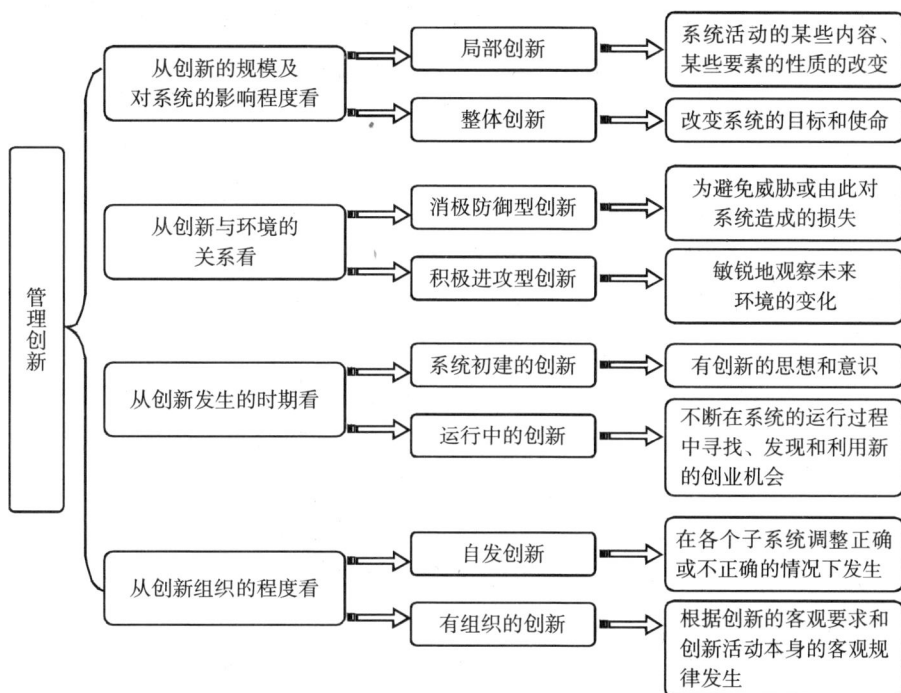

图 12-6　管理创新的内容

　　创新从不同的类别看有不同的特征。如从创新的规模以及创新对系统的影响程度看，创新可以分为局部创新和整体创新，其特点是局部创新在系统性质和目标不变的前提下，系统活动的某些内容、某些要素的性质或其相互组织的方式、系统的社会贡献形式发生变动；而整体创新是改变系统的目标和使命，涉及系统的目标和运行方式，影响系统的社会贡献。

　　从创新与环境的关系看，可分为消极防御型创新和积极进攻型创新。消极防御型创新是为避免威胁或由此对系统造成的损失，系统在内部展开的局部或全局性的调整；积极进攻型创新指的是敏锐地观察未来环境的变化可能提供的某种机会，从而主动地挑战系统的战略和技术，以积极地利用和开发这种机会。

　　从创新发生的时期看，可分为系统初建的创新和运行中的创新。系统初建时创新的特点是要求有创新的思想和意识，创造一个全然不同于现有社会（经济组织）的新系统，寻找最满意的方案和最优秀的要素；运行中的创新要求管理者不断在系统的运行过程中寻找、发现和利用新的创业机会，更新系统的活动内容，调整系统结构和规模等。

　　从创新组织的程度看，可分为自发创新和有组织的创新。自发创新的特点要么是在各个子系统调整正确的情况下发生要么是在子系统错误的不协调的情况下发生；而有组织的创新是管理人员根据创新的客观要求和创新活动本身的客观规律，寻求和利用机会进行组织创新的过程。

二、芮明杰的观点

芮明杰教授认为，管理创新的内容包括五个方面：一是提出一种新发展思路并加以有效实施；二是创设一个新的组织结构并使之有效运转；三是提出一个新的管理方式方法；四是设计一种新的管理模式；五是进行一项制度创新。

因此，管理创新贯穿于管理的全过程，包括管理的理念、管理的组织结构、管理的方式方法、管理的模式和管理的制度等方面。在任何一个管理过程中，都可以进行管理创新，也可能孕育着管理创新，即管理创新在管理过程中无处不在。

从创新的特色性、风险性、灵活性、主体性、社会效用等特点看，管理创新具有动态适应性、持续性、全面性、结构性、社会性和创新性等特征。动态适应性指的是在不断变化的环境中，企业要不断适应外界环境的变化需要，打破常规，推陈出新，不断创新；持续性指的是管理创新是一个持续性的过程，表现为目标的持续性、时间的持续性和创新动力的持续性；全面性指的是管理创新的过程要考虑诸多方面的要素，如制度、资金、文化、人员等；结构性指的是管理创新应该具有柔性的管理结构，能够对创新带来的变化进行自适应和自调节，甚至是主动进行"破坏性的改革"；社会性指的是管理创新是在一定的社会环境中发生的，以社会的存在为前提；创新性指的是管理本身的创新，形成新的管理机制等。

三、斯蒂芬·P.罗宾斯（Stephen P. Robbins）的观点

斯蒂芬·P.罗宾斯在其著名的著作《管理学》(第11版)中提到了"变革与创新管理"，指出管理创新（Innovation）是形成创造性思想并将其转换为有用的产品、服务和工作方法的过程。

斯蒂芬·P.罗宾斯同时认为，管理创新需要"激发"和"培育"。主要是需要结构、文化和人力资源等因素激发和培育。其中，结构的因素包括有机式结构、富足的资源和沟通；文化因素包括接受模棱两可、容忍不切实际、外部控制少、接受风险、容忍冲突、注重结果、强调开放系统；人力资源因素包括对培训和发展的高度重视、高工作保障和创造性的人员。

四、海因茨·韦里克（Heinz Weihrich）和哈罗德·孔茨（Harold Koontz）的观点

海因茨·韦里克认为，在管理学中，创新和创造很少是简单的和线性的，通常包括四个相互交叉、相互作用的阶段：①无意识的审视；②直觉；③洞察力；④形成逻辑。

第一阶段很难进行解释，因为这是人们无意识的行为，通常要求对问题的高度关注，而头脑中可能并没有这种意识。

第二阶段"直觉"将无意识同有意识联系起来，要求把最初看来有矛盾的因素结合在一起。

第三阶段的"洞察力"大多都是努力工作的结果。在海因茨·韦里克看来，新的洞察力可能只持续几分钟，而那些能干的管理人员会因为随身带着纸和笔，把有创造性的想法记录下来。

第四阶段是"形成逻辑"或"实证"。洞察力需要经过逻辑或实验的测试，通过不断的考虑或请人提出建议。

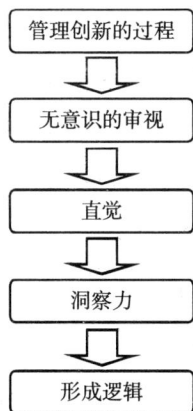

```
┌──────────────┐
│  管理创新的过程  │
└──────────────┘
       ⬇
┌──────────────┐
│  无意识的审视   │
└──────────────┘
       ⬇
┌──────────────┐
│     直觉      │
└──────────────┘
       ⬇
┌──────────────┐
│    洞察力     │
└──────────────┘
       ⬇
┌──────────────┐
│   形成逻辑    │
└──────────────┘
```

图 12-7　管理创新的过程

五、彼得·德鲁克的观点

彼得·德鲁克在其著作《创新与企业精神》中指出，创新是社会健康发展的有效手段，社会的变化是创新的基础。创新可以分为技术创新和管理创新（社会创新）。同时认为，这两种创新是人类重要的实践活动。

而相对于管理创新，彼得·德鲁克认为，管理创新比技术创新更为重要。管

理创新的途径在于变革。"要么是激进的革命"，"要么是渐进的变革"。同时指出"高层管理者承认自己的错误，是创新的重要前提"。

六、其他观点

还有人认为，管理创新的内容包括观念创新、组织创新、制度创新、技术创新和产品创新。

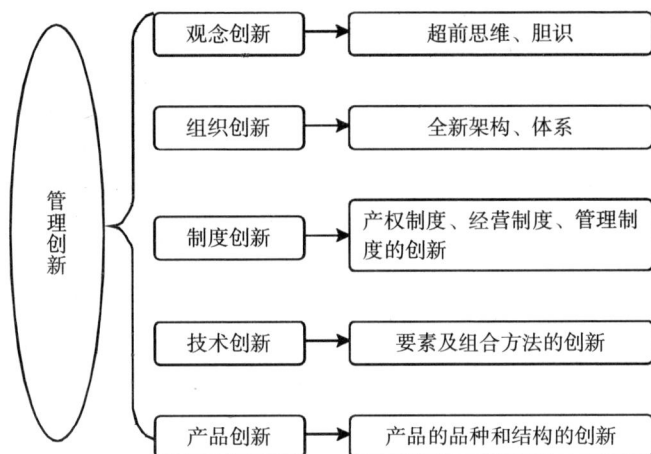

图 12-8 管理创新的内容

观念创新指的是管理者要具有超前的思维和一定的胆识；组织创新指的是要有全新的组织架构和结构体系；制度创新指的是产权制度、经营制度和管理制度等方面的创新；技术创新指的是要素及要素的组合方法的创新；产品创新指的是产品的品种和结构的创新。

第三节　管理创新的策略

目前，由于管理创新策略的多样性以及研究者对管理创新理解的侧重点不同，使得管理创新呈现出较大的差异性。有的管理学家从创新的过程和组织方式对管理创新的策略进行了研究；有的研究人员从创新的程度对管理创新的策略进行了分类；还有的研究者从我国企业的现状出发，提出了企业管理创新的策略。

一、从创新的过程和组织方式看管理创新的策略

（1）从创新的过程看，管理创新的策略包括寻找机会、提出构想、迅速行动、坚持不懈。

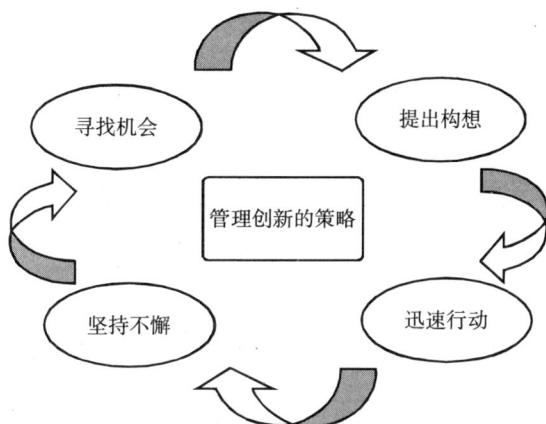

图 12-9　管理创新的策略

寻找机会指的是由于系统内部的旧秩序不协调，可能对系统的外部产生影响。系统外部的变化诸如技术的变化、人口的变化、宏观经济环境的变化和文化与价值观念的变化都有可能成为企业创新的新契机。提出构想指的是敏锐地观察到系统内部与外部的不协调之后，要透过现象研究本质，并分析与预测不协调的变化趋势，同时采用头脑风暴、德尔菲等多种方法提出解决问题、消除不协调的多种创新构想。迅速行动，顾名思义就是行动。可能提出的构想还不是很完善，甚至不完善，但这种并非十全十美的构想必须立即付诸行动。否则将坐失良机，把创新机会留给了竞争对手。坚持不懈指的是创新的过程是不断尝试、不断失败、不断提高的过程。

（2）从创新活动的组织方式看，管理创新的策略要求具有以下几点。

以上步骤是相互影响、步步为营的管理创新策略。只有正确理解和扮演了"管理者"的角色，才能创造和促进新的组织氛围，也只有如此，才能制订有弹性的计划和正确对待失败，建立合理的奖酬制度。

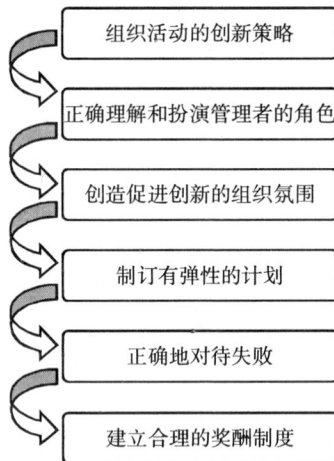

图 12-10　管理创新的策略

二、从创新的程度看管理创新的策略

（1）根据创新的程度不同，可以分为首创性创新策略、改创性创新策略和仿创性创新策略。首创性创新策略是观念上和结果上有根本突破的创新；改创性创新策略是在自己现有的特色管理或在别人先进的管理思想、方式、方法上进行顺应式或逆向式的进一步改进；仿创性创新策略是模仿。

（2）根据创新的过程是量变还是质变，可分为渐进式创新策略和突变式创新策略。渐进式创新策略是通过不断的、渐进的、连续的小创新，最后实现管理创新的目的；突变式创新策略是企业的管理首先在前次管理创新的基础上运行，经过一段时间，当创新的条件成熟或企业运行到无法再适应新情况时，就打破现状，实现管理创新质的飞跃。

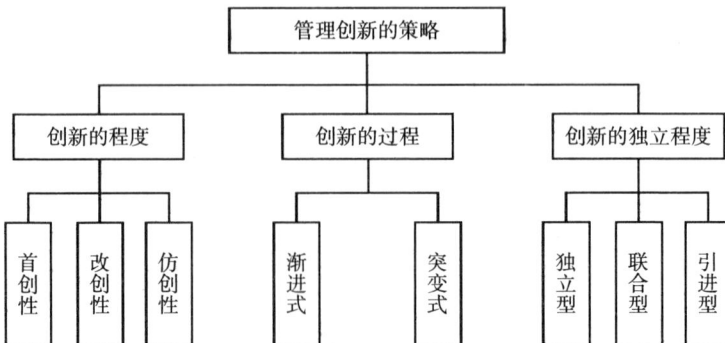

图 12-11　管理创新的策略

（3）根据创新的独立程度，可以分为独立型创新策略、联合型创新策略和引进型创新策略。独立型创新策略是依靠自己的力量自行研制并组织生产，同时独立创新的成果往往具有首创性；联合型创新策略是若干组织相互合作进行的创新活动；引进型创新策略是从事创新的组织从其他组织引进先进的技术、生产设备、管理方法等，并在此基础上进行创新。

管理创新专栏 2　　　　　　　　**小米手机的发展**

小米公司于 2010 年 4 月成立，是一家专注于高端智能手机自主研发的移动互联网公司，由前谷歌、微软、金山等公司的顶尖高手组建。目前已获得来自 Morningside、启明、IDG 和小米团队共 4100 万美元的投资，其中小米团队 56 人投资 1100 万美元，公司估值 2.5 亿美元。

图片来源：
www.mi.com.

小米的 LOGO 是一个"MI"形，首先是 Mobile Internet 的缩写，代表小米是一家移动互联网公司；其次是 Mission Impossible，表示小米要完成不能完成的任务。

作为一家成立才一年多的创业公司，小米并不算知名企业，但它招聘的标准比微软都高。它不仅要求应聘者是好工程师、业内精英，还要求他们必须要有创业激情和人生理想。

小米想得到手机操作系统经验、尽可能多的用户、手机专业用户的认同；小米拥有一群产品设计和执行能力强、能把东西做到极致的工程师——在这样的前提之下，Android 操作系统几乎成为小米唯一的选择。而从用户界面、人机交互开始，针对用户量足够多的 Android 机型开发 ROM（主程序内核），小米一方面不断深化程序与手机硬件交互，另一方面不断优化服务与用户交互。在软件应用创新、软件开发模式创新的同时，小米也在摸索硬件的大门。

可是在手机日新月异的变化中，某些基础的东西却似乎一成不变：通信录还是之前的模样，很难让人满意；发短信的体验也从未变化；打电话更是延续着从"大哥大"时代过来的习惯，通信的方式难脱身于传统。

而米聊的出现让这个机会有了现实的可依附之物。Kik 从诞生起就将自己的使命定位于"干掉短信"；而米聊将语音、Talkbox 式的互动方式串联在一起，进行功能组合，是一个顺理成章的演进。

与之对应，MIUI 则在操作系统层面，包含着覆盖更广、更加全面的 CSP

变革任务。例如，可以更方便沟通和互动的"超级手机通讯录"，或者能将好友名称作为 Tags 进行植入的短信群发。在每个细节上，MIUI 都正在以改良的方式逐步优化手机的 CSP。

如果要画出小米的受众图，最外圈的无疑是米聊，横跨 Android、iOS 和 Symbian 用户群，截至 2011 年 7 月底，用户超过 350 万。

资料来源：作者根据多方资料整理而成。

三、其他管理创新的策略

（1）从企业的核心竞争力着手，有的学者提出了管理创新的策略。认为管理创新与企业的核心竞争力有着密不可分的关系。管理创新与企业的核心竞争力相互渗透、紧密相连。管理创新是企业竞争力提升的关键因素，同时管理创新的目标是企业核心竞争力的提升。另外，可以从管理的观念创新、管理的制度创新、管理的战略创新、管理的组织创新和管理的文化创新五个方面提升我国企业管理创新的策略。

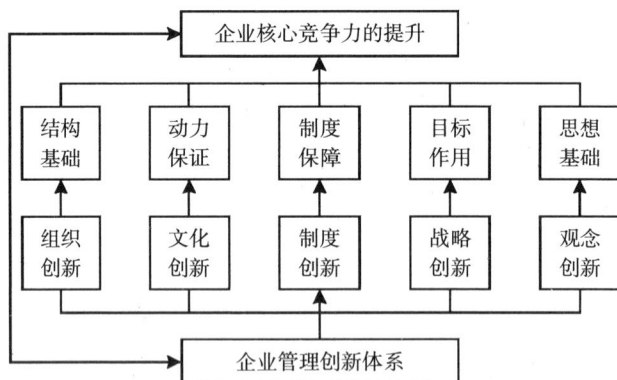

图 12-12 管理创新与企业竞争力的互动

（2）从我国企业管理中存在的问题出发，有人对我国企业的管理创新提出了对策。认为目前国有企业存在着管理制度混乱、责任不清、多头管理、责权不明、产业结构和产品结构不合理、技术研发水平不高等问题。应从以下方面进行我国企业的管理创新：一是要建立现代企业管理制度；二是要树立可持续发展的经营理念；三是要树立全球化观念。

（3）从企业的不同发展阶段入手，有人对企业管理创新的策略提出了自己的见解。认为企业在创造期的管理创新应采取市场及产品策略，围绕市场需要的技术和产品进行创新；在成长期的管理创新策略应放在组织成长方面，尤其是人力资源管理方面；在成熟期的管理创新策略应放在业务流程的重组方面，提高顾客的满意度；在持续发展期的管理创新策略应放在 IT 驱动的业务变革方面，同时进行组织变革和业务流程变革。

第四节　商业模式创新

现代管理学大师彼得·德鲁克曾经说过，当今企业之间的竞争，已不是产品之间的竞争，而是商业模式之间的竞争。可见，商业模式的创新在企业竞争中的地位是不可取代的。

我们知道，对商业模式定义的理论研究总体上经历了从经济类、运营类、战略类到整合类递进的过程。尽管每一个过程对商业模式的定义有所不同，但我们认为，商业模式是企业战略运作的系统方式，是以战略规划为指导整合各种利益，最终以独特、持续、创新的逻辑结构实现企业持续盈利。

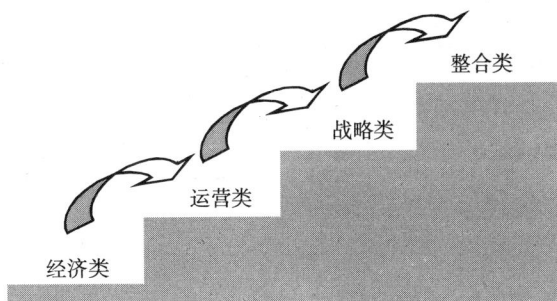

图 12-13　商业模式创新的演进过程

（1）经济类商业模式创新。从经济类的观点来看，企业商业模式创新可以是在公开市场获取的竞争性要素（包括人力资本和非人力资本）的基础上经过嬗变而成的一种企业组织资本和社会资本的结合物。但是，这个结合物却是非竞争性的，是完全不能在公开市场获得的，企业在市场经济条件下具有选择性的权利，它可以依据自身资源和能力进行市场交易对象的选择。

（2）运营类商业模式创新。运营类商业模式创新可以从技术推动、需求拉动、竞争逼迫、企业高管和系统视角五个方面来梳理。技术推动是随着网络经济的兴起而被广泛接受的，早期对商业模式创新的关注更多地集中在新兴互联网企业身上。需求拉动是企业提供了能满足客户需求的新产品或新服务。竞争逼迫是市场竞争与经营压力迫使企业寻求创新机会。企业高管是企业管理模式的创新需要在高管的支持下才能实现。系统视角是由于单种动力无法完全揭示企业实施模式而从不同的系统进行阐释。

（3）战略类商业模式创新。战略类的商业模式创新认为：一是商业模式以价值创新为灵魂。企业必须注重轻资产经营、加强企业市值管理、构造企业价值网、为广义的客户创造价值等。二是商业模式以占领客户为中心。要精心研究客户需要，实施大客户理念，实施客户互动管理，创造新的附加值。三是商业模式创新要以经济联盟为载体。要强化供应链管理，打造企业核心竞争力，做好外包非核心业务。四是商业模式创新以应变能力为关键。要把握好时间成本，JIT 随需而变，实施个性化定制等。五是创业模式以信息网络为平台。要构造虚拟经济的竞争力，加快企业商务电子化，推动流程再造等。

（4）整合类商业模式创新。商业模式的创新是指把新的商业模式引入社会的生产体系，并为客户和自身创造价值，通俗地说，商业模式创新就是指企业以新的有效方式赚钱。新引入的商业模式，既可能在构成要素方面不同于已有商业模式，也可能在要素间关系或者动力机制方面不同于已有商业模式。

管理创新专栏 3　　　　商业模式创新——淘宝

2003 年 5 月，淘宝网诞生。同年，全球电子商务巨头 eBay 接管易趣，进军中国市场，与淘宝分庭抗争。谁也没有料到，作为新生事物的淘宝网出奇制胜——没和 eBay 易趣争抢既有的存量市场，而是收割疯狂生长的增量市场；仅仅通过一年时间，这家"倒过来看世界"的互联网公司，就成了中国网络购物市场的领军企业。观察者将之定义为，"本土智慧与美国思维交锋，极其耐人寻味"。

图片来源：www.taobao.com.

不到一年时间，这场"蚂蚁对大象"的战争以蚂蚁获胜终结，着实令人惊奇。2003~2005 年，淘宝在不断学习摸索中，探索出了一套独特的 C2C 运营模式，创造了安全可靠的第三方支付工具——支付宝。淘宝正式进入电商界。

数据可以证实的是，2004 年前，互联网实验室电子商务网站 CISI 人气榜上，还没有淘宝网的位置；但从 2004 年 2 月开始，淘宝网以每月 768.00% 的

速度上升到仅次于 eBay 易趣的第二位；在推出一年后，淘宝网排名已经超过
eBay 易趣，位居第一。

淘宝网 CEO 马云创办淘宝网做的第一件事就是，将阿里巴巴"客户第一"
的价值观移植到淘宝。他频繁地与自己的会员进行各种各样的沟通，搜集各种
各样的客户需求，为了一个问题，可以在论坛里与淘宝的会员聊到深夜，建立
强大的服务支持，用免费的方式做出比收费更好的服务，使淘宝网每个客服牢
记于心。对于客服，马云对他们的要求是用心去服务；对于技术平台，马云对
他们的要求则是做出不需要服务的产品。

2005 年，淘宝搭上中国消费快车。同年，超越 eBay 易趣，并且开始把竞
争对手们远远抛在身后。

2007 年，淘宝网成为亚洲最大的网络零售商圈。这一年，应有尽有网全
年成交额突破 400 亿元。淘宝网第一次在中国实现了一个可能——互联网不仅
仅是作为一个应用工具存在，它将最终构成生活的基本要素。很多都市中的白
领，在中午、傍晚下班后已经不再去周边的商厦逛街购物，而是习惯上网"逛
街"。调查数据显示，每天有近 900 万人上淘宝网"逛街"。据新生代市场监测
机构的调查，像沃尔玛、家乐福这种大型大卖场，一个门店一天的平均客流量
低于 1.5 万人。这意味着，淘宝网一天的客流量相当于近 600 家沃尔玛的客流
量。同时，人们相信并乐意在网上购买日常生活用品，这些商品已经占到网购
总量的 30%。越来越多的网民通过网络购买服装、居家日用品、食品保健品、
母婴用品和家用电器。

2013 年"双十一"销售数据表示，短短 24 个小时，支付宝总销售额突破
191 亿元，其中天猫 132 亿元，淘宝 59 亿元，相比较 2012 年"双十一"52 亿
元的销售额，淘宝此番超额完成了任务。相信未来淘宝还会带给我们更多震撼。

资料来源：作者根据多方资料整理而成。

第五节　营销创新

营销创新是我国企业与国际竞争环境接轨的必然结果，亦是企业在竞争中生
存与发展的必要手段。营销创新（Marketing Innovation）就是根据营销环境的变
化情况并结合企业自身的资源条件和经营实力，寻求营销要素在某一方面或某一

系列的突破或变革的过程。

营销创新与管理创新有着密不可分的关系，两者既有联系又有区别。一方面，从内涵和外延的角度来讲，营销创新是管理创新内容的分支之一；另一方面，营销创新又不完全被包含在管理创新之中，营销创新是营销方面的新突破。营销创新的真正经济意义往往取决于它的应用范围，而不完全取决于是产品创新还是过程创新。

一、营销创新的分类

（1）渐进性创新和根本性创新。根据营销创新过程中营销活动变化强度的不同，营销创新可分为渐进性创新和根本性创新。渐进性创新或称改进型创新，是对现有营销活动进行改进所引起的渐进的、连续的创新。根本性创新或重大创新是指重大突破的营销创新，它常常伴随着一系列渐进性的产品创新与过程创新，并在一段时间内引起产业结构的变化。

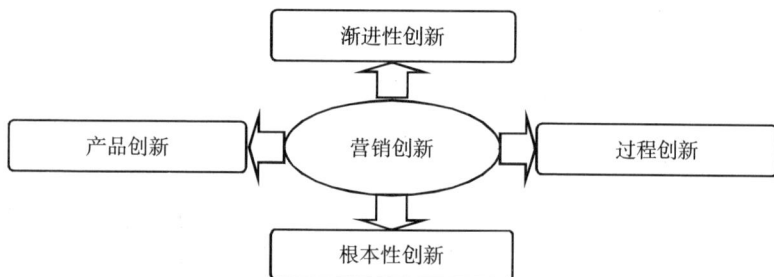

图 12-14　营销创新的类型

（2）产品创新和过程创新。根据营销创新中创新对象的不同，营销创新可分为产品创新和过程创新。产品创新是指技术、材料、工艺上有变化的产品的商业化。从市场营销角度看，产品只要在功能或形态上发生改变，与原来的产品产生差异，甚至只是产品单纯由原有市场引入新的市场，都可视为产品创新。

过程创新是指营销活动策略的组合和组织管理方式的创新。过程创新同样也有重大和渐进之分。例如，由于计算机技术的应用，企业开始出现了无店面销售和电子结算方式，这就属于重大的过程创新。

二、营销创新需具备的基本要素

（1）企业要树立创新观念。创新观念就是企业在不断变化的营销环境中，为了适应新的环境而形成的一种创新意识。它是营销创新的灵魂，指挥支配着创新形成的全过程，没有创新观念的指导，营销创新就会被忽视。企业只有把创新思想从上到下灌输，才能使企业在变化中成长，在竞争中生存，营销创新亦能更充分地发挥作用。海尔的斜坡理论众所周知，其推力是 OEC 管理，拉力就是创新，由此可见海尔已经树立起了创新观念，在不断地指引着海尔各方面的创新工作。

（2）要有严格的制度保障。规章制度是使企业的各部门人员有章可循，形成一个组织严密的团队。如果没有制度保障，那么企业就完全丧失了凝聚力，也不可能形成良好的企业文化。要使一种思想或文化在企业员工的思想中渗透，运用规章制度贯彻是非常必要的。那么要想将营销创新思想变为企业营销人员或其他员工的行动准则或深层次的文化核心，就必须有严格的制度来规范。将营销的观念、精神和思维转化成员工进行营销活动的理念和方法，制度的保障作用是非常必要的。

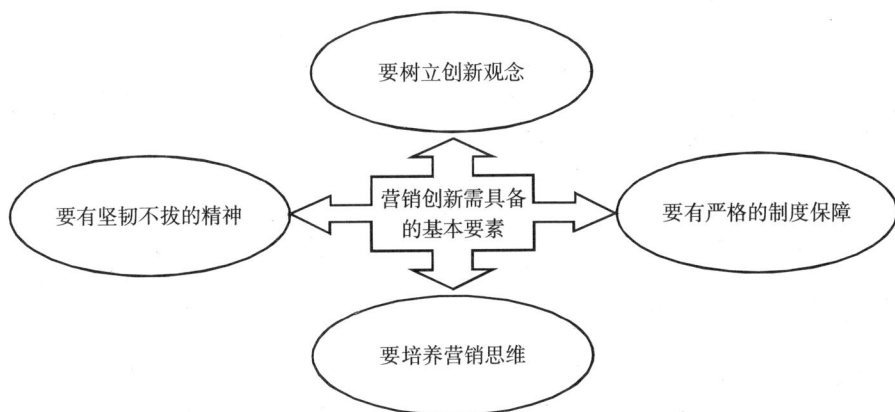

图 12-15　营销创新的基本要素

（3）要培养营销思维。思维是认识活动的高级阶段，是对事物一般属性和内在联系间接的、概括的反映。企业要做好营销活动就必须具备营销思维。事实上，营销创新的切入点就在生活中，或者说就在消费者身边。如果缺乏营销思维，就无法把握这些切入点，营销创新也就成了无本之木。营销思维的培养要在营销人员的头脑中建立起一种营销意识，即工作状态。一方面，要精通理论知识，运用这些知识去观察生活中的诸多事物，首先培养在生活中运用营销的能力，然后自然就能培养出营销意识；另一方面，要做生活中的细心人，注意观察周围事物的"消费者"行为，深度挖掘营销创新的切入点。

（4）要有坚韧不拔的精神。面对复杂多变的营销环境，尤其是中国这样一个有着广博精深文化的环境，营销创新的风险无时不在。要检验成果，可能会付出很大的经济代价，因此，创新极容易受挫，或是被束之高阁，或是不敢执行，这样就打击了营销创新的积极性和开拓精神。所以，必须要有坚韧不拔的精神做支撑，确保创新的大厦不倒。当然这种创新不一定成功，但是这种精神却是可贵的，也是营销创新所必要的精神。事实上，这种坚韧不拔的精神也源自自身的性格和生活的磨炼，作为营销人应该具备这种意志。

第六节　客户体验管理

客户体验管理是近年来兴起的一种崭新的客户管理方法和技术。根据伯尔尼·H. 施密特（Bernd H.Schmitt）在《客户体验管理》一书中的定义，客户体验管理（Customer Experience Management，CEM）是"战略性地管理客户对产品或公司的全面体验的过程"。

所谓客户体验，就是企业以服务为舞台、以商品为道具进行的令消费者难忘的活动。客户体验是客户自己与企业互动后产生的印象和感觉。厂商客户对厂商的印象和感觉是从其开始接触到该公司的广告、宣传品，或是第一次访问该公司就产生了。此后，从接触到厂商的营销，到使用厂商的产品，接受其服务，这种体验得到了延续。

因此，客户体验是一个整体的过程，一个理想的客户体验必须由一系列舒适、欣赏、赞叹、回味等心理过程组成，它带给客户强烈的心理感受；它由一系列附加于产品或服务之上的感知所组成，鲜明地突出了产品或服务的全新价值。一个企业如果试图向其客户传递理想的客户体验，势必要在产品、服务、人员以及过程管理等方面有上佳的表现。

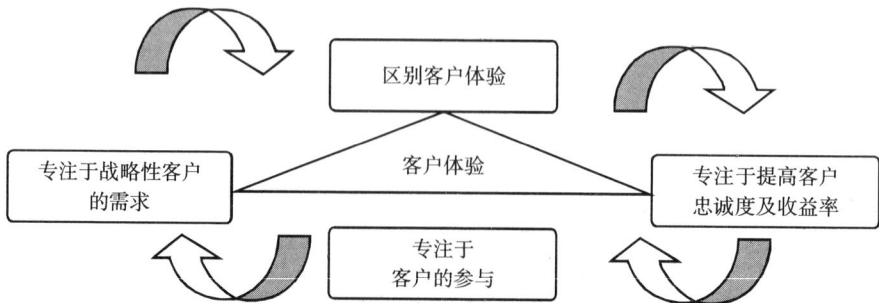

图 12-16　客户体验

客户体验的目的并不仅仅是销售产品或取得重复购买，更重要的是通过赢得客户来建立可持续的竞争优势。为了做到这一点，以下四方面尤其关键。

（1）专注于战略性客户的需求。在采购流程的初期，客户总是喜欢搜寻与此相关的信息。由于试图为更多人提供更多东西只会稀释资源，所以客户待遇越一般化，吸引力就越低。如果协调资源与流程，将重点放在重要客户身上进行体验开发和营销宣传，就会更具针对性。这反过来也强化了企业的价值主张，并获得了客户更进一步的信赖。

（2）区别客户体验。如果不能使客户体验差异化，那就等于不能有效地优化收入、利润、客户满意度等。即使同属一类的重要客户，他们在生命周期的不同阶段，在购买周期、使用产品的方式以及与企业流程、员工的互动上都可能存在较大差异。

（3）专注于提高客户忠诚度及收益率。为了提高客户的忠诚度和收益率，应该多一些价值创造，少一些价格策略。如果你的内容比别人好，产品更加有效，员工更加以客户为中心，执行更为坚决和独到，你会惊奇地发现客户甚至愿意为此支付额外的钱。

（4）专注于客户的参与。客户体验应该是一个双向流程。那些较多地尝试与客户公开联络的企业将在建立双向学习型关系时取得更大的成功——客户很愿意"教"企业"如何更好地为他们服务"。这种来自客户的合作意愿可以说是无价的。

管理创新专栏4　　　　　　　　　　**开门大吉**

图片来源：www.cntv.cn.

由中央电视台推出、制作、编录的《开门大吉》是2013年全国成长最快的栏目，在第六届全国综艺节目及制作人评选中，荣获"年度游戏益智节目"大奖。《开门大吉》收视火爆，既在意料之外，又在情理之中。

该节目在央视综艺频道（CCTV-3）首播收视率就达到1.86%，较央视

2012 年同时段收视率提升 98% 以上，在一周全国上星频道综艺节目排名中位列第四。随后收视节节攀升，最高收视率达 2.36%。第一季平均收视率 1.96%，成为 2013 年全国新开播综艺节目的收视冠军。

《开门大吉》的主持人是众所周知的名人——尼格买提。大伙儿记住《开门大吉》，一是因为幽默风趣且平易近人的帅小伙，二是因为《开门大吉》节目的嘉宾参与程度极高。

节目鼓励普通人通过游戏闯关的方式实现自己或浪漫、或勇敢、或疯狂的家庭梦想，通过多种艺术手段挖掘、展现普通人自信、勇敢、进取、友爱的人性光辉，和观众产生情感共鸣。

《开门大吉》吸收了国外最新节目元素，并根据中国观众的收视需求进行了彻底的本土化改造，将中国益智游戏节目带入后益智时代。选手参与的门槛大幅度降低，节目的形态呈现出独特性、多元化、杂糅性特点。《开门大吉》巧妙地将真人秀、脱口秀、模仿秀、益智秀、游戏秀、音乐秀等多种节目元素进行碎片化组合和情感化呈现，营造出炫目的舞台效果，有效地和观众进行情感沟通。

中国社会科学院世界传媒研究中心的冷淞总结：《开门大吉》定位独特，正契合当下潮流，"建立了人与人之间的心灵联系，带领观众开启了七重大门，一是怀旧音乐之门，二是模仿秀之门，三是幸运游戏之门，四是民生之门，五是幸福之门，六是梦想之门，七是心之门"。

资料来源：作者根据多方资料整理而成。

第七节　资源整合创新

资源整合是企业战略调整的手段，也是企业经营管理的日常工作。整合就是要优化资源配置，就是要有进有退、有取有舍，就是要获得整体的最优。简单来讲，资源整合是指企业对不同来源、不同层次、不同结构、不同内容的资源进行识别与选择、汲取与配置、激活和有机融合，使其具有较强的柔性、条理性、系统性和价值性，并创造出新的资源的一个复杂动态过程。

管理创新专栏 5　　　　　　　　　　　**赵本山的资源整合**

2014 年 6 月 21 日下午 6 时，位于深圳莲花村的"刘老根大舞台"深圳旗舰剧场，700 多个座位座无虚席，掌声、笑声和叫好声连距离剧场 100 米开外的报刊亭老板都能听见；而当时正在深圳驻演的小沈阳带来的压轴演出，更将场内气氛推向高潮。

图片来源：www.zbs.cn.

说起这一切，就不得不提到一个人：赵本山。赵本山在圈内的地位，早就根深蒂固。自从赵本山的小品走红后，每年的春晚有很多人等着看他的节目。他的小品、名气、地位在国内演艺界可谓首屈一指。但是，赵本山并没有兴奋过头，而是冷静下来对未来进行了更长远的思考：那就是如何利用自己手中的资源，并且更好地把资源进行整合。

赵本山出名后，前来拜师的人不在少数。有的是冲着赵本山的名气，想多学点东西早日成名；还有的是已经在当地小有名气，或者说在地方有相当知名度。所有这些，赵本山都思索着，他深知自己一人的光大，不如一个团队的壮大。为此，他在注重做好自己小品的同时，也在用心培养他的弟子。

从 2005 年让徒弟蔡维利、王小虎在春晚小品《功夫》中扮演"小忽悠"，到陆续让小沈阳、王小利在央视春晚高调亮相，赵本山麾下弟子纷纷崭露头角，充分显示出赵本山的子品牌战略是正确的，他们不仅为"本山大叔"脸上增了光，更为本山传媒挣了钱，可谓两全其美。

对每个徒弟，赵本山都非常重视个人的价值。他设法给他们戏演，每一次发展的机会都考虑到手下的徒弟们，这让每个人找到了发挥自身价值的平台。此外，赵本山深知，娱乐圈没有媒体的参与是不行的，但整合媒介不能单纯理解为打广告那么简单，得借势借力。

在整合媒介资源这一方面，赵本山可谓招式娴熟，从央视、辽宁卫视、黑龙江卫视到网络传媒、地方影剧院，媒体提供的广阔平台成为本山传媒艺人露脸的好机会。

媒体整合对于赵本山来说，就是免费买了别人花巨资都不可能买到的黄金时段，一方面媒体需要赵本山和他的二人转团队的支持来增加收视率，另一方面他的徒弟们也需要机会在媒体上露脸，来不断增加自己的影响力。在娱乐圈，收入和知名度是成正比的，有时候甚至不管你的形象是正面的还是负面的。

> 如此一来，赵本山将他的东北二人转发展到了一定的广度与高度。在赵本山的众多弟子中，很多人在他的悉心调教下名利双收，被全国的观众朋友们和听众朋友们追捧。
>
> 资料来源：作者根据多方资料整理而成。

资源整合分为物流资源整合、客户资源整合和信息资源整合。下面进行简单的介绍。

（1）物流资源整合。根据企业的发展战略和市场需求对有关的资源进行重新配置，以凸显企业的核心竞争力，并寻求资源配置与客户需求的最佳结合点。目的是要通过组织制度安排和管理运作协调来增强企业的竞争优势，提高客户服务水平。

（2）客户资源整合。企业对客户的资源整合包括两个方面：一方面，作为竞争对手，物流企业与其客户之间是纯粹的"一单一结"和"价格博弈"关系；另一方面，作为重要资产，企业必须善待客户，必须创建并维护良好的客户关系，延长客户的"使用寿命"，必须通过自己所提供的服务增强客户的市场竞争力，提高客户的经营绩效。

（3）信息资源整合。信息资源整合包括两个方面：一是信息共享机制，由信息共享而实现企业运作全过程的可见性，由可见性而做到服务全程的可控性，由可控性而做到系统的适应性，由适应性而做到系统输出的一致性和产品的可得性，以至客户满意。二是决策机制的变革，企业管理组织结构的扁平化并不是简单地取消中间管理层，而是要让企业的决策层更贴近市场、更贴近客户，要让在市场一线的企业营销人员拥有充分的决策授权。

【章末案例】　　　　　正邦科技的管理创新模式

一、公司介绍

正邦集团成立于 1996 年，是农业产业化国家重点龙头企业、江西省规模最大的农业企业，集团旗下有农牧、种植、金融三大产业集团。旗下江西正邦科技股份

图片来源：www.zhengbang.com.

有限公司成为江西省民营企业首发上市公司。集团现有 35800 多名员工，在全国拥有 315 家分（子）公司，2013 年集团总产值突破 360 亿元。集团名列

2012 中国企业 500 强、中国制造业 500 强、中国民营企业 500 强、《财富》中国 500 强、中国上市公司 100 强、中国饲料工业 10 强、全国生猪养殖企业 10 强、全国种鸭繁育企业 10 强。正邦集团是国家农产品加工技术创新机构、国家博士后工作站。

图片来源：www.zhengbang.com.

正邦集团在"十二五"期间，倾力打造千亿正邦，着力建设"百千万亿工程"，即百万亩油茶种植、百万吨大米加工、千万头生猪养殖、千万吨饲料、百亿肉食品工程和鸭苗年产 2 亿羽工程，力争在种鸭、种子、生物农药等产业打造 3~5 家上市公司。预计到 2015 年，正邦集团总产值将突破 600 亿元，2017 年实现产值 1000 亿元，成为中国最优秀的农牧企业之一。

二、公司经营管理与业务方向

正邦集团在其现任公司董事长、总裁林印孙的领导下，发展成为了中国农牧业界的一颗耀眼明星。在管理人员中，博士占 2%，硕士占 3%，本科占 58%，专科占 37%。

正邦集团遵循集中纵向多元化的产业发展战略，即以饲料为基础，向下游的养殖产业延伸，实现产品多品种、系列化，逐步形成产业化和规模经济的格局。集团继续以饲料业务为核心，利用公司积累的经济实力、技术与管理实力，进一步向高附加值的特种水产饲料、养殖产业拓展，最终实现饲料养殖一体化。

集团以通过国家农业部鉴定的"双肌臀"大白猪的繁育为切入点，重点进行种猪繁育体系的建设，以实现国内一流种猪企业的目标。主营业务分为农牧业和种植业两大产业链。

农牧业产业链即猪、牛、羊、禽类、生鲜、屠宰及肉类制品深加工企业，养殖以及配套的种猪、种禽、商品猪、牛、鸡鸭饲养企业，以及各类饲料企业及饲料的添加剂、饲料的原料深加工、动物保健及生物制品、原料蓄储、销售及物流基地的项目。种植业产业链即大米产业、大米加工企业、水稻订单农业、蓄储物流企业、面粉加工企业、小麦的订单农业及蓄储物流企业，以茶油为切入点的食用油加工企业及以租用荒山作为油茶种植基地的油茶种植业，以粮油深加工为主的食品制造业。

集团在农业领域内的饲料、养殖（畜禽、水产）、农化（农药）、动物保健（兽药）、食品（乳业、家禽屠宰加工）等六大产业从事产业经营。

三、组织创新

正邦集团在组织管理方面，重点做好了以下工作：一是网络团队。作为正邦国际价值服务体系最重要的组成部分之一，正邦网络团队划分为策划营销组、软件研发组、网站优化组、互联网体验服务研究组等数个核心项目组，源源不断地为正邦及国内互联网行业提供更多的服务价值与应用理念。二是咨询团队。在"客户为先导"的方针指引下，正邦国际形成了以引入 HR 严格把关、在岗强化训练为主导的集团咨询医生人才培养及管理大纲。三是企划团队。承担着集团文化建设与发展、市场宣传与推广的重要责任，在完成集团宣传任务的同时，也将发挥重要的智囊作用，为集团的长远发展献言献策。四是市场团队。以严谨的作风、强大的向心力、先进科学的市场管理理念，全方面提升正邦国际的医疗产品价值与市场品牌价值。五是经营团队。以专业化、科学化不断推进正邦国际的战略发展目标，在激烈的市场竞争中形成一支步履稳健、坚不可摧的精英经营人才团队。六是科研团队。其中，教授、博士研究生、硕士研究生、博士生导师等多达十几人。

四、业务创新

正邦科技做好了"千万头生猪发展创新商业模式"，"托管经营"、"模式创新"成为大家讨论的热词。"托管经营"是正邦商业模式的一次创新，指正邦科技将自有猪场放手给有能力、有想法、有技术但是缺少资本的员工去经营，在员工实现致富梦想的同时，公司从中收益。

正邦给自己的定位是成为帮助各利益相关者更成功的服务型公司，"资金支持与人才、技术培训相结合的帮助模式，既打造了一流的农业产业融资和资本平台，又通过机制、体制的创新打造出行业精英的平台"。自建猪场、合作猪场再加上创新模式下的"托管猪场"，成为正邦猪产业链及放心肉工程的有力保证。

正邦养殖有限公司"托管经营"这一创新模式满足了创业者的创业需求，从为公司管猪场到为自己管猪场，这种转变圆了托管人员心中的老板梦。

五、营销创新

正邦集团公司以现代化的营销理念构建了完善的营销网络体系。整个体系布局科学、层次合理，形成了以总代为龙头、以特约经销为补充的特许经销制度，以及以项目促进市场、以市场提升品牌、扩大区域影响面、多种渠道互动发展的市场拓展制度。

与传统种业铺天盖地打广告和热衷于没完没了的种子会相比，江西正邦种业做法独特，更愿意把精力花在客户身上，把营销开支打造成一种投资，而不是传统意义上的一种花费。在正邦种业理念里，营销就是一种眼光。

以人为本是企业的核心，离开了人才就不可言及营销。正邦种业非常重视引进、培养各类人才。推崇海尔的人才观：好马是赛出来的，而不是相出来的。在用才和留才方面都有非常翔实的用人激励制度。你有多大才，就给搭多大舞台。非常注重员工培训学习，副总以上要参加集团正邦工商学院EMBA学习或外派到名校学习，副经理以上要参加集团正邦工商学院精英班培训学习，所有员工都要参加公司每月的定期培训学习。

六、管理变革

正邦集团公司实现了e-HR系统的全员管理。首先，基于e-HR建立起全集团人力资源数据平台，实现了各城市、各分子公司、各部门以及所有员工数据的集中管理、实时共享和动态更新，且e-HR系统提供了多维度查询功能，这样就能让人力资源部真正做到"摸清家底"。

其次，实现了全集团员工从入职到离职的企业内全生命周期规范管理。从新员工入职开始，到合同签订、试用期到期与转正、内部岗位调整以及离职等全过程，全部在e-HR平台上以规范流程落地。而且系统能够对试用期满、合同到期以及退休时间等进行自动预警，并推送到业务人员的桌面，实现了从"人找事"向"事找人"的转变，避免了工作遗漏和拖延。

再次，对于集团企业而言，人力资源统计报表既是上下沟通的有效方式，也是领导决策的重要依据。e-HR数据平台保证了人力资源数据的完整性，而前述人员异动的规范流程则保证了人力资源数据的实时更新，加上系统强大的报表功能，实现了个性化设计统计报表、轻松实现自动取数、快速响应人力资源部的功能以及高层的各类报表需求。

最后，系统应用也进一步加强了集团对分（子）公司的人力资源管控力度。除前述人力资源信息实时共享、人事异动流程规范、统计报表自动生成之外，对岗位编制、工资总额等的有效控制手段也针对性地堵塞了以往的管理漏洞，提升了总部对下属企业的管控能力，真正做到了实时监控和及时审批。

七、结论与启示

（1）做好了科研工作。正邦集团与中国农业大学合作承担的国家"948"育种项目"双肌臀大白猪的引进和推广"获得成功，并广泛推广应用，为建立江西省首家种猪核心育种场奠定了基础；与江西农业大学共同承担了国家农业科技成果转化项目"抗仔猪断奶前腹泻种猪配套系培育与示范"，将为培育我国乃至世界上第一个"抗仔猪断奶前腹泻种猪配套系"做出贡献；与南昌大学合作承担的自动化饲养种猪研究将为我国由传统生猪养殖走向现代化、自动化和科学化生猪养殖提供科学方法和科学依据；与四川凯路威公司合作承担了1000万头猪肉制品安全可溯源信息化系统建设，探索建立更加有效的食品安全监管体制和更加严格完善的食品质量安全追溯制度、召回制度、市场准入和退出制度，建立农产品和食品生产经营质量安全诚信体系。

（2）做好了文化工作。一是做好了公益事业。公司干部职工为患急性白血病的同事正邦生化市场部经理陈骏捐款13万元；为采购中心员工同事冯晓辉捐款；慰问SOS儿童村；正邦饲料"关爱老人传递幸福"；为临川二中颁发第三届正邦奖学金；等等。二是做好了文化活动。做好了云南大鲸营销精英军训；做好了加美精英登山拓展，开展营销经验交流活动；做好了正邦集团与江西省工信委举行友谊篮球赛活动；做好了"民星杯"羽毛球比赛结友谊活动；做好了正邦集团元旦晚会欢乐活动；等等。

（3）做好了人才工作。一是做好了核心团队的工作。该团队成员只能由企业最高层来判断和选用，并用长期分享激励政策和稳定的福利待遇来维系。二是做好了精英团队的工作。通过内部大胆的提拔，大力培养赛马机制和实现特殊政策的引进贯彻。三是做好了能人、骨干团队的工作。考核以绩效为主，兼顾综合素质和潜质，激励政策以短期为主，以中期为补充。四是做好了实干团队的工作。一线的业务骨干和优秀员工具备务实和虚心好学的精神以及积极上进的心态，能快速进步，出色地完成工作任务，并善于和同事保持良好的合作关系，能在所处的组织中起到榜样示范作用。

（4）做好了基地工作。一是做好了百万吨大米基地工作。立足在东北、江南挑选良好的土地，并精选良种，严控肥料、农药的品质与安全使用，建设一流的规模化大米生产线，生产出的"正嘉"大米品质优良。二是做好了百万亩油茶基地工作。利用江西独特的气候和土壤环境，投资开发大型的百万亩油茶种植基地，生产出全天然高品质的食用茶油。

资料来源：作者根据多方资料整理而成。

【本章小结】

管理创新是指企业把新的管理要素（如新的管理方法、新的管理手段、新的管理模式等）或要素组合引入企业管理系统以更有效地实现组织目标的创新活动。管理创新有助于提高企业的核心竞争力，有助于提高企业的品牌知名度，有助于企业的生存和发展，有助于提高产品的销售量。管理创新的内容包括五个方面：一是提出一种新发展思路并加以有效实施；二是创设一个新的组织结构并使之有效运转；三是提出一个新的管理方式方法；四是设计一种新的管理模式；五是进行一项制度的创新。管理创新的策略包括：寻找机会、提出构想、迅速行动、坚持不懈。商业模式创新包括：经济类商业模式创新、运营类商业模式创新、战略类商业模式创新、整合类商业模式创新。营销创新需具备的基本要素有：企业要树立创新观念、要有严格的制度保障、培养营销思维、要有坚韧不拔的精神。客户体验是企业以服务为舞台、以商品为道具进行的令消费者难忘的活动。产品、服务对消费者来说是外在的，而体验是内在的、存于个人心中的，是个人在形体、情绪、知识方面所得到的。客户体验是客户自己与企业互动后产生的印象和感觉。资源整合是指企业对不同来源、不同层次、不同结构、不同内容的资源进行识别与选择、汲取与配置、激活和有机融合，使其具有较强的柔性、条理性、系统性和价值性，并创造出新的资源的一个复杂动态过程。

【问题思考】

1. 试列举四个管理事例，说明管理创新给企业带来的益处。

2. 举例说明管理创新的策略实施过程。

3. 分类说明商业模式的创新，并说明相互之间的不同之处与共同之处。

4. 管理创新的重要性是什么？

5. 试举例说明管理创新及创新的方式。

参 考 文 献

［1］Chip R. Bell.企业教练(第2版)［M］.胡园园，余谨，赵春梅译.北京：机械工业出版社，2004.

［2］Jessica Jarvis. CIPD, Coaching and Buying Coaching Services［J］. Chartered Institute of Personnel and Development，2004（6）.

［3］Mike McDermott, Alec Levenson & Steve Arneson. Executive Coaching：What It Can and Can't Do for You［J］. Leadership Excellence，2005（12）.

［4］Myles Downey. Effective Coaching［M］. London：Orin Business Book，1999.

［5］Tom Barry. The Manger as Coach［J］. Industrial and Commercial Training，1992（24）.

［6］Witherspoon R. & White R.P. Executive Coaching：A Continuum of Roles［J］. Consulting Psychology Journal，1996（48）.

［7］Zeus P. & Skiffington.The Complete Guide to Coaching at Work［M］. New York，NY.：McGraw-Hill, S.M.，2002.

［8］Zeus, Skiffington. 人力资源训练工具箱［M］.王莉等译.北京：电子工业出版社，2002.

［9］埃德蒙·费尔普斯.大繁荣：大众创新如何带来国家繁荣［M］.余江译.北京：中信出版社，2013.

［10］艾伦·罗滨逊，萨姆·斯特恩.公司创造力——创新和改进是如何发生的［M］.杨炯译.上海：上海译文出版社，2001.

［11］白建磊，刘敏.基于顾客投诉的企业快速反应机制［J］.经营管理研究，2013（6）.

［12］白俊红.创新管理概念、特征与实现问题的探讨［J］.科技进步与对策，2009（8）.

［13］包玉泽，谭力文，王璐.管理创新研究现状评析与未来展望［J］.外国经

济与管理，2013（10）.

[14] 彼得·德鲁克. 创新与企业精神［M］. 蔡文燕译. 北京：机械工业出版社，2009.

[15] 彼得·圣吉. 第五项修炼：学习型组织的艺术与实践［M］. 张成林译. 北京：中信出版社，2009.

[16] 彼得·德鲁克（Peter F.Drucker）. 管理使命、责任、实务（使命篇）［M］. 王永贵译. 北京：机械工业出版社，2009.

[17] 彼得·德鲁克. 管理的实践［M］. 齐若兰译. 北京：机械工业出版社，2009.

[18] 彼得·德鲁克. 卓有成效的变革管理［M］. 杨剑译. 北京：机械工业出版社，2014.

[19] 查克·马丁. 决胜移动终端：移动互联时代影响消费者决策的 6 大关键［M］. 向坤译. 杭州：浙江人民出版社，2014.

[20] 陈光锋. 互联网思维：商业颠覆与重构［M］. 北京：机械工业出版社，2014.

[21] 陈国海，刘春燕. 企业心理教练［M］. 广州：暨南大学出版社，2005.

[22] 陈浩. 执行力［M］. 北京：中华工商联出版社，2011.

[23] 陈洪安. 管理学原理（第 2 版）［M］. 上海：华东理工大学出版社，2013.

[24] 陈明，封智勇，余来文. 海信的人才战略与人本管理［J］. 化工管理，2006（Z1）.

[25] 陈明，余来文. 商业模式：创业的视角［M］. 厦门：厦门大学出版社，2011.

[26] 陈蓉. 如何管理企业中的非正式组织［M］. 广州：华南理工大学出版社，2013.

[27] 陈阳，禹海慧. 管理学原理［M］. 北京：北京大学出版社，2013.

[28] 程云，刘明鑫，何强. 管理学基础［M］. 北京：北京大学出版社，2012.

[29] 丹尼尔·A.雷恩. 管理思想史（第 6 版）［M］. 孙健敏译. 北京：中国人民大学出版社，2012.

[30] 笛德，本珊特，帕维特. 管理创新［M］. 王跃红，李伟立译. 北京：清华大学出版社，2004.

[31] 杜芸. 整合发展：360度资源整合 [M]. 北京：中国经济出版社，2012.

[32] 费利克斯·詹森. 创新时代——网络化时代的成功模式 [M]. 马乐为译. 昆明：云南大学出版社，2002.

[33] 弗里德曼. 世界是平的：21世纪简史 [M]. 何帆译. 长沙：湖南科学技术出版社，2008.

[34] 弗里蒙特·E.卡斯特. 组织与管理：系统方法与权变方法 [M]. 傅严译. 北京：中国社会科学出版社，2000.

[35] 符亚男，李大鹏. 基于提升企业核心竞争力的管理创新策略研究 [J]. 科学管理研究，2011 (3).

[36] 郭毅夫，赵晓康. 商业模式创新与竞争优势：基于资源基础论视角的诠释 [J]. 理论导刊，2009 (3).

[37] 郭月波. 从人力资源激励的角度看组织执行力建设 [J]. 经济师，2014 (2).

[38] 哈罗德·孔茨，海因茨·韦里克. 管理学 [M]. 北京：经济科学出版社，1998.

[39] 海因茨·韦里克，哈罗德·孔茨. 管理学——全球化与创业视角（第12版）[M]. 马春光译. 北京：经济科学出版社，2010.

[40] 胡凌云. 管理学原理 [M]. 武汉：武汉大学出版社，2013.

[41] 简兆权. 管理学原理 [M]. 上海：上海交通大学出版社，2012.

[42] 金国斌. 创造学原理与设计应用 [J]. 北京：中国轻工业出版社，2008.

[43] 凯文·凯利. 失控 [M]. 东西文库译. 北京：新星出版社，2010.

[44] 李京文. 中国在21世纪全新环境下的管理创新 [J]. 管理科学文摘，2002 (11).

[45] 李毅，周燕华，孙宇. 管理学 [M]. 北京：经济管理出版社，2013.

[46] 林达·M.阿普尔盖特等. 信息时代的管理 [M]. 陈运涛译. 北京：中国人民大学出版社，2003.

[47] 林建煌. 管理学 [M]. 上海：复旦大学出版社，2010.

[48] 刘李豫. 百度公司的薪酬管理 [J]. 经营与管理，2006 (1).

[49] 刘晓敏，邓为明. 快速反应运作模式 [J]. 企业管理，2014 (9).

[50] 刘雪梅，胡建宏. 管理学原理与实务 [M]. 北京：清华大学出版社，2011.

[51] 刘雪梅. 企业教练改造华帝 [J]. IT经理世界，2004 (6).

［52］栾琨，谢小云. 国外团队认同研究进展与展望［J］. 外国经济与管理，2014（4）.

［53］罗珉. 企业商业模式创新：基于租金理论的解释［J］. 中国工业经济，2005（7）.

［54］马费成，宋恩梅. 信息管理学基础（第2版）［M］. 武汉：武汉大学出版社，2011.

［55］泰勒. 供应链管理［M］. 方德英译. 北京：机械工业出版社，2012.

［56］彭灿. 创新过程的机制、特性与管理［J］. 科学学与科学技术管理，2002（8）.

［57］邱阳. 迈向成功的沟通管理［M］. 北京：清华大学出版社，2012.

［58］芮明杰. 管理学——现代的观点［M］. 上海：格致出版社，上海人民出版社，2011.

［59］邵兴和，张建峰. 浅谈时间管理倾向［J］. 新闻天地，2011（1）.

［60］斯蒂芬·P.罗宾斯. 管理学（第11版）［M］. 李原等译. 北京：中国人民大学出版社，2012.

［61］宋克勤，徐炜. 管理学（第2版）［M］. 北京：首都经济贸易大学出版社，2013.

［62］孙科柳，石强. 执行力就这样训练［M］. 北京：人民邮电出版社，2013.

［63］汪斌斌. 执行就是解决问题［M］. 北京：海潮出版社，2011.

［64］汪大海，唐德龙，王生卫. 变革管理［M］. 北京：中国人民大学出版社，2004.

［65］王爱洁. 并购后企业执行力提升对策研究［D］. 山东大学硕士学位论文，2010.

［66］王兴璜. 信息时代管理创新特点［J］. 企业管理，1998（4）.

［67］吴德俊. A公司生产体系的执行力建构与提升研究［D］. 苏州大学硕士学位论文，2010.

［68］吴燕. 国内教练技术的发展现状和培训效果迁移研究［D］. 上海师范大学硕士学位论文，2008.

［69］谢玉霖. 管理时间的技巧［M］. 北京：金盾出版社，2009.

［70］邢以群. 管理学（第3版）［M］. 北京：高等教育出版社，2012.

［71］杨矗. 企业执行力对执行绩效的影响研究［D］. 西北大学硕士学位论

文，2011.

[72] 杨红书. 如何提升个人执行力 ［M］. 北京：北京工业大学出版社，2013.

[73] 杨莹. 高校本科生时间管理研究 ［D］. 福建师范大学硕士学位论文，2012.

[74] 姚凤云，朱光. 创造学与创新管理 ［M］. 北京：清华大学出版社，2010.

[75] 伊恩·帕尔默. 组织变革管理（第 2 版）［M］. 金永红译. 北京：中国人民大学出版社，2009.

[76] 余世维. 有效沟通（第 2 版）［M］. 北京：北京联合出版公司，2012.

[77] 曾仕强，刘君政. 人脉关系课 ［M］. 北京：北京联合出版公司，2011.

[78] 张承良. 沟通与协调能力的培养 ［M］. 广东：广东人民出版社，2008.

[79] 张庆祥，孙振泽. 资源整合方法论 ［M］. 北京：人民武警出版社，2007.

[80] 张文光. 人际关系与沟通 ［M］. 北京：机械工业出版社，2009.

[81] 赵玉宏. 教练技术在浙江中小民营企业的应用研究——基于 GX 公司的实践 ［D］. 浙江工业大学硕士学位论文，2011.

[82] 周敏. B2C 模式下的品牌女装企业快速反应能力研究 ［D］. 南京大学硕士学位论文，2013.

[83] 周嵘. 整合天下赢 ［M］. 北京：石油工业出版社，2013.

[84] 周三多. 管理学——原理与方法 ［M］. 上海：复旦大学出版社，2012.

[85] 罗宾斯. 组织行为学 ［M］. 孙健敏，李原等译. 北京：中国人民大学出版社，2013.

[86] 迈克尔·希特等. 管理学（英文版）［M］. 北京：中国人民大学出版社，2013.

[87] 里基·W.格里芬. 管理学（第 9 版）［M］. 刘伟译. 北京：中国市场出版社，2011.

[88] 周三多. 管理学原理 ［M］. 南京：南京大学出版社，2009.

[89] 吴照云. 管理学 ［M］. 北京：中国社会科学出版社，2011.

[90] 毛克宇，杜纲. 基于协同产品商务的企业协同能力及其评价模型 ［J］. 内蒙古农业大学学报（社会科学版），2006（2）.

[91] 应可福，薛恒新. 企业集团管理中的协同效应研究 ［J］. 华东经济管理，

2004（5）.

[92] 李海婴，周和荣. 敏捷企业协同机理研究［J］. 中国科技论坛，2004（3）.

[93] 吴正刚，韩玉启，孟庆良. 能力型模块化企业群的协同体系构造［J］. 科技进步与对策，2005（6）.

[94] 邹志勇. 企业集团协同能力研究［J］. 科技管理研究，2008（10）.

[95] 芮明杰，刘明宇. 网络状产业链的知识整合研究［J］. 中国工业经济，2006（1）.

[96] 单伟，张庆普. 企业自主创新中知识整合机理与模式研究［J］. 预测，2008（1）.

[97] 李柏洲，汪建康. 跨国企业集团的知识整合机制研究［J］. 科技进步与对策，2007（4）.

[98] 凌文辁，方俐洛，艾尔卡. 内隐领导理论的中国研究——与美国的研究进行比较［J］. 心理学报，1991（3）.

[99] 曾令华. 领导干部应用教练技术提升领导艺术［J］. 领导科学论坛（理论），2013（1）.

[100] 方雅静，赵佳菲. 教练技术在大学生生涯教育中的应用［J］. 生涯发展教育研究，2014（5）.

[101] 刘宗强. 教练技术在新员工沟通能力培训中的应用分析［J］. 经营管理者，2014（1）.

[102] 张园. 企业教练技术在饭店员工管理中的运用［J］. 经营与管理，2013（9）.

[103] 余世维. 推敲企业执行力［J］. 人力资源，2005（1）.

[104] 李凌燕. 企业文化建设要注重执行力的培养［J］. 铁路采购与物流，2014（2）.

[105] 杨慧子. X县国税局政策执行力对执行绩效影响的实证研究［D］. 河北经贸大学硕士学位论文，2013.

[106] 钱俏俏. 关于如何建立执行快速反应机制的研究［J］. 法制与社会，2011（2）.

[107] 湛文倩，袁传攀. 浅析企业员工的时间管理［J］. 企业导报，2011（4）.

[108] Sara Thorpe，Jackie Clifford. The Coaching Handbook：An Action Kit for Trainers & Managers［M］. Kogan Page Ltd，2003.

[109] Berry J. Acculturation: A Comparative Analysis of Alternative Forms. In R.J. Samuda and S.L. Woods (eds.) [M]. Perspectives in Immigrant and Minority Education. Lanham, MD: University Presss of America, 1983.